ヴァーチャル社会の〈哲学〉

ビットコイン・VR・ポストトゥルース

大黒岳彦
DAIKOKU TAKEHIKO

青土社

ヴァーチャル社会の〈哲学〉

目次

0 はじめに 3

0-1 情報社会の〝転回〟 3

0-2 情報社会における〈価値〉の問題 11

0-3 〈メディア〉史観 13

0-4 〈放―送《ブロード・カースト》〉vs〈ネット―ワーク〉 14

0-5 「für es/für uns《フュア・エス/フュア・ウンス》」構造と〈われわれ《ヴィア》〉（Wir） 20

0-6 本書の結構 22

第一章 アマゾン・ロジスティックス革命と「物流」の終焉 25

1-1-0 問題としてのアマゾン 27

1-1 アマゾンが目指すもの 29

1-1-1 「アマゾン効果《エフェクト》」の根底的位相 29

1-1-2 「物《モノ》」における「情報」と〝実質〟の乖離 31

1-1-3 「顧客第一」の根本意想：ロジスティックスの〈メディア〉化 34

1-1-4 〈流通〉と〈コミュニケーション〉 36

1-2 〈流通〉の社会哲学 40

1-2-1 〈メディア〉と〈流通〉 40

1―2―2　「物」の水平的「移動」から〈メディア〉による垂直的構成の〈運動〉へ　42
1―2―3　「記号の経済学」批判　44
1―2―4　「移動」と「場所」の収縮　48
1―2―5　「情報」の限界　50

第二章　「モード」の終焉と記号の変容　53

2―0　モードの終焉？　55

2―1　モードの史的展開過程　60

2―1―1　モードの誕生――一七世紀の宮廷と「趣味」　60
2―1―2　一八世紀におけるモード――趣味と天才　62
2―1―3　一九世紀におけるモード――趣味との訣別と資本主義への組み込み　65
2―1―4　ジンメルのモード論――優越と帰属の弁証法　71

2―2　モードから記号へ　79

2―2―1　二〇世紀のモード（一）――記号の権力　79
2―2―2　二〇世紀のモード（二）――記号の〈自立＝自律〉と現実に対する優位　86
2―2―3　「文化記号論」とその限界　88
2―2―4　記号とマスメディア　90

2-3　モードと記号の変容　95
2-3-1　記号と価値　95
2-3-2　エンタテインメントから遊戯へ　98
2-3-3　「遊戯」としての〈モード〉　101
2-3-4　〈形相的なもの〉から〈質料的なもの〉へ　105
2-3-5　「エモティコン」と〝情動の共同体〟　109
2-3-6　情報社会における〈価値〉の問題　115

第三章　ビットコインの社会哲学　117

3-0　ビットコインへの視角　119
3-1　〈モノ〉と暗号　123
3-1-0　予備的考察――問題の所在　123
3-1-0-1　貨幣における〝物質〟性と〈モノ〉性　123
3-1-0-2　電子マネーとビットコイン　127
3-1-1　ビットコインにおける二層――〈モノ〉と〈価値〉　130
3-1-2　〈モノ〉としてのビットコイン　132
3-1-3　暗号技術とデジタル貨幣　135

3-1-4 経済〈システム〉の〈環境〉としての「暗号《クリュプト》」〝空間《トラオム》〟 139
3-2 ビットコインにおける〈価値〉構成 144
3-2-1 「尺度」と〝労働〟 144
3-2-2 「交換」と〝信頼〟 147
3-2-2-1 「信用《クレジット》」と「信頼《トラスト》」 149
3-2-2-2 「信頼《トラスト》」の変遷 150
3-2-2-3 「貨幣」と「信頼」 153
3-2-2-4 「システム信頼」から「アノニム信頼」へ 155
3-2-2-5 「信頼《トラスト》」〝機械《・マシン》〟としての「ブロックチェーン」 160
3-2-3 「信用」と「階層性」 162
3-3 社会vs国家 166
3-3-1 ビットコインと世界社会《ヴェルトゲゼルシャフト》 166
3-3-2 「顕名経済」vs「匿名経済」——立ちはだかる国家 168
第四章 情報社会の〈こころ〉 173
4-0 「コミュ障」とは何ではないか 175
4-1 「引き籠もり」から「コミュ障」へ 178

4-1-1 アニメ映画『君の名は。』の寓意 178
4-1-2 アジールとしての〈社会の外部〉とその歴史的変遷 182
4-2 〈外部〉の消失と「相互行為」の現在 186
4-2-1 純粋相互行為という〈社会の外部〉 186
4-2-2 〈社会〉における「相互行為」の地位 188
4-2-3 吉本隆明の〈幻想〉概念 191
4-2-4 ルーマンの〈愛〉という〈メディア〉 194
4-2-5 身体的共現前と情報社会の〈こころ〉 196
4-3 〈社会幻想〉と情報社会の〈こころ〉 200
4-3-1 SNSによる〈対幻想〉の根絶 200
4-3-2 〈自己幻想〉と〈社会幻想〉 202
4-3-3 〈社会幻想〉への〈幻想〉の一元化 206
4-3-4 〈選択〉の強制と人間の〝資源《リソース》〟化 207
4-3-5 〈環ー視《ウム・ズィッヒト》〉の機制と「コミュ障」 210

第五章 身体データとコントロール社会 215

5-1 情報社会と監視 217

5-1-1 情動、社会と監視社会 217
5-1-2 ライアン「監視社会」論の要点 219
5-1-3 ライアン「監視社会」論の問題点 221
5-1-4 データ監視《データヴェイランス》と身体 224

5-2 身体と〝監視〟 227
5-2-1 身体データの三種 227
5-2-2 身体データの第一系列《セリー》——個体《バイオメトリック》データ 230
5-2-3 身体データの第二系列《セリー》——生体《ヴァイタル》データ 232
5-2-4 DNAデータの存在論 234
5-2-5 情報社会の〝監視〟形態としての〈看‐視《リュック・ズィヒト》〉 237
5-2-6 情報社会の〝自己への〈配慮〉・自己のテクノロジー〟 239

5-3 監視社会からコントロール社会へ 243
5-3-1 コントロール社会における三重の〝監視〟 243
5-3-2 情報社会における〝主体性〟の在《あ》り処《か》 245

第六章 VR革命とリアリティの〈展相〉 247
6-0-0 VRの現況 249

6-0-1 VRの新たな兆候 250
6-0-2 本章の課題 253

6-1 VRの技術的次元 256

6-1-1 最初のVRブーム 256
6-1-2 VR技術の系譜学（一）——没入《イマージョン》 258
6-1-3 VR技術の系譜学（二）——相互作用《インタラクション》 261
6-1-4 〈存在＝現前《プレゼンス》〉と〈実在性《リアリティ》〉 264

6-2 VRの社会的次元 268

6-2-1 「リアリティ」の多義性 268
6-2-2 ソーシャルVRの登場 271
6-2-3 VRのメディア化 272
6-2-4 リアリティ規準の変質 273
6-2-5 相互行為《インタアクツィオーン》とVR 277
6-2-5-1 「多様な現実《マルティプル・リアリティーズ》」の問題史 280
6-2-5-2 相互行為《インタアクツィオーン》の〈フレーム〉 283
6-2-6 相互行為《インタアクツィオーン》の〈現実性《リアリティ》〉認定 286
6-2-7 「多様な現実」の一環としてのVR 291
6-2-8 「体験としての現実」と「情報としての現実」 293
6-2-9 リアリティの構造 295

6-2-10 マスメディアという〝VR〟 298
6-2-11 マスメディアからSNSへ 300
6-2-12 本節のまとめ 306
6-3 VRの思想的次元 308
6-3-1 本節の課題 308
6-3-2 VRの社会的機能 308
6-3-3 VRのMRへの変貌とエンタテインメントからの溢流《いつりゅう》 313
6-3-4 Virtualityの語源学 317
6-3-5 「ヴァーチャル化」とは何か? 321
6-3-6 MRと〈潜在性《ヴァーチャリティ》〉 324
6-3-7 〈潜在的《ヴァーチャル・リアリティ》〉現実性と情報社会の新たな〝社会的現実《アクチュアリティ》〟 327

終章 〈文書《ドキュメント》〉の存在論と〈ポストトゥルース〉問題 331
7-0 視角の設定 333
7-1 〈文書《ドキュメント》〉とは何か? 335
7-2 〈文書〉の社会的機能 339
7-2-1 行政的〈文書〉の社会的機能 340

7-2-1-1　行政的〈文書〉と官僚制《ビュロクラシー》　340
7-2-1-2　行政的〈文書〉の〝力〟　343
7-2-2　報道的〈文書〉の社会的機能　346
7-2-2-1　報道的〈文書〉の規矩としての〈ドキュメンタリー〉　346
7-2-2-2　報道的〈文書〉と世界の「現実《ヴィルクリヒカイト》」　349
7-2-2-3　報道的〈文書〉の〝力〟　351
7-2-3　歴史的〈文書〉の社会的機能　353
7-2-3-1　歴史的〈文書〉と歴史的「現実《ヴィルクリヒカイト》」　353
7-2-3-2　歴史的〈文書〉の〝力〟　355
7-3　〈文書〉世界の存立構造　360
7-3-1　〈書き込みシステム《アウフシュライベズュステム》〉と官僚制　360
7-3-2　〈書き込みシステム〉としての〈文書〉世界　363
7-4　〈ポストトゥルース〉という問題　365
7-4-1　〈書き込み〉の変容――〈文書〉から〈ビッグデータ〉へ　365
7-4-2　〈文書〉の終焉と「現実」の揺らぎ　368
7-4-3　〈ポストトゥルース〉の真義　370
後記　375
作品索引　47／**人名索引**　43／**事項索引**　1

ヴァーチャル社会の〈哲学〉——ビットコイン・VR・ポストトゥルース

0　はじめに

0-1　情報社会の〝転回〟

本書は、二〇一〇年代に入ってから猛烈な勢いで自己組織化を遂げつつある情報社会の問題構造を体系的に炙り出す試みである。その際、二〇一〇年代の、特に後半（二〇一六年以降）に起こった広義の文化現象を考察の緒《いとぐち》として据える。そのため、アマゾン、ビットコイン、モードの終焉、コミュ障、VRといった目次に並ぶトレンディなキャッチワード群を目にして、時事的な解説を期待する読者があるかもしれない。最初に断っておくと、その期待には残念ながら添えない。本書が事とするのは、文化現象の表層的な考察ではない。本書の目的は、飽くまでも、情報社会の表面には現れない不可視の〝深層〟構造を、問題系すなわち、或る地平を共有する問題群のネットワーク、として泛《う》かび上がらせることにある。個々の文化現象は、〈われわれ〉が考察に着手するための可視的〝露頭〟であるに過ぎない。

ただし、なぜ「二〇一六年以降」なのか？　そしてまた、なぜ「文化現象」なのか？　については、それなりのエクスキューズが事前に必要となろう。一言でいえば、著者は「二〇一六年以降」の情報社会に、或る〈文化〉的な転回を見て取る。偶々《たまたま》、その経緯《いきさつ》を記したエッセイを二〇一七年初頭にWebマガジン『10＋1』に寄稿してもいる。というわけで、本書全体を貫く問題意識を読者と予《あらかじ》め共有するためにも、発行元であるLIXIL出版の許可を得て、その全文をまずはお目に掛けることにする。[1]

ポスト・ネットワークのメディア論的転回

はじめに

最初に白状してしまうと、冒頭に掲げた本稿のタイトルは実は《10＋1》編集部から執筆依頼があった際に指定されたものである。つまり筆者が考えたものではない。示されたタイトルを前にして筆者は正直言って躊躇を覚えた。だが、暫く考えた末、提案のままのタイトルでお受けすることに決めた。逡巡したのは、新進気鋭の〝批評家〟たちや今をときめく自称〝哲学者〟たちが好んで使いそうな如何にもキャッチコピー然とした語彙の並びに鼻白んだからではかならずしもない。筆者の率直な印象として「ネットワークメディア」の「後《ポスト》」を語るには時期尚早である、筆者の言葉で言うと〈ネット‐ワーク〉という〈マスメディア〉後のメディアパラダイムは、まだ始まったばかりで当分は——とてつもない技術革新あるいは〝世界最終戦〟でもない限り、少なく見積もって今世紀いっぱいは――続行が予想されるからである。では、なぜ翻意したかというと、上の立言にもかかわらず〈メディア〉論的な視座からして、ここ一・二年、新たな胎動の兆しが見受けられるからである。ただし、急いで注釈を付すと、ここでいう「新たな胎動」とは飽くまでも〈ネットーワーク〉パラダイムの枠組み内部の話であって、パラダイムそのものを覆す水準や規模のそれではない。したがってタイトル中の「ポスト」の語は、「ネットワークメディア」パラダイムの「跡を襲《ポスト》う」、という意味においてではなく、飽くまでも〈ネットーワーク〉パラダイムの「成立後《ポスト》」、という意に解していただきたい。

〈ネットーワーク〉パラダイムの七年

東日本大震災という自然災害に続いた人災である福島第一原発事故が起こった二〇一一年はメディア史的に見ても重要な年であり、一月にはＳＮＳを駆使したジャスミン革命の成功、日本に目を転じて、七月の地上波完全デジタル化の不発と急速なテレビ離れ、九月にはネットを利用した米動画配信大手 Hulu の日本上陸、と、立て続けにテレビが牽引するマスメディアからインターネットへの構造的なシフトが世界規模で生じている。筆者はこの年を以って〈マスメディア〉パラダイムは名実ともに終焉し、インターネットを技術

1　出典は、http://10plus1.jp/monthly/2017/01/issue-07.php（二〇一八年一一月一七日現在）。ただしタイトルは、脱稿時の原タイトルに改めてある。

的インフラとする〈ネットワーク〉パラダイムの覇権がなったとみる。★1

新しいメディアパラダイムでは同年、早速アップルの「iCloud《アイ・クラウド》」サービスが発表され、以後急速に「クラウド・コンピューティング」が流行する。翌年一二年には米オバマ政権が「ビッグデータは重大案件である」（Bigdata is a big deal.）の言葉とともに二億ドルを超える予算をビッグデータ研究に注《つ》ぎ込むほどの「ビッグデータ」ブームが起きる。一三年はやはりオバマ元大統領が一般教書演説でも触れた「3Dプリンタ」が、一五年はApple Watch や Google Glass に代表される「ウェアラブル」がそれぞれ一世を風靡し、昨年一六年は、巷《ちまた》では「シンギュラリティ」、業界では「ディープラーニング」が話題になったことで人工知能《エー・アイ》が久しぶりに脚光を浴びた。今年一七年はというと、その「バズワード」（buzzword）筆頭候補はおそらく「VR《ヴァーチャル・リアリティ》」になろうが、ここまでトレンドの交替・変遷のスピードが速いと、読者の多くはキャッチアップどころか、もはや辟易の態《てい》なのではないか。上に列挙したバズワード群に接しても、そのどれもがほんの数年前の現象であるにもかかわらず「そんなこともあったな」程度の朧気な印象しか残っていないであろうと忖度する。だがバズワードの急速な陳腐化は同時に、〈ネットワーク〉パラダイムが、毎年のように叢生してくる新テクノロジー群、新サービス群を次々と自らに組み込んで同化し、もはやユーザーの意識に上らない水準にまでそれらが〈透明化〉＝〈自明化〉＝〈環境化〉したことを意味することにも留意すべきであろう。

ビットコインの本質

だが、ここ一・二年の、バズワードも含めたネットに関連する現象の動向を注意深く観察するとき、そこには或る、質的水準における変化の兆しが認められる。具体的なバズワードや出来事を挙げるところから始めるとすれば、グローバルなレベルでは「ビットコイン」、ドメスティックなレベルでは、まだ読者の記憶にも新しいであろう、昨年末に発覚したDeNAが手懸けるキュレーションサイト上の不適切記事を巡っての騒動が注目される。ビットコインとDeNAの不祥事とに一体何の関係があるのだ、と訝しがる向きもあろうが、これらは〈ネットワーク〉パラダイムが現在直面する〈問題〉の二つの〝露頭〟であって、〝根っこ〟ないし〝本体〟は共通である。〈問題〉の本質に迫るためにも、まずは二つの〝露頭〟を個別に考察しよう。

「ビットコイン」から始めたいのだが、この言葉は二〇一四年にすでに一度バズワードとして世間の耳目を集めた〝前歴〟を持つ。渋谷に本拠を構えていたビットコイン交換所の当時の最大手であったMt.Gox《マウント・ゴックス》が、ハッキングによる大量のビットコイン流出に遭い、同年二月に倒産した事件によって「ビットコイン」の存在が、それまで無関心だった層にも知れ渡る機縁となったが、このときはロンダリングや投機、違法商品売買目的の得体の知れない電子貨幣《デジタル・マネー》、という多分にネガティヴな評価を伴っていた。だが再度陽の目を見、ここ一・二年盛り上がりを見せている「ビットコイン」はもはや単なるバズワードや実体のない流行語ではない。ビットコイン決済が可能な店舗は日本国内でも〈ネット店舗はもちろん実店舗も含めて）急増中であるし、首都圏にはＡＴＭも存在する。また元祖であるビットコインの変種・亜種や改良種である「オルトコイン」（alternative coin）も「リップル」（Ripple）や「ライトコイン」（Litecoin）など有名なものだけでも十指に余る。更に、ビットコインの中核テクノロジーを構成する「ブロックチェーン」（blockchain）には、金融はもとより、行政、企業経営《マネージ》など様々な分野から熱い眼差しが注がれている。ビットコイン技術を発展させた「イーサリアム」（Ethereum）という分散型プラットフォームを開発・提唱しているギャビン・ウッドなどはビットコインが拓いた地平を、従来の「Web 2.0」の根本的革新を実現する「Web 3.0」として位置づけるほどなのである。[★2]

筆者としては、しかし、「ビットコイン」から「ブロックチェーン」部分だけを抽出して評価しようとする昨今の論調には疑問を持つ。それはビットコインが元来持つアナーキスティックで反体制的企図の〝毒〟や〝牙〟を抜くことになるといった政治的理由からであるよりは、むしろそうしたアプローチは「ビットコイン」が拓いた地平の本質的意義を見失わせる結果になる虞《おそ》れが大きいと思うからである。詳しい議論は紙幅の関係上、別稿に譲るが、[★3]ここでは論証抜きで結論だけ記すにとどめる。電子貨幣《デジタル・マネー》の登場によって、貨幣の本質が〈情報〉に他ならないことが明らかになった、という言説が巷間に撒き散らされたが、筆者はそうした言説が誤りであったことを、ビットコインの登場は示したと考える。〈情報〉のみからは〈価値〉は構成不可能である。〈価値〉構成には〈情報〉とは異なるディメンジョンでのメカニズムを必要とするのであって、いまや伝説的な存在となった感のあるビットコイン開発者 Satoshi Nakamoto は、そうした洞察に基づきつつ実際に技術的水準において〈価値〉を構成して見せた、その成果こそがビットコインに他ならない。

DeNA不祥事が意味すること

次はDeNAの不祥事である。これは同社が手懸ける医療関係のキュレーションサイト（いわゆる「まとめサイト」）の内容が他サイトからの無断転載や無根拠な情報のオンパレードだったことが発覚し、同社のすべてのキュレーションサイトが閉鎖に追い込まれ、重役陣による謝罪会見を余儀なくされた事件である。だがDeNA事件は氷山の一角に過ぎず――むしろDeNAの対応は迅速だったとすら言える――今回露見したインターネット上に存在する情報の「粗悪」「低品質」は〈ネット－ワーク〉パラダイムが構造的に抱える懸案ともいえる。現にアメリカでも今度の大統領選がらみで同様の問題が明るみに出ている。

筆者は放送局に十年近く勤務したので分かるのだが、マスメディアにおいては、現場に実際出向いたり、当事者に直接確認したりすることで「情報」の〝ウラを取る〟ことが徹底され、そのことがマスメディアで働く者たちのプロフェッションとプライドとを支えている。また、マスメディアのヒエラルキカルな構造も、手懸けた「情報」の〈質〉と連動して上がる職位・報酬へのインセンティヴ付与や職業人《プロフェッショナル》教育に与って力がある。つまり、マスメディアにおいては情報の「品質保証」システムが構造として確立しているのである。

一方今回問題化したDeNAのケースでは、何らプロフェッションとしての自覚もなければ、またそのための教育やトレーニングも受けていないズブの〝素人〟あるいはヴェンチャーもどきが専門領域に首を突っ込んでビジネスの〝ネタ〟にしようとしたわけだが、この場合、情報の捏造や剽窃を実行した当事者の倫理の欠如を咎《とが》めたり攻撃しても無駄である。なぜなら一介の〝素人〟に過ぎない彼らにはそもそもそうした倫理に従う謂われもない、すなわちそこには〈情報〉の〈質〉確保に対する何らのインセンティヴも働いていないからである。これは〈メディア〉構造の問題であって個人道徳の問題ではない。個人を何人か失脚させ追放したところで、再び同様の事態が出来《しゅったい》するのは目に見えている。問題の本質は、〈ネットーワーク〉パラダイムが、〈マスメディア〉パラダイムとは違って、ヒエラルキカルな構造を持たず、フラットな無中心的構造をその本質としている点にこそある。要は、現在の〈ネットーワーク〉は、利潤に直結する（例えばアクセス数といった）量的な指標以外の基準に則って〈情報〉の〈質〉すなわち〈価値〉を担保する仕組みを持たないのである。

〈情報〉社会と〈価値〉

〈情報〉層《レイヤ》と〈価値〉層《レイヤ》とが一致しないという事実の判明と、〈ネットーワーク〉の現状において〈価値〉構成と担保のメカニズムが不在であることの発覚、それが「ビットコイン」と「DeNA の不祥事」という二つの〝露頭〟によって示された、〈ネットーワーク〉メディアパラダイムが現在直面している〈問題〉の核心をなしている。今後の情報社会の最大の課題は、〈情報〉層からいかにして〈価値〉層を革めて構築するのか、そのメカニズムの解明と実現とになるはずである。以上を踏まえるとき、〈情報〉社会はこれから新たなフェーズへの「転回」が要請されているのであり、その意味において本稿のタイトルは強ち妥当性を欠くとも言えないのである。

註

★1――この辺りの事情についての詳細は、拙著『情報社会の〈哲学〉――グーグル・ビッグデータ・人工知能』（勁草書房、二〇一六）の「序章　マスメディアの終焉と〈メディア〉史観」を参照されたい。

★2――例えば、https://bitcoinmagazine.com/articles/web-3-0-chat-ethereums-gavin-wood-1398455401 を参照。

★3――『現代思想』二〇一七年二月号（青土社）に掲載の拙稿「ビットコインの社会哲学」（本書第三章の初出稿――著者）を参看されたい。

0―2　情報社会における〈価値〉の問題

ビットコインの普及とDeNAの不祥事。この二つの出来事は、情報社会が新たなステージに突入したこと、すなわち、社会過程における「データ」の大規模生成と蓄積、そこからのＡＩによる「情報」抽出、更にその社会へのフィードバック、という自己言及的な社会システムのプロセスを、技術基盤《インフラストラクチャー》として実現してゆく〈情報〉志向的《オリエンテッド》な段階を情報社会がひとまず終え、〈価値〉を軸にした、より高次の自己組織化＝構造再編（この構造再編によって出現しつつある社会を、本書では

「ヴァーチャル社会」と呼ぶ）へ向けて始動したことをわれわれに告げ知らせる重要な兆候なのである。

本書は、各章で様々な〈文化〉的トピックを取り上げるが、諸主題の表面上の多様性の根底には一つの共通の問いが伏在している。それは、「社会において抑《そも》も〈価値〉は如何にして可能か？」（Wie ist möglich *der Wert* überhaupt in der Gesellschaft?）という原理的かつ優れて超越論的《トランスツェンデンタール》（transzendental）な問いである。

〈価値〉の問題が本書の〝通奏低音〟をなすことに連動するかたちで、取り上げる主題群も社会基盤をなす技術――例えば、前著『情報社会の〈哲学〉』で扱った、検索、ビッグデータ、ＳＮＳ、ＡＩ、ロボット――というよりはむしろ、そうした社会基盤を基礎にして成立する広義の〈文化〉現象――具体的には、商品流通、モード、記号、貨幣、幻想、エンタテインメント、文書――を主題化することになる。もちろん、社会技術基盤の考察を蔑《ないがし》ろにする心算《つもり》は毛頭ない。というより、そもそも本書は、本文において述べるように、その方法論において、「上部構造《ユーバーバウ》」（Überbau）と〝下部構造〟＝「土台《バーズィス》」（Basis）とを截然と切り分ける「二世界説」的な観方を採らない。が、そうした留保を付した上で、旧来の観方に妥協しつつ強いて両者を区別するならば、本書は情報社会の上部構造をなす諸文化形象――それは「作品」に結実する狭義の「文化《クルトゥーア》」（Kultur）に留まらず、政治・経済・風俗・心性をも包含する広範な、旧来の言葉を敢えて使えば〝イデオロギー〟領域全般に及ぶ――を主題化した情報社会における〈文化哲学〉の試み、といえる。そして、この場合の〈文化〉とはとりもなおさず〈価値〉関与的形象の総体、の意である。

0―3 〈メディア〉史観

さて、本書の繙読《はんどく》に際しては、幾つかの了解を読者とのあいだで共有しておく必要がある。

一つは、本書が前提する〈メディア〉観、歴史観、技術観を巡る基本的な構え、である。本書は(前著と同様)、マクルーハンの唱導になる〈メディア〉史観を〈存在=認識〉論的な前提として有する。これはマルクスの唯物史観における経済的「土台《バーズィス》」を、〈メディア〉的「土台」に単に挿げ替えたものではない。著者は、ルーマンに賛同しつつ、「社会《ゲゼルシャフト》」(Gesellschaft)を非人称的〈コミュニケーション〉の連鎖的接続の総体とみなす。すなわち「人格」や「行為」、「組織」や「関係」あるいは「役割」を社会の構成単位とは考えない。もちろん〈コミュニケーション〉連鎖というオペレーション「過程《プロツェス》」(Prozess)のみからは「社会」は立ち上がって来ない。そこには「過程《プロツェス》」という生々流転する〝流れ〟を水路付けることで、〝揺らぎ〟を孕みつつも或る種の〝安定〟を実現する「構造《シュトゥルクトゥーア》」(Struktur)がどうしても必要である。ルーマンもマクルーハン(及び、その流れを汲むトロント学派やキットラー)も、〝流れ〟としての「過程」の〈〝超〟歴史=万古不易〉性に対して、「構造」が歴史的な変遷を遂げてきたこと、すなわち、その歴史的相対性を認めている。ルーマンは「構造」が四つの段階――すなわち「環節的《ゼグメンテール》」(segmentär)構造→「〈中心《ツェントルム》―周縁《ペリフェリー》〉(Zentrum-Peripherie)的」構造→「層序《シュトラティフィカツィオーン》(Stratifikation)的」構造→「機能的分化《フンクツィオネール・ディフェレンツィールト》」(funktionär differenziert)構造――を辿って社会が〈進化〉してきたと説くが、構造の変動メカニズムについては多くを語らない。一方、マクルーハンは、「構造」を星座の布置に擬《なぞら》えつつ「銀河系《ギャラクスィ》」(Galaxy)と呼び、やはり四つの歴史的段階を区別する。すなわち、

〈声〉→〈手書き文字〉→〈活字〉→〈電気＝テレビ〉である。[2] マクルーハンの場合には、「構造」の歴史的推移をルーマンのように〈進化〉として普遍化しないため、それぞれの「構造」における歴史的な相対性と閉鎖的〈自立＝自律〉性がより強調される一方で、「構造」の規定要因をはっきりと〈メディア〉に見定めている点に特徴がある。

著者としては、〈コミュニケーション〉のあり方と接続の様態を〈メディア〉が拘束するという意味において、マクルーハンの観方に与《くみ》する。すなわち〈コミュニケーション〉の組織化のパターンは、時代時代のコミュニケーション連鎖の技術的な「可能性の条件《ベディングング・デア・メークリヒカイト》」（Bedingung der Möglichkeit）である〈メディア〉によって規定され、それを基礎にして各時代の社会「構造」、すなわち〈メディア〉パラダイムが構成される。こうした、〈歴史＝社会＝メディア技術〉の三位一体的な基本了解を著者は〈メディア〉史観として捉え返したいのである。

0－4 〈放－送《ブロード・カースト》〉vs〈ネット－ワーク〉

ただし、マクルーハンの〈メディア〉史観には重大な瑕疵がある。「瑕疵」というもの言いが、マクルーハンに対して余りにも酷だとするなら「時代的制約」と言い換えてもよい。彼は、〈活字〉パラダイムすなわち「グーテンベルクの銀河系」、の跡を襲うのが〈電気〉メディアとしての〈テレビ〉だとみなし、線形的《リニア》な論理を排する、このレトリカルでモザイックな（当時の）新〈メディア〉に、彼が理想視する〈声〉パラダイム復活の期待を懸けたのだった。だが、マクルーハンの期待は成就しなかった。というより抑《そもそ》も彼は〈電気＝テレビ〉メディアが〈活字〉メディアの次なる〈メディア〉パラダイムであるという認定において、致命的な事実誤認を犯している。「電気＝

テレビ」は、一つの〈メディア〉パラダイムを構成する固有の「構造」を持たない。むしろ、それは「新聞」「映画」「ラジオ」と共通の「構造」を持つことによって〈マスメディア〉という一階層上位のカテゴリーに、それら共々包摂される。「電気《エレクトリスィティ》」(Electricity) という技術の使用如何が〈メディア〉のパラダイムを決定付けるのではない。それを決定するのは飽くまでも〈コミュニケーション〉連鎖の「構造」なのである。その意味では、〈マスメディア〉を――「構造」の規定要因だとは考えないまでも――近代社会の〈機能的分化〉構造において初めて分出するシステムとして捉えるルーマンのほうに、この点に限っては、分がある。

著者は、マクルーハンの〈メディア〉史観を修正しつつ、〈活字〉の跡を継ぐ〈メディア〉パラダイムとして〈マスメディア〉を、〈電気=テレビ〉に換えて据えたい。[3]〈マスメディア〉パラダイムは可能な限り遡っても精々一九世紀後半以降に、実質的には二〇世紀に入ってから漸く、成立をみたパラダイムである。[4] 著者は、この〈マスメディア〉パラダイムに固有の「構造」を〈放–送《ブロード・カースト》〉(Broad-Cast) として特徴付ける。〈放–送〉の特徴は、①〝情報〟の蒐集《しゅうしゅう》における

2 マクルーハンの弟子筋にあたるオングでは、最後の〈電気=テレビ〉が〈二次的な(偽物の)声《セカンダリー・オラリティ》〉(secondary orality) に替わり、マクルーハンに私淑したキットラーでは、「過程《プロツェス》」が〈書き込み《アウフシュライベン》〉(Aufschreiben) の連鎖に限定されることで〈声《オラリティ》〉そのものが「過程」から排除されるに至る。キットラーは「構造」を、ドイツの一九世紀と二〇世紀に限定した上で、〈書き込みシステム《アウフシュライベズュステーム》〉(Aufschreibesystem) と呼ぶ。

3 以下、本小節の記述は拙著『「情報社会」とは何か？――〈メディア〉論への前哨』(NTT出版) 第四章からの再構成的な自己引用である。また、システム論の原則に忠実であるならば、「情報」は転移しないが、以下では、読者の理解とイメージのし易さを最優先して〝情報〟の通俗的な用法(小包の比喩)に妥協しつつ、〝情報〟を転移するものとして両パラダイムの特性描写を行う。

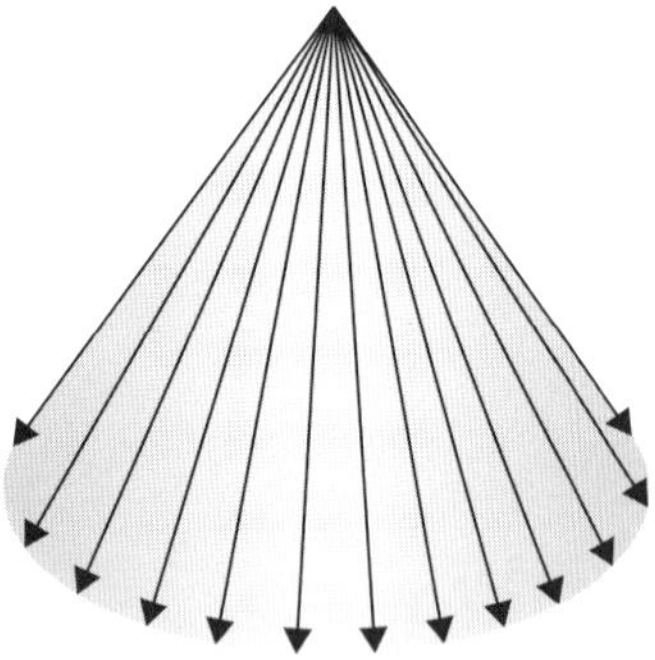

〈放－送〉(Broad-Cast)

一極集中、②加工における一元的管理、③頒布における中心から周縁への同報一斉送信、として要約できる。まず、あらゆる〝情報〟が周縁部から中央に集められ、次に一定のコードに則りつつそれが編集加工されて、最後に中央から周縁部へと一挙に配信される。これを図示すれば、一つの頂点から下方の円周部への〝情報〟の運動が描き出す円錐としてイメージできる。

　こうした〝情報〟の一極集中と一斉放散を特徴とする〈コミュニケーション〉パターンである〈放－送〉は、テレビやラジオにおけるコミュニケーションのあり方を特に指して使われるのが普通だが、われわれはそれを一般化してテレビやラジオのみならず、映画や新聞も含めたマスメディア・パラダイムにおいて共通に認められる〈コミュニケーション〉パターンを示すものとして、特に「－《ハイフン》」を入れることで「放送」とは区別して〈放－送〉の語を、以下の本文において使用する。

　マクルーハンの〈メディア〉史観の修正は、もう一つの重大な副産物を伴う。二〇一一年に〈マスメディア〉パラダイムは終焉し、それに替わる新たな〈メディア〉パラダイムの覇権がなったからである。[5] この新パラダイムの「構造」を再生産している〈メディア〉技術は「インターネット」であるが、それによって再生産される「構造」を著者は、〈放－送〉との対比において、〈ネット－ワーク〉(Net-Work)と呼ぶ。

　〈放－送〉におけるコミュニケーションが、上位の頂点に位置してリソースを占有する、〝情報〟

の蒐集・加工・管理・配信を一手に牛耳る特権的な職能的発信者、と下位に位置し配信された〝情報〟を受け取るだけの不特定多数の受信者である「大衆」との間での〝情報〟の三次元的で垂直的な反復的運動というかたちを取るのに対して、〈ネット－ワーク〉は、まず①資格的に同位の個人が〝情報〟フローを介して次々に連鎖し接続されてゆくことで形作られる二次元的で水平的なコミュニケーション・パターンを基本としている。〝情報〟フローの結節点となっている個々のノード（＝個人）に着目するとき、〈放－送〉にあっては〝情報〟の発信者と受信者が明確に役割分化を遂げていたのとは異なり、[6] 個人が受信者であると同時に発信者の機能をも果たしている。〈ネット－ワーク〉のこうした特性がマーケティングの分野では「プロシューマー」（*producer* + *consumer* = prosumer）、〝メディア論〟では「双方向性《インタラクティビティ》」（Interactivity）などと称されるが、必ずしも二つのノード間で常に〝双方向〟の〝情報〟授受が成立しているわけではない。それは、水溜まりに降り注ぐ雨滴が作り出す波紋が、相互に干渉して打ち消し合い、或いは相互に共鳴して増幅し合う様子に寧《むし》ろ似ている。

4 最初の「新聞」がすでに一七世紀に登場している歴史的事実を以って、著者の観方に疑義を呈する向きに対しては、「名称」と「機能」との混同の指摘を以って応じたい。一九世紀以前の「新聞」は〈マスメディア〉の機能を持たない。それは、企業の「ウェブサイト」広告が、インターネットという技術インフラを利用しながら、機能としては依然〈マスメディア〉パラダイムの残滓に過ぎないことと類比的である。

5 この認定についての詳細は拙著『情報社会の〈哲学〉――グーグル・ビッグデータ・人工知能』（勁草書房）「序章」を参照。

6 取材段階における、円周部分から頂点への〝情報〟の流れは、「大衆」からの「発信」ではなく、むしろ頂点への〝情報〟の吸い上げである。

次に、〈放－送〉が円錐形に区画されたそれ自体で完結した閉鎖空間をなし、また頂点部分と円周部分の間での〝情報〟の流れはあるにしてもそのルートが固定されている点で、それは静的な不変の「構造」を再生産していたのに対し、〈ネット－ワーク〉は、②その連鎖と接続とが無際限であることによって常に動的な生成のダイナミズムの相にある、あるいは、それは〝無窮動《ペルペトゥウム・モビレ》〟(perpetuum mobile)をその本質としており停滞は即〝死〟を意味する。もう少し視覚的イメージに訴えるとするなら、〈ネット－ワーク〉は粘菌やアメーバのごとく常に形態を変じメタモルフォーゼを遂げる。あるいは哲学的に表現するなら、〈放－送〉における〝情報〟流通の運動が最終的には円環的全体に回収されるヘーゲルの〝真無限〟(wahre Unendlichkeit)だとするなら、〈ネット－ワーク〉は無制限に延伸して留まることを知らない〝悪無限〟(das Schlecht-Unendliche)に準《なぞら》えられる。

最後に、〈放－送〉が定期的な〝情報〟放散によって発振するリズムや、複製〝情報〟の等質性が創り出す均質な「大衆」も含めて、「一極中心」の秩序立った統一的社会の構成に資するのに対して、〈ネット－ワーク〉は、③全体を束ねる〝一極〟が不在である、という意味においては「無・中心《センター・レス》」(center-less)、また観方を変えて、ノードである個々人がそれぞれ一つの〝中心〟をなしているという意味においては「多・中心《マルティ・セントリック》」的(multi-centric)な〈コミュニケーション〉パターンである。ただし、この多数の〝中心〟はそれぞれが異質であり、またそれぞれの〝中心〟が権利的に同格である以上、複数の世界観が鬩《せめ》ぎ合い自らを主張し合う相対主義的な社会、あるいは、より精確には、今はこの世界観と思えば次はあの世界観という風に無原理かつ融通無碍《ゆうずうむげ》にプレヴァレントな世界観が時々刻々と転変してゆく〝分裂症的《スキゾフレニック》〟(Schizophrenic)な社会、を結果として産み出すことになる。これは〈放－送〉が産み出す社会が「構造」の同一性に固執する〝偏執狂的《パラノイド》〟（Paranoid）性格を有するのとは対極にある。

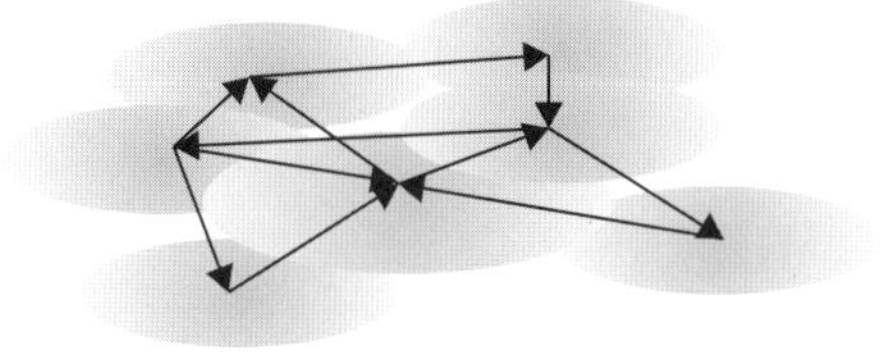

〈ネット－ワーク〉（Net-Work）

以上を視覚化すれば、二次元的・平面的に〝情報〟フローが蜘蛛の巣《ウェブ》（Web）状に広がり、またそれぞれのノードを中心とした小円どうしが拮抗し合うイメージとなる。この場合重要なのは、こうした網目（Net）状のイメージが完成した成果物《ワーク》（Work）として静態的に捉えられてはならない、という点である。〝情報〟フローの〝糸《スレッド》〟（thread）は常に紡ぎ出され続けねばならず、〝蜘蛛の巣〟は常に成長し続けねばならない。したがって〈Net-Work〉の〈Work〉とは「成果・作品」という名詞としてではなく、「作動する・活動する」という動詞として理解されなくてはならない。[7] 言葉を換えれば、ある時点において出来上がった〝情報〟フローの〝構造〟は、次の瞬間には更新されることで解消され、すぐに新しい〝構造〟が生まれる。そして、このプロセスが無限に繰り返される。つまり、この場合、システム存続の必須要因としてシステムそのものに「構造」変動が〝プログラム〟され、ビルト・インされているわけで、こうしたシステム内部において常態化した「構造」変動をわれわれは、

7　その点に注意を喚起するために、われわれはコミュニケーションの考察次元においては「ネットワーク」ではなく〈ネット－ワーク〉と敢えて分かち書くことにする。また、〈Work〉の主体は存在しない。したがってそれは精確には非人称動詞である。

「構造」変動の〝構造〟化、あるいは端的に「生成《ヴェルデン》」(Werden) と呼びたい。

以上の、〈メディア〉史観、および〈放‐送〉と〈ネット‐ワーク〉との区別は著者と読者との間で最終的に共有される必要はない。本書の読了後、両テーゼをもろとも放擲《ほうてき》する自由は当然のことながら読者に委ねられている。だが、本書の誤解なき通読のためにも、少なくとも本書の繙読中は、一旦両テーゼを読者に受け容れて貰わねばならない。

0‐5 「für es/für uns《フュア・エス フュア・ウンス》」構造と〈われわれ《ヴィア》〉(Wir)

本書が採る「方法」についても読者の了解を事前に取り付けておかなくてはならない。本書では「für es《フュア・エス》」(それ《エス》〔体験する当事者の意識〕にとって)、「für uns《フュア・ウンス》」(われわれ《ウンス》〔観察・反省する学知的意識〕にとって)という表現がしばしば登場する。この概念対は元来、ヘーゲルがその著『精神現象学』において、叙述の弁証法的な展開のために導入した〈区別〉であって、[8] マルクスや著者の師である廣松渉に、体系《システム》構築の方法論上の要《かなめ》として受け継がれてきた曰《いわ》くがある。「für es《フュア・エス》」は当事者としての〈体験〉の水準を指し、「für uns《フュア・ウンス》」は〈体験〉の水準を端的に超出するわけではないが、〈体験〉を評価するために、その水準の〈外部〉に立つ、〈観察〉の水準を指す。その意味では「für uns《フュア・ウンス》」は、カントの「超越論的《トランスツェンデンタール》」(transzendental) な態度と似るが、両者の違いは、「für uns《フュア・ウンス》」が、より高次の〈観察〉においては「für es《フュア・エス》」に転じ得る点、すなわち「für es/für uns《フュア・エスフュア・ウンス》」の構造的な階層性と相対性にある。〈区別〉のこの階層性＝相対性によって、叙述の進展が自動的に生ずる仕組みを『精神現象学』はじめ、ヘーゲルの体系的著作はその構造の中枢に組み込んでおり、マルクスがその思弁的構成の倒錯性を『聖家族』で見咎めた経緯がある。[9]

「für es《フュア・エス》」を「オブジェクト・レヴェル」、「für uns《フュア・ウンス》」を「メタ・レヴェル」と読み替えてやれば分かるように、ラッセルの「階型理論《タイプ・セオリー》」（Type Theory）による所謂「集合論のパラドックス」回避策と通底する論理を、この〈区別〉は内包する。しかし、本書でこの〈区別〉を「方法」として採用するのは、論理学的な要請からではなく、意識の水準を区別する必要からである。「夢見」を例にとって考えてみよう。

この場合「für es《フュア・エス》」の水準は、睡眠者の「夢見」の〈体験〉であり、「für uns《フュア・ウンス》」の水準は例えば、精神分析医の〈観察〉による「夢判断」の水準にあたる、と考えそうになる。だが、そうではない。なぜならこの場合、〈観察〉者を僭称する精神分析医は睡眠者の「夢見」の〈体験〉をなんら共有していないからである。精神分析医が睡眠者と共有しているのは、睡眠者の「夢見」の報告に過ぎない。実際に「für uns《フュア・ウンス》」の観点を取れるのは「夢見」を〈体験〉した睡眠者のみである。厳密に言えば、そもそも「für es《フュア・エス》」の水準における〈体験〉じたいが、覚醒後、睡眠者が「夢」の想起において、「für uns《フュア・ウンス》」の見地から行う〈観察〉オペレーションのなかで初めて、「für uns《フュア・ウンス》」との〈区別〉において分立してくる、というのが実情である。すなわち「夢」とは一般に、想起において構成されるものなのである。

「夢見」の例によって指摘したいのは、「für es《フュア・エス》」における〈体験〉の当事者と「für uns《フュア・ウンス》」における〈観察〉者は、切断され隔絶した存在ではなく、相互に交替し往還する相互浸透的な存在である、

---

8 Hegel, G.W.F., *Phänomenologie des Geistes*, 1807.（邦訳『精神現象学』岩波書店）
9 Marx, K. & Engels, F., *Die heilige Familie oder Kritik der kritischen Kritik*, 1844.（邦訳『聖家族』岩波書店）

という点である。すなわち、〈観察〉そして〈反省〉とは、〈体験〉当事者の〈自覚〉ないし〈覚醒〉の事態に他ならない。この「für es/für uns《フュア・エスフュア・ウンス》」の〈区別〉は〈文化〉的形象を考察の対象とする際、とりわけ重要性を増す。本文で述べるように〈文化〉とは一般に意識における位相の差異を、その成立のための要件としているからである。

また、本書の叙述全体が、読者と著者との協働作業による「für es《フュア・エス》」から「für uns《フュア・ウンス》」への、すなわち情報社会に埋もれて単にそれを〈体験〉する水準から脱して、情報社会を〈観察〉し、その構造を〈反省〉する立場への道行きのプロセスでもある。したがって、本書で用いられる〈われわれ《ヴィア》〉(Wir)という一人称複数は、「für uns《フュア・ウンス》」における対格「われわれ《ウンス》」(uns)の主格、すなわち、〈観察〉者としての〈著者＝読者〉の位格《ペルソナ》である。

0―6　本書の結構

最後に、本書全体の結構を概観し、各章のあらましを予告することで「はじめに」の役割を全うしよう。

本書は大きく三つのパートに分かれる。最初のパートは、情報社会における経済的な構造変動と経済的〈価値〉の再編制を扱う第一〜三章である。第一章ではAmazonが仕掛ける「ロジスティックス革命」の本義を尋ねる。Amazonが社是として掲げる「顧客第一」とは、単なるサービスポリシーや顧客に対するポーズではない。それは、これまでの〈生産〉が主導する「物流」概念を解体し、〈情報〉が主導する〈兵站体制《ロジスティックス》〉の編制によって商品経済そのものを〈流通〉を軸として再編する遠大な企図の指針なのである。それは「商品」というモノの存在性格をすら変えてゆかざるを得ない。第二章では、近時における「モード」終焉の兆候を取っ掛かりに、「モード」と「記号」の情報社会における機能の変容を主題化する。モードと記号はこれまで、マスメディアの〈放‐送〉体制の後ろ盾を得て、或る種の〈権力〉的規範として機能し、それが消費社会の爛熟を現出させもした。だが、情報社会の〈ネット‐ワーク〉構造のなかで、「モード」と「記号」はその〈権威〉を失い、単なる〈コミュニケーション〉持続のためのメカニズムに変容しつつある。第三章は「ビットコイン」の登場と普及がもたらしつつある経済的〈価値〉再構成のメカニズムを対自化する。「ビットコイン」は、経済的〈価値〉が、流説とは異なり、〈情報＝記号〉の単なる〈差異化〉機能からは生じ得ず、〈質料的なもの〉の介在が存立の必須の要件であることを証明した。と同時に、その普及は情報社会における新たな〈匿名経済〉圏の拡大を実現しつつあるが、そこには「国家」という最大の障壁が立ちはだかってもいる。

　第二のパートは、情報社会における〈こころ〉と「生命」の問題系、および「道徳的」〈価値〉に替わる情報社会の新たな〝規範〟的〈価値〉としての〈社会幻想〉を主題化する第四・五章である。第四章では巷間に流布している「コミュ障」という言説を手懸かりに、それが何ら〝病理〟現象などではなく、情報社会に固有の〝規範〟である〈社会幻想〉の〈効果〉であることを明らかにする。〈社会幻想〉は、個体を越えて存在する、情報社会の〈こころ〉を構成するが、〈社会幻想〉に囚われた者たちの〝相互監視〟と〝自己監視〟によってその〝規範〟としての実《じつ》を挙げることになる。第五章では〈社会幻想〉による〝監視〟が「生命」と「身体」の領域にまで及んでいる情報社会の実態を理論的に掬い取る。〈ネット‐ワーク〉体制下の〝監視〟は、旧来の「視覚」をモデルとした〈権力〉によるヒエラルキカルな包括的「汎視《パノプティコン》」体制ではもはやなく、局所的かつ微視的で自己言及的な形態に変じている。この〝監視〟メカニズムによって、「生命」と「身体」は非人称化されるとともに情報社会の有機的リソースと化してゆく。

最後のパートでは知覚的映像と文書による「現実」構成の変調が主題となる。〈放－送〉体制下においては、〈マスメディア〉パラダイムの〈権威〉的な構造によって「現実」は一義的に構成され、安定的に維持されてきた。ところが情報社会の〈ネット－ワーク〉構造は、これまでの〈権威〉的な「現実」構成メカニズムを無効化する。その無効化の過程で、「現実」が所与の「実在」ではなく、〈真実《トゥルース》〉(Truth)という〈価値〉に媒介された存立物であることも明らかになる。第六章では、二〇一〇年代後半において生じているVR《ヴァーチャル・リアリティ》の二つの新たなトレンド、「社会性《ソーシャル》VR」と「MR《ミックスト・リアリティ》」を手懸かりにしながら、従来の一義的で堅固な「社会的現実」の崩潰と、情報社会において徐々に姿を現しつつある新たな流動的〝リアリティ〟としての〈潜在的現実《ヴァーチャル・リアリティ》〉(Virtual Reality)の構造を解明する。われわれは、〈価値〉を軸に自己組織化を遂げつつある情報社会の新たな段階を「潜在《ヴァーチャル》社会」として特徴付け得ると考え、そのためこの語を本書のタイトルにも据えるが、そのコノテーションと真義は本章に至って初めて解明され、権利付けられよう。終章では、「ポストトゥルース」の真義を考える。「現実」の一義性と安定性は、過去世界の「現実」である「歴史」も含めて、「文書《ドキュメント》」という格別な〈メディア〉が担保してきた。また、ヒエラルキカルな〈権威〉的構造もその背後で恒にその「現実」を支えてきた。ところが情報社会において、これまでの〈権威〉は〈ネット－ワーク〉の単なるノードとして相対化され、静態的「文書」は流動的「ビッグデータ」に挿げ替えられつつある。「現実」の核《コア》をなしてきた〈価値〉＝〈真実性《トゥルース》〉の行く末を最後に考える。

第一章　アマゾン・ロジスティックス革命と「物流」の終焉

1―0　問題としてのアマゾン

運輸・物流業界において昨今メディアを賑わせている、クロネコヤマトで知られるヤマト運輸の配送員の待遇改善とそれに伴う輸送料の値上げは「ラストワンマイル」と称される宅配業務の――配送絶対件数の増大、配送時間指定の厳守、更には再配達の累積を含む――激務を改めて白日の下に晒した。巷間ではさまざまな書籍や報道が「物流大崩壊」「物流大戦争」を合言葉に宅配員の供給減と疲弊、ラストワンマイルを担う新興勢力の台頭、ドローンや自動運転車などのロボットを用いた配送業務の自動化への取り組み、が報じられ特集されている。だが、こうした問題や現象を惹起した〝震源〟は間違いなくアマゾンである。

一九九五年に小売店舗を持たない書籍のeコマース企業として出発したアマゾンは書籍からDVDや家電、玩具、食品、衣類へと、扱う商品ジャンルを徐々に拡大し、現在では薬品・コスメや医療器具、音楽・映像配信や生鮮食品と手に入らないものを思いつくほうが難しいほどの品揃えの充実ぶりである。パソコンやスマホからアマゾンを始めとするeコマースサイトで衝動的に商品を購入する行為を指す「ポチる」というネットスラングに象徴的に現れているようにアマゾンは、われわれの購買行動の初期値《デフォルト》を変えた。それはグーグルが「調べる《コンサルト》」(consult) という行為の初期値を図書や辞事典の繙読から「ググる」というネット上での検索行動に置き換えていった事態と類比的である。eコマースの可能性を極限まで追求し、小売りの常識を覆したことがアマゾンの〝功績〟の一つであることは間違いない。だが、かならずしもそれがアマゾンの情報社会に果たした唯一の

〝手柄〟であるわけではないし最大の〝成果〟であるわけでもない。

　われわれの見るところアマゾンが情報社会にもたらした最重要の〈効果〉は、〈流通〉概念の変容と、それによって社会が今後辿るであろう構造再編のルートを浮かび上がらせたことにある。ただしここでいう〈流通〉とは運輸・物流業界で謂うところの、「物」の空間的移送やマネジメントにおけるB2C分野のビジネスモデルのことではない。こうした意味に〈流通〉を解するときには、先に挙げた「流通大崩壊」「流通大戦争」といったキャッチフレーズにみられるが如き、分かりやすくはあるが結局のところ事情通の業界話やベンチャー起業をめぐっての聞き飽きた成功の秘訣・教訓譚をしかアマゾンの業態からは抽き出すことができない。

　留意すべきは、アマゾンのビジネスモデルに追従しアマゾンと競合するヨドバシ.comやASKULのLOHACOもまた、アマゾンが切り拓いた〈流通〉の地平の内部にあり、そのアリーナでの闘いを強いられている点である。冒頭で触れたクロネコヤマトの事案もまたこの新たな〈流通〉の地平の成立に付随する出来事に過ぎない。そしてわれわれが本章で俎上に載せたいのもまた、他ならぬアマゾンによって先導的に開拓されたこの〈流通〉の新たな地平である。

　われわれは以下で、アマゾンの業態を情報社会における〈流通〉概念そのものの変容を示す〝露頭〟、ひいては資本主義の情報社会段階を占うための兆候《シンプトム》(symptom)として捉えるが、運輸・物流業界や起業術の次元に議論を閉じ込め、事態の意義を矮小化することを回避するためにも、アマゾンという問題へのメディア論的・社会哲学的アングルからのアプローチを心懸けたい。

1-1　アマゾンが目指すもの

1-1-1　「アマゾン効果《エフェクト》」の根底的位相

アマゾンには一四箇条のLeadership Principlesと呼ばれる従業員向けの社訓が存在するが、[1]冒頭に掲げられた「顧客第一」（Customer Obsession）という信条は、ユーザーに対するアピールにもなっておりアマゾンの経営理念の支柱をなす。この「顧客第一」という社訓は「お客様は神様です」式の御題目や精神論ではない。それは「低価格」（low price）「迅速な配送」（fast delivery）「膨大な品揃え」（vast selection）という三つの具体的なサービスとして具現され、そして日々実践され、さらに不断のサービス改善が従業員には課されている。[2]そして上記三項目のサービス改善を担うの

1　https://www.amazon.jobs/jp/principles
2　二〇一七年五月五日に開催されたInternet association主宰の「Jeff Bezos Fireside Chat」におけるJ・ベゾスの発言を参照。https://www.youtube.com/watch?v=LqL3tyCQ1yY（二〇一八年一一月一七日現在）

が広義の「技術革新《イノヴェーション》」（Innovation）である。アマゾンが人工知能（Alexa）やクラウドサービス（Amazon Web Service, AWS）、ドローン（Prime Air）といった最新テクノロジーの開発に余念がなく、その導入にも躊躇がないこと、そして利益率を最低の水準に抑えてまで利潤を技術革新に惜しみなく注ぎ込むのも、結局は先の三つのサービス向上を通じた「顧客第一」のポリシー実践に収斂する。穿った観方をするならば、二〇〇〇年にブルー・オリジンという新規企業を立ち上げてまで乗り出した宇宙旅行ビジネスでさえ、アマゾンの創業者にして現CEOであるジェフ・ベゾス個人の年来の夢の実現というよりは、むしろ「宇宙旅行」を膨大な品揃えの一つに加え、さらにそれを安価かつ早期に提供するという件《くだん》の三項目の実践とみなすことができる。

ここで改めて問題となるのは、しかし、「顧客第一」というアマゾンの根本社是が何を意味するかである。繰り返すが、われわれにはそこに経営の極意やら起業成功の秘訣やらを詮索する趣意も興味も持ち合わせない。われわれが問いたいのは、「顧客第一」というアマゾンのポリシーが情報社会において結果として何を実現しつつあるのか、というその社会哲学的な含意、巷《ちまた》で謂われる「アマゾン効果」（Amazon Effect）の根底的位相をメディア論的な見地から炙り出すことである（しかも、以下で示すようにその「効果」についてベゾスは十分自覚的であるともわれわれは考える）。

明らかにアマゾンは、商品ジャンル毎に縦割りに長らく分断されていた、製造から仕入れ・卸問屋を経て小売へ、という流通ルートの一元化、さらにそれを梃子《てこ》にした生産部門ならぬ小売場面における〝ＪＩＴ《カンバン》方式〟すなわち、時を選ばず出現し、時々刻々と変易する顧客の要求にJust In Time で応えるべく高頻度で間断なく配送を行うことが可能なロジスティックス・ネットワークの構築を企図している。先に挙げたAlexa、AWS、Prime Air などに代表される新規テクノロジーの導入とその矢継ぎ早の事業化はこうしたロジスティックス・ネットワーク構築の里程標であり（そして宇宙事業の展開によるネットワークの宇宙空間への拡張がその最終到達点）、その構築の過程で現れた過渡的な歪みが、今回表沙汰になったクロネコヤマトの配送を巡る一連の騒動に他ならない。

だが、単にロジスティックス網のグローバル展開というだけならば、それは何らアマゾンの専売特許ではなく、先行者はUPS、FedEx、DHLを始めとしていくらも存在する。ここで想起すべきが先のアマゾンの社是「顧客第一《カスタマー・オブセッション》」である。アマゾンの独自性は、生産者ないし荷主ではなく、どこまでも消費者ないし顧客を軸にロジスティックス網を再編し直す戦略にある。すなわち、地球規模という空間的広がりにおいてばかりでなく、ある時点において商品を必要とする顧客一人一人の居場所へ、という〝毛細血管〟的な微細さの水準においても、また終端への配送（すなわち「ラストワンマイル」）の迅速さと頻度の点においても手抜かりのない、備給の巨細に亘ったグローバルかつ稠密で滞りのないロジスティックス・ネットワークの構築をアマゾンは目指しているといってよい。著者は嘗て別の場所で、グーグルが〈汎知〉による世界再編を企図している旨を述べたが、[3] アマゾンはグーグルの企てと比すべき徹底ぶりで、備給網《ロジスティックス》構築による〈世界=社会〉再編へと驀進している。

1−1−2 「物《モノ》」における「情報」と〝実質〟の乖離

われわれはここで改めて「顧客第一」の含意を掘り下げてみる必要がある。

3 拙著『情報社会の〈哲学〉――グーグル・ビッグデータ・人工知能』（勁草書房）第一章を参照。

アマゾンがフォーカスするB2Cの領域にここでは議論を絞り込みたいのだが、「流通」とは一般に、それじたいで完結した「物《モノ》」である「商品」が、生産者から仲買人を経て最終的に消費者ないし顧客の元に届くまでの、物理的・空間的な移動プロセスであると受け取られている。だが、この「流通」図式は飽くまでも、生産者（≒荷主）ないし配送業者の視点に立ったときに成立するものであることに留意しなければならない。

もちろん情報社会成立以前、すなわちネットワークメディアとしてのインターネットが普及する前の段階であれば、右の図式は顧客にとっても有効であった。なぜなら顧客は商品の購買に際して、小売店で実際に「物」の善し悪しを確かめた上で購買を決定し、自宅への配送を依頼するという段取りを踏んだからである。他人に勧められたりCMやチラシなどの広告を見たことが購買の契機となるケースであってもやはり「物」の直接的な確認プロセスは省略されないのが普通である。日用品など同一商品を継続的に購入するケースにおいても初回はやはり確認のプロセスが欠かせない。こうしたプロセスを踏む場合には「物」は自己同一性を保持し自己完結的な存在として最初から顧客の前に立ち現れている。あとは購買という手続きを踏んで即時に、あるいは「物」の嵩《かさ》がある場合や使用のタイミングが重要となる場合には後日、配送によって、物理的に占有すればよい。つまりそこでは顧客が荷主の位置を占めることになる。いずれにせよ以上のケースでは「流通」は例外なく自己完結的な「物」の空間的移送・移動――すなわち「物」流――として表象される。

ところがネットワークメディアが普及しeコマースが一般的になると事情が違ってくる。商品がそれまで保持していた自己完結的「物」性が〝揺らぎ〟を示し始め、「情報」性と「物」性とが乖離を起こし始めるのである。どういうことか？

ここは事例に則しつつ具体的に述べよう。例えば、オーブントースターをアマゾンで購入するとしよう。商品検索で「オーブントースター」と入力すると千件を超える商品が写真・値段と共に数十ページにわたって表示される。火力調節機能の有・無を問われるので「有り」を選択すると一四件に絞り込まれる。今度は一つ一つの商品写真をクリックして製品の仕様やデザイン、値段を確認する。リンクからメーカーのホームページに飛んで、製品の詳細な仕様を調べ、PDF形式のマニュアルをダウンロードして操作性やメンテのし易さ、アフターサービスを調べる。こうした作業を経て絞り込んだ数件の商品について今度は、ユーザーレヴュー数やその評価を比較する。気になるレヴューを投稿したユーザーに対してこちらから商品についての更なる質問を投げかけることも可能である。こうして商品の購入を決断し「ポチる」。すると決済が終了した旨のメッセージと共に配送予定日が画面に示される。あとは宅配便を待つだけである。

こうした一連の段取りを通覧して気づく必要があるのは、商品が実際に手許に届くのに先立って、「情報」のかたちでそれはすでに顧客の前に〝存在〟していることである。あとはその〝存在〟に〝実質〟を充当するだけである。この場合、顧客にとって〈流通〉とは、現前する中味のない「情報」としての商品に〝実質〟が充当されるプロセス、ということになる。

もちろん家電量販店やデパートなどの大規模小売店に足を運べば、商品の事前の比較検討は可能だが、汎ゆるジャンルの商品購買に際して一々小売店に出向くことは非現実的であり、そもそも顧客のそうした手間を省く目的で起業したのがアマゾンだったはずである。[4] 肝要なのは、全面化され

4　この点については、後に「移動」と「場所」の収縮という問題として改めて主題化する。

たeコマースにおいては常に「物」（＝商品）の「情報」がその〝実質〟に先行し、そのことで従来であれば自己完結的であるはずの「物」（＝商品）が「情報」と〝実質〟とに乖離と〝ブレ〟を起こすことである。「物」は「情報」に遅れて遣って来ると言ってもよい。そして「物」（＝商品）におけるこうした乖離、〝遅延〟を埋めるオペレーションこそが顧客の観点からのあるいは情報社会に固有な意味での〈流通〉[5]に他ならない。

1―1―3　「顧客第一」の根本意想：ロジスティックスの〈メディア〉化

こうした観点からするときアマゾンの謂う「品揃え《セレクション》」（Selection）とは、必ずしも物理的・物質的「在庫《ストック》」（Stock）を意味しない。それはむしろ顧客が多面的《フィールザイティヒ》（vielseitig）かつ汎通的《ドゥルヒゲンギヒ》（durchgängig）に「情報」としての商品を、事前にそれを資源《リソース》として〈構成〉できるだけの多様な選択肢《セレクション》を最大限提供する〝情報プール〟のことである。また、商品が「情報」として、顧客の前にすでに〝存在〟している以上、それは〝実質〟によって可及的速やかに充当されなければならない。商品の当日配送が可能になる会員制サービスのAmazon Prime、一時間以内の配送を行うPrime Now、ＰＣやスマホのない場所からも日用品の当日配送を依頼できるDash Buttonなどほとんど強迫症的と形容してよいアマゾンの迅速性への拘泥《こだ》わりも、商品における乖離と〝遅延〟を埋めて一刻も早く「物」を完成させたい顧客の心理を衝いた、まさに「顧客第一」主義に適ったサービスなのである。しかも顧客がその簡便さとスピードに慣れてしまうと、顧客の購買頻度と求める商品レンジは更に拡大し〈流通〉サイクルは加速の度を増す一方である。

また、「情報」への顧客にとって満足のゆく〝実質〟の充当がなされず「情報」との齟齬が生じた場合、購買のキャンセル（返品）、もしくは別の〝実質〟による充当（交換）というプログラムが発動するシステムをアマゾンは構築している。間違いなく頻繁に発動しているであろう「返品」「交換」というプログラムの存在そのものが、商品における「情報」と〝実質〟との乖離の事実を搦手《からめて》からも証拠立てている。

　アマゾンが先導してきたｅコマースの全面化によって、商品購買というオペレーションが、右で辿ってきたように、購買者の場所的・空間的移動を伴わない、商品のＰＣやスマホ画面内の「情報」による〈構成〉と、その事後的な〝実質〟充当に変じるとき、〈流通〉はもはや「物」流という固有の時・空間を占める独立した過程ではなく、顧客にとって、強いて意識する必要のない透明なプロセス――「物」を〝図〟として成立させる条件として要請されはするが、それじたいは「物」の背後に沈み込んで不可視となるような〝地〟――と化す。

　この意味において情報社会の〈流通〉とは、語の原義における「兵站《ロジスティックス》」(Logistics)、すなわち戦時にあって兵器や兵士の本来の機能を抽《ひ》き出すために必須ではあるが、それじたいは前線の背後に埋伏《まいふく》して弾薬・食料供給を果たす輜重《しちょう》・後方支援網――いまの場合は単なる「情報」としての「物」（＝商品）に実質的機能を付与する不可視の〝素材〟備給ネットワーク――と称することができる。それは恰も、コンピュータのユーザーインタフェースが、真空管を素子とするENIACに代表される黎明期のプラグやダイヤルから、メインフレーム時代のパンチカードやテープを経て、ディスプレイとキーボードによるコマンドプロンプトへ、そしてパソコン時代に入ってのＧＵＩと

5　〈流通〉の十全かつ厳密な規定は本章の後半で行う。

マウス、更にはスマホ時代の音声入力へと推移するにしたがって、インタフェースが「物」性を希薄化させ、次第にインタフェースそのものが透明化していった事情と類比的である。「顧客第一」(「ユーザーフレンドリー」)を徹底するとき、顧客(ユーザー)にとって〈流通〉プロセス(インタフェース)は〝消える〟――精確には、「物」(「オブジェクト」)の中に解消される――他はないのである。

アマゾンが、そしてベゾスが「顧客第一」を旗印に目指すのは、ロジスティックス・ネットワークの全面化・普遍化による――逆説的にも――流通過程そのものの〝消去〟である。もちろん本当に「消滅」するわけではない。水道網や電力網、そしてインターネットと同様、「物」流網がロジスティックス・ネットワークとして社会インフラ化することによって、それは陳腐化し〝透明化〟するのである。われわれはこうした事態をロジスティックスの〈メディア〉化と呼ぶことにしたい。[6]

1-1-4 〈流通〉と〈コミュニケーション〉

見逃すことができないのはアマゾンが、書籍という「情報」財のeコマースからその業態を起こしている点である。この事実はアマゾンが採るロジスティックスモデルが「物」ではなく「情報」であることの状況証拠となる。電子書籍端末のいまや代名詞ともなったKindle《キンドル》、映像や音楽の配信(Amazon Video、Amazon Music)、そして顧客とのコミュニケーションのなかでその要望を即座に解して返答を返す人工知能Alexa《アレクサ》を搭載したスマートスピーカーAmazon Echo《エコー》と、アマゾンが陸続と展開・提供するサービスラインナップも、「情報」モデルのロジスティックス戦略のコンテクストにおいて初めて十全に理解できる。

ここで想起されるのが、社会哲学者N・ルーマンによる、「情報」モデルを採用した、コミュニケーション観の抜本的転換の企図である。ルーマンは従前のコミュニケーション図式、すなわち送信者から発されたメッセージが、声やインクといった物理的媒体に〝封入〟され、受信者にまで届けられる、とするコミュニケーション理解を、実情にそぐわない「転移《ユーバートラーグンク》」(Übertragung)モデルとして貶下し廃却する。その企図に籠められた彼の目論見の委細は別著の記述に委ねるが、[7]重要な点は、「送信者」を「荷主」に、「受信者」を「受取人」に、そして「メッセージ」を「商品」に、それぞれ読み替えれば明らかなように、この「転移」モデルが「物」の物理的・空間的移動をコミュニケーション・プロセスに強引に読み込んだものになっている点である。ルーマンが「転移」モデルと名指すこうしたコミュニケーション把握の図式を著者は「小包の比喩」と呼んできたが、[8]その際念頭にあったものこそ、今まさに検討している宅配便に代表される「物」流であった。

さて、ではルーマンは、旧来のこうしたコミュニケーション観をどのように転換するのか? 他でもない「受け手」中心の構図に組み替えることによって、である!

ルーマンにとって〈コミュニケーション〉とは、「受け手」における、「情報《インフォルマツィオーン》」(Information)と「伝達《ミットタイルンク》」(Mitteilung)との差異に他ならず、[9]そこにメッセージの空間的移動は一切伴わ

6 〈メディア〉化の詳細な規定については後述する。
7 拙著『〈メディア〉の哲学――ルーマン社会システム論の射程と限界』(NTT出版)2・6・14小節を参照。
8 前掲拙著0・0・2小節。
9 ただし厳密には、「情報の選択」(*Selektion der* Information)と「伝達の選択」(*Selektion der* Mitteilung)との差異、である。

ない。例えば、彼女の眉根が微かに動いたことに私が気づいたとき、そこにはすでに〈コミュニケーション〉が生じている。それは単なる「知覚」以上《エトヴァス・メーア》・以外の或るもの《エトヴァス・アンデレス》（etwas Mehr, etwas Anderes）であって、私はそこに「怒り」という彼女の「意図」を察知する。この「意図」の察知こそが、「情報／伝達」差異である。気を付けなくてはならないことは、ここで彼女から私へのメッセージ「転移」は一切生じていないことである。眉根の動きはひょっとすると単なる生理現象である可能性もあるし、そもそも私は彼女の〝中で〟一体何が生じているのかを確かめる術《すべ》を原理的に持ち合わせない。第三者的に見て、この場合の「意図」とは「受け手」である私の側での「情報」による構成物以上のものではない。

〈コミュニケーション〉把握における「送り手」中心の「転移」図式（＝小包の比喩）から「受け手」中心への「情報」構成モデルへのルーマンによるこうした転換と、アマゾンによる〈流通〉了解の「顧客第一」の構図とが完全に相掩うことは今や看易いところであろう。われわれがここで確認しておきたいのは、一つには〈コミュニケーション〉と〈流通〉との並行性《パラレリズム》であり、第二には、「顧客第一」（「受け手」中心）という視座設定が、自己完結した「物」の存在を自明の前提とする「物」中心の世界了解から、「情報」による「物」の構成を基軸とする〈情報的世界観〉への推移と連動している点である。[10]〈コミュニケーション〉と〈流通〉の孰れもに共通して生じているこうした変容の根拠は「情報社会」というメディア・パラダイムに究極的には索《もと》められる。すなわちネットワークメディアが相互行為《インタアクツィオーン》（Interaktion）を含む〈コミュニケーション〉の場面で、「人」における「移動」や「場所」の概念を解体し、その結果として「距離」の概念を無化させていったように、ロジスティックス・ネットワークは現在、「物」における「移動」や「場所」の概念を変容させながら、〈流通〉概念を換骨奪胎しつつあるのである。[11]

10 「情報的世界観」については『基礎情報学のヴァイアビリティ――ネオ・サイバネティクスによる開放系と閉鎖系の架橋』（西垣通ほか編、東京大学出版会）所収の拙論「情報的世界観と基礎情報学」を参照。

11 実は「物」における「場所」と「移動」の変容は、「人」のそれにフィードバックされるが、そのメカニズムについては後述する。

1―2 〈流通〉の社会哲学

1―2―1 〈メディア〉と〈流通〉

ここでわれわれは「アマゾンという問題」そのものからは離れ、視界を広げて、アマゾンによって切り拓かれた〈流通〉の新たなパラダイムが、情報社会段階に突入した資本主義をどのように再編しつつあり、また逆に新たな〈流通〉のかたちが資本主義の最新布置のなかに如何に組み込まれるのか、という問題を以下では検討したい。

だが、その前段としてわれわれは、アマゾンの業態を意義づける文脈において帰納的・発見的にではなく、学説史に即するかたちで原理的・演繹的に、新たな〈流通〉概念を権利付ける作業にまずは取り組まなければならない。

われわれは先に、アマゾンの業態に託《かこつ》けつつ情報社会における〈流通〉を、事前に「情報」によって構成された「物」への〝実質〟の充当、として規定したが、この規定をより精密なものとするためにわれわれが援用したいのは、すでに言及したルーマンが、その体系化された社会システム理論のなかで示している〈流通《ツィルクラツィオーン》〉(Zirkulation) 把握である。[12] ルーマンは、ゲシュタルト心理学者のF・ハイダーによって展開された、世界に存在する——分子レベルから天体レベルに及ぶ——あらゆる水準の「物《ディング》」(Ding) を、〈形式〉(Form)[13] と〈メディア〉(Medium, Media) という両つの契機の階層的《ハイアラーキカル》な結合強度の変容およびそのヴァリエーションとみなす世界了解を、社会システム論的＝〈コミュニケーション〉論的に換骨奪胎しつつ自説に導入する。ルーマン理論においては、社会の単位要素は人間でも行為でもなく、ルーマン解するところの〈コミュニケーション〉であり、したがってルーマンにとって社会とは〈コミュニケーション〉の連鎖的接続と同義である。更にルーマンはある時期以降、この〈コミュニケーション〉の連鎖的持続というオペレーションを、ハイダーから借り受けた〈形式／メディア〉の区別によって捉え返し始める。これを例えば経済システムという社会システムのサブシステム（機能的分化システム）を例にとって説明しよう。[14] ルーマンの社会システム論体系では購買という経済的営為もまた〈コミュニケーション〉とみなされるが、経済的〈コミュニケーション〉は「貨幣《ゲルト》」(Geld) という〈メディア〉の〈流通《ツィルクラツィオーン》〉(Zirkulation) によってその持続が担保されている。ただしこの場合の〈流通〉とは、貨幣という「実在」の物理的・空間的な移動や転移を（結果として含意はしても）直接には意味しない。貨幣が

12 Luhmann. N., *Die Gesellschaft der Gesellschaft*, S.390f. また前掲拙著『〈メディア〉の哲学』2・6・10小節を参照。

13 ハイダーの記述に忠実に従うならば、厳密には「統一性《アインハイト》」(Einheit) ないし「核《ケルン》」(Kern) である。「形式《フォルム》」(Form) は発展的読み込みを伴うルーマンによる再規定である。

14 Luhmann, N., *Die Wirtschaft der Gesellschaft*, 315ff. および *Die Gesellschaft der Gesellschaft*, S.190f. を併せて参照のこと。

〈メディア〉であるとは、それが謂わばア・モルフな〝素材〟的存在であって、「取引」や「購買」という〈形式〉がそこに〝嵌入〟するときにのみ具体的な支払いという経済的〈コミュニケーション〉が構成され、〝素材〟としてのア・モルフな貨幣に〝緊密な結合〟がもたらされる謂《いい》である。「取引」が終わったときには、貨幣は再び〈形式〉による〝緊密な結合〟を解かれ「支払い可能性」という〝緩やかな結合〟状態すなわち〈潜在態《ポテンツィアリテート》〉(Potentialität)に戻っている。そして次なる新たな〈形式〉の〝嵌入〟、つまり「取引」や「購買」を待機することになる。

したがって〈メディア〉とは当該の経済システムの内部で、或る〈形式〉実現のために使用される〝素材〟的存在であって、緩やかな同一性は保っているが無定形《ア・モルフ》なこの〝素材〟的存在に〈形式〉の〝嵌入〟と〝解除〟が繰り返される。これは例えば、「砂」という〈メディア〉に、「山」や「お城」という〈形式〉が〝嵌入〟することで〝緊密な結合〟が実現されては、また「砂塊《くれ》」に戻される事態をイメージすればよい。〈形式〉〝嵌入〟にあたっての〈メディア〉の反復的使用の可能性、時間における〝素材〟の高次元でのこうした結合と結合解除の繰り返しを、ルーマンはメディアの〈流通〉と呼ぶのである。

1―2―2　「物」の水平的「移動」から〈メディア〉による垂直的構成の〈運動〉へ

こうした〈流通〉理解を採るのはルーマンに限らない。マルクスもまた〈流通〉について同様の把握を示している。[15]〝単純商品〟市場(そのようなものが仮にあったとして)における「物―物」(W-W′)交換、個々の商品「購買」(G-W)や「販売」(W-G)といった断片的オペレーションにおいては慥かに「流通」は、商品の所有者間での物理的・空間的「移動」――「物」流!――というかたちを取る。だが、格別な〝商品〟である貨幣の市場主宰と全面化によって個々の「購買」や「販売」の断片が連鎖的に接続するとき（…G-W-G…）、事態のゲシュタルトは一変する。〈流通〉はこの段階で、個々の「購買」や「販売」が、「価値《ヴェーアト》」（Wert）ないし「資本《ダス・カピタル》」（das Kapital）のその時々にとる「現象形態《エアシャイヌングスフォルメン》」（Erscheinungsformen）、循環的な「変態系列《メタモルフォーゼンライエ》」（Metamorphosenreihe）として立ち現れてくるのである。

この際われわれが見落とすべきでないのは、マルクスの右の〈流通〉規定にあっては「価値」や「資本」が、ハイダー＝ルーマンの謂う〈メディア〉とアナロガスな流儀で把握されていることであり、同様に「商品」（Ware）や「貨幣」（Geld）――更には労働力・生産手段からなる「生産要素《プロドゥクツィオーンスエレメンテ》」（Produktionselemente）――をもまた〈メディア〉に〝嵌入〟する諸〈形式〉とみなし得ることである。マルクスにあってはルーマンと異なり「貨幣」より更に下位の〈メディア〉として「価値」（「資本」）を据える点が注目されるが、ここで重要なことは両者の相違であるよりは、むしろ構図の同型性のほうである。

問題の焦点は、これまで商品が自己完結体としての「物」とみなされ、〈流通〉が「物」としての商品の空間的・物理的な転移・移動として把握されることで、〈流通〉が「生産」や「消費」と存在論的に切り離され、それが「物」の本質には係らない、「物」にとって外在的で偶有的な独立自存的プロセス――すなわち「物」流――と考えられてきた点にある。ルーマンそしてマルクスは、

15 Marx, K., & Engels, F., *Das Kapital : Kritik der politischen Ökonomie*, Erster Buch, Erster Abschnitt, Das Geld und die Warenzirkulation. および Buch II:Der Zirkulationsprozeß des Kapitals を参照。

「物」の自己完結性を否定した上で、それを「接続《アンシュルス》」(Anschluss)や「過程《プロツェス》」(Prozeß)という関係のネットワーク(=システム)のなかでその時々の水準に見合った〝素材〟へと解体する。このとき〈流通〉もまた、「物」の水平的「転移」から、〈素材=メディア〉の〈形式〉による垂直的包摂と解除の反復的〈運動〉へとそのゲシュタルトを大きく変じることになる。

1―2―3 「記号の経済学」批判

右に構図的概略を素描した〈流通〉の新たなかたちは、けっして単なる概念操作や机上の空論ではない。実際すでに格別な〝商品〟である貨幣がビットコインというかたちで〈流通〉における「情報」モデル、すなわち〈形式/メディア〉の〝嵌入〟と〝解除〟の構図を逸早く実現している。貨幣〈流通〉の、単なる「物」の物理的・空間的「移動」・「転移」からの離脱は、決済における手形の出現とともに資本主義の比較的早期から生じているが、近年のビットコインの登場と普及はその趨勢を決定的なものとした。ビットコインの〈流通〉は「物」の「移動」を一切伴わない。ユーザー全員が所持するBlockと呼ばれる〝出納台帳〟上で一〇分毎《ごと》に同期的に書き換えられる全ユーザーの使用履歴と残高の「情報」がビットコインの〈形式〉を構成する。だが、それだけでは〈流通〉は生じない。〈流通〉を〝起動〟させるためには「PoW《プルーフ・オブ・ワーク》」と呼ばれる価値創造のオペレーション、すなわち貨幣発行、が必須の要件となる。各Blockの情報〈形式〉に、PoWによる価値〝実質〟が〈メディア〉として充当されて初めて〈流通〉は機能し始めるのである。[16]

われわれは先に〈流通〉の新たなかたちにおける「情報」の先行性を慥かに強調した。だがそれはけっして、貨幣や商品の「象徴《シンボル》」性や「記号《サイン》」性の主張ではない。「象徴」「記号」といった〈形式〉だけからは〈流通〉のダイナミズムは生まれない。〈形式〉を満たす〝実質〟が常にそこに流れ込み、更新される体制、謂わば〝代謝〟のシステムが〈流通〉には欠かせない。その意味で新たな〈流通〉把握は、〈形式＝形相《エイドス》〉(εἶδος) の主導性の主張であると同時に〈メディア＝質料《ヒューレー》〉(ὕλη) 性の擁護でもまたある。カントの有名な惹句を捩《もじ》るならば「〝実質〟なき「情報」は空虚であり、〈形式〉なき〈メディア〉は盲目」なのである。

以上の点に徴するとき、「情報」の観点から最新段階の資本主義を捉え返し、依って以ってマルクスの資本主義把握を、「労働」やその「生産物」の実体性・自明性の罠に囚われた「生産」本位の謬見に陥っていると批判するJ・ボードリヤールの「記号」ないし「象徴」の経済学[17]をわれわれは見咎めざるを得ない。われわれに言わせればボードリヤールは、資本主義の情報社会段階における〈流通〉の〈形式〉性をのみ強調することで、その〈メディア〉性・〝素材〟性を看過している。〈流通〉における「情報」(≒「記号」「象徴」) 主導の主張は、けっして「生産」を〈流通〉にとって非本質的とみなすことと同義ではない。

慥かに、部品のコンポーネント化による擬似受注生産《ビー・ティー・オー》 (BTO, Built To Order) の魁《さきがけ》であるDELLコンピュータのパソコンリテール、またアパレル業界で、近年躍進著しいZOZOが手懸けるイン

16 ビットコインの本質解明とその情報社会における意義については本書第三章を参照。

17 Baudrillard, J., *Le Système des objets*, 1968.（邦訳『物の体系——記号の消費』法政大学出版局）。*La Société de consommation*, 1970.（邦訳『消費社会の神話と構造』紀伊國屋書店）。*Pour une critique de l'économie du signe*, 1972.（邦訳『記号の経済学批判』法政大学出版局）。*Le Miroir de la production*, 1973.（邦訳『生産の鏡』法政大学出版局）を参照。

ターネットを介した顧客の身体情報の自動取得による製品カスタマイズ（ZOZOSUIT）などを思い泛《うか》べるとき、ボードリヤールが主張するように、〈流通〉における「情報」主導が、「生産」主義を超克したかに思える。しかしながら「生産」本位の時代における、トヨタのカンバン（JIT《ジャスト・イン・タイム》）方式や、その発展形であるサプライチェーン・マネジメントというアナログ時代から存在する「流通」方式もまた、「情報」を軸として「生産」工程が仮想的に束ねられてゆく――今謂う所の「仮想統合《ヴァーチャル・インテグレーション》」（Virtual Integration）――のであって、「生産」と「情報」は問題なく同居してきたし、また今後もし得る。

ボードリヤールの「流通」観は結局、未だ「情報」社会が全面展開相に至っていない一九七〇～九〇年代の、社会に「広告」が日々洪水のごとく氾濫したマスメディア・パラダイムないしバブル経済期のイデオロギーであって、情報社会の最新段階における〈流通〉の本質は、ボードリヤールが示した如き「生産か、消費か」「労働か、象徴か」といった単純な二者択一の構図ではもはや把捉不可能である。実際アマゾンを始め、DELLやZOZOといった最新の商品〈流通〉スキーム、そしてビットコインという貨幣の新たな〈流通〉形態、いずれの〈流通〉においても「生産」（≒労働≒価値創造）は終焉どころか依然重要な位置を占め続けている。

とすれば問題の焦点は、寧ろ以下の点にこそあるのではないか。すなわち、これまではプロセスが生産者の視点から「生産」「流通」「消費」の三局面に分断された上で、「生産」は「物」の生成が、「流通」は「物」の移動が、そして「消費」は「物」の消尽が、それぞれ実行される、諸〈場面〉の系列として、つまり「物」が主導する時・空間的な〈場面〉転換として、表象されてきたのに対し、情報資本主義の最前線ではもはやそうした把握が実効性を失い、「消費者」（≒顧客）の観点から全プロセスが組み替えられ、再編されつつあるという点に、である。

一部、アマゾンの業態分析を行った第1節での記述の反復になることを厭わずにそのメカニズムを記そう。新たなプロセスにおいては、顧客がその都度個別に構成した商品「情報」が、「物」（＝商品）の存在に先行し（この点が重要である！）、それが全プロセスを主宰する。このとき「生産」「流通」「消費」は、時・空間的に隔てられた三つの〈場面〉ではもはやなく、「情報」（＝〈形式〉）としての〝物〟に、〝実質〟を備給することで商品を「物」としての完成形態にもたらす三つの〝質料《ヒュレー》〟的〈契機《ファクター》〉＝〈メディア〉に変ずる。三つの〝質料〟的〈契機〉となった〝生産〟〝流通〟〝消費〟は「物」において緊密に結びついており、したがって存在としてそれらを単離することはもはや不可能である。[18] われわれはこの不可分に一体化している〝質料〟的三契機が〈メディア〉として、〈形式〉としての「情報」を満たすことで、潜在態《デュナミス》（δύναμις）に過ぎない「情報」としての〝物〟を、現勢態《エネルゲイア》（ενέργεια）にある本来の「物」へと完成させるオペレーション、それを情報社会に固有な〈流通《ツィルクラツィオーン》〉として捉え返したいのである。

18 こうしたもの言いに対しては当然、〝消費〟や〝流通〟は兎も角、謂うところの〈契機〉としての〝生産〟とは所詮、顧客による出来合いの「生産」物の選択に過ぎず、「情報」による商品の構成に先立って、完成態としての「物」＝商品が存在しているはずだ、との疑義が呈されよう。著者としても現状では強いてこの疑義に異を唱えるつもりはない。ただし、ビットコインの普及も手伝って、Kickstarter に象徴されるような、「物」としての商品が未だ影もかたちもない段階での、〝生産〟への投資（あるいは生産〝物〟の〝購買〟）を行う、所謂クラウドファンディングが活況を呈している現実に鑑みるとき、現状は過渡期であって長期的な趨勢としては〝生産〟もまた〈流通〉の一〈契機〉として組み込まれつつあると考える。

1－2－4 「移動」と「場所」の収縮

「情報」は空間的「移動」を無化する。換言すると「情報」は移動しない。「情報」財の「物」財に比しての特異性も、「情報」のこの特性に淵源する。すなわち「物」財と違って「情報」財は譲渡しても財が手許に残り（すなわち「譲渡」＝「複製」となり）、譲渡の度毎《たびごと》に財の数が増加することで価値逓減をもたらす（財の価値を保つためには、したがって、譲渡そのものを制限するか、もしくは一定時間経過後に「情報」を消去する仕組みが必要となる）。近年議論の喧《かまびす》しさを増している「著作権」問題は、この「情報」財の価値逓減問題の法的表現に他ならない。情報社会においては「情報」財がその規模においても影響力の点でも「物」財を凌いだ結果「不動態における財の増殖」が一般化してきている。だが問題はそれだけには留まらない。「財の不動的増殖」は、人間の〝不活性《イナート》〟（inert）化[19]をも同時に惹き起こす。

ここでは話を分かりやすくするために「映像（映画）」という「情報」財を例に採ろう。W・ベンヤミンは映画という複製芸術の本質を「展示価値《アウスシュテルンクスヴェアト》」（Ausstellungswert）に見出し、古典的芸術、例えば絵画の特性である「礼拝価値《クルトヴェアト》」（Kultwert）と対比してみせた。われわれは映画が絵画とは違って、本質的に「商品」であると同時に「情報」財である点を常に念頭に置くべきなのだが、ベンヤミンの「展示価値／礼拝価値」というこの区別は、鑑賞者の空間的「移動」に関わっている。われわれがルーブルにわざわざ足を運んでまでモナ・リザを鑑賞するのは、それが其処にしかない（唯一性）からであって、その行為はキリスト者がエルサレムに詣でる行為に近似する謂わば〝巡礼〟の行為なのである。[20]対して、映画では、その本質的な複数性故にそれを上映する映画館は同時に複数存在する。われわれは最も手近な映画館に足を運べばよいのであって、われわれが対象の方に「移動」するのではなく、逆に対象の方からわれわれに歩み寄ってくれる。この「移動」特性をベンヤミンは「展示《ディスプレイ》価値」と呼ぶのである。[21]

だが情報社会時代に入って事態には更なる進展がみられる。もはやわれわれは映画館という「場所」にはめったに「移動」しない（おそらく多い人でも年に数回ではないか）。ＤＶＤ再生装置（場合によってはホームシアター）が自宅にあるからである。映像という商品の鑑賞者への歩み寄りは、映画館を経て家庭にまで達したことになる。更にNetflixやHuluに代表されるＶＯＤ（Video on Demand）の登場と普及は、映像から「物」性の残滓を払拭して完全な「情報」財にそれを化すとともに「移動」や「場所」性をも一掃した。映像がスマホやタブレットといったデヴァイスの如何を問わずそこに〝憑依〟できるため、鑑賞者のその時々の位置に映像が付き随うのである。

19　この〝不活性〟という化学的メタファーは、移動と交渉を可能な限り避ける、という価値的に中立的な意味において使用しており、「非生産的」ましてや「引き籠もり」といった価値的にネガティヴなニュアンスは、現在の文脈では付加されていないことに留意されたい。

20　Benjamin, W., 'Das Kunstwerk im Zeitalter seiner technischen Reproduzierbarkeit' (1936) を参照。ただし、著者は「礼拝価値」と「アウラ」(Aura) の概念とを重ね合わせる彼の流儀には留保を付けたい。この点については拙著『「情報社会」とは何か？――〈メディア〉論への前哨』（ＮＴＴ出版）、２-13「アウラと遊戯空間――ベンヤミン写真論の再検討」の節を参看されたい。

21　〈メディア〉パラダイムの推移が「場所」性に及ぼす〈効果〉についてはメイロウィッツによる以下の文献も参照のこと。Meyrowitz, J., *No Sense of Place: The Impact of Electronic Media on Social Behavior*, 1985.（邦訳『場所感の喪失〈上〉――電子メディアが社会的行動に及ぼす影響』新曜社）

映画という典型的「情報」財にみられる、人の「移動」と「場所」の収縮現象は、「物」財の領域にも当然及ぶ。昨今デパートに代表される大手小売店の閉店や規模縮小が相次いでいるが、これはわれわれが映画館に足を運ばなくなった現象とパラレルな事態である。映画鑑賞行為において映画館から自宅のDVD再生装置への推移が生じたのと軌を一にしつつ、購買行為における「大都市圏のデパート」から「近所のコンビニ」への遷移が生じている。顧客は購買に際しても「場所」の「移動」を厭《いと》い始めている。そして映像という「情報」財の領域でみられた「情報」性の最大化と「物」性の希薄化に伴う人の〝不活性〟化[22]——すなわち、人が商品のある「場所」に「移動」するのではなく、VOD《ヴィデオ・オン・デマンド》にみられるような、商品の方で個々人にまで歩み寄る事態——が、「物」財領域でも生じつつあるのであって、その最前線こそが第1節で主題化した「アマゾンという問題」に他ならない。[23]

1-2-5 「情報」の限界

ただし情報社会がどれほど進展しようとも、社会が「情報」のみから構成されることは金輪際ない。なぜなら「情報」は階層構造をなして社会的に編成されており、〝上〟においても〝下〟においても限界によって画されているからである。

〝上〟方において「情報」の限界を画しているのは「価値」である。「価値」はけっして「情報」からは生じない。それは「情報」とは類を異にする独自の〝定在《ダーザイン》〟(Dasein)であって、「情報」を土台的基礎《フンダメント》(Fundament)とすることはあり得ても、それと一致することはけっしてない格別な存立体《ゲビルデ》(Gebilde)である。ビットコインはその事実を端的に示している。[24]

一方、〝下〟方において「情報」の限界を定めているのは〝物質〟、より厳密には〝質料《ヒュレー》〟、われわれの言葉では〈メディア〉、である。「物」財の「情報」への還元がどれほど進んだとしても、それが「情報」に解消され尽くす事態は事の原理上あり得ない。そこには必ず「情報」＝〈形式〉の

22　地理学者のM・カステルが提唱する「フローの空間」（space of flows）やP・ヴィリリオの「ドロモロジー」（dromologie）においては逆に「移動」の最大化・高速化が情報社会の特性とされるが、われわれに言わせれば、そうした把握は「情報社会」の特性を世界の地理的・空間的な統合（グローバリゼーション！）とみるウォーラステイン流の世界把握（「世界システム」）に見合うものに過ぎない。だが、「情報社会」を「世界社会《ヴェルトゲゼルシャフト》」（Weltgesellschaft）として、すなわち〈コミュニケーション〉の連鎖的接続の総体として観る立場を採用するならば、「空間的統合」の弛緩、したがって「移動」と「場所」の無化こそが「情報社会」に固有の特性として浮上する。この場合「速度」は、「移動」を無化するための手段、ないし「空間的統合」の〈効果〉として捉え返されることになる。この点については、Luhmann, N., Globalization or World Society? How to conceive of modern society, in *International Review of Sociology*, March 1997, Vol. 7 Issue 1, p. 67. 拙訳「「グローバリゼーション」か、それとも「世界社会」か――現代社会をどう概念化するか?」（『現代思想』二〇一四年一二月号、特集「社会学の行方」所収）および前掲拙著『〈メディア〉の哲学』2・4・6・3「テレコミュニケーションと世界社会」の項、また併せてCastells, M., *The Informational City: Information Technology, Economic Restructuring, and the Urban-Regional Process*,1989. およびVirilio, P., *L'Horizon négatif : essai de dromoscopie*, 1984.（邦訳『ネガティヴ・ホライズン――速度と知覚の変容』産業図書）も参照のこと。

23　すでに読者はお気づきのことと推察するが、情報社会におけるこうした「移動」と「場所」の収縮は、「鑑賞」や「購買」の域を越えて「労働」という「生産」現場にまで及びつつある。業界で話題を呼んでいる「副業解禁」のトレンドがそれである。これは「在宅勤務」を含めた労働における「移動」「場所」の収縮が成立の要件をなす。またわれわれはこうした人の「移動」「場所」の収縮現象の果てに、その極限形態として、人間の〝素材〟化・〝素子〟化があるとも考える。

24　この点については本書第三章を参照。

〝残余《レズィドゥウム》〟(Residuum)としての〝質料〟＝〈メディア〉が存留するからである。もちろん、〈メディア〉とは飽くまでも〈形式〉との区別においてのみ有意味な〈契機〉であって、それだけを存在として単離することは不可能である。にもかかわらず〈メディア〉性が、〈流通〉における「情報」の主導性を支えると同時に、〝物質〟性を担保することで「情報」の〝独裁〟を掣肘してもいる。

第1節でわれわれは〈流通〉が今後、社会インフラ化することによって〝透明〟化し、「物」としての商品のなかへと〝消失〟してゆくだろうこと、そしてアマゾンとベゾスもまたそれを意図している旨述べた。だがそれは飽くまでも「顧客」の立場(für es)《フュア・エス》を扮擬《ふんぎ》した場合の話である。同じ事態を第三者的にみるとき(für uns)《フュア・ウンス》情報社会の〈流通〉は、「物」の移送ならぬ〝質料的素材〟の備給網《ロジスティックス》すなわち〈メディア〉のネットワークとして立ち現れる。そしてその時「物」は、「顧客」の立場を採ったときとは逆に、ネットワークの〝ノード〟、備給網の〝結節点〟に過ぎないものとして捉え返されてくる。

それはちょうどネットワーク・パラダイムにおいてインターネットの個々のユーザーが、それぞれの視点からは(für es)《フュア・エス》主体的に〝情報発信〟しているつもりでも、事態としては(für uns)《フュア・ウンス》ネットワークにおける非人称的〈コミュニケーション〉連鎖の〝構成物〟、その〈効果〉として析出されてくる事態と同型的である。その意味で〈流通〉は〈コミュニケーション〉とともに情報社会の〝屋台骨〟をなす等根源的《グライヒウアシュプリュングリヒ》(gleichursprünglich)な〈地平〉を構成しているのである。

第二章　「モード」の終焉と記号の変容

2-0　モードの終焉？

日本記号学会が例年開催する年次大会の二〇一七年の統一テーマは『モードの終焉？――デジタルメディア時代のファッション』であった。[1]同会が毎年の学会大会で取り上げるテーマはジャーナリスティックな意味でその年に話題になった事象や現象であることが多い。例えば二〇一一年には所謂「ゲーミフィケーション」（gamification）現象を意識しつつ『ゲーム化する世界』をテーマに据えているし、二〇一四年には、長い助走期を経て漸くこのころから普及に弾みがつき始めた電子書籍を主題化しつつ『ハイブリッド・リーディング』を、二〇一六年にはこの年の衆議院本会議で、自民党と日本維新の会を中心とした賛成多数によって可決・成立をみた「IR推進法案」いわゆる〝カジノ法案〟を念頭に置きつつ『賭博』を、それぞれ大会テーマとして採択している。その意味で、この学会の大会テーマは情報社会の表層で目紛《めまぐ》るしく移り変わる論点の所在を示す恰好のインデックスの役目を果たしてくれる。

実際、このところ「モードの終焉」を勘繰りたくなる兆候がそこかしこでみられる。もちろん学会大会が開催された二〇一七年の流行は一応「カーキ色とレモンイエローと花柄」ということに

1　大会実行委員長：高馬京子（明治大学）、二〇一七年五月二〇、二一の両日、明治大学に於いて開催。著者もまた二日目の最終セッション「デジタルメディア時代のファッション」に、司会の高馬京子氏、パネラーの吉岡洋氏（京都大学）、アーティストの須藤絢乃氏とともに登壇した。当日のセッションの記録は『叢書セミオトポス14　転生するモード――デジタルメディア時代のファッション（仮）』（新曜社、二〇一九年刊行予定）を参照。

なっていたし、二〇一八年も春夏のトレンドカラーは「ピンク、イエロー、グリーン、ブルー、ホワイト、ラベンダーの（パステルカラーではない）淡色」で柄は「ドットとギンガムチェック」、秋冬のトレンドカラーも「ボルドー、カーキ、マスタード、テラコッタのベイクドカラー」で柄が「昨年に引き続いてシックな花柄、チェック柄、レジメンタルストライプ」と夏の段階で予想されている。だが、別のソースは夏の流行色として「レッド、ビビッドなヴァイオレット、ラベンダー、レモンイエロー」を挙げているし、秋冬に関しても「ネイビーブルー」を推奨している。孰れも、その時期になってみないと実際のところは分からないと告白しているようなものであって、予測ともアドバイスともつかない、保険をかけて候補をいくつも列挙しただけの何とも歯切れが悪いファッション指南である。

ツイッギーに象徴される六〇年代のミニ、ピンキーとキラーズに代表された七〇年代のパンタロンといった、或るモードを体現したアイコンが単一のファッション・アイテムで大衆を染め上げていくという単純明快な構図はもはや期待できないにしても、八〇年代バブル期のボディ・コンシャスやワンショルダーの流行にみられたような流行の明快な立ち上げと終息、そして交替をコントロールする力を現在のモードはもはや失っている。どのモード予測も、判で押したように「トレンドカラー」「流行柄」「マスト・アイテム」「最旬コーデ」の反復で、「モード」そのものというより、モードを構成する「パーツ」とその「組み合わせ」のカタログの域を出ない。これではモードを主導するというよりは、ユーザーにモードの主導権を委ねているといったほうが正しい。

モードの発信源であるブランドの地盤沈下も著しい。オートクチュールやプレタポルテ、ミラノコレクションはもちろんいまだ健在である。だが、それは経済的二極分化現象がファッション分野で証明されただけのことである。すなわち、「持てる者たち」のトレンドは極く限られたセレブたちのサークルのなかでのみ流通・消費され、八〇年代のように大多数の「持たざる者たち」に降りては来ない。伝統的な高級ブランドに代わるストアブランド（プライベートブランド）が「持たざる者たち」の間ではこの間、浸透してきたが、前世紀からの代表的プレイヤーである「無印良品」や、今世紀に入ってから急速な伸張をみせた「ユニクロ」、そしてこのところ躍進が著しい「ZOZO」を考えれば分かるとおり、成功した新興のストアブランドは、伝統的な高級ブランドのように「コンテンツ」に付けられたブランドではなく、むしろ新たな「流通モデル」を象徴している。

このようにモードにおける闘いのルールと枠組みが変わりつつあるなかで、旧来のブランドにとって致命的なのが、モードの〝自家中毒〟現象である。例えば、二〇一七年に「ユニクロ」は、フランスのブランド「イネス・ド・ラ・フレサンジュ」との〝コラボ〟で新作を発表した。また高級服地ブランド「ハリス・ツイード」のロゴが、所謂〝百均〟やファッション誌の付録の小物に付される事態が生じている。これらは孰れも旧来の伝統的ブランドが「ブランド」としての権威をもはやコントロール不能になっていることの現れである。

誤解してはならないのは、こうした事態は、八〇年代に一般にみられた、高級ブランドのセレブから大衆への〝降嫁〟ではない、という点である。それは例えば、芸能の分野においてビヨンセの形態模写で売り出した渡辺直美、アヤヤ（松浦亜弥）の〝エア〟を演じるはるな愛に似ている。そこでは、本物のビヨンセのステージに接して、渡辺直美を想い出して苦笑し、本物のアヤヤは消えてはるな愛が残るといった「コピー」による「オリジナル」や「モデル」の価値暴落が生じている。ビヨンセやアヤヤが〝権威〟である間は、そのコピーはパロディ（＝権威批判、からかい）として機能するが、パロディが全面化するとき、本物《オリジナル》としての有名人《セレブ》はもはや「モデル」ではなく「ネタ」と化す。

　こうした議論は一見すると、「実物《オリジナル》を欠いた記号《コピー》」というJ・ボードリヤールの所謂「シミュラークル」論を髣髴《ほうふつ》させるかもしれない。だが、そうではない。ボードリヤールの場合、記号の〈自立＝自律〉性を駆動し担保しているのはマスメディアである。記号の背後には恒にマスメディアのヒエラルキカルな権威的構造が控えており、そのことで、モードはその単一性・絶対性・安定性を獲得し、コントロールも可能になっている。これに対して現在の「コピー」と「パロディ」の氾濫は原理的にコントロール不可能である。なぜなら、その氾濫の源にあるのは、従来のマスメディアを頂点とする権威的構造を無化する、インターネットの新たな〈メディア〉パラダイムだからである。

　本章では、終焉の秋《とき》を迎えつつある「モード」を主題に据え、「モードとは抑も何なのか？」あるいはむしろ「モードとは何であったのか？」という問いにメディア論的・社会哲学的なアングルから一つの回答を与えていきたい。ただし、それはけっして本章のテーマが「ファッション」に尽きることを意味しない。「モード」とはファッション領域に限られない、文化全般を掩う現象であり、ただファッションに於いてそれは最も〝純粋〟なかたちで姿を現わす、すなわちモードの本質がそこに集中的に表現される、というに過ぎない。その意味では多くの紙数がファッションの分析に割かれはするが、本章の中心的課題は飽くまでも文化領域全般にまで射程を広げた上での「モード」の社会的機能の解明である。もちろんそこには、なぜファッションがモードと同一視されるのか、という問題も含まれる。

本章が扱うもう一つの課題は「記号」の問題系である。モードは服飾・被服という「家政学」の一分野、あるいはデザインという「美学」のサブカテゴリーとして論じられてきた長い歴史があるし、近年ではブランド管理や商品論の観点から「経営学」や「商学」のトピックにもなっている。また「歴史学」における周縁史の恰好のテーマでもそれはあろう。だが、R・バルトによる「記念碑的な」と形容して大過ないであろう『モードの体系《システム》』の出現（一九六七年）[2]以来、モードは専《もっぱ》ら「文化記号論」の枠組みのなかで語られてきた、というのが大袈裟だとしても、少なくとも「文化記号論」的な枠組みを無視するかたちでは語り得なくなっている。先に挙げたボードリヤールのモード論[3]も、「記号としてのモード」というバルト以来の枠組みを引き継いだ立論になっている。問題は、情報社会の最新段階においてモードは、もはや「文化記号論」の枠組みでは扱い得なくなりつつあることにある。なぜなら「文化記号論」の諸論点、例えば「記号の権力性」や「記号の流通」「シミュラークルとしての記号」そして「記号の詩学」といった主題でさえもが、実は暗黙裏にマスメディアのヒエラルキカルな権威的構造を前提しており、にもかかわらず現在の情報社会における〈ネットーワーク〉構造は、立論の大前提であるそうした権威的構造を無化してしまうからである。右のような認識に基づきつつ、本章の後半では、〈ネットーワーク〉パラダイム下におけ る「記号」の変容がわれわれに突き付ける、モードを含めた文化全般の課題を浮かび上がらせたい。

2 Barthes, R., *Système de la mode*, 1967.（邦訳『モードの体系――その言語表現による記号学的分析』みすず書房）
3 Baudrillard, J., *L'échange symbolique et la mort*, 1976.（邦訳『象徴交換と死』筑摩書房）第三部「La mode ou la féerie du code」（「モード、もしくはコードの夢幻境」）

2－1　モードの史的展開過程

2－1－1　モードの誕生――一七世紀の宮廷と「趣味」

語源学的《エティモロジカル》にみるとき《mode》の語は、「実体《スプスタンティア》」(substantia) の偶有的様態を意味するラテン語《modus》《モードゥス》に由来する。この様相概念としての「モードゥス」は、したがって「基体《ヒュポケイメノン》」(ὑποκείμενον) の存在を予想しており、「基体＝実体」がものごとの不変の本質であるのに対して「モードゥス」は状況に応じて転変する〝仮象〟でしかない。この構図は、現在われわれがファッション分野で使っている《mode》の語に直接繋がる一七世紀フランスに登場した女性名詞《la mode》――すなわち、ラテン語《modus》の直系である男性名詞の《le mode》から枝分かれした派生語――にも引き継がれている。フランスで登場した、この女性名詞の《mode》は一七世紀中にはヨーロッパ全土に広がってゆくが、この語は当初「ファッション」領域には限られない「物腰」「立ち居振る舞い」「作法」を含む日常生活領域全般にわたって使われた。また、それが現在のように具体的な流行物や流行現象を指すのではなく、「新奇性」と「変容」を重んじる、社会生活や思考の新たな風潮や態度を言い表していることは注目に値する。そして――この点こそが最も重要なのだが――《mode》の語は多くの場合、侮蔑的《ペジョラティヴ》な含意を伴っていたのである。この「モード」に孕まれた侮蔑的コノテーションは解明の要がある。

一三～六世紀までのヨーロッパは実質的に教会権力によって支配されていたが、教会は既存の階層的秩序を安定的に維持するために、多くの国でしばしば奢侈禁止令を公布した。教会を中心とするこうした封建的秩序の下では「モード」の存在する余地はまったくない。旧約聖書に曰《のたま》われているとおり「日の下に新しきことなどない《ニヒル・スブ・ソーレ・ノウム》」（Nihil sub sole novum.）[4]のである。ところが、国民国家の形成に伴う官僚層としての貴族の擡頭、貨幣経済の浸透などによって奢侈禁止令は形骸化し、教会が押し付けてくる十年一日の如き日常の反復に対して、貴族や富裕層は、独創性や新奇性を以ってこれに対抗しようとした。その文化的な現れこそが「モード」に他ならない。J・ブルクハルトらの報告するところによれば、[5]《mode》という言葉が実際に使用されたか否かに拘わりなく、当時の、身分による振る舞いや服装の厳しい制限に対し、奢侈禁止令を公然と無視し、華美な服装を身に纏ったり、乱痴気騒ぎをおこすことで因習に対抗しようとする動きは、すでに一五世紀にはイタリアの自由都市で始まっており、一六世紀には北部都市で定着していたという。そして一七世紀に入って「モード」発祥の地位をフランス宮廷が一手に引き受けるに到って「モード」は、一つ

4　伝道の書 1 : 9。
5　Burckhardt, J., *Cultur der Renaissance*, 1878.（邦訳『イタリア・ルネサンスの文化』中央公論新社）、Hartmann, L., *Alamode-Teuffel*, 1675.

には宮廷における服装や立ち居振る舞い、社交の術を包含する、公共的生活における美的な判断能力としての「趣味」（taste〔英〕、goût〔仏〕、Gusto〔独〕、gustus〔羅〕）領域において定着と棲息の場を見いだすと同時に、この「趣味」において恒に新奇と変化を求める態度として認知されていく。[6]

2−1−2　一八世紀におけるモード——趣味と天才

先の、「モード」が恒に侮辱的なニュアンスを帯びていたという問題に戻ろう。「趣味」は中世の格言「蓼食う虫も好き好き《デ・グスティブス・ノン・エスト・ディスプタンドゥム》」（De gustibus non est disputandum.——直訳は「趣味について言い争いは無用」）に示されているとおり、長らく理性的判断の埒外とされてきた。では、趣味領域については「何でもあり《エニスィング・ゴーズ》」（Anything goes.）の相対主義が支配したかというと、そんなことはない。例えばフランスでは、ラ・ロシュフコーや、ラ・ブリュイエール、B・パスカルらの宮廷人・思想家が卓越した美的判断能力である「良き趣味《ボン・グゥ》」（bon goût）を唱導するとともに、[7]その背後での道徳的「誠実《オネトテ》」（honnêteté）の裏打ちが必要なことを説き、こうした「誠実」と「良き趣味」を体現した人格を「紳士《オネットム》」（Honnête homme）と呼んで趣味世界の理想像に祀り上げた。英国とスペインでも、同様の主張がモラリストのA・シャフツベリや神学者バルタザール・グラシアンによってなされている。[8]

ここで強調しておきたいのは、「モード」が「良き趣味《ボン・グゥ》」の対極に位置付けられていることである。すなわち道徳的な人格に裏付けられた趣味が「良き趣味」であり、その裏付けを欠いた表層的な、そして表層的であるがゆえに、他者の影響を受けて猫の目のように様変わりする趣味が「モード」なのである。この事実からは、《mode》が、その語源の《modus》から引き継いだ「不変の実体《スブスタンティア》 vs 変易する様相《モードゥス》」という図式の名残をいまだ引き摺っていることがはっきりと窺えると同時に、「趣味」領域において「モード」が極めて不名誉な扱いを受けていたことが分かる。「モード」概念が遅れて入ってきたドイツにおいても、「モード」はやはり不名誉な地位に甘んじている。例えばカントは、一七九八年に公刊した『人間学』の「趣味《ゲシュマック》」（Geschmack）についての注記」において「流行趣味《モーデゲシュマック》」（Modegeschmack）に触れ、「虚栄《アイテルカイト》」（Eitelkeit）「愚行《トーアハイト》」（Thorheit）「変人《ゾンダリング》」（Sonderling）「莫迦《ナール》」（Narr）という日常的に使用を憚られる言葉を用いながら、口を極めて蔑み貶めている。[9]

ところが一八世紀後半、フランスで異変が起きる。百科全書派が先陣を切るかたちで、「天才《ジェニ》」

6 エレナ・エスポジトは、「モードの哲学」でのジンメルの指摘を敷衍しつつ、宮廷美術における「マニエリスム」と「バロック」の登場が、それまでの古典的様式の「安定」に対して、それぞれ「捻《ねじ》れ」や「動き」を対置したことで、趣味における「モード」の誕生を象徴している、とする。Esposito, E., *Die Verbindlichkeit des Voruebergehenden: Paradoxien der Mode*, Suhrkamp, 2004. Kapitel 3. II. Barock und Schein. また Simmel, G., 'Philosophie der Mode', in *Reihe Moderne Zeitfragen*. Hrsg. Hans Landsberg, No 11, 1905.

7 F. de La Rochefoucauld, *Réflexions ou Sentences et Maximes morales*, 1678.（邦訳『ラ・ロシュフコー箴言集』岩波書店）J. de la Bruyère, 'Discours sur Théophraste und Des Ouvrages de l'Esprit', in: *Les Charactères ou les Mœurs de ce Siècle*, 1688.（邦訳『カラクテール――当世風俗誌』岩波書店）Pascal, B., *Pensees et opuscules*, ed. Brunschvicg, 35.（邦訳『パンセ』中央公論新社）

8 Shaftesbury, A., *Characteristicks of men, manners, opinions, times*, 1723. Gracián, B., *El Discreto (L'homme universel)*, 1646.

9 Kant, I., *Anthropologie in pragmatischer Hinsicht*, 1798.（邦訳『実用的見地からの人間学』岩波書店）§71.

(génie) の概念を「趣味」に対置させたことで、「趣味」概念の格下げが生じたのである。すなわち「天才」が、美の、真に自発的な創造を事とするのに対し、「趣味」はその模倣に過ぎず、悪くするとそれは因習にも堕しかねない。「天才vs趣味」というこの構図は、フランスでは小説家のスタンダールやスタール夫人、英国では保守政治思想家のE・バーク、ドイツでも歴史哲学者のヘルダーなど、[10]ヨーロッパ全域で広く受け容れられた。問題は「モード」の処遇である。「モード」もまた「趣味」概念と一蓮托生で、格下げの運命を共にしたと思いきや、そうはならず、むしろ逆にその地位は相対的な上昇をみた。なぜか？

「天才」概念との対立関係に置かれることで、「趣味」概念はその歴史的な制約が白日の下に晒されることになる。考えてもみよう、「趣味」は審美的共同体としての「紳士《オネットム》」たちから成る上流階層——内輪で自分たちの卓越した美意識を相互に確認し合い、認め合う集団——を、その存立のための必須の前提としている。対して「天才」概念は「紳士」とは違って出自や階層を問わない、生物学的カテゴリーである。それは超階級的で超社会的な概念なのである。そして実は「モード」もまた、それが美の基準についての他者志向的で純粋な模倣である限りにおいて、やはり超階級的で超社会的であり得る。ここに、「(良き)趣味《ボン・グウ》」を中抜きするかたちで「天才vsモード」の対立関係が成立するに至る。もちろん「モード」は、「天才」に対してはその模倣に過ぎず劣位におかれるが、「趣味」に対しては、その超階級性によって今や優位におかれる、というより厳密にはそれを包含する。ここに「天才vsモード(≒趣味)」という図式が成立をみる。

重要なことは、この対立図式が、趣味における階級を跨いでの模倣を実現している点である。この時期、社会は市民革命を経て、身分的な階層社会からルーマンの謂う機能的分化社会=世界社会への脱皮を開始したが、マスメディアの発達による国境を越えた情報の伝播と、その結果としての均質で無個性な「大衆」の創出、またそれと軌を一にした商品経済市場の拡大は、天才が生み出し、彼に体現された個性の社会全域にわたっての模倣、すなわち「モード」の社会制度としての定着に弾みを付けもし、またそれを不可避にもした。ここにおいて「モード」はその新たな段階を迎える。

2-1-3　一九世紀におけるモード——趣味との訣別と資本主義への組み込み

一九世紀後半にニーチェが「良き趣味《ボン・グウ》」に最終的な引導を渡すとともに、[11]「モード」の当世にお

10 Standhals, *Racine et Shakespeare*, 1823-5.（邦訳『ラシーヌとシェイクスピア』青木書店）Mme de Staël, *De la Littérature considérée dans ses rapports avec les Institutions sociales*, 1800. Burke, E., *A philoophical enquiry into the origin of our ideas of the sublime and beautiful*, 1757.（邦訳『崇高と美の観念の起源』みすず書房）Herder, J. G. *Über die Ursachen des gesunkenen Geschmacks bei verschiedenen Völkern*, 1773, 1775. ただし、ヘルダーの同時代人であるカントは単純にこの立場には同調していない。先に触れた『人間学』（一七九八年）においては「趣味」は、経験的というよりむしろ実用的な概念規定がなされているが、それに先立って公表された『判断力批判』（一七九〇年）においてはカントは、「趣味」概念を、アリストテレス＝トマス以来の伝統的な「共通感覚《センスス・コンムーニス》」(sensus communis) と関連付けながら間主観的な方向で超越論化することで、「趣味判断《ゲシュマックスウアタイル》」(Geschmacksurteil) として救う方途を探っている。この場合には、「趣味」概念は、超越論化されることで「天才」という経験的素質の地平からは切り離されることとなり、両者は対立関係を構成しない。Kant, I., *Kritik der Urteilskraft*, 1890.（邦訳『判断力批判』岩波書店ほか）

11 例えば、Nietzsche, F., *Die fröhliche Wissenschaft*, 1882.（邦訳『悦ばしき知識』筑摩書房ほか）Aphorismen 39, 77, 101, 329.

ける必要悪を説いたことは[12]、彼の時代認識の的確さを証明している。ニーチェの託宣めいた直観的断言に、実質を与えているのは同時代の美学者F・T・フィッシャーである。フィッシャーは一時期ヘーゲル左派にも属した体系的美学者であるが[13]、モードについての先駆的な評論『モードとシニシズム』において「モード」と「趣味」との関係を分析している[14]。

フィッシャーは自身の見聞に基づきながら、夜会服、帽子、靴、髭といった経験的細部にわたって議論を展開するため記述は散漫で、また事実と評価とが混在したまま提示されていることも相俟って論旨を量るのに難渋するが、彼の意図は一見放恣で気紛れ《きまぐ》に見えるモード現象にア・プリオリな要素、法則を見出すことにある。一つの戦略は「モード」の内実を「趣味」と捉え、そこに道徳的原理を探ることでア・プリオリ化を図る途である。フィッシャーは「エチケット《アンシュタント》」(Anstand)と「羞恥《シャーム》」(Scham)とをモードに内在する道徳原理だとし、またその規準を「自然《ナトゥーア》」(Natur)に求めているが、この試みは成功しているとは言い難い。それは前世紀的な図式「(良き)趣味《ボン・グゥ》 vs モード」の位相を換えた反復に過ぎないからである。

他方でフィッシャーは、モードにみられる「自由と拘束との二律背反《アンチノミー》」を指摘し、モードが一方で自由な選択を許す相対性を持ちながら、それとは逆に人々を拘束する性質を有する点にア・プリオリ性を求めてもいる。この観点は彼の「衣服《クライドゥンク》」(Kleidung)と「モード」との明確な区別にも現れている。「衣服」は経験的な具体性を有し、そうであるが故に価値判断や評価が可能である。これに対し「モード」は時代時代に固有な文化の複合的総体であって、それ故に人々は「モード」を——それに批判的態度を採るとしても、事実として一旦は——受け容れざるを得ない。つまり「モード」とは、後知恵的に性格付ければ、M・アドラー謂うところの「社会的ア・プリオリ」

(das Sozial-Apriori)[15] をなしているのである。

「モード」を「趣味」と結びつけることで、モードの実質に道徳的・美学的価値を読み込んでゆく途ではなく、むしろ両者を切り離して「モード」から〝素材〟的契機を払拭することで純粋な〝形式〟としてそれを抽出し得た点にこそ、フィッシャーの功績は認められる。ただ、「モード」の内容・実質への拘泥《こだ》わりは、時代的な制約の然からしむる所でもあり、またそのことが彼のドイツ的「趣味」の俗悪さ、虚栄、権威主義を批判する「シニシズム」の根拠ともなっていることを考えれば、致し方ないともいえる。孰れにせよ、フィッシャーは「モード」を他の何か（例えば「趣味」や「天才」）との比較においてではなく「モード」そのものから理解する理論的構えの先蹤をなすものであり、この後みる、ヴェブレン、ゾンバルトそしてジンメルの「モード」論への過渡的存在として思想史的には無視できない。

さて、一九世紀末には資本主義の駆動因として「モード」を捉えようとする論調が興ってきた。

---

12 例えば、Nietzsche, F., *Menschliches, Allzumenschliches*, 1878.（邦訳『人間的、あまりに人間的』筑摩書房ほか）Zweiter Band, Vermischte Meinungen und Sprüche, Aphorismus 209, および Der Wanderer und sein Schatten, Aphorismus 215. また *Morgenröthe*, 1881.（邦訳『曙光』筑摩書房ほか）Aphorismus 544.

13 Vischer, Friedrich Theodor, *Aesthetik oder Wissenschaft des Schönen*. 6 Teile, 1846.

14 Vischer, F.T., 'Wieder einmal über die Mode', In *Mode und Cynismus. Beiträge zur Kenntniß unserer Culturformen und Sitten-begriffe*, Zweiter Abdruck, 1879, 1-46.

15 Adler, Max., *Das Rätsel der Gesellschaft. Zur erkenntnis-kritischen Grundlegung der Sozialwissenschaft*, 1936. 拙著『情報社会の〈哲学〉――グーグル・ビッグデータ・人工知能』（勁草書房）終章、注35も併せて参照のこと。

その一つがT・ヴェブレンによる「誇示《コンスピキュアスネス》」(conspicuousness) 理論であり、[16] 他の一つがほぼ同時代のW・ゾンバルトによるモードの「需要形成《ベダルフスゲシュタルトゥンク》」(Bedarfsgestaltung) 理論である。[17] ヴェブレンのモード論が彼の代表作『有閑階級の理論』の第七章で開陳されており、またゾンバルトにも「奢侈」を主題とする著作[18]があることから、両者のモード論を安直に「贅沢」というカテゴリーの下に括りたくなる誘惑に駆られるが、実際にテクストにあたってみれば分かるように、双方ともに「モード」を必ずしも「贅沢」と直結させてはいない。まずヴェブレンからみていこう。

　ヴェブレンは資本主義経済の進展を人間に生得的に備わる「誇示《コンスピキュアスネス》」本能の展開の成果として捉える。「誇示」本能は、歴史的には「誇示的閑暇《コンスピキュアス・レイジャー》」(Conspicuous Leisure) から「誇示的消費《コンスピキュアス・コンサンプション》」(Conspicuous Consumption) へと進化し、またその過程で「代行的閑暇《ヴァイカリアス・レイジャー》」(Vicarious Leisure)「代行的消費《ヴァイカリアス・コンサンプション》」(Vicarious Consumption) という派生形態をも産み出すまでに至ったが、ヴェブレンは「モード」現象をも、こうした「誇示」原理によって説明しようとする。ただし、ヴェブレンの視角が「誇示」という消費者の生得的心性に定位しているため、「モード」が問題になる際も、「モード」そのものではなく、消費者が直接アクセスする〝誇示材〟である「衣服《ドレス》」(dress) を介したかたちで間接的に「流行《モード》」が主題化される。

　問題の焦点はこうである。流行する「衣服《ドレス》」はなぜ非実用的で俗悪なのか？　またなぜ「衣服《ドレス》」の流行は短期間に交替するのか？　ヴェブレンに言わせれば、モードの交替のスピードが速いのは「誇示的消費」の機会を増やすためであり、また流行する衣服が非実用的で俗悪なのは、モードにおいては衣服の「効用」が、ではなく、その「消費」が目的だから、ということになる。ここには「モード」の本質を、その〝素材〟としての衣服そのものの実用的効用にではなく、〝誇示材〟という衣服の非実用的〝形式〟に求める、先のフィッシャーと同種のモード観が窺える。ただし、こうしたヴェブレンの分析に、われわれは資本主義――特にアメリカ流の消費万能的なそれ――に対する冷笑的《シニカル》なスタンスを嗅ぎ取る必要がある。消費者は「誇示」目的で「衣服」を消費するが、結果として「モード」に支配され、それに振り回されている。つまり「誇示」のために「モード」に順うことで結局の所、大多数の嗜好に埋もれてゆき、それに従属してしまう。そこから逃れるために更にあらたな「モード」に順う。この繰り返しである。そして幸か不幸か、この反復的プロセスによってアメリカ的資本主義はわが世の春を謳歌してもいるのである。

ゾンバルトはどうか。彼は、ルネサンス期と比較しながら当世の「モード」の特徴を以下の三点に纏める。まず、その対象が贅沢品のみならず膨大な種類の日用品にまで及んでいること。次に、モードが階級や身分の差を超えて普及することで均質化《エガリズィールンク》（Egalisirung）を実現していること。最後に、モード（とりわけ婦人服）における交替のテンポの速さ。ここからゾンバルトは、資本主義において「モード」は往時のような有閑階級や特権階級における局所的な現象ではあり得ず、社会全体を巻き込みながら大量消費社会を編制する駆動力であること、またそれはけっして表層的な現象ではなく、趣味・生産・消費を含む社会深層にまで達する革命的変容の兆候であると喝破する。

16 Veblen, Thorstein., *The Theory of the Leisure Class*, 1899.（邦訳『有閑階級の理論』講談社学術文庫ほか）

17 Sombart, Werner., 'Wirthschaft und Mode: Ein Beitrag zur Theorie der modernen Bedarfsgestaltung', In *Grenzfragen des Nerven- und Seelenlebens. Einzel-Darstellungen für Gebildete aller Stände*. Zwölftes Heft, 1902.

18 Sombart, W., *Liebe, Luxus und Kapitalismus*, 1912.（邦訳『恋愛と贅沢と資本主義』講談社学術文庫）

そしてその上で、フィッシャーによるモードの定義――復唱すれば「モードとはその時代時代に固有の複合的な文化形態の総称である」――を踏まえつつ、「モード」に内在する論理を以下のように定式化する。

（一）モードは交替の社会的様式を形成する。

（二）モードは需要を喚起するが、それは内発的であり、また画一的である。

（三）モードの交替と画一性とは相関的である。

この定式は説明を要しよう。まず（一）について。これは「モード」の交替を実現するための職業制度や社会的装置の必要を説いている。ゾンバルトはモードの発祥が恒にパリであることを指摘する。[19] パリに端を発したモードはヨーロッパの諸都市を経てロシアで終わるというサイクルを繰り返す。そしてこのサイクルを実際に支えているのは、仕立職人集団である。「モード」は仕立職人の段階で予《あらかじ》め仕上がっており、その意味でモードはテクノロジーの水準で社会インフラ化されている。またゾンバルトがモード雑誌に代表されるマスメディアがモードのメカニズムを駆動させる上で無視できない役割を果たしている点を逸早《いちはや》く察知している点も見逃せない。（二）はモードの需要が社会の外部から持ち込まれたものではなく、企業家の主導によって内発的に励起されており、そのメカニズムが社会にビルトインされていることの指摘である。ゾンバルトはモードにおいて「デザイナー《デスィナトゥア》」（Dessinateur）が占める地位の重要性に注意を喚起しているが、それはこの時期「モード」の起点が「天才」という社会の逸脱的存在から、「デザイナー」という社会内在的な職業人に遷《うつ》ったことを示している。モードがこうして社会内部で完結する反復的メカニズムとなることによって「英国王室からフランスの高級娼婦に至るまでの」需要の画一化が実現される。（三）は

（一）でみたモードの忙《せわ》しない流動的メカニズムと、（二）で実現される大衆の画一的な安定性とが、一見矛盾するように見えながら、実は相補的に噛み合いながら機能していることの洞察である。この最後の論点はフィッシャーの、モードにおける「自由と拘束との二律背反《アンチノミー》」の議論とも響き合っているが、ゾンバルトの議論はたんなる指摘の域を出ていない。この論点の十全な解明は、次にみるジンメルによって果たされることになる。

2−1−4　ジンメルのモード論——優越と帰属の弁証法

フィッシャーが、「モード」の〝素材〟としての「衣服」、あるいは〝内容〟としての「趣味」からの純化の道筋を付けたことを踏まえつつ、ヴェブレンとゾンバルトは「モード」を経済領域と文化領域とを巻き込みながら資本主義を駆動させる〝形式〟として捉えようとしたといえる。すなわちヴェブレンは、使用価値《ユーズヴァリュー》という〝内容〟ではなく「誇示」的価値《コンスピキュアスヴァリュー》という〝形式〟の担体として「衣服」を把握し、そこからモードの頻繁な交替の必然性を導き出すことで、これを「誇示」的心性に基付けられた資本主義の駆動要素に据えた。彼にあっては「モード」現象は飽くまでも「衣服」の誇示的価値（究極的には、人間に固有の「誇示」〝本能〟）から説明されるべきものであって、その意味で「モード」は個人がそれぞれ持つ本能に順った結果出現する〝合力〟である。にもかかわらず、それは結果として個人を集団的心性へと同化させる（そして、そのことで資本主義もまた拡大してゆく）という逆説がここにはある。

19　実はこの点については、フィッシャーがゾンバルトに先立って注意を喚起している。Vischer, *Ibid.*

他方ゾンバルトは、ヴェブレンとは異なり個人の本能的心性からではなく、需要喚起の社会的メカニズムとして「モード」を捉える。ヴェブレンにおいては〝形式〟は「衣服」という商品の〝形式〟であった――しかも、その〝形式〟は「モード」そのものではなく、最終的に「モード」に結実する、その潜在態としての「誇示」的価値である――のに対し、ゾンバルトにおいて〝形式〟は社会の〝形式〟へと拡大されている点に注意しよう。すなわち〝形式〟としての「モード」は、社会全体をその〝素材〟として組織化しながら、資本主義を駆動する一つの巨大なシステムであって、その結果として均質な大衆からなる大量消費社会が出現する。そしてここでもまた「モード」には、流行が転変・交替することによる「変易性」と、にもかかわらずそのことで個人が均質的な大衆として束ねられてゆく「安定性」という矛盾する要素の同居がみられる。

ヴェブレンとゾンバルト双方の所論から浮かび上がってくるのは、「誇示」vs「凡庸」、「個性」vs「均質」、「個人」vs「大衆」、「変易」vs「安定」といった互いに矛盾する諸対立をモードが抱え込みながら成立しているという、モードの本質的に逆説的な存在性格である。一九世紀末から二〇世紀初頭にかけて矢継ぎ早にモードについての論攷を発表した社会学者G・ジンメルの課題は、「モード」のこうした「逆説」を解明することにあったといってよい。

ジンメルは世紀の変わり目を挟んで都合四本のモード論を世に問うている。列挙すれば、「モードの心理学に寄せて――社会学的研究」(一八九五年)[20]、「流行《ファッション》」(一九〇四年)[21]、「モードの哲学」(一九〇五年)[22]、「女性とモード」(一九〇八年)[23]である。以下では論点が最も網羅されている一九〇五年の「モードの哲学」を軸に他のテクストをも配視するかたちで、ジンメルのモード観を再構成的に(つまり、ジンメルのテクストの別や実際の叙述《ディスクリプティヴ》の順序、鍵鑰概念《キーコンセプト》を除く彼の具体的語用に捕らわれることなく、また単なる祖述の域に留まらず、解明的な解説の追加や必要とあらばパラフレーズをも厭わずに）概観する。

ジンメルによれば、これまでのモード論はあまりにも個々の「衣服」や、モードを追いかける個人の「心理」、といったモードの〝素材〟的内容に拘泥《こだ》わりすぎていた。だが、重要なことはモードが〝形式〟的な「機　能《フンクツィオーン》」（Funktion）であるという認識なのである。この「機能」という観点から見るとき、「モード」は二重の機能《ドッペルフンクツィオーン》（Doppelfunktion）として立ち現れる。すなわち類同化機能としての「模　倣《ナーハアームンク》」（Nachahmung）と特殊化機能としての「差　異　化《ディフェレンツィールンク》」（Differenzierung）の〝重合体〟として、である。具体的に言えば、モードは或る文化的階層内部に「差異化」機能によって亀裂を入れると同時に、「模倣」機能によって諸個人を接続させることで階層の同一性を保持しもするのである。ヴェブレンの「誇　示《コンスピキュアスネス》」とは、モードにおける「差異化」機能を生物学的に実体化したものに他ならない。だが、「差異化」と「模倣」の両機能、ないし、それが実現す

---

20 Simmel, Georg: 'Zur Psychologie der Mode - Soziologische Studie' ex: *Die Zeit. Wiener Wochenschrift für Politik, Volkswirtschaft, Wissenschaft und Kunst.* 5. Band 1895, Nr. 54 vom 12. 10; S. 22-24.

21 Simmel, G., 'Fashion', in: American Journal of Sociology, Vol. 62: pp. 541- 558, 1957.（邦訳「流行」『ジンメル著作集第七巻 文化の哲学』白水社に所収）

22 Simmel, G., 'Philosophie der Mode', in *Reihe Moderne Zeitfragen.* Hrsg. Hans Landsberg, No 11, 1905.

23 Simmel, G., 'Die Frau und die Mode' ex: *Das Magazin. Monatszeitschrift für Literatur, Musik, Kunst und Kultur*, hrsg. von Herwarth Walden, 77. Jg., No.5, 1908, S.82-83.（邦訳「女性と流行」『ジンメル・コレクション』筑摩書房に所収）

る社会的「分離《アップゾンデルンク》」(Absonderung) と「統合《ツザンメンシュリースンク》」(Zusammenschließung) のどちらが欠けてもモードは成立しない。[24]

　モードが純粋な「機能」である以上、ヴェブレンが指摘したとおり、それは社会的便宜や実用的効用とは無関係である。モードが仮に某《なにがし》かの〝内容〟や〝実質〟を持つかのように見えたとしても、それは「モード」の内部でのみ有効なフィクショナルな性格のものでしかない。例えば、或るモードが「エコロジー」や「PUNK」というテーマをフィーチャーしたとしても、それは政治的な「エコロジー運動」や「反体制」的実践とは無関係である。このように、しばしばモードのコンセプトがモードの外部から借入されるのは、それがモード内で効用を持たない、すなわち、純粋な「差異化」機能をそれが担い得るからである。これは初期の貨幣が自社会で産出されない稀少物の「貝」や「石」、ないし未開地域では製造できない外部の共同体からもたらされた「鉄」や「布」であったのと類比的である。純粋な「価値」の担体は、貨幣流通においてもモードにおいても具体的効用を持たない稀少物であればあるほどよい。この事実は、モードの発祥地が〈パリ〉――この場合の〈パリ〉は単なる地名ではなく、一流メゾンと一流クチュリエ、そして彼らの作品を評価し、購買するセレブ達から構成される美的趣味の共同体を意味する――という、社会から括り出された特権的〝外部〟である事実の解明にも資する。

　現象としてのモードは、少数者の発明が多数者に模倣されて伝播し一般化してゆくプロセスであるが、一般化が達成された時点でモードの一つのサイクルは終焉する。モードの伝播とは差異化の拡大プロセスであるが、差異化が社会の全域を掩った時、そこに差異はもはや存在しない。差異化のプロセスは、どうじに差異の抹消（〝エントロピー増大〟の）プロセスなのである。だからこそ、モードのプロセスは更なる差異を産み出すために次なるサイクルを立ち上げることで、永遠に反復されなければならない。

時間的なアングルから言い直せば、モードは〈永遠の現在〉を実現するしくみだとも言える。発明時の特権的一者のみが存在する始点にも、差異化が行き渡ってすべてが均質化された終点にもモードは存在しない。モードは両者のあいだ《ツヴィッシェン》(Zwischen)、差異化プロセスが駆動中である間《あいだ》(=〈現在〉)にのみ存在し、この〈現在〉を永遠に引き延ばすプログラムなのである。

したがってモードに認められる唯一の〈価値〉は変化と交替がもたらす「新奇性《ノイハイト》」(Neuheit)のみである。なぜなら「新奇性」のみが〈永遠の現在〉を実現するからである。それ以外の道徳的、美的、効用的、思想的な実質的価値はモードとは無縁である。ただし、貨幣価値だけは例外である。他の実質的価値とは違って、貨幣価値は新奇性という価値と交換可能だからである。すなわちわれわれは貨幣によってのみ新奇性を購えるのである。そして「新奇性」というモードの〈価値〉は、個々の具体的商品を速いテンポで次々に交替させること――差異化が終了した商品を市場から引き上げては、新商品を市場に送り出すことで新たな差異化を創出すること――によって産み出される。商品の交替を延伸し続けること、ジンメルの言葉をそのまま借りれば「交替そのものは交替《デア・ヴェクゼル・ゼルプスト・ニヒト・》しない《ヴェクゼルト》」(Der Wechsel selbst nicht wechselt)ことによって「モード」の永遠性は担保される。[25] 無内

24 この点に関して、ジンメルは印象的な事例を挙げて説明している。一三九〇年頃のフィレンツェでは皆が個性を重んじてそれぞれ勝手気ままな恰好をしたため社会的統合の必要が無く、ゆえにモードがそこでは存在しなかった。またベネチアでもモードは存在しなかったが、それは上層階級に黒尽くめを命じる決まりがあったからで、ここではフィレンツェの場合とは逆に社会的分化が禁じられていたのである。

容という点で、貨幣価値と親和的であるモードの新奇性という価値は、貨幣価値との交換を繰り返すことで、一方で〈永遠の現在〉を延伸しつつ、他方で貨幣価値の増殖に資することで資本主義をこうして駆動させる。

モードに背《そむ》けていればよいではないか、そう人は反論するかもしれない。だが、反モード（例えばダンディズム）もまたモードの存在を前提している点で、モードに囚われている。反モードもまた一つの〝モード〟なのである。[26]当事者にとっては《フュア・エス》（für es）、モードに順うにしろ、それに抗《あらが》うにしろ、個人はモードの「差異化」機能によって束の間の優越を享受し、〝個性〟の幻惑に浸ることができる。だが第三者的にみるとき《フュア・ウンス》（für uns）、この事態は、モードの今一つの機能である模倣・類同化による、大衆という〝階層〟への個人の帰属、社会的統合の成就を意味している。このとき個人の優越（＝個性）と大衆への帰属（＝凡庸）は「モード」において調停され、社会的次元で同居させられる。モードはその無内容・空虚さによってブラックホールのようにすべての対立を呑み込み、包み込みながら現代社会の構造を動的、再生産的に維持しているのである。

ヴェブレンやゾンバルトの所論において、「寛闊《かんかつ》」vs「均質」、「変易」vs「安定」という矛盾する両項の対立関係として顕在化したモードの逆説的構造は、ジンメルにおいて、社会という次元で止揚《アウフヘーベン》（Aufheben）され、対立項はむしろ相合《あいがっ》して社会構造を再生産的に維持・存続させるメカニズム、「同一性（大衆）と非同一性（個性）との同一性（モード）」を実現する「モードの弁証法《ディアレクティーク》」として肯定的に捉え返されたのである。

M・ウェーバーは、周知のようにプロテスタント的な清貧と勤勉が資本主義の成立を促したとする論陣を張ったが、[27]ウェーバーの理論枠組みは資本主義の成立・牽引における、物質主導vs観念主導、ないし上部構造vs〝下部構造〟という古色蒼然たる図式に囚われている。こうした図式は究極的には「モノvsこころ」の俗流的二元論、ラスクに所謂「二世界説《ツヴァイ・ヴェルテン・テオリー》」(Zwei-Welten-Theorie) に逢着する。[28]

対して、これまでみてきたヴェブレン、ゾンバルトそしてジンメルの立論は、商品における〈質料《ヒュレー》(ὕλη)/形相《エイドス》(εἶδος)〉的契機の区別、ルーマン的に言えば〈メディア/形式〉の区別を潜在的に前提した、あるいはラスクの謂う「二要素説《ツヴァイ・エレメンテン・テオリー》」(Zwei-Elementen-Theorie) 的枠組みに準じた、立論になっている。ここには商品経済ないし高度化した資本主義[29]における、〈質料的なもの〉

25 コム・デ・ギャルソンの川久保玲は、しばしば自らのデザインにおける「意図の不在」を語り、また自分を「アーティストではなく、ビジネスパーソンである」と公言し、「新しいものをいつも探している」と告白しているが、こうした発言は、ジンメルのモード観に照らすとき、肯綮に当たっており、モードの本質を見事に掴んでいる。

26 生田耕作「ダンディズムの系譜」(『ダンディズム――栄光と悲惨』中央公論新社に所収)。Kempf, R., *Dandies : Baudelaire et Cie*, 1977.(邦訳『ダンディ――ある男たちの美学』講談社) Baudelaire, C., *Le Peintre de la vie modern*, 1863-9.(邦訳「現代生活の画家」『ボードレール批評2』筑摩書房に所収)

27 Weber, Max., *Die protestantische Ethik und der Geist des Kapitalismus*, 1905.(邦訳『プロテスタンティズムの倫理と資本主義の精神』岩波書店)

28 Lask,E., *Die Logik der Philosophie und die Kategorienlehre. Eine Studie über den Herrschaftsbereich der logischen Form*, 1911.(邦訳『哲學の論理學並びに範疇論――論理的形式の統治領域に關する研究』岩波書店)

29 著者はゾンバルトの主著『近代資本主義』(*Der Moderne Kapitalismus*, 3. Bd., 1902. 邦訳『近世資本主義』生活社)で提出され、なぜか今も尚使われ続けている「後期資本主義《シュペートカピタリスムス》」(Spätkapitalismus) の語および概念をまったくのナンセンスと考えるため使用しない。その語用が資本主義終焉の単なる願望の表明であるにしろ、楽観的観測が過ぎる。現実をみれば容易に分かるとおり資本主義はそう簡単に終わるものではない。

の重視から〈形相的なもの〉の評価への転換が認められる。「モード」は、限りなく純化された〈形相的なもの〉の水準に位置する社会現象である。ある段階の資本主義において顕著となった商品の〈形相的契機〉をヴェブレンは「顕示《コンスピキュアス》」的価値として発見したが、そこではダーウィン進化論の影響もあって、それが人間に固有の〝本能〟的素質として実体化され、個人に内属されてしまった。ゾンバルトは、この〈形相的なもの〉を商品から、経済システム全体へと拡張した上で、それを「モード」と等置した。すなわち彼は「モード」を以って、商品の内容的実質とは無縁の、社会にビルトインされた商品交替の周期的《サイクリック》プロセスのメカニズムとみなし、この機構によって定期的に需要が喚起されることで資本主義は拡大再生産的に維持・存続されると考えたのだった。ジンメルは、ゾンバルトのこの構図を引き継いだ上で更に、貨幣が体現する内容（＝「使用価値《ゲブラオフスヴェーアト》」Gebrauchswert）を持たない純粋な〈価値〉としての所謂「交換価値《タオシュヴェーアト》」（Tauschwert）に、商品の側で見合う無内容な〈価値〉こそが「モード」の「新奇性《ノイハイト》」であることを洞見した。まったく社会的な便益性、具体的実質を欠く商品の「新奇性」が、貨幣との交換を〈形相的なもの〉の水準で果たすことで、資本主義はその新たな段階を迎えることになる。それが二〇世紀後半に全面化した「記号」の資本主義である。

2–2　モードから記号へ

2–2–1　二〇世紀のモード（一）——記号の権力

「記号」の資本主義においては、比重を益々増した〈形相的なもの〉が「記号」として捉え返される。なぜ「記号《スィーニュ》」(signe) なのか？　理由は、構造主義言語学者F・ソシュールの所説に求められる。[30] ソシュールの「記号論《セミオロジ》」(sémiologie) に拠れば、「記号」の〈価値〉の所在は、〈質料的なもの〉——例えば記号によって指示される実在や心的内容（表象的イメージ）など——の水準にはなく、〈形相的なもの〉すなわち「記号」ないし「能記《シニフィアン》」(signifiant) の水準で実現されている「差異の体系《システム・ド・ディフェラーンス》」(Système de différences) に求められる。「記号」とは「実在《モノ》」の劣化的摸写やそれに貼られた〝ラベル〟などではなく、むしろ逆に「記号」の「差異化」機能こそが、その効果として「実在《モノ》」を〝分泌〟するのである。この「記号」把握が、前節でみたジンメルによる「モード」の「差異化《ディフェレンツィールンク》」(Differenzierung) 機能の議論と響き合っていることは誰の眼にも明らかであろう。「記号」の資本主義は、こうした構造主義的な言語理解のモデルを、商品経済や貨幣のみならず、ファッション、文芸、映画といった文化領域全般に適用するのである。こうして「モード」は「文化記号論」の対象となる。

「文化記号論」において、「モード」論の中心はドイツからフランスに移る。文化記号論の枠組みの形成において大きな影響を与え、またディシプリンとしての屋台骨を提供したのは、R・バルトとJ・ボードリヤールの両人である。実際に師弟関係にあった二人の議論に共通するのは、まず、（一）「モード」の社会への伝播に果たすマスメディアの役割の指摘、次に、（二）大衆の「モード」需要に際して発揮される記号の「権力性」への注意喚起、さらに、（三）「モード」を「記号の差異化運動」とみなすことによる、ファッション領域から文化領域全体への「モード」機能の拡張。そして最後に、（四）記号＝モードの〈自立＝自律〉と現実に対する優位の強調、である。まず、バルトの所論から検討しよう。例によって『モードの体系』を中心に関連テクストをも考慮に入れながらバルト・モード論の見取り図《エスキス》を再構成する。

バルトのモード論における代表作は知ってのとおり『モードの体系』であるが、ここで気をつけなければならないのは、バルトも告白しているように、この著作が本来、衣服のみならず住居や食物まで含む現代社会の日常を掩い貫く記号機能全般の分析を射程に収める包括的プロジェクトの一部でしかないことである。[31] この事実一つをとっても、この時期「モード」概念がもはやファッション領域に収まりきらなくなっていることがわかる。ジンメルも指摘したとおり、商品が、モードの唯一の価値である「新奇性」の担い手であるためには爾余の社会的便益、実用的効用は余計である。ファッションが「モード」の理想的な体現者であるのは、その「取るに足らなさ《アンスィニフィアーンス》」(unsignifiance)＝「無効用」にこそある。「モード」がファッションを越えて他領域に溢れ出したことは、ファッションに限らずこの時期の資本主義において、「無効用」が商品界全体へ蔓延しつつあったことを示している。

「モード」概念のファッション領域からの溢出《いっしゅつ》は、『モードの体系』においてバルトが採用した

---

30 「記号」理論のもう一人の雄、C・S・パースはどうなっているのだ？ と借問する向きもあろう。だがパースの「記号学《セミオティックス》」(Semiotics) は現在の文脈においては考慮の対象から外さざるを得ない。パースの有名な三項図式「記号《サイン》(Sign) ― 解釈項《インタープリタント》(Interpretant) ― 対象《オブジェクト》(Object)」は、実のところ、実践的主体の環境適応を示すシェーマである。解釈者である主体にとって「対象」とは例外なく――ハイデッガー流に言って――〝用在的な存在者《ツーハンデネス》〟(Zuhandenes)、すなわち具体的実践に結実する「解釈」を促す〝信号《シグナル》〟(Signal) 的存在であり、その限りでそれは何かを告げ知らせる「記号《サイン》」でもある。この意味で、パースの三項図式は、G・H・ミードの「態度取得《アティテュード・テイキング》」(Attitude-taking) にも繋がる彼の行動主義的で、生理学的な記号把握の表明になっている。そしてだからこそ、パースは「プラグマティズム」の徒なのである。ドゥルーズはその著『シネマ』(*Cinéma 1 : L'Image-mouvement*, 1983. 邦訳『シネマ1――運動イメージ』法政大学出版局) の開巻冒頭、大仰な身ぶりでパースの記号論を持ち上げてみせているが、右に述べた事由によって彼は完全にパースを誤解している。問題なのはパースが結局の所「対象」項を実在として立てることで「モノvsこころ」の二元論、二世界説的な枠組みに絡め取られてしまっており、「記号」を〈形相的なもの〉の水準に定位するのではなく、〈質料的なもの〉に従属させてしまっている点である。「記号」を主題とした教科書の類いでは、まるで判を押したようにパースとソシュールとが並列的に紹介されるのが恒となっているが、両者の「記号」理解はそもそもパラダイムと問題領域を異にしており、些かの類似もない。主題の単なる表面的な類似のみを楯に取って併記することじたいが両人に対して失礼な所業であろう。

31 Barthes, R., *Coures*, 'Inventaires des systèmes contemporains de signification: systèmes d'objets (vêtement, nourriture, logement), Ecole pratique des hautes études', 1962-1963.（邦訳「現代の意味作用体系の総覧――事物の体系（衣服、食物、住居）――高等研究院における講義の報告」『ロラン・バルト著作集 4 記号学の夢 1958-1964』みすず書房に所収）

方法論からも窺える。『モードの体系』を繙読《はんどく》して誰しもが驚かざるを得ないことは、衣服そのものがまったく論じられていないことである。この事実を以って当該書を失敗作とみなす向きもあるようだが、そうした極《き》め付けは短見の譏りを免れない。バルトはソシュール記号論を参照しつつ、言語とのアナロジーによって「衣服《ヴェットマン》」（vêtement）に〈身なり《アビユマン》（habillement）／服飾《コステューム》（costume）〉という位相の区別を導入する。〈身なり《アビユマン》〉はソシュール記号論でいう〈個々の発話《パロール》〉（parole）にあたり、各人が実際に身につけている個々の衣服である。これに対して〈服飾《コステューム》〉は語彙や文法規則などを含む〈記号体系《ラング》〉（langue）に対応し、この位相に「モード」は棲息する。[32] すなわち、個々の衣服にモードを詮索することはそもそも無理な話なのである。ただし「衣服」と「モード」との区別は一八世紀にフィッシャーがすでに行っていたことであって、騒ぎ立てるほどの指摘ではない。

　バルトの独創は、「モード」を「ファッション雑誌」における言語使用の統辞法のなかに探ろうとした点にある。もちろん「モード」はそれ以外にも、クチュリエによるメゾンでの素材の縫製《クチュール》（couture）工程やポスター・グラビアなどの写真やイラストに探ることも可能なのだが、前者は「モード」分析が創作の場面に限定されるという理由で却下される。後者についても「画像」分析に際して結局は言語が介在せざるを得ないという理由で断念される。ここには自らが採った方針についてのバルトの幾許《いくばく》かの逡巡が窺えなくはない。しかし、重要なことは、「モード」を成り立たせているのが〈形相的なもの〉としての〈差異化〉コード、ないし〈意味〉であって、〈質料的なもの〉としての布や型紙やモデルではないことをバルトが確信した上で、方法選択がなされていることである。そしてこの方法の採用は、別の含意も持っている。すなわち〈形相的〉領域としての「モード」の、〈質料的〉領域からの〈自立＝自律〉と、自己言及的な閉鎖である。すなわち「モード」とは一つの閉じたシステムを構成する。

さて、バルトは『*Elle*《エル》』『*Le Jardin des Modes*《ル・ジャルダン・デ・モード》』『*Vogue*《ヴォーグ》』といった最先端モードを扱うファッション雑誌[33]を精査し、そこにみられる〝モード言語〟に固有の統辞法《シンタックス》を浮かび上がらせ、それを分析に掛ける。その際、彼が活用するのは〈コード／レトリック〉(code/rhétorique)と〈能記《シニフィアン》／所記《シニフィエ》〉(signifiant/signifié)というソシュール記号論由来の二つの区別である。前者の区別における〈コード〉は「モード」の差異化機能の本体である。対して〈レトリック〉は〈コード〉を修飾する統辞法である。すなわちメゾンやクチュリエなどのモード・グループが生成した〈コード〉が、マスメディアによって大衆に届けられるプロセスで〈コード〉に上乗せされる修飾的贅語であって、衣服を取り巻く具体的文脈を、多くの場合「物語《ナラティヴ》」によって仮想的に構築する。例えば「胸元の開いたドレスは、パーティー会場で、衆目の視線をあなたに釘付けにすることでしょう」というように。その意味で〈レトリック〉は批評や広告の統辞法といえる。いずれにしろ「モード」の本質は〈レトリック〉を削ぎ落とした時に露呈する〈コード〉に宿っている。そして〈コード〉の水準には〈能記《シニフィアン》／所記《シニフィエ》〉という第二の区別が認められる。

この場合の〈能記〉とは「記号としての衣服」のことであり、〈所記〉とは「記号としての衣服」

32 Barthes, R., 'Histoire et sociologie du Vêtement: Quelques observations méthodologiques' In: *Annales, Économies, Sociétés, Civilisations.* 12e année, N. 3, 1957. pp. 430-441.（邦訳「衣服の歴史と社会学——いくつかの方法論的考察」『ロラン・バルト著作集 3』みすず書房に所収）

33 『*Elle*』と『*Vogue*』は日本語版も含めて現在も刊行中だが、『*Le Jardin des Modes*』は一九九六年に休刊した。

が表す〈意味〉である。〈能記〉の位置には「淡い青のフレアスリーブカットソー」「深い緑のショートブルゾン」「ハイウエストのボトムス」「ベルボトムのジーンズ」といった様々な衣服が代入可能である。ここには「モード」の本体が〈差異化〉のネットワークであることが〈能記〉の体系《システム》として表現されている。他方、〈所記〉の位置には衣服以外の言葉が代入される。〈所記〉にも様々な言葉を代入し得るが、バルトは〈所記〉の位置を占め得る言葉を二つの系列に分ける。第一は、〈「淡い青のフレアスリーブカットソー」（能記）は「カジュアルシーンに最適です」（所記）〉〈「深い緑のショートブルゾン」（能記）は「オフィシャルな場面でも大丈夫」（所記）〉といった、衣服の実用性や着用のシチュエーションを示す語群で、衣服と現実世界との繋がりを示している。第二は〈「ハイウエストのボトムス」（能記）が「今おしゃれ」（所記）〉〈「ベルボトムのジーンズ」（能記）は「感心できません」（所記）〉といった、衣服をモードとして評価する語群である。実は第二の系列の〈所記〉は、言い回しにバリエーションがあるとはいえ——バルトが「意味の貧困」と呼んでいるように——本質的に〈流行中《ア・ラ・モード》／流行遅れ《デモーデ》〉（à la mode/démode）という二者択一的な二値《バイナリ》コードである。バルトは前者の〈能記〉系列と〈所記〉系列との組み合わせを「セットA《アンサーンブル・ア》」（en-semble A）と呼び、「衣服」を「世界《モーンド》」（monde）と繋げる統辞法（〈衣服≡世界〉と表記される）とみなす。対して後者の〈能記〉系列と〈所記〉系列との組み合わせを「セットB《アンサーンブル・ベ》」（ensemble B）と呼んで、この組み合わせこそが「衣服」と「モード」との本質的関係を表現する統辞法（〈衣服≡モード〉と表記される）だと考える。

ここに、モードが世界を意味する（セットA）と同時に、自分自身を意味する（セットB）両義的体系《システム》であることが統辞論的な構造において示されたことになる。バルトは、セットAの場合、モードは現実世界における行為のプログラムを構成し、Ｂの場合には、贅沢な見世物となる、と言い、セットＢの非実用的性格を強調してみせる。にもかかわらず、モードは世界に対して閉じ、再帰的な体系となるとき、最も完全な体系たり得、逆に世界に対して開かれるとき、それは崩潰する、とも主張することでセットＢにこそモードの本質が集中的に表現されているとする。

　では、セットＢは「モード」の本質をどのように開示しているのか？　バルトによれば、セットＢとは、論理学に謂う「同語反復《トートロジ》」(tautologie)の形式に他ならない。すなわちそれは「モードはモードである」と繰り返すのみである。ただし、そこでは〈能記〉の位置に取っ替え引っ替え、最先端モードを体現する衣服が代入される。「過去の代わりに現在を置くという健忘症的代入作業」である。このことによってジンメルが喝破したモードの唯一の価値＝「新奇性《ノイハイト》」が担保される。また、セットＢの同語反復性は「モード」の閉鎖性、自己言及性の表現でもあるが、それ以上に重要なことは、それが託宣的断言でもある――バルトの言葉を使えば、それが「法《ロワ》」(loi)である――ことの表明になっている点である。われわれの言葉で言い直せば、それは「記号」としてのモードの「権力性」を顕在化させる。こうして、モードの同語反復的な統辞は、その自己言及性、「法」としての規範的断定性、そしてその権力性を露呈させる。

　バルトはその実質的な文壇デヴュー作である『現代社会の神話[34]』においてすでに、「記号」が大衆に知らず識らずのうちに様々な現象や生活場面で〝イデオロギー〟を押し付け、植え付けてくる、その「権力性」を暴露し告発している。『モードの体系』はファッション領域における、こうした

34　Barthes, R., *Mythologies*, 1957.（邦訳『現代社会の神話』みすず書房）

「記号」の権力の行使、メゾンとクチュリエが捏造した〈コード〉を、モード誌に代表されるマスメディアが華麗なレトリックで飾粧し、大衆に受け容れさせてゆく理路を、統辞分析のかたちで遂行したという意味において、それは『現代社会の神話』での記号分析の延長線上にある。その事実はバルトの「モードは二つの意識の不一致の上に成立する」という文言にはっきりと刻印されている。[35]

2―2―2　二〇世紀のモード（二）――記号の〈自立＝自律〉と現実に対する優位

セットBの「同語反復」性として顕在化したモードにおける自己言及性と、それが意味する「記号の権力性」を、バルトが強調したのに対し、ボードリヤールはモードの自己言及性テーゼをバルトから受け継ぎつつも、それをバルトとは異なる方向で展開させてゆく。すなわち、彼はバルトが遺り残した、差異化の絶えざる運動としての「モード」がファッション分野を越えて社会の全領域へと溢れ出す現代社会の趨勢を見据え、それを記号論の枠組みによって掬い取るとともに、その趨勢が亢進するときどのような事態が出来するかを理論的に見極め、その原理を定式化する途を進む。

バルトにおいても、モードの自己言及的閉鎖、すなわちモードがモード内部で閉じているが故に、モード内部の商品は社会的便益＝実用的効用を失い、また外部から様々なテーマが借入されても、モードの内部ではその実質的意味は失われる、といった事態は当然認識されていたが、こうしたモードの〈自立＝自律〉性は、バルトにあっては精々、モードと現実との並立として現れるに留まっていた。そのことを雄弁に物語っているのが、モード・システムの「世界《モンド》」志向的な――ルーマン的な言い回しを敢えてすれば「他者言及的《フレムトレフェレンツィエル》」(fremdreferenziell)な――セットAと、

「自己言及的《ゼルプストレフェレンツィエル》」(selbstreferenziell) なセットBとの並置（もちろん、バルトの気持ちとしては、セットBの優位を言い立てたいにしても）である。こうした煮え切らないバルトの態度に比して、ボードリヤールは明確に「モード」の「現実」に対する優位を宣言する。

モードの現実に対する優位とは、差異化コードが衣服に限らず、汎《あら》ゆる商品を覆い尽くし、商品の社会的便益や実質的効用を凌いで「新奇性」という空疎な価値のみが突出する事態に他ならない。それだけには留まらない。マルクスが『資本論』開巻冒頭で喝破したとおり、現実世界が「商品の膨大な集積体《ウンゲホイレ・ヴァーレンザムルンク》」(ungeheure Warensammlung) である以上[36]、モードが全面化するとき、現実世界そのものが、記号の差異化運動の成果物として立ち現れて来ざるを得ない。それまで、現実の劣化的摸写でしかなかった記号が、いまや現実を産み出すのである。こうした、現実と記号との逆転によって生じた、記号の差異化運動の成果としての現実、より精確には、「シミュラークル」(simulacre) と呼ばれる、指し示す実物をもたない〝記号〟の連鎖によって構成される〝現実〟、これをボードリヤールは「ハイパーリアリティ」(hyperréalité) と名付ける。ハイパーリアリティは、一般には「オリジナル」を欠いた「コピー」がもつ、虚構でありながら〝現実〟として通用する或る種のヴァーチャル・リアリティとしてイメージされるのが常だが、経済的なアングルからは、そ

---

35 「La mode《ラ・モード》 … repose sur une disparité des deux consciences《ルポズ・スュリュヌ・ディスパリテ・デ・ドゥ・コンシアンス》」が原文（*Système de la mode*, Avant-Propos）。この場合の「二つの意識」とは、言うまでも無く、メゾンやクチュリエなど「モード」の〈コード〉を生成させる権威の「意識」と、それを嬉嬉として受け容れる大衆の「意識」である。

36 Marx, K., *Das Kapital*, 1864.

れは差異化運動としての「モード」が社会の全領域に浸透する事態、「記号」の現実に対する優位と、その覇権を意味する。

こうして二〇世紀の掉尾――それはちょうど日本のバブル経済期にあたる――に「モード」は社会を覆い尽くすこととなった。それと並行してファッション論の別名であった「モード」論もまた、文化総体を記号現象として分析する「文化記号論」に吸収され、そこに解消されてゆくことになる。

2―2―3 「文化記号論」とその限界

一九五〇年代末以降、より実態に即して言えば一九八〇年代から、「文化記号論」が記号を論じる際の枠組みをなしてきた。ここまで論じてきた「モード」の問題もまた本章冒頭で述べたとおり、「文化記号論」のトピックの一つとして「映画」や「写真」「マンガ」などと並べて扱われるのが常となっている。[37]「文化記号論」の枠組みを提供したのは先立つ二つの小節で主題化したバルトとボードリヤールであるが、事態を複雑にしているのは、「文化記号論」が一つのディシプリンだと確信を持って言えるほどには確立されておらず、良く言えば「多義性」に纏われている、悪く言うと諸説の〝ごった煮〟の様相を呈していることである。「文化記号論」の範疇に収まると思われる理論には、バルトやボードリヤールの他にも、U・エーコ、S・ホール、G・バタイユ、Y・ロトマンらの仕事が存在しており、日本でも池上嘉彦、山口昌男、丸山圭三郎らが言語学や人類学の観点から文化記号論と呼び得る著書を世に問うている。

問題は、彼らが構想する文化記号論の枠組みが区々《まちまち》であることにある。敢えてそこに共通の枠組みを想定しようとすれば、彼らの意図は水で薄められ、結果として最大公約数的で凡庸な、教科書的〝滓《おり》〟が残るだけである。例えば、エーコは、ソシュールの構造主義的記号論はもちろんのこと、分類学的《タクソノミカル》なパースの記号学《セミオティックス》やシャノンの通信理論における符号理論まで取り込んだ、（体系的とは言えないにしても）網羅的な文化記号論の構築を企てているが、真の狙いは「コード」生成理論としての新たな「詩学《ポエティクス》」（Poetics）の構築——あるいは「コード」概念による伝統的「創作学《ポイエーティケー》」（ποιητική）の刷新——にある[38]（池上嘉彦の文化記号論もこれに準じる）[39]。一方、カルチュラル・スタディーズの騎手であるホールは、テレビ映像の記号論的分析で名高いが、彼の意図は、マルクスによる資本の流通過程分析やエーコの詩学的記号論、グラムシのヘゲモニー論を踏まえた、記号「生産」→記号「流通」→記号「消費＝解釈」→記号「再生産」メカニズムの剔抉と、記号の確信犯的＝戦略的な誤読を梃子《てこ》にした、記号流通プロセスの〝脱臼〟実践にある。[40]またバタイユは、独自の人類学的なアプローチで「ポトラッチ」に代表される贈与や象徴交換の記号論的分析をものし、

37 著者もまた行きがかり上、勤務する明治大学で「記号論」という科目を二〇一四年から担当しているが、当初その授業では、他大学のシラバスの見様見真似で、前半でソシュールvsパースの「記号」理解の違いを含めた「言語」と「記号」の関係と相違を、後半では「映画」や「ファッション」「マンガ」といった事例に基づきつつ「文化記号論」の概要を講じていた。だが、二〇一六年ころから従来のかたちで「文化記号論」を教えることについて決定的な違和感を教壇上で感じ始めたことが、本テーマを取り上げた動機の一つにもなっている。そのため「文化記号論」に対しては多少挑発的なもの言いになることを予めご寛恕願いたい。

38 Eco, Umberto., *Trattato di semiotica generale*, 1975.（邦訳『記号論』岩波書店）

39 池上嘉彦『詩学と文化記号論——言語学からのパースペクティヴ』（筑摩書房）

40 Hall, Stuart (1980). 'Encoding / Decoding'. In: Hall, D. Hobson, A. Lowe, and P. Willis (eds). *Culture, Media, Language: Working Papers in Cultural Studies*, 1972–79. pp. 128–138.

ボードリヤールにも多大な影響を与えている。[41] ロトマンによる構造主義言語学の枠組みから展開される文学の記号論的分析[42]や、山口昌男の〈中心―周縁〉概念を軸とした文化創造の記号論[43]、丸山圭三郎によるソシュール記号論の丹念な解読から編み出された〈文化＝フェティシズム〉論[44]もまた、安易な類型化を拒む、それぞれに固有の目論見が孕まれている。

にもかかわらず、ここで敢えてそうした諸理論を「文化記号論」の範疇に括るのは、右に挙げた諸理論が「或る前提」を共有していると考えられるからである。この「或る前提」とは「記号とマスメディアとが〝共犯関係〟にある」ことの自明視＝非主題化である。右の諸理論が斉しく現在の情報社会において失効した、とまで言わないにしても、少なくとも有効に機能していないのは、こうした記号のマスメディア負荷性の黙殺に因る。

2-2-4　記号とマスメディア

再度、話を「モード」に戻そう。ここまで本章の理路を辿ってきた読者には今更の指摘になるが、「モード」と「趣味」とは――例えば、フィッシャーのモード論においてみられたように――しばしば混同されるにもかかわらず両者はまったく異なる。「趣味」は階級・階層的な社会構造を、その存立のための必須の前提とする。もちろん階層的社会においても下位階層による上位階層の「趣味」の「模倣」は生じる――所謂、趣味における「均霑理論《トリクル・ダウン・セオリー》」(Trickle-Down Theory)――が、「趣味」の「模倣」はけっして社会の階層的構造を毀損せず、むしろそれを温存する。それは厳密な意味での――ということは、資本主義経済にメカニズムとして組み込まれた――「モード」ではない。「モード」は、ルーマンが謂う機能的分化社会としての近代社会になって、時期的には一九世紀半ばになって初めて出現した（ヴェブレン、ゾンバルトそしてジンメルによる、「モードとしてのモード」論が一九世紀末になって初めて登場したことをここで想起しよう）。「モード」としての「模倣」は、「趣味」の「模倣」とは違い、階級や階層を越えて起こる。というよりむしろそれは、階級無化的に働く。趣味の模倣が「垂直的《ヴァーティカル》」（vertical）に起こるのに対して、モードの模倣は「水平的《ホリゾンタル》」（horizontal）に生じる、そう言ってもよい。[45]

ただし、モードの模倣においてヒエラルキーが不在であるわけではない。趣味の模倣は、宛《あたか》も段瀑《カスケード》の滝の流れのように、社会階層の上位から下位にむかって自然発生的に生じ、そのヒエラルキーは段丘状の様相を呈する。したがって模倣の伝播プロセスで様々な変異体《ヴァリアント》（variant）が分岐的に生じ得る。これに対して、モードにおける模倣は、社会〈外部〉の——もちろん実際には社会シ

41 Bataille, Georges., *La Part maudite*, 1949.（邦訳『呪われた部分』二見書房）
42 Lotman, Yuri., *Universe of the Mind: A Semiotic Theory of Culture*, Indiana Univ Pr., 1990.
43 山口昌男『文化と両義性』（岩波書店、一九七五）、『文化の詩学Ⅰ・Ⅱ』（岩波書店、一九八三）
44 丸山圭三郎『文化のフェティシズム』（勁草書房、一九八四）
45 二〇世紀に入ってなお、「趣味」・「階層」概念の重要性を一貫して唱え続けた社会学者がP・ブルデューである。これは彼の立論の根底に「ハビトゥス」（habitus）を巡る身体的問題系があることが大きい。ブルデューは、ヨーロッパが未だに牢固たる階層社会であることもあって、「趣味」・「階層」に対するネガティヴな論調が目立つが、身体性を軸とする「趣味」や「階層」は、現在の情報社会が全面化させている「差異の抹消」「統合の弛緩」に抗する最後の拠点となる可能性もある。Bourdieu, Pierre., *La Distinction: critique sociale du jugement*, 1979.（邦訳『ディスタンクシオン——社会的判断力批判』藤原書店）を参照。また本章の2－3－4小節「〈形相的なもの〉から〈質料的なもの〉へ」も参照のこと。

ステムに組み込まれている——特権的権威（Chanel《シャネル》、Givenchy《ジヴァンシー》、Giorgio Armani《ジョルジオ・アルマーニ》、Valentino《ヴァレンティノ》といった高級メゾンと一流クチュリエたち）を発出点とし、厳密に同一の（この「同一性」が、ブランド価値と意匠権・商標権の根拠をなす）モードが商品という「記号」として、一挙に大衆に振り撒かれる。モード流通は、金銭所持の多寡を除けば、身分の別や出自の別、男女の別や職業の別を問わず社会全域に〝平等〟に及ぶ。こうして均質な大衆という単一の（そう呼びたければ）〝階層〟が形成される。重要なことは、この「模倣」が趣味の場合のような自然発生的なものではなく、社会にビルトインされたプログラムであり、それが社会をそもそも維持・存立させているという点である。そして、特権的権威という社会の特異点と、大衆という均質な平面を繋ぐもの、特異点から発出された記号としてのモードを、その同一性を損なわずに一挙に社会に伝播するもの、それこそが「マスメディア」に他ならない[46]。ここで、近代社会になって成立をみた、特権的な特異点を頂点とし、大衆を底面とする円錐としてイメージされる、マスメディアに固有の情報流通ヒエラルキーと、その伝播プロトコルを〈放–送〉《ブロード・カースト》（Broad-Cast）とわれわれが呼んだことを想起しよう[47]。

二〇世紀は、内容を欠いた差異化プログラムである、記号としての「モード」が、マスメディアの〈放–送〉体制によって、ファッション分野を越えて全商品領域へと拡大した世紀であった。バルトとボードリヤールのモード論は、マスメディアが果たす役割も含め、前世紀における社会と文化の構造をその最深部において掬い取った理論である。諸他の文化記号論は文化形成や文化受容においてマスメディアが果たす役割に気づいていないか、気づいている場合でも、それを過小評価、ないし〝見て見ぬ振り〟をしている。にもかかわらず、それらの立場は例外なく、マスメディアの〈放–送〉体制を不可疑かつ自明の前提としてのみ成立する。逆に言えばそれらは、自らの理論の土台をなすその前提があまりにも自明過ぎるがゆえに、それに気づくことができないし、気づいてもその役割を正当に評価できない、ということでもある。

さて、二〇世紀いっぱいに懸けて猖獗を極め、猛威を振るってきた、この「記号―モード―マスメディア」の三位一体が、ここに来て機能不全を来《きた》しつつある。それは二一世紀に入って明確になってきた、マスメディアの〈放―送《ブロード・カースト》〉体制からインターネットに固有の新たな情報流通構造である〈ネット―ワーク〉へのメディア・パラダイムの転換に因る[48]。三位一体の一角をなすマスメディアの〈放―送〉体制が、インターネットの〈ネット―ワーク〉に挿げ替わったことで、他の二

46 鷲田清一はそのモード論において、「モードという文化」が「身体という自然」に対して規範として立ち現れることを示す典型的な例として、一九世紀末のビクトリア朝イギリスにおける「コルセット」の流行を挙げている。鷲田のモード論は〈質料的なもの〉、とりわけ〈身体〉にフォーカスする傾向が認められるが、〈形相的なもの〉を主題としている本章の論脈から言えば、鷲田の「コルセット」の事例は、「記号」の権力性の一例であると同時に、この頃ちょうど英国でマスメディアが制度的な確立をみたという歴史的事実を考え合わせるとき、モードの規範的権力を支えるのがマスメディアに他ならないことを傍証する恰好の事例でもある。鷲田清一『モードの迷宮』(筑摩書房)を参照。

47 モード・ジャーナリズムもまた、二〇世紀初頭にはすでに活況を呈していた。自身もモード雑誌記者であったベストセラー作家ヴィッキー・バウムが一九三〇年に発表した戯曲『パリ広場一三番地』には二〇世紀初頭のモードを巡る世情が活写されている。Baum, Vickie., *Pariser Platz 13: Eine Komödie aus dem Schönheitssalon und andere Texte über Kosmetik, Alter und Mode*, 2012. を参照。付録として付されたバウムによるモード記事、および編者であるJulia Bertschik による優れた解題 'Die Ironie hinter der Fassade, Vicki Baums neusachliche Komödie aus dem Schönheitssalon »Pariser Platz 13« (1930)' も参照。

48 「はじめに」を参照。

項、「記号」と「モード」も変質を被らざるを得ない。両項が情報社会においてどのような変質を遂げるのか、それをこれからみてゆこう。

2―3　モードと記号の変容

2―3―1　記号と価値

バルトによる、日常性に潜む「記号の権力」の暴露とその告発は、思想史的には異議申し立ての時代であった一九六〇～七〇年代のH・ルフェーブルによる〈日常性《クオティディエンテ》〉(quotidienneté) 批判[49]の系譜に連なり、後のカルチュラル・スタディーズによるサブカルチャーに潜む政治的メッセージのテクスト分析に引き継がれるとみてよいが、バルトの独創は、ルフェーブルやカルチュラル・スタディーズに顕著な、露骨な政治的アジテーションや、具体的な政治的含意をテクストに強引に読み込む穿鑿的スタイルとは意識的に距離を置き、敢えて政治的なメッセージから最も遠い分析対象を選び、尚且つ政治的なポーズを避けて、原理的な分析に徹する点にある。そして、実際その成果は充分に上がっている。バルトがそこから得た洞察は、記号において「権力」の問題と「価値」の問

49　Lefebvre, Henri., *Critique de la vie quotidienne I ~ III*, 1946 ~ 81.（邦訳『日常生活批判』現代思潮社）

題が切り離せないこと、あるいは〈記号／価値〉の一体性である。両者は同じコインの表裏なのである。

　実際たとえば、オートクチュールや特権的メゾンは一つの〈権威／権力〉であって、そうであるが故にマスメディアのヒエラルキカルな〈権威／権力〉的構造と一体化することで、「今年の流行」の発信源としてオートクチュール・コレクションはマスメディア媒体を通じて世界に〈放－送《ブロード・カースト》〉され、著名メゾンから発売される商品は、ブランドという「価値」を維持・再生産できる。つまり、マスメディアの〈放－送〉体制によって「記号」は「権力」を付与されると同時に、「価値」の担い手ともなるのである。この構造は、ファッションに限らず、マスメディア・パラダイムの文化財――宮崎駿のアニメ作品、ボブ・ディランの新譜、村上春樹の新作小説などなど――全てに当て嵌まる。このとき重要なことは、〈放－送〉体制におけるこうした「価値」担体としての「記号」は、必ず（一）「作品」という自己完結的な形態をとり、またそこには（二）作品の創造者である、権威としての著者、すなわち〈著者＝権威《オーソリティ》〉(Author-ity)が存在し、さらにそれは（三）「商品」のかたちをとって大衆に頒布される、という点である。第三者的にみたとき、マクルーハンの〈ホット〉(hot)メディアとは、この「作品性」―〈著者＝権威〉性―「商品性」という三重の性質を有する文化財のことに他ならない。そして「文化記号論」が立論の自明の前提として（暗黙裏に）想定するのも、文化財のこの〈ホット〉な性質なのである。

　ところが、インターネットの〈ネット－ワーク〉構造は、その二次元的なフラット性によって、マスメディアの〈権威／権力〉的なヒエラルキー構造を済し崩しにしてしまう。なぜなら、インターネットとは、ネットワークのノードをなす個人が、その身分や資格を問わず発信できることを保証する構造をもったメディアだからである。観方によっては、これは文化における〝民主化〟の実現と考えられなくはない。だが、見落とされてはならないのは、このとき〈ネット－ワーク〉は、〈放－送〉がその〈権威／権力〉的構造によって支えてきた「価値」をも無化することである。それは〝盥の水〟（権力）と一緒に〝赤子〟（価値）まで流してしまう。マスメディア・パラダイムの〈権威／権力〉は様々な批判に晒されながらも、「価値」の創造と流通とを担保してきた。だが、〈ネット－ワーク〉メディアがマスメディアに取って替わったことで、既存の〈権威／権力〉が相対化されるのと軌を一にして「価値」の相対化が進行中である。この価値の相対化は、これまでの文化財の〈ホット〉なあり方を変容させざるを得ない。

〈ネット－ワーク〉を流通する〝文化財《コンテンツ》〟――それが〝文化財〟の名に値するとしての話だが――からは、まず「作品」性が失われる。ネット上を流通する〝文化財《コンテンツ》〟は、コンテクストから引き剥がされたスナップショット（そこには多くの場合撮影者本人が含まれるが、この点については後に分析する）、トリミングされた映像クリップ、脈絡を欠いた「つぶやき《ツイート》」などなど、いずれも自己完結性を欠いた「断片」にすぎない。それらは「作品」が有する内的な統一性としての「物語《ナラティヴ》」(Narrative)を持たない。また、そこには厳密な〈著者＝権威《オーソリティ》〉も存在しない。もちろん、アップロードしたのは特定の個人ではあるのだが、〈ネット－ワーク〉が原理的に匿名を規定値《デフォルト》とすることに加えて、ネット上における流通の過程――例えばリツイートやコンテンツの再アップロード、引用に次ぐ引用など――でコンテンツは加工・歪曲され、著者性は限りなく暈《ぼ》かされてゆく。著者性を主張するアップローダーが現れようものなら、他のノードによって容赦なく引き摺り降ろされる。さらに、コンテンツは「商品」であってはならない。それはむしろ贈与財であって「FREE」

の原則が適用される。もちろん、企業など〈放－送〉パラダイムから移転してきたノードは、常にコンテンツの「商品」化を目論んでいるが、他ノードはこうした動きを常に冷ややかな眼差しで迎える。われわれは、ネット上を流通する〝文化財《コンテンツ》〟が有する「断片性―匿名性―無償性」の三重の性質によって特徴付けられる特性を、やはりマクルーハンの言葉を流用しつつ〈クール〉(cool)と呼びたい。そして〈クール〉な特性を有するネット〝文化財《コンテンツ》〟は、もはや「文化記号論」の理論枠組みを以ってしては解析不可能である。

2－3－2 エンタテインメントから遊戯へ

〈クール〉なネット〝文化財《コンテンツ》〟の分析をもう少し続けよう。

二〇一六年には、エンタテインメント分野で特筆すべき現象や事件が立て続けに起きた。新海誠のアニメ『君の名は。』の世界的ヒット、ピコ太郎の『ＰＰＡＰ(Pen Pineapple Apple Pen)』の世界中のネットユーザーを巻き込んでの大ブレイク、ボブ・ディランのノーベル賞受賞と受賞発表後の擦った揉んだ、そしてＳＭＡＰの解散、である。なかでもＳＭＡＰの解散と『ＰＰＡＰ』のブレイクは、芸能分野における事務所とマスメディアという両〈権威／権力〉の結託による出来レース的なプロモーションや世論誘導が、〝ネット世論〟に対して、もはや何の効も奏さないことを満天下に示し、芸能分野でも〈放－送〉体制がもはや盤石ではなくなったことを世間に印象付けたことで、メディア論的にも重要な意味を持つが、ここで考えたいのは、なぜ『ＰＰＡＰ』がブレイクしたのか、ということである。

ピコ太郎は一介の素人ではなく、歴とした芸人、の別名である。だが重要なことは、彼が『ＰＰ

AP』という「芸」を商材とはみなしていないという点にある。そのことは『PPAP』という〝作品《クリップ》〟の短さ、より精確には、それが「瞬間」芸であることとそれが「エアー」芸であること、すなわち実物のリンゴやパイナップルにペンを突き刺すわけではないこと、に現れている。どういうことか？　『PPAP』の本質は、それが自己完結した「作品」ではなく、それをYouTubeで観たユーザーに「カヴァー」(＝模倣)させる点にこそある。だからこそ、それは短くなければならず、またカヴァーに際して、実物のリンゴやパイナップルやペンが要求されてはならない。つまり『PPAP』のブレイクとは、ピコ太郎の瞬間芸の「カヴァー」の連鎖の拡大と同義である。実際、YouTubeには、様々な国籍、様々な出で立ち、様々な年齢、様々なジェンダーのフォロワーたちによるカヴァー映像が溢れた。もしも『PPAP』を芸能事務所が企画していたとするならば、こうはなっていない。おそらくカヴァー映像をアップする度に著作権料が要求されるだろうからである。

　われわれは『PPAP』が、先ほど指摘したネット〝文化財《コンテンツ》〟の三要素「断片性―匿名性―無償性」を兼ね備えた〈クール〉な特性をもつことをここで改めて確認しておきたいのだが、それにも増して強調したいのは、それが〈ネット-ワーク〉体制における新たな〈モード〉(＝模倣)のあり方を暗示していることである。[50]

50　本書校正中の二〇一八年一一月現在、『PPAP』の本質である、こうした動作の模倣的連鎖性をアプリケーション化した、中国Bytedance社の開発になる画像共有アプリ『TikTok』がアジア圏を中心に爆発的な普及をみせていることも付言しておく。

われわれは先に、ネット〝文化財《コンテンツ》〟にみられる「作品」性の希薄化と、その断片化《クリップ》を指摘したが、それは、〝文化財《コンテンツ》〟から自己完結的な自己言及性（＝物語性《ナラティヴ》）が失われ、替わって、その断片性を補うコンテンツ〈外部〉の文脈《コンテクスト》の重要性が相対的に浮上してきたことを意味する。マスメディアの〈放‐送〉パラダイムにおいては消費者は〈著者＝権威《オーソリティ》〉によって創作された、閉じた「作品」世界を、対価と引き換えに贖い、それを「エンタテインメント」として受容してきたわけだが、インターネットの〈ネット‐ワーク〉パラダイムにあってはユーザーは、（誰でもよい）誰かによって〝投下〟された断片的〝素材〟を「ネタ」として〈外部〉に向けて開き、受け渡してゆくことで、そのネタが持つ〈潜在性《ヴァーチャリティ》〉（Virtuality）[51]を展開する、という「遊戯《シュピール》」（Spiel）を営むのである。こうして〝文化財《コンテンツ》〟は〈ネット‐ワーク〉体制のなかで、エンタテインメント「作品」であることを止め、遊戯の「ネタ」と化す。ネット上で提示された「ネタ」を巡ってユーザーたちが〝連歌〟よろしく意味付与を順次重ねてゆく。こうしてコンテンツが、〈コミュニケーション〉持続のネタと化すことで、その重点もコンテンツそのものの「質」（＝「作品」性）から、それが孕む〈コミュニケーション〉「持続」の喚起力と継続力にスライドしてゆく。こうした「エンタテインメント」の「遊戯」化[52]、「作品」の「ネタ」化が、同時にその脱市場化、脱産業化を含意していることにも注意が必要である。またそれは〝文化財《コンテンツ》〟が作家性、作品性とともに「芸術的価値」とも手を切ることを意味している。

『ＰＰＡＰ』のブレイクは、マスメディア以前における階層間での垂直的模倣としての先〝モード〟、マスメディア時代の垂直的契機と水平的契機が組み合わさった円錐的模倣としての本来の「モード」、の孰れとも異なる、垂直的要素をまったく欠く純然たる水平的模倣――そしてそれはノード間での〈コミュニケーション〉の無限の連鎖的接続として実現される——という新しい〈モード〉の具体的かつ典型的な事例なのである。

2-3-3 「遊戯」としての〈モード〉

情報社会における「遊戯」としての〈モード〉の含意をいま少し、具体的事例に即しつつ掘り下げてみよう。

アーティスト須藤絢乃の写真作品には、情報社会において遊戯化する〈モード〉の実相が象徴的に示されている。作品は様々なシチュエーションを背景にした人物のニーショットないしバストショット（まれにフルフィギュア）なのだが、そこに写されているのは現実の光景ではなく、須藤の記憶世界・心象世界の再現である。作品において模擬的に再現されるのは、一九八〇年代の渋カジ（渋谷系カジュアル）であったり、谷崎潤一郎が理想化した船場の良家の風情であったり、四谷シモンや金子國義や澁澤龍彦の猟奇的空想世界であったりと必ずしも合理的な脈絡があるわけではない。重要なことは被写体の多くがメイクし変装した須藤絢乃本人であることである。表現された作品世界が飽くまでも須藤の趣味世界である点、また作品の多くが、TwitterやtumblrといったＳＮＳにおいて発表される点も含め、彼女の作品世界は自らの「ネタ」化、自己提示的〈コミュニ

51 〈潜在性《ヴァーチャリティ》〉（Virtuality）の本書における含意《コノテーション》については第六章を参照。

52 「エンタテインメント」と「遊戯」の概念的相違については、拙著『「情報社会」とは何か？——〈メディア〉論への前哨』（ＮＴＴ出版）２-15節を参照されたい。

ケーション〉として成立している。もちろん、須藤の作品が「作品」である以上、それは完結性と作家的意図を持っている。われわれは彼女の作品に、コンテンツが自己提示のための〝素材〟＝「ネタ」と化し、その「ネタ」化が「自己」にまで及びつつある時代の〈空気〉の表現、を読み取りたいのである。と同時に、本来の「モード」がマスメディアを必要としたように、現代の〈モード〉は〝スマホ〟とSNSというメディアを必要とすることもまた彼女の作品からは嗅ぎ取ることができる。つまり〈モード〉の棲息地がネットワークからの接続を解除された（OFF《オフ》）現実世界から、接続中《オン》（ON）の〈潜在《ヴァーチャル》〉世界へとシフトしつつあり、カメラ付き〝スマホ〟とSNSが、〈潜在《ヴァーチャル》〉世界参入のための必須アイテムであることを彼女の作品の公表形態から窺うことができるのである。[53]

　ここで若干の寄り道をしたい。イーストマン・コダックのブローニー以来、一般向けカメラは二〇世紀を通じて普及するが、芸術写真や報道写真と区別された一般写真の「被写体」とその「保存形式」は以下のように推移している。すなわち、写真機がまだ高価であった一九八〇年代以前には、一般写真は特別な日に写真館で撮影されるか、もしくは旅行中や式典において随行カメラマンによって撮影された。つまり、その多くは「集合（記念）写真」であり、それは現像されて「額縁《フォトフレーム》」に収められた。この時期、写真撮影という行為は非日常的な〝儀式〟だったことになる。一九八〇年代に入って、大ヒットした『写ルンです』に代表されるレンズ付きフィルムが普及すると、写真撮影の機会は劇的に増大し、街の各所に現像のためのDPEショップが配備される。写真の多くは身近な「他者のスナップショット」になり、冊子形式の「アルバム」に収納される。それとともに、この時期、写真撮影は非日常的行為から日常的行為にシフトする。そして二一世紀に入り、カメラは〝スマホ〟とともに常時携帯されるようになった。また「自撮り棒《セルフィー・スティック》」（Selfie Stick）と「イン（フロント）・カメラ」の装備によって、「自己」が最重要の被写体として浮上してくる。そして撮影された「自撮り《セルフィー》」画像はデジタル・データとして「アップロード」される。こうして情報社会における写真撮影とは「自己提示」（Self-presentation）の行為となる。流行語ともなった「インスタ映《ば》え」は、情報社会の写真撮影行為において「自撮り」と「アップロード」が「自己提示」において一体化していることを最も端的に表している。

「自撮り」とは本質的に、「自己」の〝素材〟化、すなわち自己像《セルフイメージ》のデジタルな技術的改変と加工――つまりは「盛《も》る」行為――であるが、「自撮り」画像が「アップロード」されることで、「自己」のみならず、「衣服」「化粧」「ヘアスタイル」「相貌」あらゆる身体装飾・身体パーツが、「自

53　作品は左から順に、「てりはのいばら」「無題」「幻影 Gespenster」。掲載を快諾された須藤絢乃氏とギャラリーMEMのご厚意に感謝申し上げる。

己」を「アノニマスという他者」に提示し、〈コミュニケーション〉を持続的に連鎖させるための「ネタ」と化す。[54]

ここで誤解をしてはならないのは、このプロセスはけっして、理想的な「モデル」を前提し、それに漸近してゆく行為ではない、という点である。それではマスメディア時代の「モード」に逆戻りである。またそれは社会学でしばしばいわれるような「自己承認」や「相互承認」を求める行為でもない。〈コミュニケーション〉が連鎖してゆく各ノードは、恋人や近親者ではなく、アノニマスなのである。求められているのは飽くまでもアノニマスの「反応」であって、その反応が、次なる〈コミュニケーション〉のユニットにフィードバックされる。第三者的には（für uns《フュア・ウンス》）このプロセスは、「自己玩弄《セルフ・マニピュレイション》」（Self-Manipulation）という「遊戯」の連鎖であるが、このとき最も重要なことは――繰り返すが――〈コミュニケーション〉連鎖が途切れないことであって、「自己」はそのための〝素材〟＝〝燃料〟に過ぎない。

情報時代の〈モード〉は、マスメディア時代にみられた権威的コードの「伝達」でない――したがって、それはバルトが言うような「法」でも「規範」的存在でもない[55]――のはもちろんのこと、新たなコード・意味の生成といった〝詩学《ポエティックス》〟的クリエーションでもない。それは「内面」が不在の「表層の戯れ《ジュ・ド・スュルファス》（＝遊戯）」（jeu de surface）――後に判明するように、精確には「〝素材〟の戯れ《ジュ・ド・マチエール》（jeu de matière）」――に過ぎない（そもそも、そこには承認されるべき「内面」を持った「自己」など存在しない）。このとき〈コミュニケーション〉の連鎖的接続としての〈モード〉が棲まう〈潜在《ヴァーチャル》〉的な次元[56]は、情報社会の「遊戯空間《シュピールラウム》」（Spielraum）として立ち現れる。[57]ただし、ベンヤミンが同定したそれが、映画という自己完結的な「作品」世界をモデルに据える、ホワイトカラー〝階層〟（もしくは「大衆」）の現実逃避メカニズムであったのに対し、現在のそれは、個人的な空想（＝吉本隆明に所謂「自己幻想」）が、アップロードによる「露出《エクスポウジャ》」（exposure）によって「ネタ」として遣り取りされながら相互に共有されることで〈社会幻想〉へと生成してゆく〈場〉となっている。

2―3―4 〈形相的なもの〉から〈質料的なもの〉へ

「記号―モード―マスメディア」の三位一体の一角を占めるマスメディアがインターネットに挿げ替えられたことで、バルトが指摘した「記号」の権力性が失われ、結果として、マスメディアの〈放‐送〉体制にその存立を負う権威主義的な「モード」もまた遊戯的〈モード〉への変容を余儀なくされた事情をみてきたわけだが、記号としてのモードにあって、ボードリヤールが強調した、記号の〈自立＝自律〉と現実に対する優位、もまた当然、〈ネット‐ワーク〉体制においては撤回されざるを得ない。本小節では、そのことが情報社会の〈モード〉にどのような作用を及ぼすのか

54 「化粧」と「相貌」に関して言えば、「自己」をネタにして「メイク」と「相貌」の高度なコントロールによって様々な他者に変貌してみせる「ざわちん」のパフォーマンスは、「自撮り」の本質を戯画的に体現している。

55 ただし後にみるように、それは〈社会幻想〉となることで〝規範〟性を取り戻す。〈社会幻想〉については、本書第四章を参照。

56 〈潜在性《ヴァーチャリティ》〉（Virtuality）の含意と厳密な定義については第六章「VR革命とリアリティの変容」まで待たれたい。

57 Benjamin, W., 'Das Kunstwerk im Zeitalter seiner technischen Reproduzierbarkeit', 1930.（邦訳「複製技術時代の芸術作品」晶文社）

を考えたい。

記号の〈自立＝自律〉は、〈形相的なもの〉の〈質料的なもの〉からの独立――例えば「モード」の「衣服」からの独立――を意味するが、「記号」の「現実」に対する優位は、〈形相的なもの〉が〈質料的なもの〉を凌駕し、世界の主宰原理と化すこと、を意味している。ボードリヤールの「シミュラークル」論、「ハイパーリアリティ」論は、こうした事態を理論化したものに他ならない。二〇世紀のマスメディア・パラダイムは、こうした〈形相的なもの〉が世界を覆い尽くすプロセスであり、そのプロセスは一般に「グローバリズム」（Globalism）と呼ばれてきた。

ところが、情報社会の〈ネット－ワーク〉パラダイムにおいて、〈形相的なもの〉と〈質料的なもの〉との関係が逆転しつつある。その一つの現れが、すでに指摘した「作品」の「コンテンツ」ないし「ネタ」への切り下げ――ベンヤミンの言葉を流用すれば、〈著者＝権威《オーソリティ》〉という〝アウラ〟（Aura）の喪失――である。このとき「コンテンツ」や「ネタ」が、〝素材〟性、断片性を含意することに留意されたい。こうした事態は、従来の「創作＝詩学《ポイエーティケー》」（ποιητική）および「趣味《グストゥス》」（gustus）のあり方を大きく変えると同時に、情報社会における〈価値〉の所在という問題をわれわれに投げかけもする。

まず、「創作」の問題を文芸を例にとって考えよう。文芸の分野では所謂「文壇」のヒエラルキカルな権威失墜が著しいが、それに替わる文芸〝制度〟として現在注目を集めつつあるのが、小説投稿サイトである。ヒナプロジェクトの「小説家になろう」、KADOKAWAの「カクヨム」、ピクシブと幻冬舎が共同運営する「pixiv 文芸」、DeNAとNTTドコモが共同出資する「エブリスタ」などが、それにあたるが、これらは実質的にクリエーター支援養成事業である。従来の文芸では、文壇と読者との間には越えられない一線が存在しており、作家は「作品」の供給に、読者はその消費に専一的に従事していた。そして供給側の作家になるためには、古典的小説の乱読と精読、そして文章修行を積んで「芥川賞」や「直木賞」という文壇への登龍門を潜《くぐ》らなければならない。ところが、現在の文芸においては古典の教養も文才も必要とされない。要求されるのは、文芸に関心がある「アノニマス」の支持のみである。要は「ウケ」である。ここには文芸における〈ホット〉な「作品」の〈クール〉な「ネタ」化への動向がはっきりと窺える。また、読者と執筆者との線引きも曖昧である。読者と執筆者とは謂わば〝同人〟であって、その役割は「ネタ」に対する支持の多寡に応じてその都度交替する。小説投稿サイトとは、こうした文芸〝同人〟をまるごと囲い込むことで、執筆者、読者、コンテンツをもろとも「文芸」の「ネタ」と化すビジネスモデルに他ならない。こうした傾向は文芸分野だけではなく、芸能分野でもみられる。[58]

「趣味」の領域では、〈形相的なもの〉の〈質料的なもの〉への還元はより明瞭である。「趣味」とは元来、「階層」的帰属の事実が身体に刻印されたものであり、ブルデューなどはその疑似ア・プリオリな生得性の見掛けと、〝遺伝的〟相続制とを批判したのであった。その意味でブルデューは「趣味」を〈質料的なもの〉の領域におけるカテゴリーとして捉えている、といってよい。一方、マスメディアの〈放-送〉体制における「モード」は、「趣味」から、その具体的「実質=内容」を捨象し、〈差異化〉の「形式」的な運動となすことで、それを〈形相的なもの〉に変質させた。しかも、その内容の空疎によって「モード」化した「趣味」は、ボードリヤールが適切に指摘する

58　アカデミアに蔓延しないことを祈るのみである。

とおり、ファッションを越えて全文化領域を覆うに至った。ところが、ここにきて「趣味」は〈モード〉のなかで〈質料的なもの〉に再度変容しつつある。その事実を端的に示すのが「ウェブ検索《サーチ》」（Web-Serch）である。

ウェブ検索とは、検索者の「選好《プレファレンス》」（Preference）を開示する行為である。検索サイト運営企業、例えばGoogleやAmazonは、こうした検索者の「選好」履歴をビッグデータとして蓄積した上で、データマイニング――典型的には「協調《コラボラティヴ》フィルタリング」（Collaborative Filtering）――によって、「選好」のパターンを抽出し、〝趣味〟の類型を網羅的に弾き出す。その結果を、再度ユーザーへとフィードバックして、更なる商品購買行動へと誘導するビジネスモデルがGoogleの「検索連動広告」であり、Amazonの「レコメンデーション」に他ならない。ここで留意が必要なのは、この場合の〝趣味〟が、当人の関知しないところで、AIによって統計的に構成されたものであり、しかも「人格《パーソナリティ》」（Personality）とは本質的に無関係な、非人称的で表層的な嗜好パターンに過ぎない、という点である。したがって、それはブルデューが主題化する、身体に刻印された「趣味」ではない。にもかかわらずそれは「ビッグデータ」という〝素材〟から事後的に構成されたという意味において、やはり〈質料的なもの〉といえる。だが同時にそれは、〝趣味〟の当体である「人格」的個人とは異なる位相に存立し、しかも「人格」的個人を規定する（例えば、「レコメンデーション」をみて「確かにこれが欲しかった」と自分の嗜好に改めて気づき、「検索連動広告」の「購入」ボタンを〝ポチる〟）という点で、「超越論的《トランスツェンデンタール》」（tranzendental）な存在性格も有し、この点で或る種の〝規範性〟ないし個人の行為に対する拘束性――こうした〝規範性〟をわれわれは〈社会幻想〉と呼びたい[59]――をも有する。

2-3-5　「エモティコン」と〝情動の共同体〟

もう一つ、問題が残っている。ジンメルが、成立間もないマスメディア・パラダイムの「モード」に見て取った社会の〈差異化〉と〈統合〉の弁証法は、情報社会の〈モード〉においても機能するのだろうか、あるいは失効するのか？

　われわれのみるところ、それは〈モード〉においても温存される。ただし、その効果は大きく変わる。「記号」の〈差異化〉機能は、マスメディア・パラダイムにあっては一定のインタバルで、リズミカルに発動した。これはマスメディアが本質的に有する〝リズム〟（例えば、朝夕刊の発行サイクルや定刻に番組間に挿入されるテレビ・ニュース、週刊誌・月刊誌刊行の周期性）とも連動しており、ファッションにおいては、そのリズムは「年周期」（今年の流行）、直近では「半年周期」（今年の春夏のトレンドカラー・秋冬コーデ）で発動する。そして、このインタバルが、〈差異〉が伝達・拡散されて「大衆」を均質化するという機能を果たして、消尽されるまでの猶予期間を設定する。そして、一つの〈差異〉が消尽されると新たな〈差異〉が創出され、次の「モード」サイクルが立ち上がる。ところが情報社会の〈モード〉において、〈差異化〉機能は箍《たが》が外れて暴走する。すなわち、差異が差異として機能する（すなわち差異が社会全体に拡散して消尽される）前に、新たな差異が生成されてしまう。この事態が、Z・バウマン謂うところの「液状化《リクィディション》」（Liquidation）である。[60]この

59　〈社会幻想〉については、本書第四章を参照のこと。
60　Bauman, Z., *Liquid Modernity*, Polity Press, 2000.（邦訳『リキッド・モダニティ――液状化する社会』大月書店）

場合、差異化の速度があまりに速すぎて、マスメディアの「モード」が果たしていた大衆の均質化という〈統合〉機能を〈モード〉は果たし得ない。均質化する前に、新たな〈モード〉が発動してしまい、均質化が〈モード〉交替に追い付かないからである。では、〈統合〉は情報社会においては果たされないのかというと、そんなことはなく、それは別のルートを辿って成就される。

〈モード〉の機能的担体である「記号」は、情報社会の〈ネット−ワーク〉体制のなかで、「意味」の〈差異化〉とは別の機能、すなわち「情動」的な〈同質化〉の機能を発展させつつある。前者が、K・ビューラーの「オルガノンモデル」(Organonmodell)[61]における記号の「象徴《ズュンボール》 (Symbol)——描出《ダールシュテルンク》 (Darstellung)」的契機を最大化させたとすれば、後者は「兆候《ズュンプトーム》 (Symptom)——表出《アウスドゥルック》 (Ausdruck)」の契機を肥大化させている。[62] すなわち記号の「表情的《アウスドゥリュックスフォル》」(ausdrücksvoll) で「情動的《エモツィオナール》」(emotional) な契機である。記号のこうした〈表情=情動〉的契機は、「手書き文字」という〝記号〟には、それが「筆跡《ハントシュリフト》 (水茎)」(Handschrift) であることによって、当たり前かつ豊富にみられた。手書き文字〝記号〟が持つこうした機能を、L・クラーゲスが「筆跡学《グラフォロギー》」(Graphologie) というディシプリンを創始して主題的に研究しているほどである。[63] 記号の〈表情=情動〉的な機能は、接触する者を或る共通の情動に巻き込んでゆく——これをマクルーハン=オング流に記号の〈触覚的《タクタイル》〉(tactile) な機能と呼んでもよいし、またボードレール=ベンヤミンに倣って記号の〈万物呼応《コレスポンダーンス》〉(correspondance) ないし〈アウラ〉(Aura) と呼んでもよい。[64] ラブレターや履歴書が手書き文字で書かれる根拠もここにある。ところが、マスメディアの〈放−送〉体制において頒布手段として用いられる「活字」は、記号から〈表情=情動〉的な機能を払拭し、論理的な〈分節化=差異化〉機能のみを専一的・畸形的に〝定向進化〟させてゆく。こうした

「活字」記号の特性をマクルーハンは「線形的《リニア》」(linear) と呼んで、呪詛したが、[65] 情報社会のデジタル記号は、嘗て手書き文字が有していた〈表情=情動〉機能を、思いも掛けないかたちで復活させつつある。それが「エモティコン」(emoticon) である。

ネット上で取り交わされるエモティコンには、略語による情動表現——例えば「w」(warau「笑う」の略語) や「lol」(laugh out loud の略) や、近時では (笑) の略である「()」——、(特殊) 文字を使ったジェスチャー——例えば「orz」(ショックで地べたに項垂れた恰好) や「_|￣|○」(上に同じ) ——、擬声語《オノマトペ》——例えば「pupupu」や「haha」——などインターネット黎明期から使用されてきたプリミティヴなものの他に、最近では、様々なデフォルト・セットが用意されている「顔文字」や、ほとんど〝モザイク画〟の域に達するものまである複雑な「A A《アスキーアート》」(ASCII art)、更にSMS (Short Message Service) で多用される「スタンプ」などが加わり、そのバラエティは増加の

61 Bühler, K., *Sprachtheorie. Die Darstellungsfunktion der Sprache*, 1934. (邦訳『言語理論——言語の叙述機能』クロノス)

62 いま一つの契機は「信号《ズィグナール》(Signal) —喚起《アペル》(Appell)」である。拙著『謎としての〝現代《いま》〟——情報社会時代の哲学入門』(春秋社) 第四講も参照。

63 Klages, Ludwig, *Handschrift und Charakter: Gemeinverständlicher Abriß der graphologischen Technik*, 1917.

64 Baudelaire, Charles-Pierre., 'Correspondances' In *Les Fleurs du mal*, 1857. (邦訳「万物呼応」『悪の華』岩波書店に所収)、Benjamin,W., *Ibid.*

65 McLuhan, M., *The Gutenberg Galaxy: The Making of Typographic Man*, 1962. (邦訳『グーテンベルクの銀河系——活字人間の形成』みすず書房)、Ong, Walter., *The Presence of the Word.: Some Prolegomena for Cultural and Religious History*, Academic Studies in Religion and the Social Order Global Publication, Binghamton Univ., 1967.

一途を辿っている。それにもかかわらず、エモティコンが為し得る表現は著しく貧弱である。その名が示しているとおり、エモティコンが為し得るのは、情動喚起に限られる。すなわちメッセージ受信者の喜・怒・哀・楽の情動を喚起・増幅し、同じ方向へとその情動を水路付けてゆく機能をそれは果たすにすぎない。だが、この機能がネットユーザーを或る種の〝情動の共同体〟へと束ねてもゆくのである。もっとも頻繁にみられる現象は、「炎上《フレイミング》」(Flaming) や「祭り」と呼ばれる、特定の個人や集団に向けてアノニマスが否定的情動を攻撃的に集中させる——米国の政治学者C・サンスティーンが「サイバー・カスケード」(Cyber Cascade) と呼ぶ[66]——現象である。特定の個人や集団が槍玉に挙げられる理由は、ほとんどの場合牽強付会《こじつけ》の類いである。合理的理由などどうでもよく、情動のはけ口がありさえすれば、そして情動の排出によるカタルシスが得られさえすれば、それでよい。しばしば、この種の〝情動の共同体〟は政治的な体裁とポーズをとりたがるが、そこに政治的イデオロギーを穿鑿しても無駄である。〝情動の共同体〟の中味は、具体的内容を欠いた単なる情動に過ぎないからである。日本では「ネトウヨ」が〝情動の共同体〟の典型をなすが、米国でトランプ政権を成立させたのも、また二〇一一年にジャスミン革命を成功に導いたのも、やはりこうした種類の〝情動の共同体〟である[67]。

以上を踏まえつつ、われわれが情報社会の新たな〝記号〟である「エモティコン」に関して指摘したいのは、以下の三点である。

まず、情報社会においては全てのデジタル記号が〈エモティコン〉化を遂げていること。本小節の冒頭に挙げた「エモティコン」の具体例は、そうした〝氷山の一角〟に過ぎず、その象徴に過ぎない。「エモティコン」に限らずネット上を飛び交うメッセージは一般に、嘗て「活字」が担った、

「論理構造」や「物語」といったマクルーハン謂う所の「線形的《リニア》」な内実を最早担えない。「論理構造」や「物語」を展開するのに必要な情報量が、単独のメッセージに許容された物理的容量を超えてしまうからである（例えば、Twitterの「一四〇字ルール」）。また、それ以上の障碍になっているのが、ネット上のメッセージの「文脈依存性」、ないしその〈クール〉な特性である。つまり、個々のメッセージは、その都度都度の状況に応じた刹那的で反射的なレスポンスの応酬、すなわち〈情動露出《エクスポウジャ》〉的な〈コミュニケーション〉の連鎖的接続であって、そのためコンテンツがどこまで行っても完結せず、その境界は閉じることなく延伸し続ける。もちろん、ネット上には一部「線形的」なコンテンツも存在するが、それらはPDF、WORDといった自己言及的・自己完結的な形式によってカプセル化され「添付ファイル」というかたちで流通する。こうして、デジタル記号において〈エモティコン〉は全面化する。

　次に、デジタル記号の〈エモティコン〉化はマスメディアとは違ったかたちでの社会の均質化と統合を果たすが、そこには固有の特性と限界が認められる。マスメディアの〈放－送〉体制において「モード」が大衆という〝階層〟の〈統合〉を、「記号」によって果たしたように、情報社会の〈ネット－ワーク〉体制において〈モード〉は、デジタル〝記号〟を媒介としつつ〝情動の共同体〟という社会的〝統合〟を果たす。だが、この〝統合〟は、論理や信条の裏打ちを欠いた、情動を核《コア》

66　Sunstein, Cass R. *Republic.com*, Princeton University Press, 2001.（邦訳『インターネットは民主主義の敵か』毎日新聞社）

67　〝情動の共同体〟が例外なく、マスメディアを〝不倶戴天の敵〟とみなす点も付け加えておく。

とするものであるが故に、突発的かつ刹那的である。「モード」においては新たな〈差異〉が、「記号」によって定期的に備給されることで〈統合〉は維持されたが、〈モード〉においては激情による一時的凝集が間歇的に生じるのみであって、その〝統合〟は極めて脆《もろ》い。〈エモティコン〉が独立性を欠く〈クール〉な記号であり、状況に埋め込まれたかたちでしか存立し得ない事情も相俟って、その〝統合〟は、〈モード〉における〝メタモルフォーゼ〟の流動[68]のなかで時折生じる〝泡沫《うたかた》〟のような脆弱性と果敢無《はかな》さを露呈する。

　最後に、デジタル記号の〈エモティコン〉化が、情報社会における〈質料的なもの〉の、記号の次元における優位の現れであること。〈エモティコン〉は、記号の〈差異化〉機能の裏側で密かに機能している〈同一化〉機能を最大化する。それは、われわれを記号における、〈差異化〉以前の混沌的〝素材〟性＝〈質料的なもの〉、あるいは文字の〝肉《シェール》〟（chair）へと引き戻し、「〝素材〟の戯れ《ジュ・ド・マチエール》」（jeu de *matière*）の次元を開示する。こうした記号における〝物質性〟や〈質料的なもの〉、すなわち記号における〝〈意味〉の手前〟に注目する試みは、マスメディア・パラダイムの初期にも、ダダや象徴派が試行的に実践した「カリグラム」（Calligramme）の手法においてみられはした。だが、それは結局の所「記号」の〈意味〉、すなわち「記号」の〈差異化〉機能の補助手段として使われたに過ぎない。情報社会にあって、記号における〈質料的なもの〉の〈同一化〉機能[69]はデジタル記号の中心的機能に格上げされるとともに、情報社会を「情動社会」として編制する要《かなめ》の役割を果たすまでに至っているのである。

2―3―6　情報社会における〈価値〉の問題

　情報社会とは、その名のとおり「情報」という〈形相的なもの〉が社会存立の基軸をなす体制である。そして、この〈形相的なもの〉の社会的機能は〈差異化〉である。G・ベイトソンの定義を俟つまでもなく「情報」とは「差異を産む差異《ア・ディフェレンス・フィッチ・メイクス・ア・ディフェレンス》」(A difference which makes a difference) であって、「情報」という〈差異〉が、社会を〈分節化〉するのである。この〈差異〉を社会に流通させる〈メディア〉が「記号」であり、「モード」は〈差異〉を社会に行き渡らせることで、一方で個人に〝個性〟と〝優越〟の幻想を振り撒きつつ、他方で逆説的にも社会に〈統合〉をもたらしもする。そして、新たな〈差異〉を定期的に供給するのが、各種の〈著者＝権威《オーソリティ》〉であり、〈放－送〉という「記号」流通体制のなかで「権威」と「大衆」とを分断することで「権威」を「権威」たらしめているのがマスメディアに他ならない。

　情報社会は従来の〈放－送〉を、その二次元的かつランダムなデジタル〝記号〟流通体制である〈ネット－ワーク〉へと挿げ替え、権威的ヒエラルキーを機能停止に追い込むことで、創造＝創作《ポイエーシス》における〝民主主義〟を実現したかにみえる。だが、創作《クリエーション》における民主主義とは果たして何な

68　先の「PDF」形式や「WORD」形式は、デジタル記号が本質的に有するこうした流動性・液状性を一時的に堰止《せきと》めるための仕組みでもある。

69　もちろん第三者的に《フュア・ウンス》みるとき (für uns)、そこに微小《マイクロ》(micro) な差異がまったくないわけではない。だが、〈エモティコン〉が実現する〈同一化〉にとって、そうした差異は取るに足りないものでしかない。

のか？「創作」とは新たな〈価値〉の生成行為であるが、それは単なる〈意味〉の差異化オペレーションではない。情報＝〈形相的なもの〉は〈価値〉生成原理ではない。ボードリヤールが主張するのとは違い、「記号《シミュラークル》」の差異化的な〝戯れ〟によって〈価値〉など生まれはしないのである。マスメディア・パラダイムにおいて単なる「情報」に〈価値〉を付与したのは、そのヒエラルキカルな権威的構造であった。その構造は「情報」を「活字」記号によって〝塩漬け〟することで内容の改変を防ぐとともに、〈著者＝権威〉による「作品」としての特権的〈価値〉を担保してきたのである。「文化記号論」は、こうした構造を自明の前提として受け容れた上で、「作品」の「記号」論的分析を遂行する。

だが、情報社会においては、そのような方法論はもはや無効である。なぜなら、ネット上のどこにも〈著者＝権威〉による「作品」など存在しないからである。より一般化して言えば、情報社会とは、「情報」における「意味」の〈差異化〉機能を極大化させるとともに、差異化された「意味」を相対性の坩堝《るつぼ》に投げ入れて、〈価値〉を平準化させる、すなわち無〈価値〉化させる社会である。〈権威〉否定社会はまた、「出る杭を打つ」社会でもあるのであって、そこでは〝味噌も糞も一緒くた〟となる。もちろん、昔日を旧懐しつつ、ヒエラルキカルな権威構造の再構築を夢想することもまた不毛である。今後の情報社会の最重要課題は、〈形相的なもの〉の差異化のスピードを更に上げることなどではなく、〈質料的なもの〉の水準における〝素材〟の戯れ《ジュ・ド・マチエール》から如何にして〈価値〉を生成するか？――この課題への真摯な取り組みにこそある。

第三章　ビットコインの社会哲学

3―0　ビットコインへの視角

二〇一四年にビットコインがバズワード（Buzzword）のリストに上がった際には、同年二月に発覚した「Mt.Gox《マウント・ゴックス》」の倒産――渋谷に本拠を構えていたビットコイン交換所の当時の最大手であったMt.Goxが、ハッキングによる大量のビットコイン流出に遭い経営破綻に追い込まれた――や前年一〇月に米国で起きた、違法薬物取り引きはじめ殺人請負まで仲介していたビットコインの闇取引サイト「シルクロード」（Silk Road）がFBIに摘発された「シルクロード事件」の影響もあって、ビットコインは総じてネガティヴな印象と評価とに塗《まみ》れていた。しかし、二〇一八年一月に、仮想通貨NEMが、通貨交換所である「コインチェック」から大量に流出する事件が起こったにもかかわらず、仮想通貨の専門月刊誌がその翌月に日本で現れるなど、ここ数年のビットコインに注がれる各処・各界からの眼差しには「好意的」という域を超えて「熱い」と形容してもけっして大袈裟ではない、様々な期待と思惑が籠められているように思われる。

　例えば、サイバー世界に自分たちの新天地を築こうとしたにもかかわらずこれまで国家政策によってその企図を散々挫《くじ》かれ続けてきた原理《ファンダメンタル》的で無政府主義《アナーキスティック》的な「自由」の信奉者たちは、一九八〇年代の「サイバーパンク」（Cyberpunk）を捩《もじ》った「サイファーパンク」（Cypherpunk）を合言葉に、暗号技術を〝武器〟にした政治運動に活路を見出しつつあり、ビットコインを彼らにとっての理想社会を切り拓くその〝尖兵〟あるいは〝希望〟とみなしている。

　そこまで過激あるいは政治的でなくとも、「ケインズ対ハイエク」という政策的対立構図を念頭に置きつつ、中央銀行による貨幣発行権の独占を批判し、「地域通貨」においては尻窄《しりつぼ》みに終わった貨幣発行の自由化と貨幣間競争による淘汰をビットコイン（およびその亜種であるオルトコイン）において実践しようとする立場や、ビットコインを「金融技術《フィンテック》」（Fintech）の最重要項目の一つに位置づけ、ウォール街からシリコンバレーへの金融メッカの地位簒奪を企てる勢力は、現行の体制変革を経済分野で実現するための鍵を握るテクノロジーとの評価を携えて共々《ともども》ビットコインに肩入れする。

　もう少しプラグマティックな関心からビットコインに興味を抱く層は、発展途上国や起業家に対する有志の少額寄付に際して、送金手数料のほうが高くつく現行システムに対し、ビットコインの手数料が実質無視し得る額である点を評価し、「小額決済《マイクロペイメント》」（Micropayment）にその将来性を見出す。

　現行の貨幣・金融制度の支持層や既得権益層もただ手を拱《こまね》いているだけではない。彼らもまたビットコインの普及に或る危機感を募らせていることは間違いなく、その技術を〝骨抜き〟にした上で使える部分を取り込もうと様々な策を練っている。ビットコインが実現している所謂「単一障害点《シングル・ポイント・オブ・フェイリャ》」（Single Point of Failure）のない堅牢なシステムは彼らにとっても垂涎の的であるはずだし、また開発者のSatoshi Nakamotoが現行貨幣制度の最大の欠陥として指摘するインフレ政策による貨幣価値の慢性的な低落を食い止めるべく、S・ゲゼルの減価する貨幣としての「自由貨幣《フライゲルト》」[1]（Freigeld）所謂「スタンプ貨幣」のデジタル版をビットコインで実現しようという提案もある。

　影響は経済分野のみにとどまらない。ビットコインの中核テクノロジーの一つである「ブロックチェーン」を、本体から抽出・純化して、分散型プラットフォームとして独立させたうえで、「分散型自律組織《ディセントラライズド・オートノマス・オーガニゼーション》」(Decentralized Autonomous Organization, DAO)や「スマートコントラクト」(Smart Contract)の形で企業や行政ほかの組織運営や業務に活用しようとする動きも活発化している。

ただし、現状ビットコインは、いまだその地位が定まったとは言えず、その〝亜種〟である「オルトコイン」(Alternative Coin)は二〇一八年一一月時点で二〇〇〇を超える〝種〟が乱立し[2]、その多くが一時的な利鞘が目的の投機対象となっていることからも察せられるように、依然その評価をめぐっては毀誉褒貶に晒されている。またテクノロジーレベルにおける改良は現在も進行中である。したがって本章ではビットコインの技術的水準での評価は固《もと》より、それがもたらすであろう経済的効果の云為《うんい》をも差し控える。

更に言えば、実際にビットコインが普及・成功するかという問題と、ビットコインが現に実現しているシステムの評価とは別であって、われわれは前者にコミットするつもりは毛頭ない。本章でわれわれが採るビットコインに対する視角は以下に尽きる。すなわち、現在の、そして来るべき情報社会にとって、ビットコインがどのような意義を有し得るのかについての社会哲学的・メディア

---

1 Gesell, S., *Die natürliche Wirtschaftsordnung durch Freiland und Freigeld.* 1916.(邦訳『自由地と自由貨幣による自然的経済秩序』ぱる出版)提案については、例えば、岩村充『中央銀行が終わる日——ビットコインと通貨の未来』(新潮社、二〇一六)を参照。

2 https://coinmarketcap.com/currencies/(二〇一八年一一月一七日現在)

論的なアングルからの考究――ビットコインに対する〈学知〉的立場《フュア・ウンス》(für uns)からの「観察《ベオーバハトゥンク》」(Beobachtung)――である。一言だけ予告しておけば、ビットコインの社会哲学的意義の究明は、「情報」社会における新たな「価値」空間創設の機制を漸進的に辿る道行きとなろう。

3－1　〈モノ〉と暗号

3－1－0　予備的考察――問題の所在

本論に入るに先立ち、二つの区別、すなわち「物質／モノ」および「ビットコイン／電子マネー」（この区別の本章における上位概念は「デジタル貨幣」）を導入することで、あり得べき誤解を予《あらかじ》め防遏《ぼうあつ》するとともに、本章でわれわれがビットコインの一体何処《どこ》に、それをわざわざ取り上げ論じるだけの重要性を見るのか、その問題性《プロブレマーティク》（Problematik）の焦点を、後論を一部先取りすることをも厭わず、浮き彫りにしておきたい。

3－1－0－1　貨幣における〝物質〟性と〈モノ〉性

デジタル貨幣の二〇世紀的形態である電子マネーの登場によって、マルクスが言う「貨幣として《ゲルト・アルス》の貨幣《・ゲルト》」（Geld als Geld）が持つ〈モノ〉的存在性格が徐々に背後に退き「情報」性こそが貨幣の本質であることが浮き彫りにされたという言説が、貨幣の象徴性・記号性を強調し、その〈モノ〉性を閑却する立場によって喧伝された。つまり貨幣の形態を歴史的に辿ってみるとき、一定の使用価値を持った物品貨幣（米・塩など、〝単純商品市場〟におけるマルクスに所謂「一般的等価形態」）→タカラガイ・棒鉄（使用価値をほとんど失った――場合によっては呪術的な性格を備えた――「稀少財」）→金《きん》に代表される貴金属（すなわち使用価値を完全に喪失した、ないし使用価値＝交換価値となったマルクスの言う「貨幣形態」）→紙幣（所謂「信用貨幣」）→電子マネー（所謂「プラスチックマネー」）と、その形態が〝進化〟するに従って、具体的な使用価値の体化物《エンボディア》（embodier）としての「物質」性＝〈モノ〉性を徐々に希薄化させるのとちょうど見合う形で貨幣は「情報」性＝〈コト〉性を逆に顕わにさせてきたというわけである。

だが、われわれのみるところデジタルマネーの今世紀的（＝〈ネット‐ワーク〉的）最新形態であるビットコインは「情報」性＝〈コト〉性はもちろんのこと〝物質〟性と〈モノ〉性を豈図《あにはか》らんや兼ね備えている。

留意を要するのは、この場合の「物質」性と〈モノ〉性の含意《コノテーション》である。話を簡単にするために度量単位としての貨幣が確立済みの現在の場合を例に取ろう。五百円硬貨は『五百円』という価値「情報」を銅・亜鉛・ニッケル合金という「物質」に体化《エンボディ》（embody）させており、一万円札は『一万円』分の価値「情報」を紙という「物質」にやはり体化させている。また電子マネーの場合にはデジタル化された価値「情報」が、磁性体やＩＣチップという物質に格納されている。いずれの場合にも価値「情報」は「物質」と切り離すことはできず、両者は区別されつつも一体化している。ただし、硬貨や紙幣の場合には購買、交換の場面においても「情報」と「物質」は切り離されることなく一体化したままで、取引相手に一緒に引き渡される（というより、そうせざるを得ない）

のに対し、電子マネーの場合には、支払いに際して取引当事者双方で通信を介した「情報」の書き換えが行われ、「物質」は貨幣所有者の手許に残る。こうした一連の出来事が、電子マネーにおいては価値「情報」の〝転送〟とみなされる点に、硬貨や紙幣の場合との違いがある。磁性体やＩＣチップは飽くまでも電子マネーのデバイス、謂わば〝容れ物〟ないし〝財布〟であって価値「情報」が体化されている「物質」ではない、という当然予想される反論を容れ、電子マネーにおける価値「情報」〝そのもの〟の転送を額面どおり認めてもよいが、その場合でも謂うところの価値「情報」〝そのもの〟とやらが、電子《エレクトロン》という不可視の微視的物質、より精確には量子的〝物質〟を支持体《シュポール》（support）として必ず要請することを忘れてはならない。孰《いず》れにしろ「貨幣」は「情報」と「物質」とのいわば〝アマルガム〟としてのみ可能、という〝宿命的〟構造を逃れることはけっしてできないのであって、そこから「情報」のみを単離することは不可能である。

それにもかかわらずわれわれの日常的意識に照らすとき、双方に共有される「物質」性を盾に取っての「電子マネーとそれ以前の貨幣形態との類同視」が躊躇《ためら》われることもまた事実である。硬貨や紙幣における「貨幣」の存在性格と、電子マネーのそれとの断絶と異質性がわれわれには直観的に了解されるからである。今の場合重要なのは、貨幣における「物質」性と〈モノ〉性とを注意深く区別することでなければならない。硬貨や紙幣には存在し、電子マネーには存在しないもの、それは「物質」性ではなく貨幣の〈モノ〉性である。硬貨や紙幣において（そして就中《なかんずく》「金《きん》」において）は、それが価値「情報」と「物質」との〝アマルガム〟であるにもかかわらず、両者が混淆的に同一視される、あるいはマルクスの言い回しに倣えば「物質」と価値「情報」との「取り違え《クィド・プロ・クォー》」（Quidproquo）が起こる。そしてされればこそ価値「情報」が、ではなく合金や紙といった「物質」

そのものが欲望の対象となる事態も出来する。「物質」としての貨幣が「価値」の体化物として「他のすべての商品に対して頭で立つ」所謂「物神崇拝《フェティシスムス》」（Fetischismus）の事態である。[3] われわれはこうした、価値「情報」（ただし、この〝価値「情報」〟なる概念は後に止揚《アウフヘーベン》される）と「物質」との貨幣体における混淆的同一視を貨幣の〈モノ〉性と呼んで、貨幣の「物質」性とは区別したい。貨幣の「物質」性が貨幣の、学知的立場《フュア・ウンス》からする（für uns）分析的観察によって初めて判明する貨幣の飽くまでも構成的契機であるのに対して、〈モノ〉性とは貨幣そのものがわれわれの日常的《フュア》意識に対して《エス》（für es）呈する〝存在〟性格である。

電子マネーの登場を機縁とした、貨幣の「物質」的契機である電子デバイス〝内〟での価値「情報」の増減、ないし電子デバイス〝間〟での価値「情報」の〝転送〟という事態は、使用者に貨幣における「情報」的契機と「物質」的契機との区別を自覚させると同時に、市場を流通する〈価値〉の担い手が「物質」ではなく「情報」であることをも強く使嗾《しそう》する。更には、価値「情報」と「物質」とのこの区別が遡及的にあらゆる形態の貨幣に汎通的に読み込まれることで、貨幣の本質は「情報」であるという〝普遍的〟テーゼが導かれることにもなる。経済システムにおけるこうした事態は、支持体《シュポール》として機能する石や粘土、パピルス、羊皮紙といった物質的〈メディア〉と混淆的に一体視されてきた「知識」が、電信という通信技術の登場によって「物質」的契機と「情報」的契機とに峻別・截断されたうえで「情報」こそがその本体であるとみなされ、剰えこの区別の遡及的適用によってあらゆる「知識」形態の本質が「情報」性に求められるという〈メディア〉理解の現状とも完全に〝平仄《ひょうそく》が合う〟。

3-1-0-2　電子マネーとビットコイン

ところが、さきにも述べたとおり、電子マネーにあっては失われたかに見える〈モノ〉性がビットコインにおいては再び復活してきている。もちろんビットコインもまた電子マネーと同様、「電子《エレクトロン》」という不可視の量子的〝物質〟をその「情報」の支持体《シュポール》として持ち、可触的「有体性《ライプハフティヒカイト》」（Leibhaftigkeit）を特徴とする貴金属や硬貨・紙幣のような〝古典的〟貨幣とは「物質」的契機において明白な断絶があるのであって、そうである以上これは単なる先祖返りではない。

われわれが重視し、また読者にも注意を喚起したいのは、発案者であるSatoshi Nakamotoが明確に、稀少財である「金《きん》」をモデルにしてビットコインを設計しているという事実である。[4]発行当初から決められている２１００万ＢＴＣ《ビットコイン》（ビットコインの度量単位）という総発行量上限は「金」の埋蔵量に比定さるべきものであって、ビットコインはレアメタルの「金」同様、限りある〝資源《リソース》〟として設定されている。このことによってビットコインは稀少性の一斑を獲得する。そしてビットコインの稀少性を創出するもうひとつの要因が獲得に際しての「プルーフ・オブ・ワーク」（Proof-

3　Marx, K., *Das Kapital : Kritik der politischen Ökonomie*, Erstes Buch, Erstes Abschnitt, Erster Kapitel, 4. Der Fetischcharakter der Ware und sein Geheimnis.

4　Nakamoto, S., *Bitcoin: A Peer-to-Peer Electronic Cash System*, October 31, 2008 (http://nakamotoinstitute.org/bitcoin/#selection-7.4-19.22), 6. Incentive、またNakamotoによる二〇一〇年八月一〇日のBitcointalkへの投稿「Bitcoin minting is thermodynamically perverse」(http://satoshi.nakamotoinstitute.org/posts/bitcointalk/327/#selection-5.4-5.49)を参照。リンクはいずれも、二〇一八年一一月一七日現在。

of-Work, PoW）と称される〝苦役〟である。ビットコインにおける符牒《ジャーゴン》である「採掘《マイニング》」（mining）や「採掘者《マイナー》」（miner）はけっして単なる比喩やメタファーではない。ビットコインの「採掘《マイニング》」は「抽象的人間労働」ならぬコンピュータの抽象的〝労働〟、すなわちコンピュータによるエネルギー消費とその支出を要する。ビットコインが目指すのはデジタルワールドにおいて、「金」に代表される稀少財を再現・再構成することであって、その意味において「稀少財である貴金属が最終的に貨幣に転化する」とするC・メンガーによる貨幣素材としての「金」特権視[5]、更にはネットワークノードにおけるCPUパワーと電力といったコンピュータの水準での〝物質〟交換とエネルギー〝代謝〟、すなわち古典派経済学のそれとは位相を異にする新たな〝労働〟価値説、の復権をビットコインにおいては再び考慮に入れざるを得ない。

　さて、ビットコインを電子マネーと比較するとき、「価値」が「情報」に還元できる、とそう簡単には言えないことがわかる。そのことは電子マネーが、一部のプリペイドを除くほとんどのケースにおいて、「信用」に媒介された、ということはつまり特定の個人に〝紐付け〟された（従って「転々流通」が不可能な）、相対《あいたい》の現金による商品購買の代替手段に過ぎない事実によっても示されている。確かに電子マネーによる商品購買や支払いは、単なる電子的な「情報」処理過程である。だがそのプロセスと「並行して」（デポジット制の場合には「それに先立って」、そしてクレジットカードも電子マネーに含める際には「事後的に」）口座預金や財布から法定通貨《リアルマネー》が引き去られることを考えれば、電子マネーとは結局、法貨による取引の偽名《エイリアス》（alias）に過ぎないことがわかる。さればこそ「電子マネー」は貨幣の四機能（尺度・交換・蓄蔵・支払）と言われるもののうち「信用」を前提とした「支払」（決済）機能をしか担わない、というよりそれをしか機能的に担えないのである。

すなわち電子マネーという〝記号〟流通を担保しているのは実のところ「法貨」流通であって、結局、電子マネーとは「国家が法制を通じて強制通用力を与えさえすれば貨幣の物質的素材は金属であろうが紙であろうがその他なんであろうが構わない」とするクナップ流の貨幣国定説[6]の枠内における単なる疑似貨幣、さもなければ精々のところ補助貨幣に過ぎない。このように見てくると電子マネーをそもそも「貨幣《マネー》」と呼ぶことすら躊躇されるが、一方のビットコインは不完全とはいえ（例えば、扱いを引き受ける店舗の絶対数が少ないために交換＝購買には不便が伴い、また、いまだに投機の対象となっているため為替レートが安定しておらず、蓄蔵目的にはリスクが大き過ぎる）、四機能のすべてを原理的には担い得る。[7] そもそもビットコインが投機の対象となっているという事実が、ビットコインの〈モノ〉性を証拠立てているとも言える[8]（これに対して、電子マネーはけっして投機の対象とはならない）。いずれにしろ、ビットコインの出現は、「貨幣は貨幣であるがゆえに貨幣として流通する」といった貨幣流通における根拠を欠いた自己言及的トートロジーの既成化・自明化の事実を指摘して見せるだけでは到底済まない、貨幣の〈モノ〉性とそれを構成する深層構造の伏在を

5 Menger, C., *Grundsätze der Volkswirtschaftslehre, Erster Auflage,* (1871), 8 Capitel, *Zweiter Auflage,* (1923), 9 Capitel. Die Lehre vom Gelde.［邦訳『一般理論経済学』（みすず書房）は第二版が底本だが、初版で「第八章」・第二版では「第九章」にあたる「貨幣の理論」は両版で内容が大きく異なるため共に訳出されている］また同じ著者による 'On the Origins of Money', *Economic Journal,* volume 2, (1892) p. 239-55. とりわけ、その VIII. How the Precious Metals became Money. を参照。

6 Knapp, G. F., *Staatliche Theorie des Geldes,* 1905.（邦訳『貨幣國定學説』岩波書店）

7 ただし「支払」機能については後に（2－3節）述べるように、制限と留保が付く。

われわれに示唆してくれる。その意味でビットコインは貨幣観の妥当性を測る試金石の役割をも果たす。デジタル貨幣の不完全態・前駆形態でしかない電子マネーを過大評価しつつ、貨幣の本質を「情報」性に同定した上で、そうした性質をビットコインにも読み込んでいく倒錯と陥穽とをわれわれとしては回避したい。ビットコインはけっして電子マネーの延長線上に登場した、その後継テクノロジーなどではない。次節以降で述べるように両者は依って立つパラダイムをそもそも異にするのである。

他方で、ビットコインの問題を「ケインズかハイエクか」といった貨幣の「国家的管理主義vsアナーキスティックな自由放任的競争原理」の構図に還元する論調が巷間しばしばみられる。だが、そのような観方を採る時、結局、一昔前の地域通貨ブームの場合と同じ貨幣発行自由化の是非といった政策論的な枠組みへと話が横辷《すべ》りしてしまい、ビットコインの本質とそこで提示されている重要な問題系が見過ごされかねないことをもわれわれは危惧する。ビットコインはまた地域通貨の企てとも（後に主題化するように、ある位相においては問題系を共有するが）意想と構案を異にする。

3-1-1　ビットコインにおける二層――〈モノ〉と〈価値〉

今後の議論の見通しをつけるために論証なしに前以って断言しておけば、ビットコインは〈モノ〉性と〈価値〉性の二層を持つ。〈モノ〉性は（直ぐ後で補足するとおり）或る限定付きで「商品性」と言い換えてもよいが、その場合でも、ビットコインが不可視・不可触の存在である以上、実用的な使用価値の帰属が明白な日用品ではなく、使用価値が限りなく希薄化した「金《きん》」に代表される貴金属を、擬すべきモデルとして念頭に置かれたい。一方〈価値〉性はビットコインが貨幣として購買に使われ蓄蔵され（転々）流通し（決済手段として）支払われる根拠を構成する。

　ここで急いで注釈を付しておきたいのだが、ビットコインにおける上述の二層はバラバラなかたちで離在するわけでも、また機能として別々に働くわけでもない。実際には両者ともにビットコインに必須の機能的契機であり、したがって二つの規定性を実在的に切り離すことはできない。したがって、例えばビットコインの〈モノ〉性は、すでに〈価値〉性を潜在的に〝孕んで〟おり、であるがゆえにそれは「商品性」をも含意することになる。つまり、〈モノ〉性と〈価値〉性とはビットコインにおいて、謂わばゲシュタルト心理学の〈図－地〉関係を構成しているのであって、〈モノ〉性と〈価値〉性とが文脈に応じて前景化するといった相対的関係性においてである。それでも〈モノ〉性が〈価値〉性の「可能性の条件」をなすという意味において、前者がより基礎的であり、〈モノ〉性の方が謂わば〝良き《グーテ》ゲシュタルト〟（gute Gestalt）を構成する。つまりは、ビットコイン

8　二〇一六年初めに、ネットを利用した個人ベースの国際決済サービス大手「PayPal《ペイパル》」の取締役にも就任したビットコイン界の風雲児である「Xapo《ザポ》」CEOのW・カサレスもビットコインが「通貨《カレンシー》」（currency）よりは寧ろ「金」に代表される「商品＝モノ《コモディティ》」（commodity）の類比物であるとする所謂「貨幣商品説」に近い解釈を採っている（http://www.econtalk.org/archives/2015/07/wences_casares.html）。また、二〇一三年に国内金融機関のビットコイン取扱を禁止した中国政府によるビットコインの解釈もまたカサレスのそれと同工異曲である（中国人民銀行が二〇一三年一二月に出した「关于防范比特币风险的通知（ビットコインの危険性を未然に防ぐための通知）」〔银发〔2013〕289号〕――http://www.miit.gov.cn/n1146295/n1652858/n1652930/n3757016/c3762245/content.html――を参照）。一般的に言っても、外国為替市場における投機的行為の横行が――その際に行われている行為が単なる「情報」操作に見えようとも――貨幣の〈モノ〉性＝商品性を物語っており、貨幣プロパーが単なる「情報」であることを事実によって否定している。リンクはいずれも、二〇一八年一一月一七日現在。

において〈モノ〉性と〈価値〉性とは、〈モノ〉層を土台的基礎《ファンダメント》にして〈価値〉層がそれに重なるという層序構造をなす。

以下では、こうした〈モノ〉層と〈価値〉層というビットコインの二層に応ずるかたちで、われわれの議論もまた二つの段階を踏んで進むことになる。本論前半でまずわれわれが取り組むのは、「稀少な〈モノ〉としてのビットコインは如何にして可能か？」という課題の究明である。

3－1－2　〈モノ〉としてのビットコイン

さて、前々小節まででわれわれは「物質」性と〈モノ〉性とを明確に区別した上で、〈モノ〉性に関しては電子マネーにはその欠如を、ビットコインにはその存在を認めた一方で、「物質」性については双方に共通する必須の構成契機としてその介在を確認したのだった。だが、電子マネーの場合に問題となる「物質」とは、既に述べたように、日常的な可視的・可触的「物質」とは凡そ存在様相を異にする「電子《エレクトロン》」という微視的〝物質〟、量子的存在である。量子力学における観測問題を持ち出すまでもなく、このオーダーの〝物質〟は自己同一性を持たない。それは至る所に存在するが、特定しようとすると雲散霧消する。こうした厄介な量子特性をデジタルな存立体は引き継ぐことで、それは無限の複製《コピー》を産み出す。この事態は、とりわけビットコインにとっては致命的である。なぜなら寸分違わぬ〝分身〟を際限無く産み出す〈モノ〉＝商品など存在しないし、もし存在するとしてもそれではビットコインが目指す「稀少性」が水泡に帰してしまうからである。というわけでビットコインにおいての急務は、〈自己同一性〉の構成でなければならない。ただしその〈自己同一性〉は〝固有名〟レベルのそれではなくビットコインという〝種〟レベルの、謂わば

〝匿名的《アノ》〟で〝不定的《ニム》〟(anonym) な〈自己同一性〉であればよく、しかも差し当たり量的な象限におけるそれであればよい。つまり「x量のBTC《ビットコイン》」という度量レベルでの〈自己同一性〉で事足りる。それによって、ビットコインの際限のない増殖と、発行量上限設定の無効化が防げるからである。

　ビットコインは、〈自己同一性〉の獲得、そしてそれと連動した〈モノ〉性の取得を、「〈所有者〉による〈占有〉という事態の構成」によって実現する。つまり「x量のBTCが〈自己同一性〉を持つ」という事態を「他の何時でもなくこの時刻に、他の誰でもないこの所有者によってx量のBTCが占有されている」という事態と等価であるとみなすことでビットコインへの〈モノ〉性の帰属を実現する。

　ここで、謂うところの〈所有者〉とは一体「誰」のことなのか？　そして不可視かつ不可触な存在であるビットコインの〈占　有《オキュパンスィ》〉(Occupancy) とは如何なる事態の謂なのか？　それが早速《さっそく》問題となる。結論から言えば、〈所有者〉とはビットコイン所有と同時に割り振られる「アドレス」であり、〈占有〉とは「x量のBTC」と特定「アドレス」との〝紐付け〟の事実の、他の「アドレス」による承認、である。この際重要なことは、第一に、「http」というプロトコルから始まるホームページのアドレスや、「@」を挟む形のメールアドレスが、インターネット〝空間〟の謂わば〝住所〟にあたる「ドメイン」名をアドレスに含むのとは異なり、ビットコイン所有者のアドレスは、ビットコイン所有に際して生成される「公開鍵」(次小節で述べる) の要約値《ハッシュ》をベースにした単なる英数字の組み合わせ (「1」あるいは「3」から始まる27~34字長の文字列) にすぎないこと、つまりビットコインの「アドレス」は〝場所〟ではなく、飽くまでも「公開鍵」の〈所有者〉である個人を直接に指定・同定するものであることである。[9] また第二に、特定量のビットコインの〈占有〉は排他的な物理的保有という「行為」ではなく(ビットコインが可触的物質でない以上、そうした行為はそもそも不可能である)、後に述べる「ブロックチェーン」(Blockchain)と呼ばれる〝台帳〟――この〝台帳〟には〝タイムスタンプ〟(Timestamp)が押されることで時間的な限定も実現されるが、この〈時間性〉の問題については深入りしない――に記載された〝紐付け〟の事実の「アドレス」間における「承認《コンファーメーション》」(confirmation)と「合意《コンセント》」(consent)という〝間主観的《インターズブイエクティーフ》〟(intersubjektiv)な「観察」と「記述」であること、つまり〈占有〉は唯《ただ》「個人」の能《よ》くするところではなく、ネットワーク全体を巻き込んだ〝間主観的〟「承認」・「合意」に媒介されて初めて可能な事態であること。こうした事情を踏まえるとき第三に――そしてこの点こそ枢要なのだが――、ビットコインにおける〈モノ〉性は、不定的《アノニム》(anonym)ではあれ〈自己同一性〉をその成立の「可能性の条件《ベディングンク・デア・メークリヒカイト》」(Bedingung der Möglichkeit)としており、そしてその〈自己同一性〉は今度はビットコイン〈所有者〉の〈占有〉を、そして更に〈占有〉は他の〈所有者〉たち相互の「承認」と「合意」を、それぞれの水準において事態成立の「可能性の条件《ベディングンク・デア・メークリヒカイト》」としている。したがってビットコインの存立は或る層序的構造に媒介されているのであって、ビットコインの(飽くまでも、議論の現段階における)最上位層である〈モノ〉性は最下位層である「アドレス」をノードとするネットワーク(そしてそれは先に指摘したとおり「ドメイン」を前提としたインターネットのネットワークとは一致しない)にまで還元可能である。そしてこの「アドレス」のネットワークこそがビットコイン存立の「地平《ホリツォント》」(Horizont)を成す。

以上の分析からわかるのは、ビットコインは支持体《シュポール》としての〝物質〟的契機の水準では、電子《エレクトロン》の量子効果によって個体的な「自己同一性」を持たない、すなわち〈モノ〉性を欠くにもかかわらず、ビットコイン「アドレス」をノードとするネットワーク〝空間〟において、「アドレス」相互間での対他的な反照的《レフレクスィーフ》(reflexiv)規定に媒介されることで、〈モノ〉性が(〈所有者＝アドレス〉による〈占有〉、という形で)構成的に付与されることである。この、インターネット〝空間〟を基礎としつつも、それとは明確に区別される「アドレス」＝ビットコイン〈所有者〉をノードとする新たなネットワーク〝空間〟こそがビットコインという商品貨幣の流通圏＝〝棲息圏《エレメント》〟(Element)であり、インターネットという「情報」〝空間〟層の上に積み重ねられる――ないし、そこから「分化《アウスディフェレンツィーレン》」(ausdifferenzieren)する――「価値」〝空間〟層を構成する。そして、この「価値」〝空間〟の創出・分化を実現する技術こそが、次節で主題化する「暗号《クリプトグラフ》」(cryptograph)に他ならない。「価値《ヴェーアト》」〝空間《ラオム》〟(Wertraum)とは「情報《インフォルマツィオーンス》」〝空間《ラオム》〟(Informationsraum)ではなく「暗号《クリュプト》」〝空間《ラオム》〟(Kryptoraum)なのである。

続く二つの小節では、上で述べたビットコインへの〈モノ〉性の付与が「暗号」技術によって如何に実現されるのか、その機序を解明しよう。

3―1―3　暗号技術とデジタル貨幣

さて、ビットコインのみならず電子マネーにおいてももちろん暗号技術は使われている。だが

9　ただし、後に述べるように、この個人は、実在世界に住まう「個人」と〝紐付け〟られはするが、一致するわけではないことに注意。

ビットコインにおいて暗号が果たしている役割は、電子マネーの場合とはまったく事情が異なる。本小節では暗号技術そのものが有する社会的な意味次元にまで立ち戻りつつ、再度電子マネーの場合と比較しながらビットコインにおける暗号の意義を考えよう。以下「暗号学《クリプトグラフィ》」（cryptgraphy）の素養を幾分かでもお持ちの読者にとっては「今更」の記述が暫く続くが、後論に向けた必須の段取りでもあり束の間の辛抱を願いたい。

さて、暗号とは、それが戦時における通信や諜報《インテリジェンス》目的で開発されたという歴史的経緯、また英国や米国においては実際に〝武器〟とみなされ公開や国外輸出が禁じられた時期があった事実からも察せられるように、本来、機密〈秘匿〉のためのテクノロジーである。この場合したがって、「敵方」と「味方」の存在が前提されており、「敵方」にはその内容を悟られることのない「味方」同士での機密共有プロトコルの案出が課題となるが、その際、最も一般的に使用される手法が「共通鍵暗号方式」である。「味方」側の送信者（暗号学の常套に倣ってアリスと呼ぶ）と受信者（ボブと呼ぶ）との間で同一のアルゴリズム制御値《パラメータ》を「共通鍵《コモン・キー》」（Common Key）として共有し、これを用いてアリスは「平文《ひらぶん》」を暗号化し、ボブは「暗号文」を復号して元の「平文」を得る。機密文書の入った箱に錠前を掛け、アリスとボブとで錠前の鍵を共有するイメージである。具体的には七〇年代初期に開発されほぼ前世紀いっぱい使われた「ＤＥＳ」（Data Encryption Standard）アルゴリズムと前世紀末に開発された、より強度の高い「ＡＥＳ」（Advanced Encryption Standard）アルゴリズムがこれにあたる。この方式では「共通鍵」が機密保守の唯一の〝命綱〟でありこれが盗難や紛失に遭えば〝万事休す〟となる。この方式の致命的難点は、こうした盗難や紛失のリスクを冒してでも「共通鍵」の送受信者間での受け渡しを行わなければならないことである。でなければ「味方」同士が機密をそもそも共有できない。この難点を克服すべく開発されたのが、暗号化と復号とで異なるアルゴリズム制御値《パラメータ》（＝鍵）を使う「公開鍵暗号方式」である。

この方式では、二つの「鍵」、すなわち「公開鍵《パブリック・キー》」（Public Key）と「秘密鍵《プライヴェイト・キー》」（Private Key）とが同時に生成され、双方は厳密な一対一対応のペアになっている。「公開鍵」は誰でも入手可能なかたちで公開され、一方「秘密鍵」は発行者の手許で厳重に管理される。「公開鍵」で暗号化された「暗号文」は同時に生成された「秘密鍵」を用いてしか復号できず、逆に「秘密鍵」で暗号化された「暗号文」は対応する「公開鍵」でしか復号不可能である。例えばアリスがボブと秘密を共有したいとき、アリスが「秘密鍵」を、ボブが彼女の「秘密鍵」とペアになった「公開鍵」を持っているとすれば、ボブが所有しているアリスの「公開鍵」で暗号化された「暗号文」はアリスの「秘密鍵」でしか復号不可能である。さて、これだけのことであれば、「鍵」が複数化されたという違いがあるだけで、やっていることは「共通鍵方式」の場合と変わりはない。すなわち「敵方」に悟られることなく「味方」内で機密・秘密を共有する、というミッションの遂行という点では両方式間で選ぶところはない。

ところが焦点を、「機密・秘密」内容の水準から、それを共有する「送信者‐受信者」という形式の水準に移すとき事態は異なる様相を呈してくる。アリスから送付された「暗号文」をボブがアリスの「公開鍵」で復号に成功したとき、彼が気づくことは「暗号文」の送り主が他の誰ならぬアリスであるという事実である。なぜなら、アリスの「公開鍵」で復号できる「暗号文」はアリスの「秘密鍵」で暗号化されたものに限られるからである。ここにおいて暗号技術は、「公開鍵方式」の登場によって、〈秘匿〉のテクノロジーから〈同一性〉証明のテクノロジーへと変容を遂げる。暗号史における転換点ともなったこの方式を最初に採用したのは、一九七〇年代末に開発され、八〇年代に特許取得がなった、開発者三名の頭文字をとって命名された有名な「ＲＳＡ」アルゴリズムであるが、八〇年代半ばに開発された楕円曲線暗号の多くもこの方式を採る。

電子マネーにおいて利用されるのは「公開鍵暗号」が持つこの〈同一性〉証明の効用である。というのも電子マネーにおいて要《かなめ》をなすのは、〈発行機関〉が電子マネーの〈使用者〉に付与した「信用《クレジット》」（Credit）であり（なぜなら電子マネーの〝出所〟ないし〝根拠〟である〈使用者〉の〝懐〟具合＝支払い能力、の指標こそが「信用」に他ならないからである）[10]、そうである以上、〈使用者〉の「信用」が——つまり「信用」を付与された〈使用者〉の〈同一性〉が——電子マネーを使用するその都度都度で証明されなければならないからである。具体的には、例えば電子マネー〈使用者〉から送付される「秘密鍵」で暗号化された送金データ（あるいは送金データに添付された本人証明データ）が、受け取り側で有する〈使用者〉の「公開鍵」（もちろん〈使用者〉の「秘密鍵」とペアの）で復号されることで〈使用者〉の「信用」と〈同一性〉が証明される。それでもまだ「公開鍵」が「秘密鍵」もろとも捏造された可能性、すなわち「鍵」の所有者が実際に「信用」を付与された人物とは異なっている虞れがあり、この懸念を排除するために、「鍵」とそれを所有する実在（人物、法人、組織、サーバetc.）との結び付きを証明する機関である〈認証局《サーティフィケイション・オーソリティ》〉（Certification Authority, CA）——「VeriSign《ヴェリサイン》」がその代表格——をプロセスに介在させるのが常である。

以上のことからは、電子マネーのいくつかの重要な特性を導くことができる。第一に、電子マネーが、実在世界で具体的な履歴や肩書きを有した〈使用者〉の「固有名」に〝紐付け〟られている——つまり電子マネーという〝貨幣〟には謂わば〈使用者〉の〝名前〟が書き込まれている——

こと。だからこそ電子マネーは「転々流通」しない、すなわち所有者の転移が不可能なのであり、[11]すでに示唆したように正式な「貨幣」の名には値しない。第二に、したがって〈自己同一性〉が実在世界において確証された〈使用者〉の存在を、電子マネーは必須の要件とする。つまり電子マネーは実在世界を存立の母胎とすること。言い換えれば、それはデジタルな存立体ではあるものの、現実世界《リアルワールド》に〝寄生〟しており、そこに組み込まれた存在に過ぎないこと。第三に、〈使用者〉の〈自己同一性〉は、電子マネー〈発行機関〉によって付与され、〈認証局〉によって使用の都度確認される「信用《クレジット》」によって担保されるが、〈発行機関〉や〈認証局〉が与信の権限を有するのは、その「権威《オーソリティ》」(Authority)に依っていること。つまり電子マネーはヒエラルキカルな階層構造の存在を予想しており、この事実が先にわれわれが電子マネーについて断定的に立言した、それが「貨幣国定説」的な枠組み内における存立体であるというテーゼを裏書きしていること。

3-1-4　経済〈システム〉の〈環境〉としての「暗号《クリュプ》」〝空間《トラオム》〟

ビットコインもその仕組みの中枢部分に暗号技術が組み込まれており、その方式は電子マネーの場合と同じやはり「公開鍵暗号」――具体的には楕円曲線を用いた「ECDSA」(Elliptic Curve Digital Signature Algorithm)アルゴリズム――である。だが、その意味は電子マネーの場合とはまったく異なる。

10　こうした事実もまた、電子マネーが、法貨の流通に依存する存在であることを証拠立てている。
11　先に断わったとおり一般に額面が少額である「プリペイド・カード」の類は除く。

ビットコインの使用に際して「アドレス」が発行されることはすでに触れたが、先に述べたとおりこの「アドレス」は「公開鍵」の要約値《ハッシュ》がベースになっている。すなわち「アドレス」とは「公開鍵」の別名《エイリアス》（Alias）である。したがって、ビットコインの使用にあたっては「秘密鍵」「公開鍵」「アドレス」という三つの値が同時に生成・発行され、そのうち「アドレス」≒「公開鍵」ということになるが、問題はそのことの意味である。「アドレス」は取引《トランザクション》に際して「公開鍵」とともに、ネットワークに対して公開されるが、この手続きは当該「アドレス」がビットコインの流通圏である「アドレス」群をノードとするネットワークに参入したことの宣言であると同時に、ネットワークが当該「アドレス」を新たなノードとして受け容れたことをも意味する。

この事態は、別の観方をすれば、ビットコインの流通圏が「公開鍵」（≒「アドレス」）をノードとするネットワークであることを示している。しかも、この際重要なことは、「アドレス」が示している〈自己同一性〉が、〈固有名〉水準での個体的な〈同一性〉ではなく、飽くまでも匿名的《アノ》で不定的《ニム》な〈同一性〉に過ぎないことである。したがって実在世界の人格的個人とビットコイン「アドレス」とは一対一の対応がなく、望むだけの数の「アドレス」を人格的個人は創設可能である。極端な場合には、ビットコインの使用の度毎に「アドレス」を生成することすらできる。こうした事実からは、電子マネーにおいては暗号が、実在世界に住まい具体的な履歴と身分とを有する人格的個人、と電子マネーとの厳密な一対一の〝紐付け〟を、「信用」を媒介としながら確証するための技術であったのとは違い、ビットコインにおいては暗号技術が、匿名の主体から構成された閉じた経済圏を創出するという重要な役割を担っていることがわかる。当初〈秘匿〉のテクノロジーとして出発した暗号技術は、〈同一性〉証明のテクノロジーの段階を経て、ビットコインにおいて

〈経済圏〉（そしてこれは後に〈価値圏〉でもあることが判明する）創出のテクノロジーへと蟬脱したのである。

　後論への布石として三点補足しておく。第一に、電子マネーが実在世界をベースとしたデジタル〝貨幣〟であるがゆえに、そこで暗号技術は、この形のない〝貨幣〟を実在世界に繋ぎ止める「手段」として用いられたのに対し、ビットコインは暗号〝空間〟を独立した経済圏として構築するテクノロジーであるがゆえに、そこでは暗号は、ビットコインというデジタル貨幣存立の「地平《ホリツォント》」として機能しており、ビットコイン経済圏の「可能性の条件《ベディングング・デア・メークリヒカイト》」、そのシステム〈環境《ウムヴェルト》〉(Umwelt)を成していること。したがってビットコインは、その亜種であるオルトコインも含めて、日本で広く受け容れられている「仮想通貨《ヴァーチャル・マネー》」(Virtual Money)という通名よりもむしろ原語に忠実な「暗号通貨《クリプトマネー》」(Cryptmoney)という呼び名のほうが実情に適《かな》っている。

　第二は、暗号の本質的な社会性についてである。暗号は、例えば〈秘匿〉が目的の場合には「〈誰か〉から匿《かく》す」というかたちで、〈同一性〉証明の場合には「〈誰か〉に証《あか》す」というかたちで、恒に社会関係を前提している。ビットコインでは、暗号のこの社会的機能が全面展開され独立した匿名的な社会関係のネットワーク構築にまで機能を押し拡げた点に画期性がある。これに対して「情報」は、とりわけ〈形相〉的契機を欠いた情報科学的な水準での〈情報〉は、社会性を欠いている。[12]こうした〈情報〉によって「価値」を構成しようとするのは土台無理な話なのである。繰り

12　この点に関しての詳細は、拙著『情報社会の〈哲学〉——グーグル・ビッグデータ・人工知能』（勁草書房）第二章2−4節を参照。

返すが、「価値」は単なる〈情報〉には還元され得ない。貨幣「価値」が社会的過程の媒介の産物として生じた〝賜物〟であり、それが「物象化《フェアディング(ザッハ)リッヒュンク》」(Verdinglichung, Versachlichung)の結果恰《あたか》も〈モノ〉の〝自然〟的属性であるかのように商品に化体《けたい》する機制を暴こうとしたのがマルクスの『資本論』、とりわけその「価値形態論」だったはずである。現在の情報社会において依然、貨幣価値の「物象化」は解消されておらず、位相を変えた形で、すなわち〈情報〉の〈モノ〉化と、そこへの「価値」の読み込みという事態として再現されている。ビットコイン登場の意義は、デジタル貨幣においてもまた、その「価値」は社会的過程の媒介を通じてのみ生じ得ること、そしてその機制を即自的《アン・ズィヒ》(an sich)にではあれ示した点にある。

最後に、ビットコインが拓いた経済圏、「アドレス」(≒「公開鍵」)群が織り成すネットワークは、そのノードを構成するのが匿名的《アノニム》で不定的な〈使用者〉であることからも推察されるとおり、実在世界の経済圏からは相対的に独立している。[13]だがこの独立は〝諸刃の刃〟である。慥かに実在世界から独立した閉鎖的経済圏をネット上に構築し得たことで、電子マネーが陥った法定通貨への従属という事態をビットコインは免れることができたが、他方で完全に実在世界から切り離されたままでは、せっかく構築したデジタル経済圏が宙に浮いてしまう。それでは、一時期流行《はや》ったが現在は〝廃墟〟状態のヴァーチャル世界である「Second Life《セカンド・ライフ》」内の流通〝貨幣〟「L$《リンデン・ドル》」(Linden Dollar)あるいはボードゲーム『モノポリー』や『人生ゲーム』で使われる「おもちゃ紙幣」と大差ないことになる。実のところ、ここまで辿ってきた機制だけではビットコインに〈価値〉は発生しない。現段階でビットコインに認められるのは精々その〈モノ〉性まで(あるいは、直ぐ後で述べるように、どんなに頑張っても「蓄蔵」機能まで)である。ビットコインに〈価値〉を発生させるためには更に上位の機制が必要となる。

13 電子マネーにおける暗号の意義を述べた際にも触れたとおり、もちろん「公開鍵」と「秘密鍵」とのペアリングによってビットコイン・ネットワークという〝ヴァーチャルワールド〟（精確にはノードが「アドレス」＝「公開鍵」であるネットワークとしての〝暗号空間《クリュプト・ラオム》〟）と実在世界（「秘密鍵」の保持者によって構成される）とは関連付けられてはいる。だが、ビットコインの場合、電子マネーのケースとは違って、「秘密鍵」の保持者は実在世界を構成する固有名を持つ人格とは必ずしも一致しない。なぜなら、すでに本文でも述べたように或る人格は原理上無制限に「公開鍵」と「秘密鍵」のペアを生成可能だからである。こうして経済圏としてのビットコイン・ネットワークの実在世界に対する（飽くまでも相対的な）独立性が維持される。

3—2 ビットコインにおける〈価値〉構成

3—2—1 「尺度」と〝労働〟

さて、改めて考えてみると、暗号技術によって現段階でビットコインが実現できているのは実のところ〈モノ〉としての「占有」のみである。だが、これは本章の冒頭で触れた所謂「貨幣の四機能」に照らして言えば「蓄蔵」が達成されたに過ぎない。もちろんこの「蓄蔵」は電子マネーの能く為し得なかった機能ではある（Suica や Edy にも「ポイント」という疑似〝蓄蔵〟機能があるが、これは飽くまでも「サービス」の一種であって本来の「蓄蔵」ではない——誰も自分の資産を電子マネーに替えて保管しようなどとは思わない）が、残りの「尺度」「交換」「支払」の三機能が達成されなければ、ビットコインを「貨幣」と称することは覚束無い。そして結論を先に言えば、この「尺度」「交換」「支払」をビットコインにおいて実現し担保する次元こそが、その〈モノ〉性とは区別された〈価値〉性である。

以下では、ビットコインが〈価値〉を如何に調達するのか、その理路と機制を探って行きたいのだが、その過程で、ビットコインに限らない貨幣プロパーの〈価値〉〝実体〟に新たな光を当てることもまたわれわれのここでの目論見に属する。議論の段取りとして残りの三機能をビットコインがどのような技術によって実装しているのか（あるいは、いないのか）、順次分析してゆく。

まず「尺度」機能から。一般的に言って、貨幣の「尺度」機能とは、単なる「貨幣の度量単位による商品の値付け」ではない。それは尺度機能の結果ではあっても、尺度機能そのものと等価ではない。尺度機能の本質は、なぜ汎《あら》ゆる商品が、よりによってその貨幣によって〈価値〉を測られなければならないのか、という「選択の必然性」の問題、あるいはそもそもなぜその貨幣が商品世界を主宰的に統《す》べるのか、という「商品世界における特権性」の問題に帰着する。この問題を宇野派的言い回しで「なぜ百円でポテトチップスを買えても、ポテトチップスで百円は買えないのか」という「貨幣と商品との非対称性の問題」として言い直すこともできる。「金《きん》」と違って元々商品世界には存在しないビットコインの場合には、問題はより先鋭化し「なぜ人為的仮構物に過ぎないビットコインが貨幣として商品世界に組み入れられ、現実の市場に投入可能となるのか」という「仮想貨幣《ヴァーチャル・マネー》」（＝「暗号貨幣《クリプトマネー》」）と「現実世界《リアル・ワールド》」との接続メカニズム、ビットコインの市場への参入をめぐる「権利問題《クイド・ユーリス》」（quid juris）として立ち現れて来ざるを得ない。そして実は、さきに恰《あたか》も〈モノ〉性の獲得によって実現済みであるかの如く述べた「蓄蔵」機能ですら、厳密に言えば「尺度」機能なしにはほぼ無意味である。なぜなら単に〈モノ〉として貯め込むだけなら、幼児の「小石」集めや、「ジュース瓶の蓋」集めとさしたる違いはないからである。いずれにせよ、この問題系はマルクスをして『資本論』において「交換過程論」とは独立に「価値形態論」を書かしめた根本動機を構成する難問題である。

ビットコイン開発者であるSatoshi Nakamotoが採ったのは、限界効用学派、就中《なかんづく》メンガーの貨幣理論と、古典派経済学、就中マルクスの貨幣理論との総合とも謂うべき解決案である。ビットコインが「金《きん》」に代表される貴金属のシミュレーションとして構想された事情と経緯には先に触れたが、これはメンガーが「貨幣は最終的・必然的に貴金属という商品素材に落ち着く」と主張したことに見合う。実際、ビットコインは「２１００万ＢＴＣ」という総発行量上限の設定によって「金」と同様の〈稀少〉的〈価値〉を創出している（この点はすでに指摘した）。貨幣として以外の「効用」の事実上の欠如や可搬性（というより「運ぶ」必要がそもそもない）、加えて原理的な無限分割性（現時点では１ＢＴＣを一億分の一まで分割可能だが、インフレが余儀なくさせるデノミによって更なる細分割は当然あり得る）もまた「金」との類比を許すが、こうした属性はむしろビットコインの〈モノ〉性に関っており、いま問題にしている〈価値〉的側面には直接影響を及ぼさないのでこれ以上の深入りはここでは控える。強調しておきたいのは、この〈稀少性〉が、資源《リソース》としての〈モノ〉であることを前提としてのみ成立する〈価値〉であり、したがって〈モノ〉であることが、その「可能性の条件《ベディングング・デア・メークリヒカイト》」をなすことである。

にもかかわらず、〈稀少性〉だけでは残念ながらビットコインは「尺度」機能を果たさない、すなわち現実の市場にそれが組み込まれることは適わない。〝稀少〟であることは分かっていながら、誰も興味・関心を示さない〈モノ〉——例えば、米櫃の中の籾殻の残った米粒や、河原の丸い石に紛れた角張った石——は山ほどある。ここに必要となってくるものこそ、ビットコインというヴァーチャルな仮構物が現実世界に錨を降ろす〝紐帯〟としての「労働」である。このとき留意を要するのは、第一にビットコインの〈稀少性〉によって喚起された〈欲望〉が、そこに「労働」力を振り向ける引き金《トリガー》として機能すること、その意味で〈稀少性〉と「労働」とは〈欲望〉を介して連動していること。第二に、すでに先回りして指摘しておいたとおり、この場合の「労働」とはマルクスが謂う「抽象的人間労働」ではなく、コンピュータのCPUパワーによる〝抽象労働〟――具体的には新たな貨幣発行の唯一の方途である、高性能コンピュータを駆使した「P o W《プルーフ・オブ・ワーク》」と呼ばれる課題遂行――であること。ただ、実際にリアルなエネルギー(人間の場合には生化学的・物理的なそれ、CPUの場合には電磁気的なそれ)が、消費・支出されているという点で、両《いず》れの「労働」も現実世界における実在的過程《プロセス》であって、この「実在性《レアリタース》」(realitas)を終極的根拠としてビットコインは現実の経済圏に組み込まれる。

こうして、〝仮想的ネットワーク〟から出立しつつも〈稀少性〉→〈欲望〉→〝抽象労働〟という経路を辿って現実世界に繋がれることで漸くビットコインは「尺度」機能を獲得する。

3-2-2 「交換」と〝信頼〟

次は「交換」である。貨幣のこの機能は「流通」と言い換えることもできる。要はビットコインが持ち主を転々と替えながら持続的に「使われる」ことで、その使用範囲が広がることである。その過程で結果として市場に流通する貨幣量も増大することになる。「貨幣は貨幣であるがゆえに、貨幣として流通する」という貨幣のトートロジカルな自己言及的性格が言い立てられるのも、主としてこの「流通」の場面を念頭に置いてのことである。さて、だが上の自己言及的機制によって本当に貨幣は「流通」を実現できるのだろうか? マルクスは「言語」という〈メディア〉について、それを「実践的な、他の人間たちにとって存在するがゆえに初めて私自身にとっても存在する現実的な意識」として規定するが、[14] もし「貨幣」という〈メディア〉もまた、「言語」と同様の存在性格を持つとするならば、成る程「自分以外の他者がその使用を受け容れる」という予期を使用者が皆抱いていることが貨幣流通の前件をなすように思われる。N・ルーマンが「貨幣」を経済システムという機能的分化システムに固有の〈成果メディア《エアフォルクス・メディウム》〉(Erfolgsmedium)として立てる際にも、この線で考えていることはほぼ間違いない。[15]

だが、ビットコインの設計者であるSatoshi Nakamotoはそうは考えない。彼が二〇〇八年に発表した有名な論文、所謂「ホワイトペーパー」[16]を読むとき気づくのは、既存の貨幣システムを引き合いに出すに際して常にネガティヴな文脈で用いられる「信頼《トラスト》」(trust)という語の多さ——例えば「信頼を基礎に置くモデルに固有の欠点」(the inherent weaknesses of the *trust* based model)、「信頼に頼ることのない電子取引システム」(a system for electronic transactions without relying on *trust*)、「信頼ではなく暗号証明に基づいた電子支払いシステム」(an electronic payment system based on cryptographic proof instead of *trust*)等々——である。こうした〝状況証拠〟からは、既存貨幣「流通」の要《かなめ》にあって障害の源をなしているのが「信頼」であり、これに代わる「流通」メカニズムの案出如何がビットコインの成否を決すると彼が考えていることが窺える。実は、ルーマンもまた異なる文脈においては貨幣「流通」の存立機序を「信頼」——精確には「システム信頼《ズュステムフェアトラオエン》」(Systemvertrauen)——に求めているのである。[17] われわれとしても、貨幣「流通」と「信頼」との関係を事柄に即しつつ見定めるために、ここは廻り途となることを厭わず、「信頼」概念の含意《インプリケーション》と広袤《エクステンション》とを主題的に討究したい。

3-2-2-1 「信用《クレジット》」と「信頼《トラスト》」

まず気をつける必要があるのは、「信用《クレジット》」(Credit)と「信頼《トラスト》」(Trust)とが概念として明確に区別されなければならないことである。両者は日常的にしばしば混用されるだけにこの区別の重要性は特に強調しておきたい。「信用」は、電子マネーの特性描写をさきに行った際、その基軸的メカニズムとして言及したことからも分かるように、或る行為(例えば「貸与」あるいは「購買」)を為《な》そうとする者が、行為の相手方(上の例で言えば「借方」あるいは「販売店」)の過去の履歴を基に、当該行為に先立って、行為者が相手方に与える(=「与信」)地位《ステイタス》である。この場合、過去の履歴を基に相手方の「信用」の度合いが測られるためその評価には或る種の〝客観性〟が求められ(あるいは、〝客観性〟を伴い)、したがって当事者ではない、「信頼」のおける第三者(例えば「認証局」)による評価の代行や検証・保証も可能となる。その結果「信用」に基づいた行為に際しては、それに伴うリスクが可能な限り取り除かれる、というよりもむしろ「信用」とは行為に伴う「リスク」を極力回避するための仕組みである。

---

14 Marx, K. & Engels, F., *Die deutsche Ideologie*,1845-6, {7c=14}, MEW. Bd.3, S30, 1869.

15 Luhmann, N., *Die Wirtschaft der Gesellschaft*, 1988,(邦訳『社会の経済』文眞堂)Kapitel 7. Geld als Kommunikationsmedium: Über symbolische und diabolische Generalisierungen.

16 前注4を参照。

17 Luhmann, N., *Vertrauen: Ein Mechanismus der Reduktion sozialer Komplexität*, 2. erw. Aufl., 1973,(邦訳『信頼』勁草書房)7. Medien der Kommunikation und Systemvertrauen.

対して「信頼」は、行為の相手方の一定の反応を期待した、リスクの引き受けを伴う、相手方に対する行為者の〈投企《エントヴルフ》〉（Entwurf）である。言い換えれば、「信頼」は行為者の一方的な「決断《エントシャイドゥンク》」（Entscheidung）ないし、ある種の〝賭け〟であり、したがってそこに〝客観性〟は求め得べくもない。また、それが「決断」や〝賭け〟という〝主観的〟な、あるいはむしろ〝主体的〟な性質のものである以上、第三者の入り込む余地はあり得ない。つまり「信頼」とはリスクを覚悟した上での、相手方に対する、行為者の積極的コミットメントなのである。

以下で主題化されるのは「信用」と区別された限りでの「信頼」である。

3―2―2―2　「信頼《トラスト》」の変遷

「信頼」は元来、ルーマンが主張するとおり、世界の「複雑性《コンプレクシテート》」（Komplexität）＝「不確定性《コンティンゲンツ》」（Kontingenz）に直面した際に、「慣れ親しみ《フェアトラオトハイト》」（Vertrautheit）を基礎に「複雑性」を「縮減《レドゥツィーレン》」（reduzieren）し、「不確実性」を「確実性《ゲヴィスハイト》」（Gewissheit）へと転換する行為戦略である。例えば「台風が近づいていて明日は鉄道ダイヤが乱れそうだが（不確定性＝複雑性）、これまでの付き合いから分かる彼の誠実な人となりからして（慣れ親しみ）、約束に間に合うように来るはずだから（信頼）、こちらも時間どおり約束の場所に行こう（複雑性の縮減）」と決断するケースでは、彼が来ないという可能性もあるが、そのリスクを冒してでも、これまでの彼との付き合いの経験から「情報を過剰に抽き出す《インフォルマツィオーン・ユーバーツィーエン》」（Information überzuziehen）ことで、約束どおりに彼が来ることに明日の自分の行動を〝賭ける〟わけである。逆に言えば、「疎遠」なものに対しては誰も「信頼」を抱くことはないし、また「不確定性」が存在せず見通しが「確実」な状況下ではそもそも何かに「信頼」を寄せる必要が生じない、ということでもある。

例えば「氏族《クラン》」のような原初的共同体においては実際ほぼ「複雑性＝不確定性」は存在せず、その兆候があっても法や倫理と未分化な「掟」、政治や権威と未分化な（古老や巫女の）「託宣」、技術や知と未分化な「呪術」などによって、それは限りなく〈慣れ親しみ〉の水準へと同化させられてゆく。こうした共同体にとっての「複雑性＝不確定性」がもしあるとすれば、それは共同体＝〈慣れ親しみ〉の〈外部〉からやってくる〈不気味なもの《ダス・ウンハイムリッヒェ》〉(das Unheimliche) であって、それはそもそも如何にしても制御不可能であるがゆえに排除や黙殺の対象となる。〈不気味なもの〉は共同体にとって存在してはならないが故に存在そのものが封印される。何《いず》れにせよ、こうした共同体には「複雑性＝不確定性」を構造的に除去するメカニズムがビルトインされており、それは山岸俊男が「安　心《ベルーイヒカイト》」(Beruhigkeit) として定式化した構造[18]――「複雑性＝不確定性」の心理的＝主観的抹消としての「希　望《ホッフヌンク》」(Hoffnung) と混同せぬこと！――とも一致する。

「複雑性＝不確定性」の構造的除去が可能であるのは、共同体の日常性の〈外部〉から到来した〈疎遠な者／物〉を〈慣れ親しみ〉の地平に同化あるいは、そこから排除することで、その地平を弾力的・可塑的に維持できるだけのスケールのコンパクトさがそこにあるからである。具体的には、共同体の成員相互がお互いに顔見知りであるような〈声〉による対面的相互行為《インタラクション》がコミュニケーションの基調をなす小規模な地縁的共同体においてのみそうした事態は成立可能である。だが、〈(手書き) 文字〉が発明されて、〈声〉に依らないコミュニケーションが常態化することで共同体

18　山岸俊男『安心社会から信頼社会へ――日本型システムの行方』（中央公論新社、一九九九）

の規模は拡大し、またそれと並行して、〈文字〉によって再現された〝表出内容〟の、表出者への投射が一般化すると、〈内面〉をもった〈個人〉が構成され、更にこの〈個人〉の方がむしろ共同体を逆に構成するものとみなされるに至る。それまでは共同体に〝溶け込ん〟でそれと一体・未分であった分肢的成員が〈個人〉として〝結晶化〟し、剰《あまつさ》え〝実体〟化されるわけである。ここにおいて「複雑性＝不確定性」の〝核〟としての〈他者〉が出現する。〈他者〉は〈内面〉を有した「人格《ペルゾーン》」(Person)であり、その〝内側〟は観察者としての〈自己〉にとっては不可視であるため、〈他者〉に対する行為＝コミュニケーションは〝賭け〟の性格を帯びざるを得ない。どういうリアクションが〈他者〉から返ってくるか分からないからである。しかも〈他者〉は〈自己〉にとって無数に存在するためにその〝賭け〟は行き当たりばったりに行われるのではなく、戦略化する。この、〈他者〉に向けての〈自己〉の「行為に際しての戦略化された〝賭け〟」こそが山岸俊男が謂う「信頼」であり[19]、ルーマン謂うところの「人格信頼《ペルゼーンリッヒェス・フェアトラオエン》」(Persönliches Vertrauen)に他ならない[20]。

主導的〈メディア〉の地位を占めるのが〈文字〉から〈活字〉へと移行し、更に〈活字〉が〈マスメディア〉に組み込まれる段階になると、それとちょうど並行するように共同体は解体へと向かい規模のより大きな「社会《ゲゼルシャフト》」(Gesellschaft)に組み込まれる。「社会」においては〈他者〉は相互化され普遍化されて〈自立＝自律〉的な〈個人〉となるが、この社会的〈個人〉は、共同体におけるような地縁的基盤を欠き、完全にバラバラかつ匿名的な〈ヒト《ダス・マン》〉(das Man)という無〈個性〉の〝原子《アトミスティック》〟的存在と化している。こうした状況においては〈個性〉的「人格」を拠り所とした「人格信頼」を行使することは最早《もはや》困難であり、コミュニケーションあるいは行為は、当事者間の関係を〝疑心暗鬼〟が支配する、パーソンズ謂うところの「二重の不確定性《ダブル・コンティンジェンシー》」(double contingency) 状態からの手探り的な試行錯誤に頼らざるを得なくなる。縦令《たとい》「人格信頼」を戦略として採用できたとしても、法・政治、経済、学問、芸術、教育 etc. への「社会」の機能的分化に応じるかたちで「不確定性＝複雑性」もまた多重化・多元化を遂げているために、〈個人〉は同じ〈他者〉に対してさえも機能毎に異なる「信頼」戦略を取ることを余儀なくされる（例えば、経済オンチだが芸術的センスは秀でている等）。このような事情により、従来の「人格信頼」が相互化され、また機能毎に「信頼」が非人称化・高次化・抽象化を遂げる方向でコミュニケーションの「不確定性＝複雑性」が縮減されるようになる。こうした「信頼」の段階が、ルーマンが「人格信頼」から明確に区別する「システム信頼《ズュステムフェアトラオエン》」(Systemvertrauen) である。[21]

3-2-2-3 「貨幣」と「信頼」

「システム信頼」においては、「信頼」もまたシステムに応じて機能的分化を遂げているが、目下のわれわれの関心対象である「貨幣」は、社会システム論的な観点からは経済システムという機能

19 山岸俊男、前掲書。ただし山岸は、彼が「信頼」と同一視する「人格信頼」の基礎に〈慣れ親しみ〉があることを軽く見積もりすぎており、その結果として、極めてオプティミスティックで安直な実践的提言が導かれている。

20 Luhmann, *Ibid.* 6. Persönliches Vertrauen.

21 ルーマンは現代社会においては「人格信頼」はもはや存在せず、「信頼」とはすべて「システム信頼」である、とさえ主張する。Luhmann, N., *Die Gesellschaft der Gesellschaft*, 1997, S.313.

的分化システム内で流通する〈成果メディア《エアフォルクス・メディウム》〉であって、当該分化システムにおける「システム信頼」に支えられている。

　さて、一般に「システム信頼」においては「信頼」の対象が一見「人格」から「システム」へと移行したかに見える。だが実は「システム信頼」において信頼されているのは「システム」ではない。「システム」とは〈コミュニケーション〉という非人称的〈演算《オペラツィオーン》〉(Operation)の〝盲目的《ブリント》〟(blind)な連鎖的接続であって、für uns の立場から観察を行う〈学知《われわれ》〉には見えても、〈コミュニケーション〉の〝素子〟でしかない当事者たち(für es)には見えない。そして「見えない」ものは(〈慣れ親しみ〉を欠くがゆえに)「信頼」の対象にはなり得ない。では「システム信頼」における「信頼」の対象とは何なのか?――〈権威《オーソリティ》〉(Authority)である。[22] 例えば、マスメディア・システム(その〈成果メディア〉は「世論」)における「システム信頼」にあって信頼されているのは当該分化システム(これは不可視)ではなく「放送局」や「新聞社」という可視的〈権威〉であり、学問システム(その〈成果メディア〉は「真理」)にあって信頼されているのは研究機関《アカデミア》としての「大学」という〈権威〉であり、政治システム(その〈成果メディア〉は「権力」)にあって信頼されているのは「国家」という〈権威〉である。この際留意すべきは孰《いず》れの場合にもヒエラルキカルな構造が「システム信頼」を支えているという事実である。

　そして、「交換(=流通)」においてトートロジカルな自己言及メカニズム(「貨幣は貨幣であるがゆえに貨幣として流通する」――これが実質的にルーマン謂うところの「システム信頼」であることに注意せよ!)が昨今強調される「貨幣」もまた、それが経済システムの〈成果メディア〉である以上、右の例外ではあり得ず、この場合もまた「システム信頼」を支えているのは「中央銀行」という

〈権威〉なのである。その意味で「貨幣国定説」の主張は、現在の銀行がもはや嘗《かつ》てのように「国家」の完全な統制下にはなく、その軛《くびき》から実質的・相対的に脱しているという点では妥当性を欠くにしても、貨幣流通において〈権威〉の介在を認める点ではやはり真相の一端を衝《つ》いていると評価せざるを得ない。

ただし情況は変わりつつある。インターネットの登場と普及が惹き起こした〈マスメディア〉から〈ネット-ワーク〉への〈メディア〉パラダイムの転換によって、これまで不可視・自明であった「システム信頼」の構造が可視化されると同時に、「信頼」は「不信」へと反転しつつある。瀰漫するこうした「不信」を背景にSatoshi Nakamotoが「ホワイトペーパー」その他で攻撃する「信頼」とは、中央集権的〈権威〉に支えられた現行貨幣が依然依拠し続ける「システム信頼」の構造に他ならない。

3-2-2-4　「システム信頼」から「アノニム信頼」へ

われわれは前三項を通してSatoshi Nakamotoが攻撃する「信頼」を「システム信頼」と特定したのだが、彼が「(システム) 信頼」を攻撃しているからといって、ビットコインにおいて「信頼」一般が否定されるわけではない。それどころか貨幣の「交換＝流通」のためには、とりわけビットコインの場合にはどうしても「信頼」が必要となる。なぜならビットコインにおいては「交換＝流

22　この点にはルーマンも自覚的である。Luhmann, N., *Vertrauen: Ein Mechanismus der Reduktion sozialer Komplexität*, 2. erw. Aufl., 1973, S.68 および S.90 を見よ。

通」に伴う「不確定性＝複雑性」が、既存の法定通貨の場合以上に増大しており、それを縮減し、ビットコイン使用の機会と範囲を拡大するためにも「信頼」の機制は必須だからである。

　ビットコイン「交換＝流通」における「不確定性＝複雑性」のなかでも最大の懸案は「二重支払い《ダブル・スペンディング》」(Double-Spending)の問題である。Nakamotoの「ホワイトペーパー」はこの問題の解決のために書かれたといっても過言ではない。[23] ビットコインを使用した取り引きは「トランザクション」(Transaction)と呼ばれるが、このトランザクションに伴って生ずる貨幣の〝転移〟は、ビットコイン‐ネットワークの全ノードによって共有される「ブロック」(Block)と呼ばれる〝収支台帳〟の書き換えによって行われる。この「ブロック」には一〇分という時間経過の間に生じた取り引き内容がすべて記載されており、それが一〇分ごとに更新されながら、それまでの全履歴に次々と数珠繋ぎに追加されてゆく。それが所謂「ブロックチェーン」(Blockchain)である。問題は、実際には実物通貨の場合のような貨幣の「転移」は生じておらず、送り手の〝財布〟に〝ある〟ビットコイン占有量が一定額減少したことの「ブロック」への記載と、受け取り側の〝財布〟にそれと見合った量が増加したことの「ブロック」への記載があるだけ、という点にある。ビットコインの基本は、飽くまでも――すでにビットコインの〈モノ〉性を論じた際に強調した――〈占有〉であって、しかもその〈占有〉ですらネットワークの全ノードによる〈承認〉に媒介されて初めて成り立つ底《てい》の構成的な出来事に過ぎなかった。こうした構図にあっては〈転移〉(＝交換・流通)もまた〈占有〉に還元されざるを得ない。精確には「発行済みの全ビットコイン量のネットワーク‐ノードへの配分(＝〈占有〉)布置の時間的な遷移」(①)と「各ブロックに記載されたその都度の配分布置(＝分布)の全ノードによる承認」(②)とに、還元されざるを得ない。逆に言えば、②の

「承認」プロセスがない場合には、〈占有〉量以上のビットコインの〝転移〟、すなわち「二重支払い」がいとも簡単にできてしまう。ビットコイン開発におけるNakamotoの最大の独創は、新たな「信頼」を構成することで、②の「承認」プロセスを「ブロックチェーン」に組み込んだ点にある。

既存貨幣の場合にはNakamotoがいうところの「信頼に足る中央的権威」（a *trusted* central authority）[24]＝「中央銀行」が、取り引きの全体を厳格な〈監　視《サヴェイランス》〉（Surveillance）下に置き、一元的で集権的な管理を行うことで「貨幣の偽造」や「二重送金」を防いでいる。フーコーの顰に倣うなら経済版〈汎－視《パノプティコン》〉（Panopticon）とこの体制を称することもできる。にもかかわらず人々は、こうした機能によってこそ銀行を〈権威〉として信頼している。だが中央銀行が貨幣発行権を独占することで惹き起こされるインフレによって通貨価値の低落が慢性的に亢進する現状に苛立ち、そうした状況を変えるためにビットコインを開発したNakamotoにとっては、現行の〈権威〉への「信頼」に裏打ちされた「システム信頼」は、否定の対象でこそあれ、到底事態打開の選択肢には上《のぼ》り得ない。

ここで二つの途があり得る。一つの途は「システム信頼」から「人格信頼」に戻り、「人格信頼」に依って「交換＝流通」機能を基礎付ける方途である。そして実際にこの途を採ったのが一時期流

23　実際、Whitepaperには「trust」の語と並んで「double-spending」の語が頻出する。ただしこの場合の「支払い」は「取り引き《トランザクション》」の意であって、「信用《クレジット》」が介在する、貨幣の四機能の一つとしての「支払」機能のことではない点に注意せよ。

24　Whitepaper, 2. Transactions.

行を見た「地域通貨《コミュニティ・マネー》」(Community Money) である。だが、この途には致命的な難点がある。さきにみたとおり「人格信頼」が〈慣れ親しみ《フェアトラオトハイト》〉(Vertrautheit) に根拠を置くため、「慣れ親しま」れていない「疎遠」な〈他者〉は「信頼」の対象になり得ず、結果として「地域通貨」には——その名が示すとおり——地縁的共同体の枠を超えた広がりは原理的に期待できない。更に「地域通貨」の多くが、地域振興や相互扶助といった(限定)目的貨幣(悪く言えば、幼児が親に発行する「肩たたき券」の類の発展版)であるために、その目的を共有しない者にとって使用のインセンティヴがないことも流通のマイナス要因となる。

第二の途は「システム信頼」でも「人格信頼」でもない、インターネットを基盤技術《インフラストラクチャ》とする情報社会に適合した新たな「信頼」を創出することである。Nakamoto はこの第二の途を採る。以下では、彼が新たな「信頼」を構築するに至った理路を〈われわれ〉の観点から、〈われわれ〉の言葉で、再構成的に記述する。

さて Nakamoto が中央銀行のような集権的〈権威〉を否定する以上、「信頼」の担い手はビットコイン－ネットワークのノードである所有者以外にはあり得ない。だがここで早速《さっそく》問題が生じる。中央銀行という〈権威〉は、取引情報を独占しエキスパートとして「監視《サヴェイランス》」に専管的に従事することで貨幣使用者の「信頼」に応える。こうしたことは〈マスメディア〉パラダイムに典型的にみられるヒエラルキカルな〈中央集権＝円錐〉的構造があって初めて可能なのであって、〈ネット－ワーク〉パラダイムのフラットな構造を基礎とするビットコインには望むべくもない。Nakamoto はこの難題を、「監視《サヴェイランス》」を〈環－視《ウム・ズィッヒト》〉(Um-Sicht) に読み替え、換骨奪胎することでクリアする。

一般的に言って「監視」が全ての活動を特権的な高処《たかみ》から把握するのに対し、〈環－視〉は相互行為《インタラクション》にギャラリーとしての「不可視の第三者」（不在の他者）をインターネット（例えばＳＮＳ）を介して引き込むことでフラットな関係性における〈コミュニケーション〉の〈自生＝創発〉的制御《コントロール》、すなわち「複雑性の縮減」を実現する。[25] ビットコインはこの「情報」次元における〈環－視〉《ウム・ズィッヒト》メカニズムを「ブロックチェーン」に組み込むことで「価値」次元に移植する。すなわち、取引や発行のデジタルな〝現場〟（具体的には、逐次的《サクセッシヴ》に遷移する状態としての「ブロック」）にアノニマスな「不可視の第三者」（不在の他者）を〝立ち会わ〟せ、〝目撃〟させることで、その時間帯で行われた所謂「Ｐ２Ｐ」の取引や発行に「信頼」という「価値」を付与するのである。「Ｐ２Ｐ」《ピア・トゥー・ピア》（Peer to Peer）というとき往々にして「二者関係」性が強調されるが、これはミスリーディングと言わざるを得ない。むしろ「Ｐ２Ｐ」は、アノニマスな擬似的〝相互行為《インタラクション》〟をやはりアノニマスなギャラリーが傍観するという「三者関係」を基本〝単位〟とする。ビットコインは、この「三者関係」に注目し、これを戦略的に利用することで、フラットなネットワークにおいて「信頼」を技術的に創出しようとするのである。[26] Nakamoto の後継者たちによって「分散化された《ディセントラライズド》信頼《トラスト》」（Decentralised Trust）としばしば呼ばれる、[27]「人格信頼」とも「システム信頼」とも異なる、

25　前掲拙著『情報社会の〈哲学〉』第三章、３－２－３小節を参照。

26　相互行為における「三者関係」性に関しては、本書第四章４－２－２および第六章６－２－６小節も参照。

27　例えば、下記を参照。http://www.cybersalon.org/bitcoin2_0/（二〇一八年一一月一七日現在）「ゼロ・トラスト」(Zero-Trust) などとも形容されるが、「信頼」がまったく不在であるわけではないので、この言い方はミスリーディングである。

〈環《ウム》-視《ズィッヒト》〉に基礎づけられたこの新たな「信頼」を、われわれは事の真相に即しつつ「アノニム《アノニューム・フェア》信頼《トラオエン》」（Anonym-Vertrauen）として捉え返したい。

3-2-2-5 「信頼《トラスト》」〝機械《マシン》〟としての「ブロックチェーン」

だが、これで問題のすべてに片が付いたわけではない。まず誰が取り引きの〝現場〟に立ち会うのかという問題が残っている。一〇分間隔で途切れることなく続く〝立ち会い〟に延々と付き合う義理も動機も暇も、ビットコイン所有者は持ち合わせない。更に、〝立ち会い〟を買って出る奇特な者が仮にいたとして、その者が誠実に〝現場〟に〝立ち会い〟、また精確に取り引きの収支報告を「ブロック」に記載する保証はどこにもない。むしろ、何か魂胆がなければ、一文の得にもならない〝立ち会い〟など買って出る理由《わけ》がない、と考えるのが人情でもあり自然でもある。

翻って考えてみれば、ビットコイン-ネットワークのノードは単なる「共通鍵」の要約値《ハッシュ》としての「アドレス」であり、匿名的・非人称的な存在に過ぎない。「信頼」の基礎をなす〈慣れ親しみ〉が、そうした蜃気楼のような存在に帰属可能なわけがないのである。実際、ネットワーク上の「不信」を前提とした「合意」調達の可能性を問う、所謂「ビザンチン将軍問題」（Byzantine Generals Problem）が難問として斯界でも長らく議論の的となってきた。したがって、ビットコインに求められているのは、「人格信頼」の場合のような〈慣れ親しみ《フェアトラオトハイト》〉に依拠することなく如何にして或る種の〝誠実〟を調達するのか？　という問題に対する解である。

Nakamoto は、こうした問題を一挙に解決する域を遥かに超えて、逆に〝お釣り〟が来るほどの鮮やかな解を与えている。その解こそが、ビットコインにおける〈モノ〉性の分析に際してすでに触れた「プルーフ・オブ・ワーク」(Proof-of-Work, PoW) に他ならない。「プルーフ・オブ・ワーク」の肝《きも》を一言で言うと——現在問題となっている「交換＝流通」の文脈では、という限定が付くが——「インセンティヴ」と「競争原理」の導入である。取り引き〝(現)場〟(「ブロック」)への〝立ち会い〟(収支の検証)に際しては同時に、それなりのCPUパワーを要する或る課題が課せられる。最初に課題を解いた者には、その〝場〟(「ブロック」)の主導権が与えられ、〝場〟内の取引手数料の他に、新規に発行される一定量のビットコインが報酬として与えられる。報酬を求めて、ビットコイン所有者は、〝現場〟への〝立ち会い〟の主導権獲得を目指す競争に参加する。何人かの参加者が結託して不正を働くことも考えられるが、そうした行為はビットコインの信頼性を損ない、「交換＝流通」が滞るため、結果として自らの〈占有〉するビットコインの価値を却って減ずることにしかならない。不正にCPUパワーを使うより、課題の解決にそれを使うほうが経済的に合理的なのである。

　われわれはここで「プルーフ・オブ・ワーク」が三重の役割を果たしていることに気づかなければならない。それは第一に、インセンティヴ付与機構を組み込むことで、強制によることなく〈環－視《ウム・ズィッヒト》〉のための自発的《ヴォランタリー》要員を動員することに成功している。第二に、それはビットコイン獲得に向けた参加者の〈欲望〉から、〈誠実〉を結果として抽出することに成功している。それは謂わば、インプットされた〈欲望〉を転換して〈誠実〉をアウトプットするプログラムであるとも言える。最後にそれは、「プルーフ・オブ・ワーク」の遂行者への報酬として発行されたビットコインの〈モノ〉性の強化(＝抽象〝労働〟の成果として)に資し、発行量の増大(＝「交換＝流通」の拡大)に貢献している。

Nakamoto の「ブロックチェーン」開発の直接の目的が「二重支払い」の防遏《ぼうあつ》にあったにしろ、その成果は彼の意図を大きく超えた意義を有すると同時に、実際に広範なインパクトをもたらしている。なによりも「ブロックチェーン」は〈欲望〉を〈誠実〉に転換することで「アノニム信頼」を技術的水準で産み出す「信頼《トラスト》」〝機械《マシン》〟である。ビットコイン〈占有〉者を〝素子〟として用いることで、個々の〈占有〉者の思念内容に拘《かかわ》りなく、「信頼」を出力する無定形《アモルフ》の〝人工知能《エー・アイ》〟と言ってもよい[28]。この特性故に「ブロックチェーン」部分のみがビットコインから切り離され、金融ばかりか、行政や企業経営筋に——例えば、「スマートコントラクト」や「分散型自律組織《ディー・エー・オー》」（DAO）のような形で——注目される事態も生じる。だが、飽くまでも「ビットコイン」という文脈で「ブロックチェーン」を評価するとき、それが秀逸であるのは、〝立ち会い〟のインセンティヴとしてビットコインの報酬を与えることで、「信頼」と「貨幣」発行とがリンクする点にある。つまりビットコインは「信用創造《クレジット・クリエイション》」(Credit Creation) ならぬ〈信頼創造《トラスト・クリエイション》〉(Trust Creation) によって貨幣を新規発行するわけである。いずれにしろ、煩瑣な経路を介してではあるがビットコインは「交換＝流通」機能をこうして獲得する。

3-2-3　「信用」と「階層性」

最後は「支払」である。ビットコインに死角があるとすればこの「支払」機能であろう。「支払」機能が「信用」を前提しており、電子マネーがこの「支払」に特化されたデジタル貨幣である事情はすでに述べた。ところが「信用」は貨幣使用者の〈人格＝固有名〉に与えられる〝地位《ステイタス》〟であるため、もしそれがビットコインに導入されると、ビットコインの基礎をなすネットワークの匿名性・非人称性が損なわれてしまう。ビットコインそのものには「信用」に基づく「支払」はそもそもそぐわないのである。だが一方で、「信用」は「安全《セキュリティ》」と結びついてもいる。ビットコインのスタートアップ段階から散発的に生じている様々な不祥事（本章冒頭で挙げた「シルクロード事件」や「Mt.Gox《マウント・ゴックス》倒産」そして「コインチェック事件」）はビットコインにおける「信用」の欠如が惹き起こしたとも言える。その意味で「信用」の問題はビットコインにとっての〝アキレスの踵〟をなす。ビットコインの亜種である「オルトコイン」の中には、先ごろ「DASH《ダッシュ》」と改名した旧「ダークコイン」(Darkcoin)が、「信用」を徹底的に払拭し、使用者の〈人格＝固有名〉と通貨との紐付けを断ち切る施策を施すことで「暗号《クリプト》経済圏」純化の方向を目指すのに対し、あのGoogleも肩入れする「Ripple《リップル》」は取引時の「ゲイトウェイ」において本人登録を使用者に課すことでデジタル通貨に「信用」を取り込む方向に舵を切っている。「DASH」も「Ripple」も共に時価総額で現在オルトコインのトップ・テンに入る有力貨幣であるため、暗号貨幣そのものが「暗号空間の独立」か、それとも「現実世界への併呑か」という両極に引き裂かれ、その間を振幅している状態である。これはインターネットが一九八〇年代の草創期に、「情報」の水準において「仮想世界の独立」か「現実世界への併呑」かという立場が鎬《しのぎ》を削ったことの位相を変えた再現とみなせる。現在、「マスメディア」という旧〈権威〉はすでにノードとして〈ネット－ワーク〉に組み込まれており、「情報」の水準での争いには勝負がついている。今後、「銀行」という〈権威〉が暗号ネットワークに組み込まれるか否かを巡っての角逐が、「価値」の水準で演じられることになろう。

28　この点については、前掲拙著『情報社会の〈哲学〉』第四章の参照を乞う。

別の問題も生じている。[29] ビットコインにおいてすでに、ビットコインという疑似〝貴金属〟の〝採掘《マイニング》〟に専ら従事する「採掘者《マイナー》」と、単なるビットコイン「利用者《ユーザー》」との役割の分化と固定化が生じている。〝採掘《マイニング》〟に参加するには、もはや普通のパソコンを所有しているだけでは事実上無理で、「ＰｏＷ《プルーフ・オブ・ワーク》」用に設計されたASIC《エーシック》（特定用途向けチップ）を搭載した高性能ワークステーションがなければ到底先行者たちには太刀打ち不可能である。莫大な電力も消費するため〝採掘《マイニング》〟はいまや一つの産業と化しており、電力が安価な中国や北欧の大掛かりな専用プラントで実際の〝採掘《マイニング》〟作業は行なわれている。こうした「採掘者《マイナー》」と「利用者《ユーザー》」との乖離を打開するために「Bitcoin2.0」としばしば称されるプロジェクト「イーサリアム」（Ethereum）では「ＰｏＷ《プルーフ・オブ・ワーク》」に替えて「プルーフ・オブ・ステーク」（Proof-of-Stake, PoS）を採用することを表明している。「ＰｏＳ《プルーフ・オブ・ステーク》」では、取り引きの〝現場〟（「ブロック」）〝立ち会い〟を「採掘者《マイナー》」ではなく、最大の利害関係者《ステークホルダー》（stake-holder）である「貨幣最多保持者」が行う。利害関係者であれば、自らの貨幣価値を損なうような不正を行わないし、また自身が「利用者《ユーザー》」でもあるため、「採掘者《マイナー》」と「利用者《ユーザー》」との役割分化・固定化を防げる、との思惑がそこにはある。

だが恐らく事はそれほど簡単ではない。ルーマンは、その経済システム論において、貨幣使用における二つの側面――〈象徴＝統合的《ズュンボーリッシュ》〉（sym-bolisch）側面と〈悪魔＝截断的《ディアボリッシュ》〉（dia-bolisch）側面――を指摘している。[30] 両者は恰《あたか》もコインの表裏のように不離不二であって、一方は必ず他方を伴う。すなわち、貨幣使用という経済的コミュニケーションとそれによる経済的〈人格《パーソン》〉（Person）の構成（＝〈象徴＝統合的《ズュンボーリッシュ》〉側面）は、その裏側で貨幣の不使用と経済的コミュニケーションから截断された〈孤　人《インディヴィデュアル》〉（Individual）の構成（＝〈悪魔＝截断的《ディアボリッシュ》〉側面）を産んでいる。この場合、

〈象徴=統合的《ズュンボーリッシュ》〉(sym-bolisch)の接頭辞「syn (m)-」が「統合」を、〈悪魔=截断的《ディアボリッシュ》〉(dia-bolisch)の接頭辞「dia-」が「分離」をそれぞれ含意しており、これらがルーマン一流の「地口」であることに留意してほしいのだが、重要なのは、経済システムへの〈人格〉の〈包摂《インクルージョン》〉(Inclusion)は必然的に〈孤人〉の〈排除《エクスクルージョン》〉(Exclusion)を惹き起こす、というルーマンの洞察である。言い換えれば、システムからの〈排除〉(=貨幣の不使用)という〝地〟の分凝《ゼグリガツィオーン》(Segregation)においてのみ、システムへの〈包摂〉(=貨幣の使用)という〝図〟の形成《ゲシュタルトゥンク》(Gestaltung)は可能であって、この機制が貨幣の稀少性をも創出している。「PoS《プルーフ・オブ・ステーク》」における貨幣〈占有〉量による階層化は、貨幣の〈悪魔的《ディアボリッシュ》〉側面を今後、より先鋭化させ、経済システムにおける勝者《ウィナー》と敗者《ルーザー》との分裂を深刻化させることになろう。

29　分岐《フォーク》した「ブロック」による〝正統性〟をめぐる対立が、二〇一七年八月に、「ビットコイン」からの「ビットコインキャッシュ」の〝暖簾分け〟の事態に発展した。今後もこうした所謂「ハードフォーク」の事態が「ビットコイン」には予測されるが、こうした現象はビットコインの存続にとってそれほど致命的な事態ではない。当初からビットコインは発行量上限を定めており、発行が永久に続くわけではない。上限に達すれば、ビットコインは十分な量を市場に放出したことになり、暗号通貨のデファクトスタンダードとなったことを意味する。この時点から、ビットコインは投機段階を終え、本格的な交換・購買手段・流通の段階に入る。本質的に「ハードフォーク」は投機筋による、ビットコインの投機段階の弥縫的な延命策であり、流通段階への遷移の先延ばし策に過ぎない。

30　Luhmann, N., *Die Wirtschaft der Gesellschaft*, 1988, 7. Geld als Kommunikationsmedium: Über symbolische und diabolische Generalisierungen.

3－3　社会vs国家

3－3－1　ビットコインと世界社会《ヴェルトゲゼルシャフト》

その兆候は二〇一六年末の米大統領選において早くも現れた。一一月九日にトランプ当選確実が報ぜられると、ビットコインは一時的に急騰した。もちろんこうした一時的な相場変動のみから資産逃避《キャピタル・フライト》を邪推することは安直の誹りを免れないが、二〇一三年のキプロス金融危機の際に、大量のロシアマネーがビットコインに資産逃避を起こし、中国でも「人民元」の国際的な資産価値を疑う（＝信頼しない）富裕層がビットコインへの資産逃避策を講ずるという〝実績〟を有することを考えれば、ビットコインが現状、投機対象としてばかりでなく、資産逃避の有力な手段として評価されていることじたいは疑いを容れない。

この際、二つの点が見逃されてはならない。第一は、ビットコインを投機に利用し、利殖を狙う者も、また資産逃避に使い、リスクヘッジを図ろうとする者も、共に富裕層、すなわち経済システムに〈包摂〉された経済的〈人格《パーソン》〉であるという事実である。すなわち、その裏側にはビットコインを持つことができない、システムから〈排除〉された〈孤人《インディヴィデュアル》〉、あるいはG・アガンベン謂うところの「剥き出しの生《ヴィータ・ヌーダ》」(vita nuda) を強いられた「ホモ・サケル」(homo sacer) が確実に存在している。本来フラットな構造の「情報」ネットワークに「価値」を創出することは、そこへの階層性の設定・導入を必然的に伴う。同様の事情は「知識」においても当て嵌まる。たんなる「情報《インフォルマツィオーン》」(Information) に「価値《ヴェーアト》」(Wert) を付与して「知識《ヴィッセン》」(Wissen)、更には〈学《ヴィッセンシャフト》〉(Wissenschaft) へと組織してゆくためには、〈マスメディア〉パラダイムにおける円錐的な「集権秩序《ヒエラルヒッシェ・オルトヌンク》」(hierarchische Ordnung) と同じものでないとしても、何らかの「階層構制《シヒテンアウフバウ》」(Schichtenaufbau) が要請されざるを得ない。そしてこの要請は、そのことの善し悪しとは無関係である。

第二。わが宰相の近時の国際情勢に対する右往左往、周辺諸国に対する右顧左眄(とその裏返しである事大主義的な威丈高)を尻目に、英国のEU離脱(Brexit)、米国のトランプ当選、露・中におけるプーチン・習近平の強権的体制の強化、フィリピン・ドゥテルテ政権の国際世論も意に介さぬ独裁統治、等々、二〇一〇年代後半以降、世界は国家レベルでの〝孤立主義〟が蔓延しているようにみえる。昨日までのグローバリゼーションの掛け声がまるで嘘か夢のような事態である。封鎖的ブロック間での角逐という第二次世界大戦開戦前夜と酷似した情況を指摘する声も囁かれ始めている。だが、現在と第二次世界大戦開戦前夜との間には決定的な相違が一つある。「世界社会《ヴェルトゲゼルシャフト》」(Weltgesellschaft) の存在である。

第二次世界大戦時の〈メディア〉パラダイムはヒエラルキカルな構造をもつ〈マスメディア〉であった。国家やブロックの政策的封鎖は即、ヒト・モノ・コミュニケーションの流通分断を意味した。そこではまだ地理的・空間的な〈領域《ゲビート》〉（Gebiet）が世界の支配原理だったのである。対して現在のパラダイムはフラットな構造を特徴とする〈ネット－ワーク〉であり、そこには茫漠たる〈コミュニケーション〉の総体である一つの社会、「世界社会《ヴェルトゲゼルシャフト》」しか存在しない。そしてこの「世界社会」は中心を持たないが故に、政策による制御《コントロール》は不可能である。ルーマンが喝破したとおり、〈領域《ゲビート》〉統治《ガバナンス》を基本原理とする「グローバリゼーション」と〈コミュニケーション〉連鎖を主導原理とする「世界社会」とは明確に異なる。[31] ビットコインとは、グローバリゼーションの、ではなく、「世界社会」の通貨であり、経済領域ひいては「価値」領域における「世界社会」化の〈メディア〉なのである。

3－3－2　「顕名経済」vs「匿名経済」——立ちはだかる国家

ビットコインの「採掘者《マイナー》」大国である中国が、二〇一七年九月に「新規暗号通貨公開」（ICO, Initial Coin Offering）を禁止し、更に二〇一八年に入ってからは「採掘者《マイナー》」に対する規制によって、「採掘《マイニング》」事業そのものに国家的な圧力をかけ始めている。経済政策においてビットコインの封殺と並行して中国が推進しているのが、国内全土に普及している〝スマホ〟を利用したモバイル決済である。阿里巴巴《アリババ》グループの「アリペイ」（Alipay）とテンセント・グループの「ウィチャットペイ」（WeChat Pay）が代表的なサービスで、モバイル決済事業は事実上この二社による寡占状態にある。あらゆる商品やサービスにQRコードが付され、〝スマホ〟のカメラでそれを読み取るだけで、〝スマホ〟に紐付けられた所有者の口座から代金が引き落とされる仕組みである。セキュリティ上も安心なので中国では今や誰も財布を持ち歩かなくなっているほどの普及ぶりである。重要なことは、ビットコインの締め出しと、モバイル決済の全面化とが、中国の経済政策のなかで間違いなく連動している点である。すなわち「顕名経済」圏の拡大と「匿名経済」――すなわちビットコイン――のそこからの駆逐、である。

中国におけるモバイル決済の全面化は、人民の経済行動の国家による完全な監視と管理と統制を意味している。クレジットカードを通じて経済行動の主体の固有名が国家に筒抜けだからである。「顕名経済」圏が日本を始めとする資本主義諸国でも拡大する予測を立てる向きもあるが、そんなことは事の原理上あり得ない。もちろんすでに日本にもモバイル決済サービスは多数存在しているが、日本のそれと中国のそれとはまったく意味が異なる。日本のそれは飽くまでも「サービス」であり、中国のそれは「国家政策」なのである。日本のモバイル決済サービスそのものが、歴とした一つの経済行為であって競争が前提であるのに対し、中国が目指しているのは経済の政治への従属、ないし経済の政治への包摂であって両者は相容れない。これは考えてみれば当然であって、中国は依然、「共産主義」を国是として掲げる国家であることをわれわれは忘れてはならない。「顕名経済」圏は、国家が国民の一から十までを把握する「独裁」が実現の条件をなす、とも言い換えられる。[32]

一方、ビットコインの裏側にある思想的バックボーンは、本章の冒頭でも触れたとおり

31　Luhmann, N., 'Globalization or World Society? How to conceive of modern society' in *International Review of Sociology*, 1997, Vol. 7 Issue 1.（拙訳「グローバリゼーションか、それとも世界社会か――現代社会をどう概念化するか？」『現代思想』二〇一四年一二月号所収）

無政府主義《アナーキズム》である。一九八〇年代後半以降に、それまでの中央集権的なメインフレームに対抗すべく、個人の創造的行為のためのツールとしてパーソナル・コンピュータを産み出したのは、ヒッピー・ムーヴメントに象徴される無政府主義の思想的土壌であり、九〇年代に入って急速な普及をみたインターネットにあっても、その根底には、無政府主義的な個人主義実現の手段とインターネットをみなすM・D・ケイパー、J・ギルモア、J・P・バーロウらが率いる「電子フロンティア財団」(EFF, Electronic Frontier Foundation) の主張に代表される思想が潜んでいる。ビットコインは、こうした無政府主義的運動の流れを間違いなく汲んでおり、中央銀行を介さない貨幣の発行も、国境を越えた貨幣の流通も、インターネットという〈メディア〉抜きには実現不可能であることから、それははっきりしている。

そもそも、インターネットと一口に言うが、中国のそれと日本や米国のそれは、同じ「インターネット」というテクノロジーを用いてはいてもまったくの別物である。「Twitter」に対する「新浪微博《ウェイボー》」(Weibo)、「Google」に対する「百度《バイドゥ》」(Baidu)、「Facebook」に対する「人人网《レンレン》」(Renren)、「YouTube」に対する「优酷《ヨウク》网」(Youku)、「LINE」に対する「微信《ウィチャット》」(WeChat)、「ニコニコ動画」に対する「哔哩哔哩《ビリビリ》」(bilibili)、と見事なまでに中国には、米国や日本のサービスと瓜二つのサービスが存在する。だが、サービス内容は似通っていても(サービスによっては本家を越えるものすらある)、後者は前者の〝擬態〟に過ぎない。すなわち、外見は似ていてもその本質はまるで異なる。なぜなら、それらのサービスは孰れも、「金盾《グレイト・ファイヤーウォール》」という、「国家」によって設けられた情報の検閲とブロックのシステムの枠内でしか機能しないからである。[33] 更に踏み込んで言えば、それらは人民の管理と監視のためのツールだからである。ここには、「技術は政治的に中立で

〝無色透明〟な存在である」とする巷間の俗説に対する〝模範的〟な反証例がある。

だが、ここでの焦点は、政治的なバックグラウンドを抜きにして、ＡＩやインターネットを云為する政治屋の無学を嗤《わら》ったり、一部の天真爛漫なエンジニアの短慮を窘《たしな》めることにはない。問題は、インターネットやＡＩ――すでに示唆したように、ブロックチェーンは「人間」を〝素子〟とする抽象的な〝ＡＩ〟である――を巡って、「社会」と「国家」の角逐が、経済分野に限って言えば「匿名経済」と「顕名経済」との〝縄張り争い〟が、近く出来するだろうことである[34]。ビットコインは、その意味で、二つの勢力の鍔迫《つばぜ》り合いの最前線に位置し、情報社会の今後を占うための恰好の指標となろう。

---

32 「国務院」が二〇一七年七月に出した「新一代人工智能发展规划的通知（新世代人工知能開発計画の通知）」国发〔2017〕35号によって中国は二〇三〇年までに世界第一のＡＩ技術大国になると宣言したが、こうした自信の裏側にも、プライヴァシーを顧慮せずビッグデータの収集・解析を可能とする政治的独裁が控えていることを看過してはならない。http://www.gov.cn/zhengce/content/2017-07/20/content_5211996.htm（二〇一八年一一月一七日現在）

33 もちろん、中国だけでなく米国でもスノーデン事件で露見したように国家による監視は存在する。だが、金盾と資本主義国家における監視との決定的な違いは、後者においては、監視を実行している当事者がそれを本来為されるべきでない国是に悖る行為、国民に対する重大な裏切りであることが自覚されている点である。だからこそ、スノーデン事件は、米国の根幹を揺るがす大事件に発展したのである。この論点については、本書第五章を参照。

34 その〝縄張り争い〟は、習金平がぶち上げた「一帯一路」構想によって、すでに火蓋が切られている。

第四章　情報社会の〈こころ〉

4－0 「コミュ障」とは何ではないか

まず冒頭ではっきりと言割っておきたいのだが、本章において「コミュ障」の名で取り上げる現象ないし事態は、現時点において精神医学分野で病像特定におけるスタンダードの地位を確立している『精神疾患の診断・統計マニュアル第五版』いわゆるDSM-5のなかで規定されている「コミュニケーション障害」(communication disorders)とは、本質的な意味で何の関係もない。つまり、本章で謂う「コミュ障」は「コミュニケーション障害」の略称ではない。DSM-5では「コミュニケーション障害」の下位分類として以下の五項目が挙げられている。すなわち、一「言語障害」(Language Disorder)、二「会話音声障害」(Speech Sound Disorder)、三「吃音」(Stuttering)、四「社会性コミュニケーション障害」(Social Communication Disorder)、五「特定できないコミュニケーション障害」(Unspecified Communication Disorder)であるが[1]、「コミュ障」は四番目の「社会性コミュニケーション障害」として同定されることが多いようである。問題は「コミュニケーション障害」が属する上位カテゴリーが「神経発達障害」(Neurodevelopmental Disorders)であり、したがってこの場合「社会性コミュニケーション障害」＝「コミュ障」もまた器質的な障害として捉えられていることになる。だが、われわれは「コミュ障」を器質的障害と考えないのはもちろんのこと、

1 *Diagnostic and Statistical Manual of Mental Disorders (DSM-5®), Fifth Edition*, American Psychiatric Association ed. 2013.（邦訳『DSM-5 精神疾患の分類と診断の手引』医学書院）

そもそもそれを「障害」や「病態」として捉える趣意もない。かといって、進化心理学的な観点から「コミュ障」を生物種としての「生き残り戦略」、ヒトという種が環境に「適応」するための〝進化〟形態とみなしたうえで、「コミュ障」は病気でも異常でもない、それはヒトとしての進化上の必然であり、むしろアドヴァンテージなのだ、という託宣を垂れる心算《つもり》もない。[2]なぜならそうした観方は、「コミュ障」への価値付与がマイナスからプラスへと反転してはいるが、その根拠を終局的には生物学的・生理学的水準に求める点において、DSM-5に依拠する「病態」論的な観方と何ら選ぶところは無いからである。

われわれとしては、ネット上で氾濫する「池沼」（「チショウ」と読み「知的障害（者）」の隠語）や「糖質」（「トウシツ」と読み「統合失調症」の隠語）と同様、「コミュ障」を「コミュニケーション障害」という「病態」に仮託した、悪態をつくためのネットスラングとしてひとまずは捉えたい。だが、「池沼」や「糖質」というほとんど差別語といってよい言葉が、ネット上での誹謗中傷行為に際して専《もっぱ》ら使用されるのに対して、「コミュ障」のほうはネットから〝リアル〟へと溢れ出し、ごく普通の対面的な日常会話においてもしばしば使用される。使用に際しても、この語が必ずしも誹謗・中傷の際ばかりでなく、自己紹介などにおいて自称される場合すらあることにも留意を要する。また、近時のベストセラー書籍のタイトルが「雑談力が上がる」「会話が途切れない話し方」「伝え方が九割」といった類の、日常会話においていかに「コミュ障」を回避するかのテクニックやアドヴァイスを謳うフレーズのオンパレードであることは読者も気づいていよう。現在「コミュ障」忌避が世を挙げてのオブセッションと化している状態なのである。

こうした現実に徴するとき、「コミュ障」が、病理的水準における病態判定や認定の問題でも、またいかにすればそれを克服できるかという実践的指南の問題でも、かといって「生物学的にそこには何らの異常性もない」として放置して済む問題でも、ないことがわかる。解明を要するのは「コミュ障」を巡る右に挙げた孰れもの立場が自明事として共有している問題構制《プロブレマーティク》（Problematik）そのもの、すなわち、われわれが相互行為においてほとんど強迫的と称してよい度合の執着で「コミュ障」であるか否かに拘泥《こだ》わらざるを得ない、という事態の存立そのことでなければなるまい。

2　正高信男『コミュ障――動物性を失った人類』（講談社、二〇一五）

4-1 「引き籠もり」から「コミュ障」へ

4-1-1 アニメ映画『君の名は。』の寓意

他方でわれわれは、現在キャッチワードと化している「コミュ障」と、一九八〇年代このかた現在に至るまで、社会関係の逸脱的形態を指す言葉として定着した感のある「引き籠もり」との混同や同一視を注意深く避けなければならない。「引き籠もり」が社会的関係の遮断とそこからの全面的撤退にその本質が存するのに対し、「コミュ障」では社会関係を取り結ぼうとする意思の存在がその大前提だからである。にもかかわらずこの両語には連続的な推移関係もまた認められる。

右の事情をアレゴリカルなかたちで示しているのが、二〇一六年度、国内にとどまらず韓国、中国、英国、スペインなどにおいても驚異的な観客動員を果したアニメ映画『君の名は。』の監督、新海誠のフィルモグラフィーである。

新海の作品は、ほぼ自主制作に近い短編『ほしのこえ』(二〇〇二)に始まり、以後『雲の向こう、約束の場所』(二〇〇四)、『秒速5センチメートル』(二〇〇七)と続き、『言の葉の庭』(二〇一

三）を経て大ヒット作『君の名は。』（二〇一六）に至る。留意すべきは、作品の多くが一般には「引き籠もり」としてカテゴライズされるであろう思春期の男女を主人公とした所謂「ジュブナイル」ものであり、鑑賞者が「引き籠もり」の主人公に自らの現状を投影することで作品への没入と共感を取り付けていく構造をもつ点である。これはデビュー作『ほしのこえ』に最も鮮明に看取できる。

『ほしのこえ』の主人公は「引き籠もり」気味のノボルという中学三年生であるが、同級生のミカコと互いに想いを寄せ合っている。だが地球と異星人との間に戦争が始まり、ミカコは戦闘乗務員として最前線に送られる。二人がお互いの消息を確認し合い、心を通わす唯一の手段はケータイのメールである。だが冥王星からワープで更にシリウス星系に転戦したミカコは相対性原理によってすでに二五歳になっている。地球から遠ざかるに連れて二人の年齢差も広がり、メールにもノイズが混じることが多くなるが、二人の絆への確信が揺らぐことはない。

われわれは右に示した作品のプロットそのものというよりも、作品が鑑賞者に惹き起こす心的機制・心象風景をむしろ問題にしたい。何光年も離れた場所にいる「〈僕〉だけの本当の恋人」の存在を作品は鑑賞者に示唆する。だが、その恋人の存在を示す根拠はケータイのメール上の文字列のみなのである。すなわち実際には「〈僕〉だけの本当の恋人」などどこにも存在していないかもしれない。それは〈僕〉が紡ぎ出すデジタルな妄想であり得るからだ。にもかかわらず、恋人がけっして出逢うことのない遠距離にいる、という想定によってむしろ現前での恋人の不在が逆に、恋人の存在の確信を強化してゆく。恋人が〈ここ〉にいないのは、彼女が〈別の世界〉にいるから、そういうロジックである。後に主題化する吉本隆明の用語系を用いて言い直すなら、これは「純愛」

という閉じた関係性において生じる〈対幻想〉を冀求《ききゅう》する〈僕〉の〈自己幻想〉（＝デジタルな妄想）という事態である。

続く『雲の向こう、約束の場所』、『秒速5センチメートル』も同じモチーフの変奏とみてよい。恋人たちの逢瀬を引き裂くのが物理的な「距離」から、並行世界の「次元」の差（『雲の向こう、約束の場所』）、永遠に目的地に辿り着くことのない「時間」の遅延（『秒速5センチメートル』）に置き換わっており、遠距離恋愛の現象形態に変化はあるが、「孤りだけ置き去りにされたような孤独」「出逢うことが叶わない別世界間の恋愛」という核心的モチーフには微塵の揺らぎも認められない。

だが二〇一〇年代に入って制作された『言の葉の庭』では異変が見られる。この作品にもユキノという「引き籠もり」の高校教師が、靴職人を目指す主人公の高校生タカオの恋愛相手として登場するが、タカオ本人は無断遅刻常習犯ではあるが必ずしも「引き籠もり」ではない。プロットの軸をなすのは二人の新宿御苑での逢瀬の積み重ねから生じた恋愛感情によって、ユキノは「引き籠もり」から脱して社会復帰へと一歩を踏み出し、タカオもまた重要なことを学んでゆく、という二人の精神的成長だが、これは観方によってはビルドゥングス・ロマーンの現代版でもある。ここではもはや「恋愛」は妄想でも〈自己幻想〉でもない。

さてでは『君の名は。』はどうか？　本作では『雲の向こう、約束の場所』と同様、並行世界を跨いでの高校生男女、瀧と三葉の遠距離恋愛が描かれるが、「引き籠もり」は何処にも登場しない。しかも今までであればけっして起こってはならないことが本作では起きる。作品の掉尾で、出逢うことのあり得ない（あるいは出逢うことが禁じられた）はずの異世界にいる「〈僕〉の本当の恋人」が此方の世界に越境して二人が出遭ってしまうのである！　作品のこうした基本プロットの変化に、作者である新海誠その人のプライベートな環境の変化とそれに伴う「引き籠もり」から〝リア充〟へという精神生活の遷移の作品への投影を邪推することもできなくはないが、それよりも本章の主題との関わりにおいて指摘したいのは、「引き籠もり」とは縁のない多くの鑑賞者の作品への共感と大ヒットの裏側で、新海作品に登場する「引き籠もり」の主人公たちにこれまで自己を投影させてきた従来の新海ファンたちにとって『君の名は。』は重大な〝裏切り〟として受け止められたであろうことである。なぜなら新海誠のフィルモグラフィーに看取できる基本プロットの変容は、第三者的に評価するとき、それまで〈社会〉の外部に置き去りにされた「引き籠もり」の謂わば〈避難所《アジール》〉として機能していた〈幻想〉領域が、〈社会〉と接続されることでもはや〈避難所〉としての機能を果たし得なくなったことを意味するからである。〈社会〉の暗がりへ「引き籠も」ってそこで紡ぎ出される妄想に束の間の安らぎと一片の自己肯定を見出していた者たちからすれば、その変容は〈社会〉の明るみへと無理矢理彼らが引き摺り出され、改めて「社会的不適応者」の〈スティグマ〉を押されるにも等しい仕打ちである。[3] そしてその〈スティグマ〉こそが「コミュ障」に他ならない。

3　ここで用いている〈スティグマ〉の語は、単なる「烙印」「レッテル」の意ではなく、ゴフマンのテクニカルターム、すなわち「潜在的《ヴァーチャル》な（期待される）社会的アイデンティティ」（virtual social identity）と「現にある《アクチュアル》社会的アイデンティティ」（actual social identity）との乖離の指標、の意で使用していることに注意。Goffman, E., *Stigma: Notes on the Management of Spoiled Identity*, 1963.（邦訳『スティグマの社会学――烙印を押されたアイデンティティ』せりか書房）

われわれは後に行う議論との関連で、『ほしのこえ』から『君の名は。』に至る二〇〇二年から二〇一六年が、メディア技術的には「ケータイ」(「ガラケー」)から「スマホ」への移行期に、ネット上のサービスに於いては、「2ちゃんねる」「Mixi」といった閉じた疑似〝コミュニティ〟から「facebook」「Twitter」に代表される「オープン」がデフォルト値であるような所謂ソーシャルメディアへの主流交替の時期にちょうど重なっている点にも止目したいのだが、新海のフィルモグラフィーをトータルに通覧することで見えてくること、それは「引き籠もり」が〈ネット-ワーク〉メディアを通じて〝公共〟的〈社会〉へと繋がれることで、彼らに〝リア充〟であることが暗《あん》に強要され、あるいは少なくともその偽装が強いられるようになったことである。二〇〇八年頃に時代のキャッチワードとなった「生きづらさ」とともに「コミュ障」は、「引き籠もり」の時代から更なる進展を遂げた情報社会の〝心象風景〟、深層構造が〝露頭〟として現れた社会的兆候《シンプトム》でありその指標《インデックス》である、そうわれわれは捉える。

4-1-2 アジールとしての〈社会の外部〉とその歴史的変遷

「コミュ障」が、〈社会〉からの〈外部〉の消失を示す指標・兆候であるという考察の基本スタンスは明らかになったとしても、ではそもそも「コミュ障」とは何なのか、という肝心の点については「社会的不適応者」としての〈スティグマ〉であるという示唆がなされたのみで、その内実は依然手付かずの儘である。以下では然るべき段取りを踏みつつ社会哲学的、メディア論的なアングルから「コミュ障」の〝実体〟に一歩づつ迫っていきたいのだが、まずわれわれが考えなければならないのは〈社会の外部〉という問題である。[4]

〈社会〉が未だ地理的・空間的な〈領域《ゲビート》〉(Gebiet)として表象され得ていた一九六〇～七〇年代には、〈社会の外部〉もまた〈ここ〉以外の何処《どこ》か、すなわち〈領域〉的場所として表象された。[5] 柵《しがら》みに塗《まみ》れた（多くの場合）地縁的・半血縁的な生活空間から非日常的な〈場所〉へと脱出・逃避することで、自分が関係する閉鎖的な地縁〝社会〟の外部へと空間的に遁走することが唆《そそのか》されたのである。例えば寺山修司は「家出」を勧め、本多勝一は「冒険」を促し、安部公房は「蒸発」を挑発することで人々（とりわけ若者）に〈社会の外部〉の存在を具体的なかたちで教え、影響力をもった。この時期における〈社会の外部〉は端的に言って「人間関係における局所的な柵みからの解放」を意味している。

ところが八〇～九〇年代になると人間関係の柵みが支配する地縁的・閉鎖的な局所的〝社会〟はほぼ姿を消し、均質化された個々人の〝団塊《マッス》〟からなる〈大衆〉社会がそれに取って替わる。この〈大衆〉社会の均質性を担保したのが、八〇年代に日本のほぼ全世帯への普及を実現したテレビに代表されるマスメディアである。こうした〈社会〉にあっては空間的な意味における〈外部〉はもはや存立し得ない。なぜならそこでは〈社会〉がそもそも空間的な存在として、すなわち〈領域《ゲビート》〉として表象されてはいないからである。そこでは〈社会〉は「人間の（地縁的・情緒的ではない）機

4 〈社会の外部〉を周到に概念規定するためには「山窩《サンカ》」、「漂泊民」、「芸能」の問題をも含む〈遊び／遊戯〉の問題系を射程に収めて検討する必要があるが、本章の目的にとっては構図的素描で事足りる。

5 〈社会〉以上のプレゼンスを「国家」が持っていた戦前・戦中・戦後直後（～五〇年代）にかけての時期は、本章の考察の範囲から意図的に外す。

能的結び付き」として表象されるに至っている。
このような機能的〈社会〉にあっても尚〈社会の外部〉は二つの仕方で存立可能である。一つはこの時期に軍事ネットワークARPANETから学術目的のCSNETを併合しつつNSFNETへと発展し、最終的に現在のインターネットに結実することになる技術インフラを基盤としつつ成立をみたサイバースペースを以って、〈社会〉の擬似空間的な〝外部〟とみなす途である。この途においては〈社会の外部〉は依然〈領域〉として表象される。[6] いま一つの途は〈社会〉の〈内部〉に情緒的に凝集性の高い繋がり——あるいは吉本隆明の言葉を用いれば〈共同幻想〉領域——を創出することで、〈内部〉に〈外部〉を孕ませる戦略である。[7] こうした戦略を採るのが、この時期簇生をみたアングラ劇団や新宗教である。[8]
もちろん〈社会〉の構成員の意識にとっては——すなわちfür esには——〈社会の外部〉は当該〈社会〉からの〈避難所《アジール》〉として恒に機能するし、実際機能してもきた。しかし強調しておきたいのは、〈社会の外部〉が当該〈社会〉にとって原理的にコントロール不可能であり、そしてそうであるが故にこそそれは〈社会〉の〈外部〉たり得ているという事実である。つまり〈社会の外部〉の存在それじたいが〈社会-逸脱〉的、〈反-社会〉的なのであって、それにもかかわらず——というよりもむしろ、それ故に——〈社会〉のオルタナティヴをそれが結果として構成することによって、それは〈社会〉の存立にとっての謂わば〝安全弁〟の役割を果たしてきたといえる。〈社会〉を選択しない、というオプションの存在を通して〈社会〉はその存立をこれまで維持してきたと言い換えてもよい。
二一世紀に入って、〈社会〉はその〈外部〉を消去することになるのだが、勇み足は慎もう。「コミュ障」の本質に迫るためにはわれわれは重要なもう一つの〈社会の外部〉を考察の主題に上せなければならない。

6 「サイバースペース」というタームがそもそも〈空間〉を含意している。

7 実は、第一の途も、われわれの見地からは——すなわち für uns には——学者的エートスを共有する者たちにとっての〈共同幻想〉体とみなし得る。

8 拙著『「情報社会」とは何か?——〈メディア〉論への前哨』(NTT出版)「第三章　二重化された社会」を参照。八〇年代以前の政治的・宗教的〈共同幻想〉体に——遡れば戦前の「陸軍皇道派」や「大本教」にも——すでに〈社会〉の〈内部〉における〈外部〉開鑿の試みは認められるが、八〇年代以降の〈共同幻想〉体はそれまで基調をなしていた「反‐国家」的な色彩を次第に薄めてゆき、むしろ文化的多様性が前面に押し出されてゆく。そして当初「ニューエイジ」ブームを背景に文化的〈共同幻想〉体として出発したオウム真理教の政治団体化と「反‐国家」的な実力行使の頓挫を最後にコミュナルな〈共同幻想〉体というかたちをとった〈社会の外部〉そのものが姿を消す。

4-2 〈外部〉の消失と「相互行為」の現在

4-2-1 純粋相互行為という〈社会の外部〉

前小節で〈社会〉の〈内部〉に孕まれた〈外部〉として一九八〇年代以降の凝集性の高い疑似共同体(=〈共同幻想〉体)を挙げたが、これとは別に一九六〇年代から一貫してみられる、〈社会〉の〈内部〉に穿たれた〈外部〉のもう一つのかたちが純粋相互行為である。純粋相互行為は、例えば恋愛においてのように濃密な二者関係への没頭によって双極的凝集を実現し、これが〈社会〉に対して閉域をなすことで〈社会の外部〉を構成する。このミクロな凝集体が〈社会の外部〉であることは、純粋相互行為がその内部に孕まれる傾向《ハビトゥス》を循環的・回帰的に肥大・増幅させることで〈社会-逸脱〉的行為(例えば「心中」「駈落ち」「痴情の縺れによる刃傷沙汰」)に走らせたり、極端な場合には〈反-社会〉的行為(例えば、一九七三年の奥村彰子による「滋賀銀行横領事件」、一九八一年の伊藤素子による「三和銀行横領事件」)をまで惹起することが示している。

純粋相互行為は後に主題的に論じるように、吉本隆明の所謂〈対幻想〉領域と相掩うが、われわれが先にアングラ劇団や新宗教をそれに擬《なぞら》えた、いま一つの〈社会（内部）の外部〉である〈共同幻想〉領域には包含されない。すなわち〈対幻想〉と〈共同幻想〉とは明確に〝種〟を異にする。そのことは、例えば一九七〇年代初頭に起きた新左翼セクト内部での凄惨なリンチ虐殺事件である「山岳ベース事件」において、連合赤軍の「革命戦士としての覚醒」という〈共同幻想〉が、メンバー間の「恋愛」（「結婚」ではない！）という〈対幻想〉を抑圧し、踏み躙った事実によっても証拠立てられている。

〈社会〉の〈内部〉に出現した二つの〈外部〉――すなわち「疑似共同体＝〈共同幻想〉体」と「純粋相互行為＝〈対幻想〉体」――のうち、前者は一九九〇年代後半に急速に姿を消してゆく。これは一九九五年に起きたオウム真理教団による「地下鉄サリン事件」を機とした法的規制の強化や、閉鎖的コミュニティに対する世間の猜疑の眼差しも要因としては大きいが、見落とすべきでないことは、この時期がちょうどインターネットの普及期に当たっているという事実である。インターネットという個人をノードとする情報通信基盤の整備によって誰もが当事者として情報を発信することが可能となり、内部告発や監視報告の敷居が低くなった結果、情報の隠蔽的共有によって擬似共同体を維持することに困難を来たすようになる。その結果〈共同幻想〉体の凝集力は低下を余儀なくされる。

では後者の純粋相互行為のほうはどうか？　恋愛に代表される濃密な二者関係は万古不易の人間関係の基礎としてしばしば理想化《イデアリジーレン》される。だが純粋相互行為もまたそれが歴史的な形成物であり、また時代時代の〈メディア〉に媒介されている以上は相対性を免れない。更に言えばわれわれは、本章の主題でもある「コミュ障」を巡る問題の鍵を握るのはこの純粋相互行為であるとも考える。

したがって以下では廻り道となることを厭わず、数小節を費やして（吉本隆明の〈幻想〉概念の検討・評価も含め）純粋相互行為の問題系を炙り出す作業に取り組みたい。

4―2―2　〈社会〉における「相互行為」の地位

「相互行為《インタアクツィオーン》」(Interaktion) ないし「対面的相互行為」は、誰しもが日常的に実践し、直接に体験する行為であるが故に、個人の意識にとってもありありとして現実的《リアル》な、また第三者的にも最高度の実在性《レアリテート》(Realität) を備えた社会的過程《プロセス》とみなされている。社会学の分野では所謂「方法論的個人主義《メソドロジカル・インディヴィデュアリズム》」(methodological individualism) と組み合わさることでそれは、〈社会〉なるものの実体性を否定する「社会唯名論《ソーシャル・ノミナリズム》」(social nominalism) の根拠の一端ともなる。また「相互行為」のみが「コミュニケーション」の名に値し、〈社会〉とはその合算・総和であるとする「社会システム」(Sozialsystem) の〝理解〟（というより「誤解」）も出来《しゅったい》する。

だが「相互行為」は一般に思われているほど直接的（＝無媒介）な体験でもなければ、主体的な行為でもない。またそれは〈社会〉を構成する単位的・原子的「コミュニケーション」でもない。それは自生的な或る「秩序」に支配されている。そうした事情を「相互行為」の具体的な場面に即した周到緻密な分析によって明らかにした功績は米国の社会学者E・ゴフマンに帰されるべきであろう。ゴフマンは「相互行為」の〈場〉を支配している「秩序」を儀礼的な性格のものとして捉え、「相互行為」としてのコミュニケーション連鎖は、その秩序を維持するプロセスであると喝破した。そして「相互行為」参与者の「個性」や「人格」をも「相互行為秩序」の維持プロセスの副産物として導き出す。すなわち彼は「相互行為」を「相互行為秩序」という〝台本〟に沿って、割り当てられた〝役柄〟をそれぞれのアクターが〝演じる〟謂わば「演劇」モデルで把握する。[9] もちろん実際の演劇とは違って、そこには〝台本〟作家はいないし、また〝俳優〟と〝観客〟の役割も固定しておらず動的に組み替わる。にもかかわらずゴフマンの「相互行為」分析が決定的に重要であるのは、彼が「相互行為」を二者関係ではなく、「観察者」を引き込んで初めて成立する三者関係として定式化した点にある。実際には「相互行為」の現場に二人しかいない場合でも「秩序」の存在によって仮想的な〝第三者〟（＝〈不在の他者〉）が〈場〉には事実上導入されている。

　後年ゴフマンは「フレーム」（frame）概念を駆使しつつ複数の「秩序」間の関係や「リアリティ」の存立機制を解明することへとその関心を次第に移してゆくが、[10] 本章ではその論点への関説は断念する。[11] ここでは後論への準備も兼ねて三点確認しておきたい。まず第一に、ゴフマンの「相互行為秩序」をルーマンの社会システム論に〝射影〟するとき、それは「相互行為システム」に変じること。ルーマンの社会システム論にあっては、「観察者《ベオーバハター》」（Beobachter）による〈システム／環境《システム》〉区別の設定《レフェレンツ》（＝Systemreferenz）がシステムの存立に欠かせない。「相互行為」がシステムであるとは、そこに「観察者」が導入されていることと同値である。またシステム論が「相互行為」の参与者を〈コミュニケーション〉連鎖という〈演　算《オペラツィオーン》〉実行の「環　境《ウムヴェルト》」（Umwelt）ないし〝素　子《エレメンテン》〟とみなす点でも、そのゴフマン理論との親和性は高い。

9　Goffman, E., *The Presentation of Self in Everyday Life*, 1959.（邦訳『行為と演技——日常生活における自己呈示』誠信書房）
10　Id., *Frame Analysis: An Essay on the Organization of Experience*, 1974.
11　この点については、本書第六章第2節を参照。

ところが第二に、ハーバマスの「コミュニケーション行為の理論《テオリー・デス・コムニカティーヴェン・ハンデルンス》」（Theorie des kommunikativen Handelns）の影響もあって、ゴフマン＝ルーマンの三者関係的「相互行為」は、システムによる生活世界の〝内部植民地化〟の結果生じた、あるべきコミュニケーションが歪曲された「戦略的行為」として貶められ、「人格」間での「合意《フェアシュテンディグンク》」（Verständigung）を目指す二者間での〝透明〟な「相互行為」のみが真性の「コミュニケーション行為」として理想化的に特権化されてしまった。つまり「相互行為」に「合意」という価値が読み込まれると同時に、二者関係がそのデフォルト値としてみなされるに至った。

にもかかわらず第三に、情報社会の現状はハーバマス流の「相互行為」理解をではなく、ゴフマン＝ルーマンの「相互行為」把握を支持している。ＳＮＳは「非対面的」でありながらも「相互行為」であるようなこれまでにない新たなコミュニケーションのかたちを生み出し、アノニマスを〈不在の他者〉としてコミュニケーションに引き込むことで三者関係を構成しながら、コミュニケーションを極度に抽象的で非人称的なものへと再編しつつある。これまで疑似〝相互行為〟に過ぎなかったものがむしろ「相互行為」のスタンダードの地位を占め始めたのである。また「相互行為」の当事者も、〈社会〉という不可視の〝ＡＩ〟の本体であるコミュニケーション連鎖＝〈演算《オペラツィオーン》〉の有機的〝素子〟としての性格をますます色濃くしつつある。〈ネット－ワーク〉を構成する単位的コミュニケーションとして言挙げされる「Ｐ２Ｐ《ピア・ツー・ピア》」もまたわれわれの見地からは、しばしばそうイメージされるような二者関係ではなく、「観察者」を組み込んだ三者関係である。[12]

では「相互行為」はすべて三者関係として構成され、二者関係はそこに場所を得ないのであろうか？　もちろんそんなことはないのであって、前節でわれわれが導入した「純粋相互行為」とは、二者関係として構成された「相互行為」である。だが間違ってはいけない。ハーバマスが考えたのとは違って、二者関係としての「純粋相互行為」が「相互行為」のデフォルト値なのではない。まったく逆である。三者関係が「相互行為」の規準的地平を構成するのであって、「純粋相互行為」のほうこそ逸脱形態なのである。

4-2-3　吉本隆明の〈幻想〉概念

「純粋相互行為」は「観察者」を欠いた「相互行為」、「相互行為」の〝欠損態〟として差し当たり定義できる。「観察者」の存在を「純粋相互行為」が欠くことでそれは、第三者を通じた〈外部〉への〝開口部〟を失い、二者間の双極的関係態として閉域を形づくる。そればかりではない。「相互行為」の当事者たちの側でも「観察されている」ことへの顧慮を欠くために、そこで生じる閉鎖的な循環関係は、しばしば情動の自己回帰的な増幅を起こして逸脱的に暴走を始める。「純粋相互行為」におけるこうした逸脱――例えば先に挙げた「駆落ち」「刃傷沙汰」――は当事者たちにもコントロール不可能であって、場合によっては自己破壊にまで発展する（「心中」）。以上の点を考慮に入れるとき、「純粋相互行為」とは二者間での自他未分、自他融合による単一態の「実現」ないし、少なくともその「確信」であり、その意味において二つの「個人」の加算態や単なる機能的連関であることを超えている。それはあるときには個人がそこへと過剰にコミットすることを強い、またあるときには個人の合理的行動を抑圧しさえする。そしてだからこそ「純粋相互行為」は〈社

12　本書第三章3-2-2-4項を参照。

会の外部〉を構成し得る。吉本隆明は「純粋相互行為」のこうした内在的〝超越性〟を〈対幻想〉と呼び、われわれもまた何の言割りも但書きも無しに彼の語法をここまで援用してきた。本小節を含む三つの節を使って改めて〈対幻想〉概念の本章での使用に限っての権利付けを行い、そのコノテーションを劃定しておこう。

〈対幻想〉は言うまでもなく吉本隆明の『共同幻想論』において提示された〈自己幻想〉－〈対幻想〉－〈共同幻想〉という〈幻想〉トリアーデの一角を占める概念装置である。『共同幻想論』じたいは吉本も明言するとおり〈共同幻想〉概念によって「国家」存立の原理的メカニズムを暴き出すことを目的としている。[13]だが情報社会の現段階にあって「国家」のリアリティは――時代錯誤の国粋主義者を除けば――〈社会〉の覇権の前に既に相対化されてしまっている。したがって太平洋戦争を軍国少年として体験し、「国家」というリアリティに常に脅かされてきた吉本の課題は当然のことながらわれわれの課題とは一致しない。それにもかかわらず『共同幻想論』は現在のわれわれにとっても依然重要性を失わない。

まず指摘しておきたいのは吉本その人にとっても〈共同幻想〉＝「国家」ではない、すなわち両者は「交換概念《ヴェクセルベグリッフ》」(Wechselbegriff)ではないという点である。〈共同幻想〉は様々の形態を取り得る「国家」の前駆形態として導入されており、実際『共同幻想論』は主として『古事記』と柳田國男の『遠野物語』を援用しつつ「国家」成立以前（精々「邪馬台国」の成立まで）の日本における〈幻想〉トリアーデの展開過程を跡付ける作業に専ら腐心している。すなわち吉本の〈幻想〉概念は「国家」概念とは切り離して論じることができ、使用することができる。そして実際われわれはそのように吉本の〈幻想〉概念を遇する。

吉本が〈幻想〉と言うとき、その語感に幻惑されてそれを実在性を欠く「夢」や「幻」の如きものと考えてはならない。例えば村落共同体の「掟」が〈共同幻想〉だという場合、「それは実際には存在しておらず、思い込みによって存在しているに過ぎない」と断ずる理説と解してはならない。村人にとって「掟」の存在は極めてリアルであって片時も疑われることはない。ただ、その存在性が「石ころ」や「お天道《てんと》様」の存在性とは異なるというだけである。吉本そのひとは〈幻想〉をマルクスの〈上部構造《ユーバーバウ》〉(Überbau) 概念に比定しており[14]、その意味では広義の〈イデオロギー〉と解せなくはない。ただし〈幻想〉領域は経済的な諸範疇すなわち〈土台《バーズィス》〉(Basis) = 〝下部構造〟からは相対的に独立しており、その直接的な規定は受けない。ということはつまり〈幻想〉とは実在する「観念《イデー》」(Idee) に他ならない。

〈幻想〉のいま一つの特性は、その〈超 - 個体〉的性格あるいは内在的〝超越〟性である。〈共同幻想〉の場合には、例えばそれは「共同体」への過剰なアンガージュマンによる「個人」との同一化(典型的には「国粋主義」)や「個人」に対する「共同体」の抑圧(「村八分」、「座敷牢への監禁」)として顕われるが、〈対幻想〉の場合には、外部的社会規範の遮断と双極関係への没入(「恋は盲目」の状態)や相互的束縛(「色目を使うことや浮気の禁止」)としてその内在的〝超越〟性は発現する。そして実は〈自己幻想〉の場合ですら〈幻想〉の〈超 - 個体〉性は健在であって、〝あるべき自己〟への不断の参照(「自己実現」という妄想)や〝あるべき自己〟からの抑圧(「強迫症」)とし

13 吉本隆明『共同幻想論』(角川文庫)「角川文庫版のための序」
14 『共同幻想論』「序」

てそれは顕れる。

4－2－4　ルーマンの〈愛〉という〈メディア〉

「純粋相互行為」の特性を描写するためにわざわざ吉本の〈幻想〉概念に凭《もた》れ掛かることに対して眉を顰める向きもあろう。だが、ルーマンの社会システム論体系においてもまた吉本の〈対幻想〉と機能的に等価な概念が存在する。それが〈愛《リーベ》〉(Liebe)という〈メディア〉である。

ルーマンの理論枠にあっては、相互行為はゴフマンの場合と同様、三者関係が基本である。そしてそのことがもたらす「相互行為秩序」の維持メカニズムに媒介されて相互行為が〈システム〉であること——すなわち、参与者の次元とは異なる次元で〈コミュニケーション〉が生起し得ること——もまた担保されている。にもかかわらず、相互行為に三者関係の原則が当て嵌まらない例外を認める点で、ルーマンはゴフマンと袂を分かつ。その例外こそ、第三者が存在しない二者関係のみで構成される純粋相互行為〈システム〉＝〈親密システム《インティミテーツズュステーム》〉(Intimitätssystem)である。[15] そしてこのシステムを〈システム〉として成立・維持させているのが〈成果メディア《エアフォルクスメディウム》〉(Erfolgsmedium)としての〈愛〉である。

〈親密システム〉では、あらゆるコミュニケーションが〈愛している／愛していない〉という〈二値《ビネール》コード〉(binärer Code)に導かれながら連鎖的に接続し〝二人だけの世界〟という閉域＝〈システム〉を創り出す。このシステムはしかし「相互行為《インタアクツィオーン》」(Interaktion)ではなく、飽くまでも「機能的分化《ディフェレンツィイールト》システム」(differenziertes System)である。なぜならば、本来ヨーロッパ中世期の宮廷に端を発する逸脱的、場合によっては反〝社会〟的な〈ゼマンティーク〉(＝時代時代の主流的

〈概念＝認識〉枠組）であった〈愛〉を、現代〈社会〉は、「家族」という制度の基礎として手懐《なず》けることで、「相互行為」を消費や生産、また〈コミュニケーション〉〝素子〟としての〈人格《パーソン》〉の再生産や教育、といったオペレーションの単位として再編し、〈包括社会《ゲゼルシャフト》〉（Gesellschaft）に役立たせることを可能にするからである。

一方で〈親密システム〉は、二者関係のシステムであるが故に他の機能的分化システムに比して脆《もろ》い。例えば〈経済システム〉の〈成果メディア〉である〈貨幣〉は、「〈他者〉がそれに信頼を置いて購買に際して使用するが故に、〈私〉もまたそれを使用する」という機制によって流通している。〈愛〉という〈メディア〉にもまた同様のメカニズムが働いているが、〈メディア〉の使用者が二人だけである点が〈貨幣〉との相違である。事ある毎の〈愛〉の〝使用〟（＝確認）によって〈愛〉の価値は〝騰貴〟してゆくが、一方の些細な猜疑によってその価値は忽ちのうちに〝暴落〟し〈親密システム〉崩壊の事態を招く。こうした意味で〈親密システム〉は機能的分化システムの中でも特異な位置を占める。

〈親密システム〉は、〈社会《ゾツィアール》システム〉（soziale Systeme）とはまた別〝種〟のオートポイエーシスが働く〈心理《プスィヒシュ》システム〉（psychisches System）ないし〈意識《ベヴストザイン》システム〉（Bewußtseinssystem）[16]、

15 Luhmann, N., *Liebe als Passion: Zur Codierung von Intimität*, 1982.（邦訳『情熱としての愛——親密さのコード化』木鐸社）ただし、ここでも〈観察者〉の存在とシステムの存立とは等価であって、学知的観点から記述を行う〈われわれ〉という〈観察者〉は、〈親密システム〉においても実は存在している。第三者が〈学知〉的な〈観察／記述〉者のみであるか否かが、相互行為と純粋相互行為（＝親密システム）とを隔てている。

平たく言って〈こころ〉との関係においても特異性を有する機能的分化システムである。すなわちそれは二つの独立した閉鎖的〈心理システム〉間での〈相互浸透《インターペネトラツィオーン》〉（Interpenetration）を実現する。ルーマンは、親密関係には「個」に還元されない、「個」を越えた〝一体感〟が〝ある〟ことを一方で認めつつも、それは第三者的に〈観察〉した場合には〝錯覚〟に過ぎず、〈こころ〉のオートポイエーシスは、飽くまでも個体内部での出来事であるという立場をけっして崩さない。このことで〈親密システム〉が〈社会システム〉であって〈心理システム〉ではないことも合理化される。もちろん、これはこれでルーマンの側での首尾一貫した措置ではある。〈社会〉の「個体」への解体を〈愛〉という〈幻想〉（＝メディア）によって〈干渉＝緩衝〉的に抑止する機能を〈親密システム〉は果たし、「個人」を〈コミュニケーション〉の〝素子〟として懐柔的に〈社会〉に〈包摂〉するからである。だがここには、ルーマンの〈心理（意識）システム〉＝〈こころ〉把握における「個体主義」が顔を覗かせてもまたいる。

4-2-5　身体的共現前と情報社会の〈こころ〉

二者がお互いの身体を晒し合う体験である〈身体的共現前〉が、「相互行為」には尽くされないことを洞察した上で、〈愛〉という〝超越論的〟カテゴリーに媒介された〈親密システム〉をルーマンが自らの体系に導入したことは卓見という他ない。〈親密システム〉の二者関係はハーバマス流の、人格の独立とお互いの立場の平等性（「理想的発話状況《イデアーレ・シュプラーハズィトゥアツィオーン》」）を前提した上での、「合意」と呼ばれる〝透明な〟相互理解へと向けた永続的営為という余所余所《よそよそ》しく、浮世離れ、現実離れした〝綺麗事〟の虚構的要請とは違い、われわれが現に行っている、ときにドロドロとした感情の発露を伴い、ときに一触即発の剣呑さをも孕む、きわめてリアルで現実的なコミュニケーション過程を概念化することに成功していると言ってよい。にもかかわらず、〈親密システム〉の参与者の〈こころ〉が結局〈心理（意識）システム〉として個体に封じ込められる仕儀に了《お》わる事情を鑑みるとき、ルーマンのこの措置もまた、学知的な立場《フュア・ウンス》からの（für uns）〈観察〉による論断であることに由来する一面性を免れない。

一方、吉本隆明は同じ事柄を扱いつつも、ルーマンが顧みなかった側面にむしろ光を当てる。〈大衆の原像〉に飽くまでも拘泥わり、それに依拠する吉本にとっては、純粋相互行為の当事者に《フュア》おける《エス》（für es）〈意識の事実〉、心理的リアリティこそが最も重要であり、「純粋相互行為」についての思索もまた其処から出立させなければならない。[17] 恋愛における心理的抑圧や束縛、また逆に恋愛への過度の没頭やコミットメントは、われわれが日常的に体験する、意識における事実である。われわれが恋愛において感じる一体感は、ルーマンが für uns からの分析によって断ずるが如き〝錯覚〟などではなく、アクチュアルな現実の一斑を構成している。すなわち、吉本にとって〈こころ〉とは、ルーマンのそれ（＝〈心理（意識）システム〉）とは異なり、個体としての個人に内属

---

16 「社会システム」が〈コミュニケーション〉を要素的オペレーションとするのに対し、「心理システム」（psychisches System）ないし「意識システム」（Bewußtseinssystem）は「想念」（Gedanke）を要素的オペレーションとし、両者は相容れない。

17 われわれは「純粋相互行為」をめぐってのルーマンと吉本隆明との概念化の差異は、〈für es/für uns〉という視点の違いの他に、〈身体性〉の捉え方における両者のパラダイムの断絶に淵源するところが大きいと考える。この論点に関しての検討は他日を期し、本章では深入りしない。

するものではなく、それを端的に〝越える〟。個体内属的な単なる表象連鎖を越えた、〈こころ〉の重層的関係態の一項、それが吉本の謂う〈幻想〉に他ならない。

したがって吉本に従うなら、〈こころ〉とは一般的に言って、〈幻想〉に媒介された抑圧的関係態を成す。こうした抑圧的〈幻想〉は二〇世紀いっぱいに掛けて、猖獗を極めたと言っても誇張ではないほどの隆盛をみた「精神分析」というディシプリンによってフロイトの〈超自我《ユーバー・イッヒ》〉(Über-Ich)、ユングの〈集団無意識《コレクティーヴェス・ウンベヴステス》〉(Kollektives Unbewusstes)、アドラーの〈共同体感覚《ゲマインシャフツゲフュール》〉(Gemeinschaftsgefühl)などとして――しばしば快楽志向的な自然的意識としての〈エス／イド〉(Es/id)と対立的にペアリングさせるかたちで――〈無意識〉の領域に措定されたが、ここでもまたやはり〈無意識〉としての〈こころ〉を、個体内部に帰属させようとする指向が抜き難く働いている。だが、〈こころ〉を個体に無理矢理押し込める必要が果たしてあるのか？

われわれとしては吉本の〈幻想〉概念が〈こころ〉を単に個体内部に〝格納〟された、私秘的な領域としてではなく、その都度すでに個体から〝溢れ出〟てしまっている、個体超出的な存立体として把握しようとする試みである点をこそ強調し評価したい。すなわち〈対幻想〉は二者関係における、〈共同幻想〉は共同体における、それぞれ〈こころ〉の抑圧的上位層であり、これが関係態の下位層である個的な被抑圧的意識とともにその都度の〈こころ〉を構成する。留意すべきは単独者における〈自己幻想〉においてすら〈こころ〉は二重化されており、それが自己による自己の抑圧（例えば「妄想」や「強迫観念」）といった自己言及的、自己回帰的な関係態であることを何ら妨げない点である。したがって一般に〈こころ〉の上位層である〈幻想〉は、下位層の特箇的・人称的な〝こころ〟に対しては〝超越〟的な存在性格を呈し、それが「抑圧」としても顕れる。とはいえ〈幻想〉が個々の〝こころ〟から独立離在するわけではない。〈こころ〉は恒に〈幻想〉と〝こころ〟の二肢的二重性においてある。〈こころ〉という領域では、「関係の絶対性」（吉本隆明）あるいは「関係の第一次性」（廣松渉）が支配していると言ってもよい。つまり〈こころ〉とはつねに個体的意識〈以上、以外の或るもの《エトヴァス・メア、エトヴァス・アンデレス》〉（etwas Mehr, etwas Anderes）であり、不可避的に〈幻想〉という〝剰余価値《メアヴェアト》〟（Mehrwert）を孕みながら成立している。そしてその〝剰余〟部分は当然のことながら個体内属的もしくは私秘的ではあり得ない。

欠伸《あくび》の〝伝染〟にみられる「倦怠感」の瀰漫《びまん》や、デモや革命の際に生じる「怒り」の〝渦〟の如く、「情動《エモツィオーン》」（Emotion）の水準で〈こころ〉が個体超出的であることはしばしば経験される。吉本の〈幻想〉は、「情動」に限らず〈こころ〉が一般に個体を超出する存立体であり体験であることを〈概念的に把握《ベグライフェン》〉（begreifen）する上での示唆と手掛かりをわれわれに与えてくれる。

また、ルーマンの社会システム論との接続を意識して言えば、〈幻想〉は〈社会システム〉との間で、それぞれの準位において機能的な相関関係を構成してもいる。例えば〈対幻想〉は、形式的にはルーマンの謂う〈相互行為システム〉、また機能的には〈親密システム〉の、〈こころ〉の側での相関物であり、〈共同幻想〉は形式的には〈組織〉、そして機能的には〈法システム〉〈経済システム〉〈芸術システム〉といった〈親密システム〉以外の機能的分化システムと噛み合う〈こころ〉の側での相関物である。〈こころ〉が個体超出的な存在である以上、それを〈社会〉の圏外に措定された〈心理（意識）システム〉へと追い払い、そこに押し込めておくことはできない。〈こころ〉もまた〈幻想〉の位相においては優れて社会的なのであって、したがって〈幻想〉もまた〈社会〉同様、機能的に分化し、多重化を遂げざるを得ない。

4-3 〈社会幻想〉と情報社会の〈こころ〉

4-3-1 SNSによる〈対幻想〉の根絶

この辺りで、置き去りにされた儘になっている〈社会の外部〉の問題に戻ろう。一九九〇年代半ば以降、宗教的コミューンや政治的セクトのような〈共同幻想〉体としての〈社会の外部〉はほぼ姿を消し、残る〈社会の外部〉は「純粋相互行為」のみとなったわけだが、この時期にインフラの整備が急速に進んだインターネットの普及と、二一世紀に入って瞬く間に世界を席巻したSNSという新しいコミュニケーション形態の登場によって、「純粋相互行為」という〈社会の外部〉もまた消去されつつある。

現在の情報社会にあっては——とりわけ若年層において——お互いの〝内面〟にのめり込むような〝熱い〟人間関係や個人的事情に深く立ち入るような濃密な人間関係は、煩わしく「ウザい」事態として敬遠・嫌忌される。「心中」[18]や「駈落ち」といった言葉が死語と化しつつあることも「純粋相互行為」消失の状況証拠である。こうした事態を指して人はしばしば〝個人主義〟の蔓延と称したがる。だが本当にそうか？　近時頻発している、ネットアイドルに対するファンの殺害予告やその実行を、例えば考えてみよう。ファンのこうした過激な犯行の裏側にあるのは間違いなく〈対幻想〉である。SNSでのコミュニケーションにおいては、実際ファンとアイドルとの間に〈対幻想〉が成立している。けっしてアイドルがプロモーション目的でファンを騙したり欺いたりしているわけではない（はずである）。〈アノニマス〉としてのファン＝〈不在の他者〉、との間でアイドルは〈対幻想〉を紡ぎ出すことができる。ファンの側でも同様に〈不在の他者〉としてのアイドルとの間で〈対幻想〉を育んでいる。だが〝オフ〟＝リアル（例えば、「ファンの集い」や「握手会」）においてこの〈アノニマス〉が特定の個体的個人に〝収束〟するとき――あたかも量子力学の「観測」行為における事態のように――〈対幻想〉は崩壊し、悲劇が起きる。これは〈対幻想〉が非人称的な二者関係に依拠するものであるがゆえの悲劇である。にもかかわらず〈対幻想〉が、少なくとも〈対幻想〉への冀求が、現在も存在していることは間違いない。問題は〈対幻想〉が情報社会においてはSNSという疑似〝相互行為〟メディアの媒介によって――冒頭で言及した新海誠のアニメ映画でのように――〈自己幻想〉（[18]妄想）としてしか成立し得ない点にある。こうして〈対幻想〉という〈社会の外部〉は、〈自己幻想〉に回収され、そのことで〈外部〉は〈内部〉に変ずる。〈社会の外部〉であった「純粋相互行為」の〈内部〉化は、別の言い方をすれば、二者関係の根絶を意味している。ルーマンの〈コミュニケーション〉が原理的に〈観察者〉という第三者を引き

18　現在も借金苦による「一家心中」や老老介護の果ての「無理心中」などは存在するが、これらは経済的カテゴリーに属する現象であって、ここで問題になっている「純粋相互行為」に因るものではない。

込んで初めて成立可能であることを考慮に入れつつ言えば、現段階の〈社会〉は、三者関係にその成立の地盤的基礎を置いている。[19] 二者で閉じることによって生じる〈社会〉内部の閉域＝〈対幻想〉領域を、現在の〈社会〉は認めない。なぜならば——これまで挙げた多くの事例が示すとおり——それは動《やや》もすれば自己破壊的、〈社会〉阻害的に機能するからである。そして、〈社会〉の〝綻び〟あるいは〝癌細胞〟であった〈対幻想〉の追放・除去の跡を補償的に埋めるべく〈自己幻想〉が膨大する。

4-3-2 〈自己幻想〉と〈社会幻想〉

情報社会においては「自己愛」「承認欲求」「個性」「ナルシシズム」「自己肯定感」その他何と呼ばれるかにかかわりなく「〈自己〉なるもの への拘泥《こだ》わり」が際立ってみられる。実際ネット上には、その内容や質は兎も角として様々な〈自己〉によって紡ぎ出された「妄想」が満ち溢れ、その様相は〝妄想博覧会〟さながらである。[20] 前節で引き合いに出したネットアイドルへの殺害予告メールはその最も剣呑な一例に過ぎない。だが実は〈自己幻想〉には〈対幻想〉の代替役を果たすことができない。なぜなら〈自己幻想〉は〈対幻想〉とは違って〈社会の外部〉たり得ないからである。〈自己幻想〉が「〈自己〉なるものへの拘泥わり」の具体化である以上、それはSNSを通じて逆説的にも〈社会〉へと〈露出〉され、〈社会〉と〝繋がる〟ことでしか自己成就不可能なのである。すなわち諸々の〈自己幻想〉は、それぞれのノードからネットワーク全体に撒き散らされ、それに「いいね！」(Like)というレスポンスが付き、〈社会〉に〝受容〟されることで初めて〈自己幻想〉たり得る。「いいね！」や「拍手」が「NG」や「きらい」(Dislike)に置き換わっても事態の意義は些《いささ》かも損なわれない。〈自己幻想〉にとって〈社会〉的〝受容〟とは、「妄想」内容の是非という「価値」の承認ではなく、その公開（＝〈露出〉）という「事実」だからである。

　このような機序で〈自己幻想〉の〈社会〉的共有という〈共同幻想〉が個々のノードの上位層に形成される。こうして吉本の認定とは異なり、情報社会においては〈自己幻想〉は〈共同幻想〉に〝逆立〟するのではなく、むしろ馴致され〝同致〟する。

　以上の事態に関して四点補足しておきたい。

　第一は〈露出〉についてである。〈身体的共現前〉（＝対面的相互行為）においては、或る状況ないし〈場〉に参与者が存在するだけで様々な水準の〝メッセージ〟授受が生じている。これに対してSNSという疑似〝相互行為〟では、そもそも状況や〈場〉に〝錨を下ろす〟ために〝情報発信〟が必要になる。この場合の〝情報発信〟は〈システム〉への参加の意思表示、謂わば〝手を挙げる〟行為に相当するのであって、〈自己幻想〉が〈社会〉的に〝共有〟されるための必須〝プロトコル〟である。[21]〝情報〟のアップロードはシステムへの参与に必要な〝手形〟となる。この

19　ただし、三者関係が〈社会〉の単位をなすわけではない。それは飽くまでも〈社会〉の〈環境《ウムヴェルト》〉(Umwelt)、成立の条件に過ぎず、単位をなすのは〈コミュニケーション〉である。

20　本来「個性」発揮にはコンテクストの存在が必須である。それが例えば「組織」や「相互行為」の現場における「役割」(role) である。この場合、ゴフマンも指摘するとおり、「個性」は「役割」からの〈距離〉(distance) ——例えば、「制服」を着崩すことで「個性」を表現する等——として呈示され、確認される。ところが、SNS（＝ネット）においては、コンテクストの〝蒸発〟がもたらす「役割」の無化によって〈個性〉そのものという〝虚焦点〟が生じ、この〝虚焦点〟の周りに様々な〈自己幻想〉が紡ぎ出されることになる。

手続《プロトコル》きをわれわれは〈露出《エクスポウジャ》〉（exposure）と呼ぶ。

次は「プライヴァシー」について。「プライヴァシー」（privacy）のラテン語源「privatio《プリヴァチオ》」が本来「欠損」を意味することからも分かるとおり、それは〈社会〉から切り離された〈欠損態〉すなわち〈社会の外部〉を含意する。従来「プライヴァシー」は〈自己幻想〉領域において主に主張されてきたが、これまでの議論からの帰結として、情報社会において「プライヴァシー」は第一義的には〈対幻想〉＝「純粋相互行為」の領域に帰さるべき属性となる。〈自己幻想〉の本質が〈露出〉に存する以上これは当然の成り行きである。だが問題は別のところにある。〈対幻想〉もっと一般化して言えば〈対‐化《パールンク》〉（Paarung）の〈社会〉からの駆逐によって、「プライヴァシー」という〝暗がり〟そのものが現在、〈社会〉から一掃されつつある。[22]現在の情報社会は、明示的コミュニケーション、ハーバマス流に言うなら「コミュニケーション行為」（kommunikatives Handeln）の強要ないし〈露出〉への圧力によって、「プライヴァシーという〝闇〟」の無い〝透明〟な〈社会〉を目指す方向に明らかに進んでいる。

第三は、この場合の〈共同幻想〉の内実である。すでに述べたとおり吉本隆明は〈共同幻想〉概念を「国家」の存立機制を暴くために導入した。だが現在「国家」のプレゼンスは相対化され、吉本が生きた時代の、解明を必要とするに足るだけの圧倒的な権力とリアリティをもはやそれは持ち得ない。〈共同幻想〉は「国家」的段階をすでに終了し、現在その〈社会〉的段階を迎えている。[23]われわれとしては、この〈社会〉的段階における〈共同幻想〉を〈社会幻想〉として捉え返したい。本小節前半で分析した〈自己幻想〉と〝同致〟する〈共同幻想〉とは、この〈社会幻想〉に他ならない。逆に言えば〈社会幻想〉としての〈共同幻想〉は、〈自己幻想〉をSNSを通じて自らの下へと組み込むことになる。

最後に強調しておきたいのは〈自己幻想〉が〈社会幻想〉に〝同致〞され、そこに組み込まれることで、それは〈社会幻想〉のコントロール下に置かれ、〈自己幻想〉が潜在的に孕んでいる暴力性が無力化されることである。別の機会にわれわれは「情報社会」が本質的に「情動社会」であることを指摘した。[24] SNSの本質的な〈情動性〉によって実際中東の「ジャスミン革命」、台湾の「太陽花學運」、香港の「雨傘革命」は〈扇動＝先導〉されてきた。だが問題はSNSのコミュニケーションが〈身体的共現前〉の場合とは違って〈身体性〉を決定的に欠いていることである。その欠落を埋めるべく「顔文字」「スタンプ」「AA《アスキーアート》」といった所謂「エモティコン」(emoticon)が導入されているが、[25] これらは〈身体性〉を擬してはいても所詮は「記号」に過ぎない。エモティ

21 もちろん、システムへの参加・離脱は「個人」の随意であるが、一方でそのことがレスポンス遅延に対する参与者たちの苛立ちやストレスを生んでもいる。こうした事態は一つにはSNSという疑似〝相互行為〞の〈身体的共現前〉との明らかな違いを昭示すると同時に、以下で指摘する、〈露出〉への圧力の存在をも証拠立てている。

22 二〇一七年六月、理不尽な仕方で可決された「共謀罪」の問題もまた、こうしたアングルから原理的に考察される必要があると著者は考える。

23 吉本その人が一九九五年のインタヴューの中で「社会のほうがずっと大きくて、国家はそれに比べれば小さい」ことを認めている（『吉本隆明が語る戦後55年 ⑤――開戦・戦中・敗戦直後『マチウ書試論』を中心に』）。この「国家」を越えた規模の段階における〈社会〉が、ルーマン謂うところの〈世界社会《ヴェルトゲゼルシャフト》〉(Weltgesellschaft) に他ならない。

24 拙著『情報社会の〈哲学〉――グーグル・ビッグデータ・人工知能』（勁草書房）「第三章　SNSによるコミュニケーションの変容と社会システム論」参照。

25 「エモティコン」については、本書第二章2－3－5小節も参照。

コンによって無定型の〈情動〉は「定型《クリシェ》」化され水路付けられることで矮小化・断片化し、暴発が未然に食い止められる。情報社会は情動社会であるが故に、逆説的にも〈情動〉が〈社会幻想〉によって自己言及的にコントロールされ、その暴発が巧みに抑え込まれている社会でもある。そのことはデモや実力行使に対する近時の無関心と冷笑的態度によっても如実に示されている。

4-3-3 〈社会幻想〉への〈幻想〉の一元化

次小節以下で行う「コミュ障」の本質解明の作業に先立って、吉本隆明から批判的に継承した〈幻想〉概念を軸にこれまでの議論を整理しておこう。

現在の情報〈社会〉は、往時の如く空間的〈領域〉や人間関係の総体、行為の機能的連関としてはもはや剴切に表象され得ず、ルーマンが慧眼にも喝破したとおり「コミュニケーションの自己言及的な連鎖的接続」としてのみ把握可能である。ただし〈社会〉そのものはわれわれの〈経験の対象〉ではなく、したがってそれがわれわれの日常的意識《フュア・エス》に（für es）直接顕《あらわ》れることはない。[26] われわれは〈社会〉を、その〈物象化《フェアザッハリッヒェン》〉（versachlichen）された形態である〈社会幻想〉としてのみ経験できる。〈社会幻想〉はしたがって、「コミュニケーションを滞りなく持続させる」ことを強要する抑圧的〈規範〉として「個人」の前に立ち現れる。

〈社会幻想〉は、〈共同幻想〉の一形態であると同時に、その最新形態でもある。〈共同幻想〉はこれまで〈「地縁」幻想〉や〈「国家」幻想〉の形をとって存在してきたが、〈社会幻想〉はこうした既存の〈共同幻想〉を解体・無化する。この事態は、先に指摘した空間的〈領域〉としての〈社会の外部〉の消失とちょうど見合ってもいる。いまなお〈「地縁」幻想〉や〈「国家」幻想〉を〈自己幻想〉に〝同致〟させることで〈社会幻想〉に対抗しようとする試み（例えば前者の例は「地域通貨」、後者の例は「国粋主義」）が無いではないが、結局それらは情報社会においては挫折する宿命にある。

〈社会幻想〉はまた二者間のミクロな閉域（＝〈社会（内部）の外部〉）を〈社会〉の中に創発させる〝種子〟となる〈対幻想〉を、ネット上で三者関係に転換させることで「相互行為」から排除する。さらに個人の「妄想」がネットワークにアップロード（＝〈露出〉）され〝公共化〟されることで〈自己幻想〉もまた〈社会幻想〉に回収される。

こうしてあらゆる〈幻想〉が〈社会幻想〉へと一元化される結果、〈社会の外部〉が一掃されるとともに〈社会幻想〉は情報社会に固有の〈こころ〉のかたちとなる。

4－3－4 〈選択〉の強制と人間の〝資源《リソース》〟化

〈社会幻想〉の覇権と、それと表裏一体の関係にある〈社会〉からの〈外部〉の駆逐は、以下の三つの効果をもたらす。

その第一は〈社会〉の全面化による「選択」の強制である。本章冒頭で新海誠のフィルモグラフィーに託《かこつ》けつつ示唆したように、『君の名は。』のようなアニメがヒットする現在、〈社会〉は

---

26 その意味で〈社会〉は観察者としての〈学知《フュア・ウンス》〉による（für uns）「超越論的《トランスツェンデンタール》」（transzendental）な「構成《コンストルクツィオーン》」（Konstruktion）の所産である。ただし、それは単なる虚構や観念構築物ではなく、われわれの日常的経験の〈可能性の制約《ベディングング・デア・メークリヒカイト》〉（Bedingung der Möglichkeit）をなしている。

「引き籠もり」を許さない。〈社会〉は往時の如き〈理性の光＝啓蒙〉(Enlightenment) によってではなく、至る所に散在する光源から発される〝サーチライト〟によって〝暗闇〟を一掃し、すべてを明るみに出す。「引き籠もり」は選択の余地無く〈社会〉という〈コミュニケーション〉の〝アリーナ〟に引き摺り出される。この「選択の余地の無さ」こそが所謂「生きづらさ」の〝実体〟をなしている。封建社会もまた選択の余地が無い社会であった。だが現在のそれは封建社会における如き、生まれや土地や身分への纏縛《てんばく》とは本質的に異なっている。むしろ常に〈選択〉を迫られ、その〈選択〉をなさずには〈社会〉に留まることができない底の〈コミュニケーション〉への絶えざる抑圧的衝迫である。「絶えず〈選択〉を迫られること」についての選択の余地の無さ、それが「生きづらさ」の内実だと言ってもよい。

それにもかかわらず「引き籠もる」(＝〈選択〉しない) という〝選択肢〟がないではないが、この〝戦法〟は〈社会の外部〉を創出することができないために、その場凌ぎの対症療法にしかならず問題の本質的な解決には繋がらない。つまり、それは結局「家族」という血縁的閉鎖コミュニティでの固着的コミュニケーションへの退却的〝先祖返り〟(そして、それは多くの場合「家庭内暴力」として発現する) か、もしくは——現在の情報社会においてはこちらの方が圧倒的に多いはずだが——〈ネトウヨ〉と称される、SNSを利用した、その無知・無教養と視野狭窄がもたらす思い込みとが結びつくことによる、自己〈肯定＝賛美〉的で他者〈否定＝排除〉的な、だが第三者的には自暴自棄でニヒリスティックな、そしてやはり固着的で独善的なコミュニケーション行動への没頭、の孰れかをしか帰結しない。[27] 〈選択〉からの逃避もまた、〈社会＝コミュニケーション〉の水準からは一つの〈選択〉たらざるを得ないのである。すなわち〈選択〉しない「自己」を〈選択〉

してしまっているのである。情報〈社会〉がコミュニケーションの連鎖的総体である以上、コミュニケーション（＝〈選択〉）から逃れることは原理的にできず、〈社会〉の〝外部〟と思われたものも結局〈社会〉である他ない。〈社会幻想〉とは、まずこうした〈社会〉からの「〈選択〉圧」として「個人」の前に立ちはだかる。

第二は〈社会の外部〉の〈内部〉化による〝バッファー〟領域の創設と人間の〝資源《リソース》〟化である。M・フーコーの「生政治《ビオポリティック》」(biopolitique) の理論枠組においても人間の〝資源〟化が主題とされたが、それは飽くまでも〈生産＝行為〉主体の再生産という意味での〝資源〟化であった。そしてそうであるが故にそれは「学校」や「兵舎」や「監獄」といった場所的な囲い込みの制度的装置を必要ともした。だが現在の情報社会における人間の〝資源〟化は〈コミュニケーション〉の連鎖的接続という〈演算《オペラツィオーン》〉(Operation) を担う〝素子〟の選別と代替というかたちをとって実行される。そしてこの〝資源〟化プロセスを構成するのが、〈包摂《インクルージョン》／排除《エクスクルージョン》〉(inclusion/exclusion) メカニズムによる〝素子〟選別と、〈排除〉された〝素子〟＝アガンベン謂うところの

27　〈ネトウヨ〉とは、政治的右翼とは何の関係もない――それらを同一視することは真正右翼に対して失礼というものであろう――或る固着的で退嬰的な精神状態のことである。したがって彼らから何らかの思想やイデオロギーを抽き出そうとしても無駄である。〈ネトウヨ〉に共通してみられるビヘイヴィアは、論戦の回避（議論のようにみえるものは、すべて固着的な同語反復である）と〝庇護者〟（例えば、彼らのアイコンでもあり精神的支柱でもある、そしてそもそも当人が本質的に〈ネトウヨ〉である「安倍晋三」）を笠に着、その威を借りた、もしくは同類の狎《な》れ合いによる、自己防衛であるが、このことは彼らが本質的に社会から排除された〈孤人〉であって、ネット上で〈人格〉を捏造し偽装・扮技していると考えれば辻褄が合う。

〈例外状態《スタート・ディ・エチェッツィオーネ》〉(stato di eccezione) に置かれた〈剥き出しの生《ヴィータ・ヌーダ》〉(vita nuda) としての〈ホモサケル《homo sacer》〉、を〝収容〟し〝プール〟する〝バッファー〟領域＝〈システム(内部)の〝外部〟〉の設置である。「コミュ障」とは、〈相互行為コミュニケーション〉、の連鎖を担う〝素子〟に不適格であるとしてシステムから〈排除〉され、〈人格《パーソン》〉(Person) から〈孤人《インディヴィデュアル》〉(Individual) へと頽落した、「相互行為」の〝例外状態〟、もしくは「相互行為」の〝ホモサケル〟である。すなわち「コミュ力」を身につけた者は〈人格〉として相互行為システムに〈登録《エントリ》〉(entry) され、そのスキルが無い者は「コミュ障」としてそこから〈排除〉される。

留意を要するのは、コミュニケーションにおいてはすでに述べたとおり〈露出〉が基礎的な〝プロトコル〟をなすにもかかわらず、「自己」や「個性」の過剰な呈示・表出もまたシステムからの〈排除〉の対象となることである。それは「炎上」(flaming) というコミュニケーション連鎖からの締め出しを招く。コミュニケーション連鎖を担う〝素子〟の役割には謂わば〝適正値〟が存在するのであって、それが＋《プラス》の側に振れても、−《マイナス》の側に振れても、すなわち自己主張の過剰もその過少も、コミュニケーションの連鎖的接続を阻害する点では等価とみなされ、等しく「コミュ障」と判定されることになる。[28] そしてその判定基準を提供するのが〈社会幻想〉である。

4―3―5　〈環視《ウム・ズィッヒト》〉の機制と「コミュ障」

では、〈社会幻想〉は具体的にどのような機制で〈コミュ力／コミュ障〉の判定基準を「個人」に示し、また判別を実行するのか？　この機序の生成が〈社会の外部〉消失の第三の効果をなす。

まず確認しておきたいことは、〈コミュ力／コミュ障〉の判別基準が〈相互行為コミュニケーション〉における〈規範〉として立ち現れて来ざるを得ない点である。〈社会幻想〉が示す〝適正値〟に適うコミュニケーションを行う者が〈人格《パーソン》〉としてシステムに〈包摂《インクルード》〉され、逸脱する者は〈孤人《インディヴィデュアル》〉としてそこから〈排除《エクスクルード》〉されるという、効力をそれが実際に発揮するからである。「相互行為」の〈規範〉であるという限りでは〈社会幻想〉は、すでに別の文脈で引き合いに出したゴフマンの「相互行為秩序」に一見似る。だが、ゴフマンの「秩序」が、「自己呈示《セルフ・プレゼンテーション》」(self-presentation)や「印象操作《インプレッション・マネージメント》」(impression management)といった戦略を駆使しつつも、最終的に護持が目指されるものが「フェイス」(face)という儀礼的「人格」である、換言すれば「相互行為」の前提として「人格」の尊重――ないし、少なくともその維持――が認められるのに対し、〈社会幻想〉という〈規範〉は、その遵守如何が「個」の〈人格〉としての存立そのものを左右し決定するという意味において、より剣呑かつ強迫的であって、この点で両者は決定的に異なる。

　更に重要なことは、〝適正値〟としての〈規範〉、すなわち〈社会幻想〉が、けっして「権力」によって個人にその〈外部〉や〈上〉から押しつけられ強要されたものではなく、〈コミュニケーション〉の過程において自生的に創発し再帰的に強化されたものだという点である。この事態を、ドゥルーズのターミノロギーを援用しつつ、〈社会〉は〈社会幻想〉によって〈人格／孤人〉を「支配《ルール》」(rule)もしくは「統治《ガヴァーン》」(govern)するのではなく、〈社会〉は〈社会幻想〉を通じてそれ

28　こうしたオペレーションが、ドゥルーズの所謂「適正化《モジュラシオン》」(modulation)である。

じしんを自己言及的に〈制御《コントロール》〉（contrôle）する、と言い表すこともできる。[29] 情報社会の「（疑似）相互行為」におけるこの自己言及的制御《コントロール》の機制こそが〈環－視＝気遣い《ウム・ズィッヒト》〉（Um-Sicht）である。

既存の対面的相互行為にSNSが〝オーバーラップ〟した形の現在のコミュニケーションは、例外なくアノニマスという〈不在の他者〉への〈露出〉を前提になされる。[30] SNSのユーザーではない場合ですら、身近なユーザーによる間接的〈露出〉（＝チクり）に対して身構えつつコミュニケーションを行わざるを得ないため、この体勢は情報社会において一般化され、〈コミュニケーション〉における〝デフォルト値〟となる。こうして情報社会における〝相互行為〟は二者関係から、アノニマスという〈不在の他者〉を組み込んだ三者関係に変じることになるが、この三者関係においては〈コミュニケーション〉持続に際して恒に〈不在の他者〉からの〝眼差し〟が〈気遣い《ウムズィッヒト》〉（Umsicht）の焦点とならざるを得ない。この〝眼差し〟はコミュニケーションにおいて順《したが》われるべき〈規範＝基準〉として機能し、それに外れたコミュニケーションを接続した者には「コミュ障」のレッテルが容赦なく貼られる（場合によっては、そのように自己認定すらされる）。しかもこの〝眼差し〟は実際にはその場に実在《エクシスティーレン》（existieren）しないにもかかわらず、個人を超えて〝存在《ユーバーザイン》〟（übersein）し、コミュニケーションの連鎖的接続を抑圧的・自己言及的に水路付けてゆく。この体勢は、第三者的にみるとき《フュア・ウンス》（für uns）には、特権的な場所からの全貌監視＝〈汎視《パノプティコン》〉（Panoptiocon）に依ることのない、P2P《ピア・ツー・ピア》（これが二者関係ではなく、三者関係であることを想起せよ！）の局所的な〝相互監視〟が集合的に編制されることで大局的に実現された〈社会〉の自己制御《セルフコントロール》メカニズムであることが判明する。われわれはこのメカニズムを〈環－視《ウム・ズィッヒト》〉（Um-Sicht）として捉え返すわけだが、この〈環－視〉において抑圧的機能を果たしている〈不在の他者〉の〝眼差し〟こそが〈社会幻想〉に他ならない。

情報社会において〈コミュニケーション〉は断片化（例えばTwitterの「一四〇字ルール」）と脱文脈化（TPOを問わぬのべつ幕無しの「アップロード」）を高度に遂げている。[31] にもかかわらず〈社会〉は〈社会幻想〉のかたちを取って一刻たりとも途切れることのない〈コミュニケーション〉の連鎖的持続を要求してくる。「コミュ障」とは現在の情報社会が本質的に抱える〈コミュニケーション〉の（本来対立関係にあって両立し得ないはずの）「断片化」と「持続」という両つの特性の逆説的共存の最前線であり、その集中的表現である。問題を厄介にしているのは、〈社会幻想〉という「コミュ障」判定の〈規準〉が、〝天下り〟のものではなく、〈環‐視〉メカニズムを通して生成・維持されるわれわれじしんの産出物であることである。そうである以上、事の成り行きとして「コミュ障」は〈コミュニケーション〉における自己管理・自己責任の問題として立ち現れて来ざるを得ない。「会話が途切れない話し方」「雑談力」「伝え方」といった自己の〈コミュニケーション〉スキルを人びとがほとんど〝神経症〟的な仕方で気に懸け、その向上に日夜腐心する理由もここにある。

情報社会の〈こころ〉の上位層である〈社会幻想〉に対してわれわれの〝こころ〟は三つの態度

29　ドゥルーズ晩期の問題的概念である「制御社会《ソシエテ・ド・コントロール》」（société de contrôle）をわれわれはこのように解する。
30　詳しくは前掲拙著『情報社会の〈哲学〉』「第三章」を参照。
31　この断片化の兆候は、その対極にあるはずの哲学においてすらみられる。ある種の〝哲学〟とりわけ「思弁的実在論」と称する立場は、〝実在〟とやらの超越的断片性を〝哲学〟的テーゼとして振り翳しさえするのである。

を採り得る。第一は〈社会幻想〉と進んで〝同致〟する途である。この場合には「意識高い系」や「リア充」と呼ばれる過剰適応を起こすリスクが高まる。「適応」それじたいは結構なことだが、過剰な「適応」は〝自家中毒〟を惹起し、場合によっては〈環-視〉のストレスや挫折体験などが引き金になって事態は剣呑の度を増す（例えば双極性障害の発症）。第二は〝病理的〟不適応に甘んじる途である。この場合が俗に言う「引き籠もり」であるが、すでに指摘したとおり現在の〈社会〉は「引き籠もり」を許容しない。結局彼らは否応なく〈社会〉の〝明るみ〟に引き摺り出されることになる。第三が抵抗の途であるが、その方途は極めて困難である。なぜなら次章でみるように〈社会幻想〉はいまや身体と生命の領域にまで及んでいるからである。

第五章　身体データとコントロール社会

5−1　情報社会と監視

5−1−1　情動社会と監視社会

情報社会は非人称的な〈コミュニケーション〉の連鎖的接続をその〝本体〟としており、その技術的実現を担うのがTwitterやLINE、あるいはfacebookやInstagramに代表されるSNS（Social Networking Service）であるとするのが、これまで採ってきた〈われわれ〉の立場である。こうした〈社会〉把握を採るとき、個々のメッセージのデータ量制限（例えばTwitterの「一四〇字ルール」など）や短いインタヴァルでのレスポンスへの督促によって、「情報社会」における〈コミュニケーション〉は、誰でもが意見発信《パブリケイション》（publication）できる、という触れ込みに反して、その実情は断片的・刹那的で感情的な反応の応酬となりがちであり、そうした傾向を踏まえるとき「情報社会」は「情動社会」として立ち現れてくる。[1]

1　拙著『情報社会の〈哲学〉——グーグル・ビッグデータ・人工知能』（勁草書房）第三章。

一方、別の「情報社会」規定も存在する。その一例が「情報社会」をもって、監視が社会全体を覆い尽くす「監視社会」として捉える観方である。この立場を現在代表するのは、カナダ・クイーンズ大学で「監視研究センター」(Surveillance Studies Centre) を主宰し、「監視研究《スタディーズ》」という新たなディシプリンを立ち上げているD・ライアンである。

ライアンは多作ではあるが、記述に重複が多く、また論点を網羅しようとする余り却って議論の焦点が拡散して総花的となり、一つの論点を掘り下げるというよりは、多数の論点の連関や軽重が顧《かえり》みられない儘、単にそれらをディスクリプティヴに列挙する傾向が顕著である。時系列的に著作を通覧しても、一作毎に論点が深まって行くというよりは分岐することでむしろ混迷の度を増している。その詳細については後に触れるが、こうしたわけでライアンの所説の要点は彼の「監視」論における実質的なデヴュー作である『監視社会』(二〇〇一) に尽きている、とまでは言わないにしても実質的に集約されており、これ以降の著作はその変奏に過ぎない (それどころか退歩すらみられる)[2]。彼の冗長な記述を要約すると、情報社会の監視が旧来のそれと大きく異なるのは以下の三点に於いてである。

第一はベンサム＝フーコーの〈汎視《パノプティコン》〉(Panopticon) に象徴される一極集中型の監視モデルからネットワーク型の監視モデルへの変化、第二は監視の効果におけるフーコー的な意味での「規律」から「選別／配慮」への推移、第三には監視の対象における「身体」から「データ」への変容、である。彼の議論は基本的にフーコーの監視論をFrame of Referenceとしているのだが、現代の情報社会における監視はフーコーの時代から長足の進歩を遂げており、フーコーの理論枠組みでは旧すぎるため更新が必要、つまり「ポスト汎視《パノプティコン》」の監視論が要請されているという認識が議論の根底にある。

5－1－2　ライアン「監視社会」論の要点

では上の三点の含意を順に検討しよう。第一点目の含意には二つの様相が区別できる。一つは、フーコーの規律／訓育的な監視である〈汎視《パノプティコン》〉が、例えば学校や工場や兵舎といった場所的な囲い込みを必須の要件とする、すなわち〈汎視〉境界が空間的に仕切られ、場所的に閉じているのに対し、情報社会の監視は際限のないネットワーク・ノードへの各アクターの組み込みであるがゆえに、社会の成員すべてが監視対象となることである。ここから二つ目の含意も導かれる。フーコー的な〈汎視〉ではそれが円錐状のヒエラルキーを構成しており、その頂点をなすのは恒に「国

2　実際には『監視社会』以前にも彼は「監視」論をものしてはいるが、内容や影響力の点から考えて『監視社会』を彼の代表作と見て大過あるまい。「監視」を主題とするライアンの著作は以下のとおり。Lyon, David, *The Electronic Eye: the Rise of Surveillance Society*, 1994, Polity Press、*Surveillance Society: Monitoring Everyday Life*, 2001, Open University Press,（邦訳『監視社会』青土社）、*Surveillance after September 11*, 2003, Polity Press,（邦訳『9・11以後の監視――〈監視社会〉と〈自由〉』明石書店）、*Surveillance Studies: An Overview*, 2007, Polity Press,（邦訳『監視スタディーズ――「見ること」「見られること」の社会理論』岩波書店）、*Identifying Citizens: ID Cards as Surveillance*, 2009, Polity Press,（邦訳『膨張する監視社会――個人識別システムの進化とリスク』青土社）、*Surveillance after Snowden*, 2015, Polity Press,（邦訳『スノーデン・ショック――民主主義にひそむ監視の脅威』岩波書店）、*Liquid surveillance: a conversation with Zygmunt Bauman*, 2013, Polity Press,（邦訳『私たちが、すすんで監視し、監視される、この世界について――リキッド・サーベイランスをめぐる7章』青土社）。『監視社会』以降に窺える彼の議論の「退歩」については後論で示す。

家」であった。[3] これに対し情報社会では〝円錐〟が複数化し、また複数の円錐が〝入れ籠〟式に重層化するのと連動してアクターも多様化する。すなわち〝頂点〟の位置を「国家」ばかりでなく「企業」もまた占め得る。というよりそれまでの「国家」の位置を「企業」が襲いつつある、というのがライアンの基本的な認識である。彼にあって「社会」はグローバル化した資本主義経済とそのアクターとしての「企業」が構成する存立体としてイメージされており、それゆえに監視の主体もまた主として「企業」が想定されている。つまり彼にあって「監視社会」の語は、フーコー的「監視国家」との対比において使われているとみてよい。

第二点目の含意にもまた二つの様相を区別できる。フーコーでは〈汎 視《パノプティコン》〉によって規範が個人に〈内－自－有《イン・ズィッヒ・ザイン》〉(In-Sich-Sein) 化されると同時に身体化される点が強調された。このミクロなメカニズムがマクロな人口統御術と組み合わさることで「国家」は〈生 政治《ビオポリティック》〉(Biopolitique) による臣民管理を全うできるわけだが、ライアンは情報社会においては監視の主たる機能は、こうした規範の個人への分散的〈内部化／身体化〉から、人材としての有能さや犯歴の有無、出自などの選り分け、すなわち社会的「選別」《ソーシャル・ソーティング》(Social Sorting) へと遷移していると主張する。だが、こうしたネガティヴな機能の他に現代の監視にはポジティヴな機能もあるとライアンはいう。それが「配慮《ケア》」(Care) である。「配慮」は「選別」機能のコインの裏面にすぎない、リスク管理としての「安 全《セキュリティ》」(Security) とは異なり、監視の積極的かつ倫理的な側面である。ライアンが念頭に置いているのは、「見守りケータイ」などによる子供の監視や看護における患者の監視である。ここには敬虔なクリスチャンであるライアン個人のバイアスも働いている。

第三点目の含意は、第一点目の、監視の脱空間化、第二点目の脱身体化という論点とも絡んでいる。フーコーの時代の監視は基本的には「対面的相互行為《インタアクツィオーン》」（Interaktion）における「眼差し」によって行われた。だからこそ「監視」は恒に「視覚」の比喩で語られてきたし、またそれは身体性と分かちがたく結びついてもいた。だが、インターネットの爆発的な普及によって監視がオンラインで行われるようになると、監視の対象は「身体」から「データ」に変ずる。すなわち情報社会における監視は、オンライン・コミュニケーションにおけるデータを介した間接的な営みとなり、それに伴い身体性は希薄化する。R・A・クラークが謂う「データ監視《データヴェイランス》」（Dataveillance）[4] である。

ライアンは、自身による以上三点の指摘を（ただし「配慮《ケア》」という論点を除いて）ドゥルーズによる「コントロール社会」（société de contrôle）の議論と結びつけようとするのだが、著者のみるところライアン「監視社会」論とドゥルーズの「コントロール社会」との間には隔絶と称してよいレベルの懸隔が横たわっている。両人の思想間にある埋め難い隔たりを対自化するためにも、ライアン「監視社会」論の問題点を、先の三つの要点と関連させながら以下で指摘してゆく。

5-1-3　ライアン「監視社会」論の問題点

まず第一点目の「監視国家」から「監視社会」への推移に伴う、監視主体の「国家」から「企業」への漸次的交代、という論点だが、二〇〇一年に起こった九・一一同時多発テロ以後、国家に

3　もちろん、ベンサムの施設としてのパノプティコンにおいては頂点は〝空無〟であるが、その〝空無〟に意味的に位置するのは、獄吏ではなく「国家」である。

4　Clarke, R.A., Information Thechnology and Dataveillance, in *Communicatons of ACM*, Vol.31, No.5, 1988.

よる通信の傍受に対する抵抗感が世界的に低下したこと（すなわち「安全がプライヴァシーに勝る」ことを是とする風潮）、またそれ以前にも囁かれてはいたものの、米国国家安全保障局（National Security Agency, NSA）の元職員であったE・スノーデンが二〇一三年に、NSAによる無差別的な通信傍受の事実を内部告発した所謂「スノーデン事件」によって、「テロと闘う国家」というイメージとともに「国家による監視」という主題がクローズアップされ、「国家」と「監視」が再び結び付いた。だが、常時的なモニターによる世界規模の監視によって或る特定の人物やその行動を特定することは、その実行に携わったスノーデン本人や著名な暗号学者であるB・シュナイアーが的確に指摘するとおり[5]「干し草の山から一本のピンを虱潰《しらみつぶ》しに探す」のに似た、極めて非効率的で、端的に言って愚昧この上ない、無用のミッションである。こうした監視の在り方は情報社会における監視という観点からは〝逆コース〟でしかないのだが、ライアンは状況の緊急性に幻惑され、それに押し流されるかたちで監視分析の焦点を「社会」から「国家」へと退行させ始めている。あるいはこの言い方が酷だとするなら、「監視社会」分析に「国家」の観点を無造作・無反省に混入させ始めている。

　もちろんこの愚かで無用なミッションに米国は没頭しており、日本始め他の国家もそれに追随していることも歴とした事実であって、それはそれとして批判されなければならない。だがその批判は飽くまでも、その時代錯誤ぶりと愚かさに対する批判なのであって、その批判がダイレクトに情報社会の監視に対する批判であると考えてはならない。情報社会に固有の〝監視〟のかたちは、NSAのミッションの如き分かりやすいものではない。何《いず》れにせよライアンは情報社会における監視に、国家主義的な旧来の構図を不用意に混淆させることで彼自身が何方付《どっちつ》かずの日和見状態に陥っている。
第二の要点における、監視の機能が「規範」の個別内部化・身体化から社会的「選別《ソーティング》」に変容したという主張については、充分な検討を要するためその評価は後論に持ち越したい。[6] ここで問題にしたいのは監視のポジティヴな側面としてライアンが持ち出す「配慮《ケア》」である。彼は監視のこの側面を、C・ギリガンらの「ケア倫理」（更にはレヴィナスの「応答倫理」）と重ね合わせようともしているが、ここでもまたドゥルーズのコントロール社会と自説との同一視のケース同様、ライアンの「配慮」とギリガンの「ケア倫理」とはまったく別物、というよりむしろ両者は〝水と油〟で相容れない。[7]
ライアンの「配慮」は、彼の宗教的立場が濃厚に反映されたキリスト教的な「庇護《プロテクション》」（protection）に近い。すなわちそれは「見守り《ウォッチ・オーヴァー》」（watch over）という言葉に端なくも現れているように極めてパターナリスティックな権力関係を前提している。だが「ケア倫理」や「応答倫理」が真っ先に否定するものこそ、こうした権力関係に他ならない。ケア倫理が重視するのはむしろ配慮の対象によって配慮する者自身が逆に問われ、開かれ、変容してゆく体験である。ライアンの「配慮」

5　小笠原みどり『スノーデン、監視社会の恐怖を語る――独占インタビュー全記録』（毎日新聞出版）、Schneier, B., *Data and Goriath: The Hidden Battles to Collect Your Data and Control Your World*, 2015（邦訳『超監視社会――私たちのデータはどこまで見られているのか？』草思社）を参照。

6　本章5-2-6小節において。

7　Gilligan, C., *In a different voice: psychological theory and women's development*. Harvard University Press, 1982（邦訳『もうひとつの声――男女の道徳観のちがいと女性のアイデンティティ』川島書店）

者は飽く迄も高処《たかみ》にあって対象を外敵や危険から「庇護」する存在に過ぎない。こうしてライアンの「配慮」が結局、ヒエラルキカルな円錐的〈汎視《パノプティコン》〉と同型的な構造を持ち、ただその価値だけが反転したものであることがわかる。ライアンは「監視」には良い監視（＝「配慮《ケア》」）と悪い監視（＝「選別《ソーティング》」）が存在するという安易な二分法を採ることで、ここでもその中途半端なスタンスを崩していない。[8]

5-1-4　データ監視《データヴェイランス》と身体

最後の論点は最も致命的である。情報社会における監視が、その対象として「データ」にフォーカスを定めつつあることはライアンの言うとおりであるが、すでに述べたとおりこの指摘は別にライアンの独創ではない。もちろんわれわれは「データ監視《データヴェイランス》」の指摘の優先権に関してライアンに難癖を付けようとは思わない。問題は一九八〇年代というマスメディアパラダイムの絶頂期に提案されたこの概念に対してライアンが二一世紀的な――すなわちネットワークパラダイムに固有の――意味を明確に付与できていない点にある。端的に言えば、二一世紀に入って「データ」に生じたパラダイム・シフト、すなわち「ビッグデータ」特性がライアンの「データ監視」では、まったく考慮に入れられていないのである。

こうした「データ」理解の不備が彼の「身体」についての議論にも影を落としている。ライアンがイメージするネットワーク型監視は、実のところヒエラルキカルな〈汎視《パノプティコン》〉型監視が多極化的に世界大に拡大したもの――M・ポスター謂う所の「スーパー・パノプティコン」[9]――に過ぎず、フーコーを越えるという触れ込みに反して、フーコーのパラダイムを越えられていないどころか、可能性という観点から言えばそこからの思想的退却すら認められる。ライアンは、監視対象の「身体」から「データ」への転換の事実を以ってフーコーの理論枠組みの破産を言い立てる一方で、「身体への復帰《リターニング・ザ・ボディ》」(Returning the Body) と「再‐身体化《リ・エンボディメント》」(Re-embodiment) を天下り的に要請する。[10] だがこの場合の「身体」性とは何の事はない「対面的相互行為《インタアクツィオーン》」の言い換えに過ぎない。言うまでもなく今更、ネットワーク主導の現実が、それ以前の「対面的相互行為」主導の失われた現実へと後戻りするわけはないのであって、こうしたお題目をライアンが唱えている間にも、情報社会の〝監視〟は「ビッグデータ」のかたちをとりつつ、われわれの「身体」の深層部——「生命」の領域——へとすでに到達しつつある。

さて、ライアンが、現在の監視においては「身体」が「消失《ディサピア》」(disappear) してしまっており、「身体への復帰《リターニング・ザ・ボディ》」が急務だと説くとき、身体の理想状態として想定されているのが対面的 (face to face) な「生身の身体《エンボディード・パーソン》」(embodied person) であることを先に指摘した。逆に彼が身体の非本来的な在り方、身体の〝疎外態〟とみなすのが「データ化された身体」である。メディア技術の進歩と普及によってコミュニケーションが遠隔化されるとき、監視もまた当然メディアを通じた「データ」転送とその処理プロセスと化さざるを得ない。こうして「身体データ」として〝物象化〟され

---

8 われわれは、ライアンとは異なり、「配慮」を監視の文脈においては、フーコーの〈配慮《ススィ》〉(souci) 概念を換骨奪胎する線で捉え返したい。本章5‐2‐5小節を参照。

9 Poster, M., *The Mode of Information: Poststructuralism and Social Context*, 1990.（邦訳『情報様式論』岩波書店）

10 *Surveillance Society: Monitoring Everyday Life*, Part Three, 7 & 9.

た生身の身体を、再度コミュニケーションの文脈に置き直すことで「ありのままの身体」＝「主体としての身体」として取り戻すことがライアン監視論の旗印となる。

だが「ありのままの身体」が超歴史的に不変である保証が一体何処にあるのか？ 言い方を換えれば、メディア・パラダイムの変遷のなかで「ありのままの身体」そのものが変容を遂げ、それに伴って身体の「主体性」までもが組み替わるとしたら如何？ そしてわれわれはまさにそう主張したいのである。すなわち情報社会とは、ライアンの主張とは逆に「データ化された身体」こそが「ありのままの身体」となり、そしてこの「データとしての身体」の〝監視〟を軸に社会が編制される情報社会のネットワーク・パラダイムにあっては謂う所の〝主体〟や「自己」もまた変質せざるを得ない、と。以下で、その具体相を描き出す。

5―2　身体と〝監視〟

5―2―1　身体データの三種

まず、情報社会において〝監視〟の対象となる身体データを列挙してみる。「指紋」「虹彩」「耳介」「静脈（パターン）」「声紋」「顔」「歩容」「身長」「体重」「（身体の絶対的）位置」「発汗量」「血圧」「心拍」「尿酸値」「血糖値（HbA1c）」といったところが代表的なものであろう。

だがこうした身体データは実は等し並には扱えない。われわれは少なくともこれらを三つのグループに分類することが議論の緒《いとぐち》を与えると考える。第一は「指紋」「虹彩」「静脈」「声紋」などが属するグループで、これらの身体データは同一の個人において固有のパターンを持ち、時間的変異も少ない。こうした特性に着目するかたちで、このグループのデータは所謂「生体《バイオメトリック・》認証《オーセンティフィケーション》」（Biometric Authentification）に利用される。

第二のグループには「発汗量」「血圧」「心拍」「尿酸値」「血糖値」などが属する。このグループのデータは、第一のグループとは異なり同一の個人においてもデータ値が時間とともに大きく変移する。これらのデータは身体の活動の事実を示すと同時にその状態の指標でもあって、その意味でこのグループのデータは「生体《ヴァイタル》データ」(vital data)と称し得る。[11]この呼称に応じるかたちで第一のグループは遡及的に「(生物)個体《バイオメトリック》データ」(biometric data)と呼ばれよう。

第三のグループを構成するのは、それ以外の身体データ群、すなわち「顔」「歩容」「身長」「体重」「位置」である。このグループは第一のグループにも第二のグループにも属さない「それ以外」の身体データが属し、その意味でネガティヴな規定しか有さないグループである。このグループの分類意図を明け透けに言えば、これらの身体データに関してはここでの考察から除外したいのである。[12]何故か？

まず「顔」と「歩容」であるが、両者は第一義的には「データ」であるよりは「意味」である。もちろん各個人に固有のパターンを両身体データに探る「顔認証」や「歩容認証」の技術はすでに開発されており、特に「顔認証」は広範な場面で使用されてもいることを考えれば、これらを第一グループの「個体データ」に帰属させることは不可能ではない。だが「顔」や「歩容」は第一義的にはその時々の状況に埋め込まれた〝表情〟としてわれわれに直接与えられるのであって、それだけをコンテクストから切り離してパターン化することはそれらの本義を歪めることになる。つまり「顔」も「歩容」も直接対面的なコミュニケーションにおける、最初から可視的な身体の様態であって、コミュニケーションの遠隔化によって、ないしは精密器具による微視的な測定によって、漸く可視化される第一・第二の両グループの本来的にディスポジショナルな属性・様態群、情報社会において初めて顕在化されるに至った身体データ群とは存在性格が異なる。[13]

同様のことが「身長」と「体重」にも言える。両身体データは元来、「背丈」や「体型」「体格」

として直接対面的な場面において可視化されるゲシュタルト的「意味」である。それが第二義的に量化・数値化されたものが「身長」と「体重」であってやはり情報社会に固有の身体データとは言い難い。一方、「位置」は情報社会において全地球測位《グローバル・ポジショニング》システム（Global Positioning System, GPS）が整備されたことによって初めて浮上してきた身体データであり、また生体の活動状態の「指標《インデックス》」（Index）とまでは言えないにしても（死体もまた霊柩車で移動し得る）、その「兆候《シンプトム》」（Symptom）ではあり、したがって第二グループの「生体データ」に分類できそうであるが、そもそも「位置」は身体に固有の属性とは見なし難い、身体にとって偶有的な規定性でしかない。[14] それゆえ「位置」もまた第二グループからは除外される。

11　第一のグループも「生体認証」の語が示すように広義には「生体データ」と呼び得るが、死体にも「指紋」や「虹彩」は存在することを考慮に入れると厳密にはそれらは「生体データ」ではない。これに対して死体の「血糖値」や「血圧」を語ることは端的にナンセンスである。

12　ただし、本節における身体データの三分類は、飽く迄もデータそのものの存在性格を根拠としたものであり、用途に基づく目的論的な分類ではないことに留意されたい。

13　実は「声紋」も身体データとして極めてマージナルな存在性格を持つが、「声紋」は「顔」や「歩容」とは違って機器を介してのみ現れるディスポジショナルな身体属性であって、対面的な場面で交わされる「声」とは本質的に異なるためここでは「個体データ」として分類する。

14　こうした断定に対し、「位置」もまた生体の生存環境に関わるという理由で、身体にとって本質的な規定性であると反論する向きもあろう。だがそうした主張は、「位置」と「場所」の両概念を取り違えている。「場所」であるならば、J・J・ギブソン謂う所のアフォーダンス特性故にわれわれはそれを身体と不可分の属性とみなすのに何ら吝かではない。だが、「位置」はそれが物理的空間における絶対座標を前提しているが故に、「生活体としての身体」との機能的連関は絶たれている。

こういうわけで第三グループには「データ」性よりも「意味」としての側面が顕著なもの（「顔」「歩容」「身長」「体重」）、および「データ」ではあるが「身体」のデータとは言い難いもの（「位置」）が属する。

5－2－2　身体データの第一系列《セリー》――個体《バイオメトリック》データ

前節での分類作業を通してわれわれは第一グループ（個体《バイオメトリック》データ）と第二グループ（生体《ヴァイタル》データ）の二系列のみが、対面的相互行為から〝離陸〟したネットワーク〈コミュニケーション〉の時代に固有の「身体データ」をなすという知見に達した。これから取り組むべきは、この両系列の「身体データ」が〝監視〟を通じて情報社会における身体的〝自己〟を構成する機序の解明である。まず第一系列の「個体データ」から始めよう。

「指紋」「虹彩」「耳介」「静脈」といった「個体データ」が各個体を特徴付ける唯一無二のパターン特性を示し、その特性を第三者による個体識別に利用しようとするのが先にも触れた「生体認証《バイオメトリックス》」（Biometrics）である。留意を要するのは本来「バイオメトリックス」は「生物統計学」――すなわち生物種の集団的な進化的変移を大量のサンプルデータの収集と解析によって統計的に究明するディシプリン――を意味していたものが、現在では、Biometric Authentification すなわち「身体データによる個体特定（技術）」の意味で使われるようになっている点である。そもそも「生体認証」技術はその代名詞でもある「指紋」の利用から、犯罪捜査研究として始まっており、一九世紀末にその研究を手懸けた、三人の同時代人のうちの一人は優生学を創始したダーウィンの甥F・ゴルトンである（他の二人は、インド総督府の役人W・ハーシェル、宣教師兼医師で日本にも滞在したH・フォールズ）。そして実際、ゴルトンその人も指紋を個体同定の観点からというよりも遺伝の観点から興味を示し、指紋が遺伝研究にさして役立たないとわかるや研究から次第に離れていった[15]。それにもかかわらず二〇世紀に入ると指紋を用いた犯罪捜査は英国、大英帝国下のインド、アルゼンチンを中心に急速な進展をみ、瞬く間に犯罪捜査のデファクト・スタンダードの地位を獲得するに至る。こうして世紀の変わり目を挟んで「身体データ」研究の焦点が「遺伝」から「個体」に移行したとき「個体データ」が「指紋」において誕生したのである。

ここで重要なことは、「身体データ」の焦点が「個体」に見定められたとしても、それが国家的制度と連携しなければ個体識別技術としては成就しないことである。なぜなら、個体識別のためには、事前に登録された各個体の「身体データ」（例えば「指紋」）をその時々における同一性確認作業に際しての〝原本〟〝原器〟とする、比較のプロセスが不可欠だからである。すなわち、データ〝原本〟を集約したデータベースの第三者による所有を認める制度の存在が、「個体データ」による「生体認証」成立のための論理的前件をなす。「指紋」の場合には言うまでもなく、警察という「第三者」による犯罪者予備軍の指紋登録強制およびその記録の所持を認める「制度」がそれにあたる。より一般化して言えば、「個体データ」を利用した「生体認証」は、その用途を問わず、データベースを所持し利用できる何らかの「権力」（多くの場合、国家もしくは企業）の存在を前提している。このことは先に挙げた「指紋」という「生体認証」技術が、国民国家による植民地経営に際して（具体的には大英帝国によるインド統治において）臣民管理の手段として誕生した歴史的事実に

15 Galton, F., *Finger Prints*, 1892. また橋本一径『指紋論——心霊主義から生体認証まで』（青土社）を参照。

よって傍証される。そしてこの構造は現在の「生体認証」においても本質的に何ら変わらない。「個体データ」は現在ビッグデータの典型例とみなされ、それもあって「個体データ」を利用した「生体認証」は、情報社会に特有な「監視」技術の代表例の如く語られる。だがこれまでの議論から明らかなように、「生体認証」の本質は、古くは奴隷に対する「烙印《スティグマ》」や最近では「マイナンバー」とまったく同じ系譜に属する「権力によるその所有物に対する付番」である。ただ〝付番〟のインデックスが烙印や番号から「生物個体データ」に変わったに過ぎない。そしてその根底には、すべての成員を「権力」が自らの監視下・支配下に置こうとするヒエラルキカルな〈汎視《パノプティコン》〉の思想がある。「個体データ」が「個体」にフォーカスするデータである以上、「権力」による所有の絶対数がいくら膨大してもそれは「ビッグデータ」ではない。絶対主義国家の（臣民・領土を含めた）財産目録を、その件数がどれ程多くとも誰もそれを「ビッグデータ」とは呼ぶまい。

もし、〈汎視《パノプティコン》〉のパラダイムを越えること（ライアンが「ポスト〈汎視《パノプティコン》〉」と名指す事態）が情報社会における新たな〝監視〟形態の指標であるとするならば、「生体認証」は何ら情報社会に固有の監視パラダイムではない。「権力」の内実に「企業」が新たに加わったとは言え、飽く迄もそれは帝国主義時代の「国家権力」をモデルとしたヒエラルキカルな構造を維持する旧弊たるテクノロジーであって[16]、情報社会における二次元的なネットワークメディアの特性との親和性をそれは決定的に欠いている。

5−2−3　身体データの第二系列《セリー》——生体《ヴァイタル》データ

さて、先にわれわれが「生体データ」と名付けた身体データの第二系列、具体的には「発汗量」

「血圧」「心拍」「尿酸値」「血糖値」etc. は、一個体において時々刻々変動する身体データ群としてグルーピングされた。だが、実を言うと「個体」にのみ目を奪われると「生体データ」の本質が見失われてしまう。第一系列の「(生物)個体データ」が、人称的個人を生物学的個体性で代替させる目的で収集され、保管《ストック》され、活用される、という意味でその名のとおり「個体」にフォーカスした「データ」であるのに対して、「生体データ」は本質的に非人称化されたデータ流である。そうであるがゆえに「生体データ」は、ネットワークメディア内を絶え間なく流通しながら無際限に増殖する紛れもない「ビッグデータ」でもある。ビッグデータとは単に嵩の大きなデータ塊のことではない。それは社会的流通のプロセスで無際限に増殖する自己言及的な(ということは人為的統御が不可能な)データフローであり、したがって標本数が原理的に確定不能で母集団そのものの輪郭《フリンジ》が恒にぼやけている脱人称化されたデータ動態《ダイナミズム》の謂である。[17]

もちろん、例えば血圧計で具体的な個人の或る時点における最高・最低血圧が測られ、また具体的な個人の血液が採取されて或る月の「ＨｂＡ１ｃ《ヘモグロビン・エー・ワン・シー》」の値が求められることが「生体データ」発生の起点である以上、「生体データ」には当然「個体」の契機も存在する。重要なことは、「生体

16 「生体認証」が現在もっとも露骨なかたちで行われているのが、発展途上の独裁国家であるという事実がこのことを立証している。K・ブリッケンリッジ『生体認証国家——グローバルな監視政治と南アフリカの近現代』(岩波書店)を参照。

17 ビッグデータの社会哲学的定義については拙著『情報社会の〈哲学〉——グーグル・ビッグデータ・人工知能』(勁草書房)第二章を参照。

データ」が「個体」の契機と非人称的「ビッグデータ」の契機とに二重化されており、それぞれの契機が相互に媒介し合うことで自己言及的に増幅するという事実である。われわれはこの自己言及的増幅のプロセスを情報社会に固有の新たな――ライアンのキャッチフレーズを流用するなら「ポスト〈汎視《パノプティコン》〉」型の――〝監視〟形態として捉え返すとともに、その機制を解明したいのである。

だがその前に、もう一つの特筆すべき身体データである「ＤＮＡデータ」の情報社会における身分を確定しておかなければならない。

5―2―4 ＤＮＡデータの存在論

ＤＮＡシーケンサーのコンパクト化、高速化と何よりも低価格化の後押しもあって、刑事事件の犯人特定や、遺産相続人の同一性証明といった民事事案にとどまらず、遺伝子診断や遺伝子情報のＩＤカードへの記載が現実味を帯び始めている。こうした事実は「ＤＮＡデータ」が、ヒトという「種」を特徴付けるに過ぎなかった水準から「個体」同定の水準、更には「自己」同一性をデータ的に客観化する水準にまで緻密化・詳細化してきたことを示している。実際、それまで遺伝情報とは無関係と考えられ〝ジャンクＤＮＡ〟として貶下されてきた遺伝子間の〝埋め草〟部分が実は「遺伝子部分《エクソン》」（exon）の発現機能を担う「イントロン」（intron）として見直され、またＤＮＡ中の一部の塩基が別の塩基で置き換わった所謂「一塩基多型《スニップス》」（SNPs）が「種」における多様性を生み出すこと、またSNPsの組み合わせには「ハプロタイプ」（**haplo**id geno**type**）と呼ばれる一定のパターンが存在することも明らかになりつつある。更には近年巷間の話題にも上る、遺伝子と環境との後天的な相互作用による遺伝子発現機構の研究「エピジェネティックス」（Epigenetics）の進展によって「ＤＮＡデータ」は生物学的「個体」をも越えて、環境に埋め込まれた「自己」の領域の秘密に限りなく迫りつつある。こうした事実を踏まえると「ＤＮＡデータ」は一見、先の分類における第一系列、すなわち「個体データ」に属するように思われる。そして実際、国家や行政、更に企業は「ＤＮＡデータ」を「個体データ」と見做した上で、そのデータベース化を目論んでいることもほぼ間違いない。

　だが、われわれが注視したいのは、「ＤＮＡデータ」が他の「身体データ」群とは本質的にその存在性格を異にしていることである。すなわち他の「身体データ」が身体状態の高々「指標《インデックス》」であったり「兆候《シンプトム》」を表しているに過ぎないのに対し、「ＤＮＡデータ」は身体そのものである。[18]なぜなら身体はＤＮＡ情報に基づいて、時々刻々タンパク質を生成し、その有機体としての〝自己〟同一性を再生産的に維持しているからである。つまり「ＤＮＡデータ」は、「個体データ《バイオメトリック》」の〈存在根拠《ラチオ・エッセンディ》〉(ratio essendi)であるとどうじに、時々刻々変易する「生体データ」がその「個体」の契機において〝様態《シュンベベーコス》〟(συμβεβηκός)として帰属するデータ的〝基体《ヒュポケイメノン》〟(ὑποκείμενον)をもなす。

　したがって「ＤＮＡデータ」は身体データにおける二つの系列の〝輻輳点〟に位置することになるが、両系列の社会的機能は異なる。「ＤＮＡデータ」を取り巻くかたちで「個体」の指標群を形

18　われわれとは考察の位相と問題意識が異なってはいるが、「ＤＮＡデータ」の本質的二重性を指摘した佐久間淳「ゲノミックプライバシー」(『増刊　実験医学　ビッグデータ——変革する生命科学・医療』羊土社、二〇一六に所収)も参照のこと。

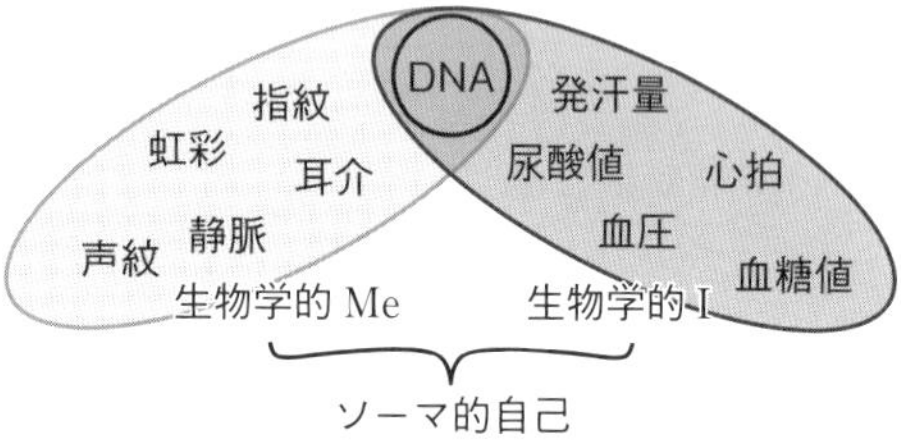

づくる第一系列の「個体データ《バイオメトリック》」は、認識論的な位相にあって、「他者」に対してのデータ的〝自己〟である「生物学的Ｍｅ《ミー》」を結晶化する。他方、第二系列の「生体データ」は、存在論的な位相を占め、「ＤＮＡデータ」を核《コア》としつつ、その時々におけるデータ的〝自己〟である「生物学的Ｉ《アイ》」を構成する。

　この二つのデータ的〝自己〟、すなわち「生物学的Ｍｅ」と「生物学的Ｉ」とを総称したものが俗に「データ・セルフ」(Data Self) ないし「データ・ダブル」(Data Double) と呼ばれるものにあたるが、「データ・セルフ」はまだしも、ライアンがしばしば使用する「データ・ダブル」という言葉は極めてミスリーディングである。というのも「ダブル」(double) とは元来「代役」・「影武者」という意味であって、「本物ではない」というニュアンスが付き纏う。[19]だが「ＤＮＡデータ」が両系列の中心にある以上、生物学的な次元の存在であるにしろ、それは歴とした真性の「自己」である。「データ・ダブル」と名指したのでは「生物学的Ｉ」がもつ存在論的な含意がまるごと抜け落ちてしまう。われわれとしては「生物学的Ｍｅ」と「生物学的Ｉ」の総称としてＮ・ローズの発案になる、より慎重な配慮が行き届いたターム「ソーマ（σῶμα）的自己」を採用したい。[20]

5-2-5 情報社会の〝監視〟形態としての〈看―視《リュック・ズィヒト》〉

「ソーマ的自己」は情報社会における「生政治《ビオポリティック》」(Biopolitique) の基本単位をなすが、それが社会に埋め込まれたときには単なる「生物学的Me」と「生物学的I」との〝アマルガム〟という以上の、構造上の複雑性を示す。予め複雑性の源《みなもと》を二点挙げておく。第一は、「生体データ」概念の導入に際して論定した後そのまま放置している論点、「生体データ」の二重性である。すなわち「生体データ」における「個体」の契機と、それとは別の「ビッグデータ」の契機がここで考慮に入れられ、両契機が合することで産み出されるダイナミズムが解明されなければならない。第二は、「ソーマ的自己」が下意識的というよりむしろ非意識的な存在であること。「ソーマ的自己」のこの特性が第一の論点と絡み合いつつ情報社会に固有の〝主体性〟を水路付けることになる。

さて「ソーマ的自己」はもちろん「意識《ベヴストザイン》」(Bewußtsein) や「自発性《シュポンタナイテート》」(Spontaneität) を有した所謂「主体《ズブィエクト》」(Subjekt) としての自己ではない。が、だからといってそれは単なるデータ塊でもない。それは社会的関係の中で初めて〝自己〟として〝結晶化《クリスタリズィーレン》〟(kristallisieren) してくる〝データ束〟である。すなわち「個体《バイオメトリック》データ」は第三者としての「他者」によって識別・特

19 本章で、「データ的〝自己〟」のように「自己」を「〝」で括るのは、それが真性の「自己」ではないことを暗示するためではなく、飽く迄もその「自己」が生物学的水準の存在であることを示すためである。

20 Rose, N., *The Politics of Life Itself: Biomedicine, Power, and Subjectivity in the Twenty-first Century*, Princeton University Press, 2007.（邦訳『生そのものの政治学――二十一世紀の生物医学、権力、主体性』法政大学出版局）を参照。

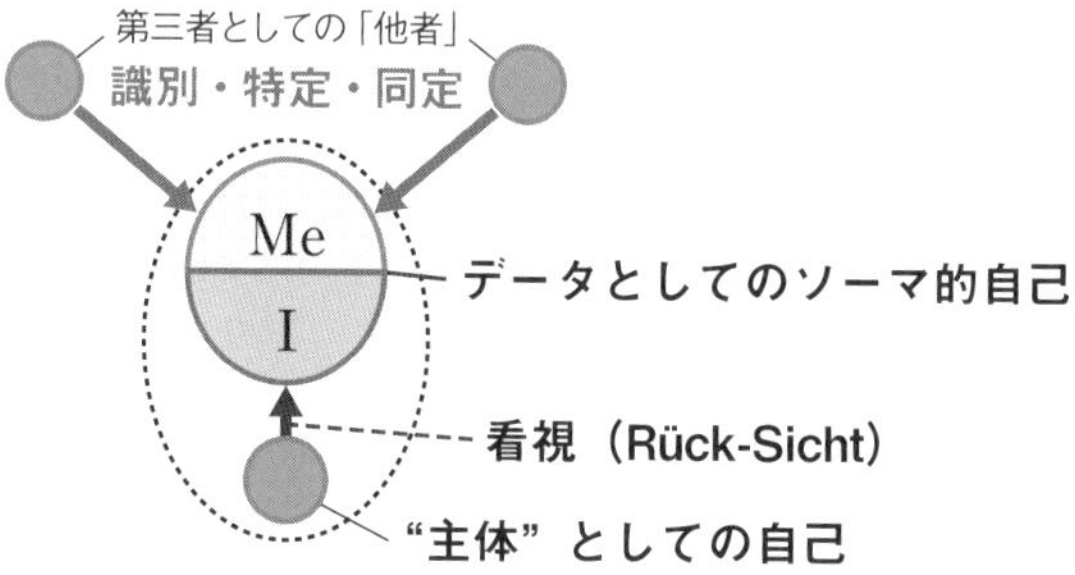

定・同定されることによって「生物学的Ｍｅ」を〝結晶化〟し、「生体《ヴァイタル》データ」のほうもまた〝主体〟的自己によって意識されることを通じてのみ「生物学的Ｉ」として構成される。とすれば情報社会の「自己」は三重構造を持つことになる。まず「ソーマ的自己」は「他者」の方を向いた「生物学的Ｍｅ」と、意識を有する〝主体〟的自己の方を向いた「生物学的Ｉ」の両半球から成るが、「生物学的Ｍｅ」「生物学的Ｉ」「〝主体〟的自己」は孰れも「自己」の様態であって、これらが分裂化的に統一されている。

　ここで「〝主体〟的自己」と「生物学的Ｉ」の関係のみを切り出してみると、「生物学的Ｉ」が〝主体〟的自己＝〝主体〟的「Ｉ《アイ》」にとっての「Ｍｅ」に変じてしまっていることがわかる。すなわち「生物学的〝自己〟」ないし「ソーマ的自己」が「Ｉ」と「Ｍｅ」の両契機に二重化される一方で、「Ｉ」のほうも「生物学的＝非主体的Ｉ」と「非生物学的＝〝主体〟的Ｉ」とに二重化されている。われわれとしては、「非生物学的＝〝主体〟的Ｉ」による「生物学的＝非主体的Ｉ」の〈配慮《スウスイ》〉(souci)を伴った「観察」を情報社会に固有の新たな――お望みとあらば、「ポスト〈汎視《パノプティコン》〉」時代の――〝監視〟形態として捉え返したいのである。

　われわれはここで「生体《ヴァイタル》データ」が一人称の「個体」について

のデータである一方で、ネットワーク上を時々刻々更新されながら流通する非人称的な「ビッグデータ」でもあることを思い出す必要がある。このビッグデータとしての「生体データ」からは人工知能や医療データアナリスト達による「データマイニング」によって〈適正値〉が抽出される。例えば、「血圧」は「120～140/80～90 mmHg」が〈適正値〉とされ、「血糖値」は「HbA1c: 4.6～6.2」が〈適正値〉とされる。「非生物学的＝〝主体〟的Ｉ」は、この〈適正値〉と測定時における「自己」のその時々の「生体データ」とを終始見較べつつ、〈適正値〉内に自らの「生体データ」が収まるように日々節制を心懸け、自らの行動を〈配慮《スウスイ》〉を以って〝監視〟する。われわれは自己による自己へのこの「気遣い《リュックズィヒト》」(Rücksicht)を〈看－視《リュック・ズィヒト》〉(Rück-Sicht)と呼びたいのだが、この自己言及的な構造を持った〈看－視〉こそが情報社会に特有の新たな〝監視〟形態となる。

5－2－6　情報社会の〝自己への〈配慮〉・自己のテクノロジー〟

〈看－視〉に関して三点補足しておく。

第一は、〈看－視〉を社会の水準からみるとき、個々の局所的なミクロの〈看－視〉を通して、特権的な「権力」主体なしに自己言及的〈統治〉が実現されていることがわかる。すなわち〈看－視〉は「個人」の水準の出来事であるとどうじに、「社会」水準の出来事でもあって、その水準に於いては「社会」による「社会」じしんの自己言及的〈看－視〉、すなわち「社会」の〈自己統治〉が成立している。

晩年のM・フーコーは絶筆となった大著『性の歴史』の執筆過程で、それまで取り組んできた〈権力《プーヴォワール》〉(pouvoir)の問題系を、〈統治《グーヴェルヌモン(タリテ)》〉(gouvernement, gouvernementalité)の問題系に組み替えようと苦闘した。彼はおそらく〈権力〉が結局の所、「国家」をモデルとした他律的原理であり、それでは「社会」の自己言及的な構造を掬い取れないことに気づいたのであろうと忖度する。そのことは、フーコーの〈統治〉概念が〈自己《ソワ》〉(soi)の概念と連動しており、「自己への《エピメーレイア・ヘアウトー》〈配慮《スウスィ・ド・ソワ》〉」(ἐπιμέλεια ἑαυτοῦ, souci de soi)、「自己のテクノロジー《レ・テクニック・ド・ソワ》」(les techniques de soi)の問題として考究されている事実からもわかる。〈看-視〉はフーコーのこうした問題系を情報社会に於いて引き継いでもいる。

第二。[21]「生物学的I」の〈看-視〉は、「〝主体〟的I」によってばかりでなく、「他者」によっても遂行される。病院の集中治療室（ICU）での〈看-視〉がもっとも分かり易い例であるが、これは突発的で一時的な例外的事例とみなしてよかろう。むしろ注目に値するのは、現在、労働現場に導入されつつある「IoT」(Internet of Things) とウェアラブル・センサとを組み合わせた「スマート・センシング」である。例えば労働現場において脳波の乱れ、視線の動き、心拍数の変化などが時々刻々モニターされ、クラウドに集積された「生体《ヴァイタル》データ」が解析に付される。開発・利用サイドは安全管理やストレス抑止などを謳い文句にしているが、どう考えてもウェアラブル・センサの装着じたいが新たなストレスを生む。建前はどうあれ、新手の労務管理であることは火を見るより明らかである。

　だがわれわれはこうした動向を情報社会に固有の事態とは考えない。それは前世紀初頭のF・テイラーによる悪名高い「科学的管理法《サイエンティフィック・マネジメント》」(Scientific Management)、所謂「テイラー・システム」の情報社会ヴァージョンに過ぎない。それは、最新テクノロジーの装いを纏ってはいても本来自己言及的である〈看-視〉を、「権力」によって簒奪しヒエラルキカルな旧弊的構造に個人を「生体データ」管理を通じて組み入れようとする時代錯誤《アナクロニズム》、「効率」という点からみてすらNSAが「ビッグデータ」によってテロ行為の犯人や容疑者を特定しようとした発想と同類の先祖返り的愚挙でしかない。

第三に、この〈看 - 視〉メカニズムが情報社会における基礎的かつ汎通的なプロトコルであることを強調しておきたい。すなわち、〈看 - 視〉はここで取り上げた「生体データ」ばかりでなく、他のビッグデータ処理においても同様に機能している。例えば、SNSを介したネット上の〈コミュニケーション〉においても、自己言及的〈看 - 視〉とそれによる〃自己〃の〈適正化《モジュラスィオン》〉(modulation)の機制が常時働いており、これが「コミュ障」という言説を生んでいる。[22]

〈看 - 視〉メカニズムが情報社会に汎通的なメカニズムであることによって、ライアンが情報社会における監視の新たな機能として呈示する「選別《ソーティング》」の不十分さも明らかになる。慥かに情報社会はネットワークを維持する〃素子〃として不適格な〃人材〃を〃監視〃によってシステムから一時的に締め出す。だが、それはライアンが考えるような単なる「線引き《デマーケイション》」(demarcation)や「追放《バニッシュメント》」(banishment)による秩序の固定化ではない。それはルーマンが適切に指摘するとおり〈包摂《インクルージョン》/排除《エクスクルージョン》〉(inclusion/exclusion)という区別化的〈運動〉である。現在システムに〈包摂〉されている〃人材〃もいつ〈排除〉されるかわからない代わりに、現在〈排除〉されてい

21 この論点は本章の元となった報告がなされたシンポジウムの際、報告後の質疑応答で高橋さきの、廣野喜幸の両氏から呈された「著者の立論は、労働現場における生体監視に対する視角が抜け落ちているのではないか？」という疑義に対する回答になっている。両氏のご指摘に感謝する。

22 この主題についての詳細は本書第四章を参照のこと。

る〝落伍者《ルーザー》〟も復活の望みが無いわけではない。そして個人が〈看－視〉によって自己〈適正化〉を行っている限り、システムから〈排除〉されるリスクは最小化される。ライアンが考える硬直した「選別」とは異なり、情報社会の〈包摂／排除〉は強《したた》かな可塑性をもっているのである。

5―3 監視社会からコントロール社会へ

5―3―1 コントロール社会における三重の〝監視〟

本章は、「社会」の「社会」による自己言及的な〈統治《グーヴェルヌモン》〉メカニズムを〝実装〟した情報社会の在り方を、ドゥルーズの顰に倣いつつ「コントロール社会」(société de contrôle)と呼びたい[23]。ドゥルーズのこの概念は、彫琢がなされていない〝トルソー〟状態のまま発案者が鬼籍に入ったため、多様な解釈を許す問題的概念であるものの、散見される「管理社会」という訳語はミスリーディングというより、限りなく誤訳に近い。「管理社会《マネジメント・ソサイエティ》」(Management Society)は、一九七〇年代に流行った、組織経営をモデルとした、個人がしばしば組織機構の歯車に揶揄的に擬えられる、テクノクラシー社会の謂であって、自己言及的〈統治〉を本質とする「コントロール社会」とはまったく異なる。そもそもドゥルーズがそのような錆びついた概念装置を今更蒸し返すはずもない。

23 Deleuze, G., 'post-scriptum sur les société de contrôle' in *L'autre journal*, 1990.

〈コントロール〉(contrôle) とは、フーコーの〈統治《グーヴェルヌモンタリテ》〉(gouvernementalité) が〈装置《ディスポズィティフ》〉(dispositif) として投射されたもの、不可視の機構として実現された〈統治〉のことである。われわれは〈統治《グーヴェルヌモン》〉(gouvernement) の語源が「サイバネティックス」(Cybernetics) と同じ、ギリシャ語の「舵取り《クベルネーテース》」(κυβερνήτης) にあるという事実をもっと深刻に受け止める必要がある。ゆえにそれは、二次元的なネットワーク社会としての情報社会に特有の、特権的な〝特異点《シンギュラリティ》〟すなわちヒエラルキカルな権力構造を持たない、自己言及的なダイナミズムのなかで創発する〝力線《フラックス・ライン》〟(flux lines) の「布置《アランジュマン》」(arrengement) である。本章で論じてきた〈看‐視〉はその「布置」の一斑を占める。だが「コントロール社会」である情報社会の〈統治〉は、〈看‐視〉のみでは実現されない。それとは異なる別の二つの〝監視〟形態、すなわち〈還‐視《レトロ・ズィヒト》〉(Retro-Sicht) と〈環‐視《ウム・ズィヒト》〉(Um-Sicht) が社会の〈自己統治〉の成就には必要である。

〈還‐視《レトロ・ズィヒト》〉は、個体を膨大なビッグデータの束に還元しながらモニターし、クラウドに上げられたデータ流から「データマイニング」によって〈基準値〉や〈適正値〉を解析的に抽出する。プロセスの内容から分かるとおり〈還‐視《レトロ・ズィヒト》〉は人工知能やロボットによって完全に自動化可能な過程である。

〈環‐視《ウム・ズィヒト》〉は特権者が不在の二次元的ネットワークにおける、ノード間での同位的・平面的な相互的観察である。特筆すべきは〈環‐視《ウム・ズィヒト》〉を通じて、先の〈還‐視《レトロ・ズィヒト》〉プロセスで抽出された〈基準値〉〈適正値〉が、倫理的な〝規範〟の性格を帯びてくることである。〈基準値〉〈適正値〉が、ネット上を流通する中でデファクト・スタンダード化してゆく事態である。われわれは、この疑似倫理的に〝物象化〟を遂げた〈基準値〉〈適正値〉を、吉本隆明の着意に擬しつつ、そして、前章の議論を踏まえつつ〈幻想〉と呼びたい。

5－3－2　情報社会における〝主体性〟の在《あ》り処《か》

〈環－視《ウム・ズィヒト》〉のプロセスの中で〈幻想〉と化した〈基準値〉〈適正値〉は、〝主体〟的個人を擬似倫理的に拘束する。それぞれの個人は、日常生活の中で血糖値や血圧を毎日のように測定し、〝規範〟と化した〈基準値〉〈適正値〉――すなわち〈幻想〉――に自らの値を少しでも近付けるべく、服薬やサプリ摂取、食餌制限やカロリー計算によって涙ぐましい許《ばか》りの身体改造に取り組む。また、日頃のコミュニケーションにおいては、SNSによって〝実体〟化された〝リア充〟という〈幻想〉に少しでも近付き〝コミュ障〟から少しでも遠ざかるべく、自らの〝コミュ力〟改善を心懸ける。こうして個人の〈こころ〉と〈身体〉は共々〈幻想〉に従属してゆく。「権力」に強制されたり、誰かに唆《そそのか》されて従属するのではない。〝主体〟的に〈幻想〉に自らを従属させるのである。

われわれはこうした現実に対して、特権的な高処《たかみ》から倫理的評価を下す意趣はまったく持ち合わせない。ただ、〈還－視〉〈環－視〉〈看－視〉という三つのプロセスから構成される最新の「データ監視《データヴェイランス》」が、「主体」の座を「個人」から〈社会〉へと譲り渡しつつあることだけは確かである。

第六章　ＶＲ革命とリアリティの〈展相〉[1]

6‐0‐0　ＶＲの現況

エンタテインメント分野では、二〇一六年は「ＶＲ元年」と認識されている。それは、創業するや瞬く間に巨額の資金調達を果たし、さらには二〇億ドルでFacebookに買収されたことでＶＲ業界の〝台風の目〟となった米国のヴェンチャー発ブランドOculus《オキュラス》が発表した「Oculus Rift《オキュラス・リフト》」を皮切りに、コンピュータゲーム業界の老舗の地位をすでに確立した感のある日本のＳＩＥ（SONY Interactive Entertainment）が満を持して放った「Play Station ＶＲ《プレイ・ステーション・ヴィアール》」、台湾のモバイル端末ブランドであるＨＴＣ《エイチ・ティー・シー》が米国のゲーム大手Vulve Corp.《ヴァルヴ・コーポレーション》と組んで開発した「HTC Vive《ヴァイヴ》」、更にはあのグーグルが独自のＶＲプラットフォームである「Daydream《デイドリーム》」を背景に発売した「Daydrem View《デイドリーム・ヴュー》」というふうに、ＶＲゲームの中核デヴァイスとなるＨＭＤ《ヘッド・マウント・ディスプレイ》の普及価格帯における本命候補がこの年、立て続けに現れたからである。

そしてこれら四つのＨＭＤの揃い踏みと軌を一にして、一攫千金を狙う数多《あまた》のＶＲヴェンチャーがまるで雨後の筍のように創業・乱立を始める。翌年の二〇一七年には、新宿歌舞伎町にＶＲアーケードゲームを集めたエンタテインメント施設「ＶＲ ZONE SHINJUKU《ヴィアール・ゾーン・シンジュク》」がオープンする。一方、映画業界においても韓国ＣＪグループが手懸ける、立体視のみならず座席の揺動と振動、スモーク噴霧や水滴の射出、更には芳香の放散といった映像とシンクロした特殊効果が売りの上映用

1　〈展相〉のコノテーションについては、本書「後記」を参照。

VRシステム「4DX《フォー・ディー・エックス》」、カナダのIMAXが世界展開する、観客の臨場感と没入体験の質を、視覚・聴覚を中心に劇的に高める「IMAX 3D《アイマックス・スリーディー》」がここ数年でシネマコンプレックスのスタンダード設備となる勢いで普及しつつある。

　ところが、こうしたVRの快進撃が二〇一八年に入ってから変調を来《きた》している。兆候の一つは前年にすでにあった。二〇一〇年に登場した3Dテレビの販売台数が二〇一三〜一四年をピークに以後減少に転じ、二〇一七年には、生産が完全に打ち切られたことである。また、資金力や技術力を欠くVRヴェンチャーの多くがここにきて方針転換や撤退を余儀なくされている。鳴り物入りでオープンした前出の「VR ZONE SHINJUKU」が期待されたほどの集客を実現できていないこともVRブームの翳りを暗示している。巷では「VRバブルの終焉」「VR元年とは何だったのか?」といった嘆きとも揶揄ともつかない言辞も囁かれ始めている。果たして巷間の風説どおりVRブームは幻に過ぎなかったのだろうか? VRは本当に終焉したのだろうか?

6-0-1 VRの新たな兆候

巷のこうした悲観的な観測にもかかわらず、われわれはVRが終焉したとはまったく考えない。なぜなら、ここにきてVRはこれまでとは違う新たな展開を見せ始めているからである。

　その第一はHMDに代表されるVRハードウェアにいくつかの新動向が覗えることである。Oculusが二〇一八年に入って発売した新HMD、「Oculus GO《オキュラス・ゴー》」が象徴しているのはVRデヴァイスのコンパクト化と低価格化である。さらにiPhoneやAndroidといったスマートフォンのVRプラットフォーム実装の流れはVRのモバイル化をも推し進めつつある。とりわけ注目に値するのは

iPhoneX のカメラに組み込まれた顔認識機能と連動してユーザーの顔を、その時々の感情を表出する表情を伴った3Dキャラクターにリアルタイムで変換する「Animoji（アニ文字）」と呼ばれるアプリケーションであって、これはVRが鑑賞のテクノロジーから表現のテクノロジーへと変容を遂げつつあることの前触れとも見なせる。

第二はVRコンテンツにおけるソーシャル化の兆しである。この新たな兆候は単なるコンテンツ開発のトレンドの域を越え、VRの理解そのものに変更を迫りつつある。現在われわれの多くはVRを自然（＝物理）モデルの下で考えており、そうであるが故にそれは「現実世界に存在する諸物の忠実な人工的再現」（「シミュレーションVR」の場合）と捉えられるか、ファンタジー世界のような架空の環境を創造する場合でも「現実世界に存在する諸物の合成」として捉えられ、結局孰《いず》れの場合にもVRは、物理的な物体《モノ》が〈原像〉として前提された上で、その形状や挙動の人工的・技術的〈模倣《ミメーシス》〉（mimēsis）として開発・実現されてきた。再現・模倣される対象が人間や動物のような有機体であろうと事情はまったく変わらない。それらはVRにおいてはやはり物理的な物体《モノ》とみなされる。だからこそ、VR技術は——後にみるように——初期には「画像」（絵画・写真・動画）の形をとり、その後には「立体像」（ステレオスコープ・立体画像）さらには「3Dモデリング」（ポリゴン・レンダリング・物理演算）の形をとらざるを得ない。だが最新のVRトレンドである社会性《ソーシャル》VRにおいてモデルとなっているのは物理的存在や物理的現象としての「自然」ではなく、〈コミュニケーション〉すなわちN・ルーマンが謂う意味での〈社会〉である。このトレンドの最前線の一つは日本であり、具体的サービスとしてはTwitterやInstagram、LINEといったSNSの系譜に連なる「VRchat《ヴィアールチャット》」、YouTubeやニコニコ動画といった動画投稿の系譜に連なる「ヴァーチャル

YouTuber《ユーチューバー》」ないし「VTuber《ヴイチューバー》」が挙げられる。

　第三はＶＲからＭＲへの主役交替の兆しである。後に詳しく考察するがＶＲすなわち「ヴァーチャル・リアリティ」(Virtual Reality)[2]は、〝現実世界〟の〈外部〉に人工的〝仮想世界〟を仮構し、一時的に前者を後者で置き換える操作ないし技術（そして、その結果として出現した〝仮想世界〟そのもの）を意味するが、こうした構案は〈現実世界／仮想世界〉の排他的二元論、新カント派のＥ・ラスクのターミノロギーで謂う「二世界説《ツヴァイ・ヴェルテン・テオリー》」(Zwei-Welten Theorie)[3]的な存在論を暗黙裡に前提している。それに対してＭＲすなわち「ミックスト・リアリティ」(Mixed Reality)は、〝知覚〟の層と〝情報〟の層とを等しく、現実を構成する〝素材〟＝〈メディア〉とみなし、それによって単一世界を重層化的に増幅してゆくテクノロジーであって、[4]それが前提する存在把握は、ルーマン社会システム論における〈メディア／形式〉の区別に基づいた〈素材《メディア》〉の〈形式〉による包摂の構図、ラスクのタームで謂うところの「二要素説《ツヴァイ・エレメンテン・テオリー》」(Zwei-Elementen Theorie)的な存在了解である。ＶＲの主流が、〝現実〟の〈外部〉に代替世界、別世界をエンタテインメントの形で技術的に提供することで、人びとにいっときの〝浮世離れ〟〝現実逃避〟を叶える仮想現実《ヴァーチャル・リアリティ》から、唯一の現実世界の〈内部〉で、〈情報〉を世界の〈契機《エレメント》＝要素〉(Element)として次々に付加してゆく複合現実《ミックスト・リアリティ》へと遷移することで、ＶＲはエンタテインメントの軛《くびき》を脱し、社会の欠くべからざる技術的インフラとして情報社会に組み込まれ、その一部となる。こうした動きの魁《さきがけ》をなす具体的な技術はGoogle Glass《グーグル・グラス》であるが、それは現在、同社のAndroid端末に組み込まれたGoogle Lensへと発展している。その他にもマイクロソフトのウェアラブル端末「ホロレンズ」(Hololens)や米Meta社が開発者向けキットを公表した「Meta2」、ＶＲヴェンチャーMagic Leap

社が極秘開発中の「ライトウェア」(Lightwear) と、後続技術は目白押しである。

6-0-2　本章の課題

前節で大きな三つのトレンドに纏めたVRの最新動向を踏まえて考えるとき、「VRの終焉」などという言い草は相も変わらぬ旧いVR観に囚われた状況認識に過ぎないことが露呈する。二〇一六年のVR元年に続く数年の動きは、おそらくもっと息の長い過程となるであろう「VR革命」——それはけっしてエンタテインメント業界に阿《おもね》ったセールスフレーズではなく、世紀の変わり目に取り沙汰された往年の「IT革命」にも比すべき情報社会総体におよぶ構造変動を意味する

2　本章は「Virtuality」および「Reality」両概念の社会哲学的・メディア論的な解明を最終的課題として有するため、両概念の合成態である「Virtual Reality」に対しても、その訳語として流通している《仮想現実》を従頭《てんから》無批判に受け容れることは慎みたい。かといって《仮想現実》に代わって《Virtual Reality》の訳語としてこのところ株が上がっている《実質現実》も、後に本文で述べる理由から採用しない。「Virtuality」「Reality」両概念のコノテーション解明が成る途次においては原語の音表記である《ヴァーチャル・リアリティ》もしくは略語《VR》を暫定的に用いる。コノテーション解明の段階に応じてその都度《Virtual Reality》に文脈に応じた訳語を割り当て、訳し分けていくことになる。同様に《Virtual(ity)》《Reality》の両語に対しても概念解明の段階に応じて異なる訳語が振り当てられることになる。そして場合によってはVR同様、音表記の《ヴァーチャル》《ヴァーチャリティ》《リアリティ》等も使用する。

3　Lask, E., *Die Logik der Philosophie und die Kategorienlehre*, 1911.（邦訳『哲學の論理學並びに範疇論——論理的形式の統治領域に関する研究』岩波書店）

4　MRのこの規定は暫定的なものに留まる。最終的な定義は第3節で与える。

――の序曲に過ぎない。二〇一六年に始まったVR革命の〝序曲〟的局面はそれまでVRの枠組みを規定してきた様々な過去の遺構や発想が総決算されつつ、その桎梏からの脱却が図られる段階である。その後初めて新たなVRの地平を構成する要素が模索され、姿を現し始めることになろう。二〇一八年は、こうした模索へ向けた胎動の兆しがいくつかのキャッチワードとして現れるとともに、「VR革命」の本番がむしろこれからであることが示された年といえる。もちろん「IT革命」を始めとする情報技術関連の様々なバズワードやキャッチフレーズの例に漏れず、現在氾濫するVRを取り巻くキャッチワード群もいっときの狂騒の時期が過ぎれば沈静化し、いずれは忘却の淵に沈んでゆくであろう。だが、そのことは同時に「VR革命」の成就をも意味する。すなわちVRが情報社会の技術基盤《インフラ》としてそこに組み込まれることで不可視の〈メディア〉となったことをも意味する。

本章での課題は、先に指摘したVRの三つの最新動向、繰り返すと(一)VRハードウェアにおける低価格化、コンパクト化、モバイル化、表現ツール化、(二)VRコンテンツにおけるソーシャル化、(三)VRのMR化、を考察の出発点として据え、それらの現象が孕む社会的含意を順次剔抉してゆくこと、言葉を換えれば、これら三つの〝露頭〟から情報社会の深部で進行している新たな社会的〈現実〉のVR的編制の実相、すなわち「VR革命」の動態《ダイナミズム》を対自化すること、にある。

その段取りとしてまず(一)VR技術の歴史的な進展を辿るなかで、VRの技術的条件を歴史的に確定し、VRをメディア史の中に位置付ける作業に取り組む(VRの技術的次元)。またその過程で自然的＝物理的な〈実在性《リアリティ》〉(Reality)概念の内実とそれが前提する摸写論的構図を

〈存在＝現前《プレゼンス》〉（Presence）との対比において明らかにする。次に（二）ＶＲのソーシャル化が意味するところを、〈実在性《リアリティ》〉とは異なるもう一つのリアリティである〈現実性《リアリティ》〉の概念を軸に分析する（ＶＲの社会的次元）。その際、社会的次元のリアリティである〈現実性《リアリティ》〉が階層的な構造をとると同時に、最上位の〈社会的現実《ソーシャル・アクチュアリティ／ゾツィアーレ・ヴィルクリヒカイト》〉（Social Actuality, Soziale Wirklichkeit）として把え返される。最後に（三）ＶＲの基軸がＭＲへとシフトすることで実現される情報社会の新たなステージの輪郭を、〈潜在性《ヴァーチャリティ》〉（Virtuality）概念の哲学的アングルからの再解釈・再規定を通じて描き出す（ＶＲの思想的次元）。

まずＶＲ技術の歴史的サーヴェイとその本質規定の作業から始めよう。

6-1 VRの技術的次元

6-1-1 最初のVRブーム

VRについて多少なりとも知識を有する者であれば先刻承知であろうが、二〇一六年の「VR元年」に端を発する今回のVRブームは、実は史上二度目のものである。最初のVRブームは一九八〇年代末から九〇年代初頭にかけて起こったが、そのブームの中で起きた様々な出来事のなかでも特筆に値するのは、一九八九年にJ・ラニアが興したVRヴェンチャー、VPLリサーチ社によるVRシステム「RB2《アール・ビー・ツー》」(Reality Built for 2) の発表であった。入出力データのコントロールや人工環境のリアルタイムレンダリングを受け持つワークステーションとグラフィックス・コンピュータの他に、「データ・グローブ」(Data-Glove) と呼ばれる手袋型の感覚入力《センシング》 (sensing) デヴァイスと「アイフォン」(EyePhone) と呼ばれるHMD型のディスプレイ・デヴァイスからなるシステム構成は、高性能化しコンパクト化した、しかも安価を実現した現行のVRシステム構成とほとんど変わらない。それどころか、「コンヴォルヴォトロン」(Convolvotron) と呼ばれる3D音源投射システムを組み込んだり、イーサーネットによってVRにネットワークを実装しようとしている点を考え合わせると、現在の水準に照らしてもRB2が遠大なパースペクティヴを秘めた先進的な設計を採用する、極めて斬新かつ多様な可能性を蔵したシステムであったことがわかる。そのことにも増して見逃せないのは、RB2の生みの親であるJ・ラニアがまた「ヴァーチャル・リアリティ」(Virtual Reality) の語を編み出した当の本人でもあるという事実である。

「ヴァーチャル・リアリティ」という言葉が一九八〇年代末に登場した言葉である以上、VRの歴史は表向きその時点から始まったことになる。だが、そうした認定は皮相に過ぎる。なぜなら「ヴァーチャル・リアリティ」の語は、それと競合する様々なバズワード群、例えば「サイバースペース」(Cyberspace)「シミュレーション」(Simulation)「人工現実《アーティフィシャル・リアリティ》」(Artificial Reality)「遠隔‐存在《テレ・イグジスタンス》」(Tele-Existence)「遠隔‐現前《テレ・プレゼンス》」(Tele-Presence) といった同時代の個人やグループが[5]それぞれの立場から推すタームによって競って名指そうとした同じ事象や技術の存在を前提しており、したがってそうした事象・技術が「ヴァーチャル・リアリティ」の語に歴史的に先立つ。われわれが以下の数小節で取り組むVRの歴史的概観はしたがって、最終的に勝ち残った「ヴァーチャル・リアリティ」の呼称が公認され、この名の下に括られることになりはするが、それ以前には別の名で呼ばれた非連続的な事象や技術を、ある観点の下で繋ぎ合わせることによって一つの系譜に纏める作業となる。

5 詳細は本章第3節で再説する。

6-1-2 VR技術の系譜学（一）——没入《イマージョン》

VRの一つの系譜は疑いなく「没入《イマージョン》」(Immersion) 技術の伝統である。VRにおいて「没入」とは、〈私〉の意識が、或る「光景《サイト》」(Sight) に釘付けになり、その「光景」から逃れられない状態のことである。一般に「我を忘れる」と表現される事態であるが、必ずしも言葉どおり忘我の境地にある必要は無い。意識の対象がある特定のものごとに専一的に固定されており、それ以外の選択肢が存在しない状態と考えればよい。こうした意味において、われわれは瞼《まぶた》さえ閉じなければ日常風景《オーディナリー・シーン》(Ordinary Scene) に常時「没入」していると言えるし、また所謂「明晰夢《ルースィッド・ドリーミング》」(Lucid Dreaming) ——夢の中で「これは夢だ」と気づいているとされる夢——のような例外的ケースを除けば、夢見もまた「没入」体験の一つである。

だがこうした〝自然〟な「光景」への「没入」と違い、人為的「光景」への「没入」は極めて難しい。例えば「絵画」への没入、「小説」への没入、「演劇」への没入は、それぞれ絵画を枠付ける「額縁」、光景の想像行為に水を差す「雑念」、役者の「とちり」や客席からの「歓声・野次」の存在、によって邪魔される。一般的に言って「光景」の〈外部〉が、両者の〈境界〉や〈外部〉からの〈ノイズ〉によって顕在化するとき「没入」は実現しない。こうした「光景」への「没入」を、〈境界〉や〈ノイズ〉の除去による〈外部〉の隠蔽によって果たそうとした史上初のテクノロジーが一九世紀いっぱいにかけて全世界的な流行をみた「パノラマ館」である。

パノラマ館は、円筒形の施設の壁面内部に描かれた巨大な絵画（後には写真）で観客を包囲することによって「光景」の〈外部〉を消し去る。絵画の手前には実物大のジオラマが配置され、また絵画は遠近法を駆使することで近景から遠景への継ぎ目のないグラデーションが実現されることで、「光景」は〈私〉を中心として全方位に展開し最終的に無限遠点へと消失してゆく。それでも消去することが適わぬノイズ源が遺る。〈私〉（および他者）の身体である。パノラマ館のコンテンツには戦争をモチーフにしたものが多い。戦場に迷い込んだかの如き錯覚を観客に与えるわけである。だが、〈私〉を含めた観客の華美ないでたちや談笑が「光景」への「没入」を妨げる。「覗き」という淫靡な行為においてほぼ完全な「光景」への「没入」が成立するのは、その行為から〈私〉の身体性が（例えば「節穴《ふしあな》」によって）消し去られ、〈私〉が純粋な〈視覚〉と化すことによってである。

二〇世紀に入って映画が登場するや、パノラマ館が瞬く間に映画館によって取って替わられたのは右の事情に由る。すなわち映画というテクノロジーは、その実体が「光」によって生成される〝図〟であることによって「暗黒」という〝地〟の存在を成立の条件としている。その「暗黒」が同時に観客の身体という最後のノイズ源をも漆黒の闇のなかに掻き消してくれるのである。こうして「映画」が「パノラマ館」以上の「光景」への「没入」を技術的に実現し[6]、観客は純然たる〈視覚〉となる。

一九五〇年代に映画は「シネラマ」の登場によって、パノラマの観客包囲的な要素を再導入する

6　ここでの「没入」が、「光景」へのそれであり、「ナラティヴ」へのそれではないことに注意。もちろん映画の筋立てや役者の伎倆が拙劣だった場合にも、没入は実現しない。が、そこで問題になっているのは「ナラティヴ」の水準での没入であって、現在考究されている「光景」におけるそれではない。「光景」への没入は、純粋に技術的水準において達成され、「ナラティヴ」における没入の物質的制約をなす。

とともに、一九世紀初頭からすでにステレオスコープによって実現していた「立体視」技術をも採り入れるに至る。また一九六〇年代にはハリウッドの映写技師M・ハイリグが発明した「センソラマ」によって〈視覚〉以外の〈聴覚〉〈嗅覚〉〈触覚〉における「没入」技術をも組み込むことで（ただし「センソラマ」は一人用のアーケードマシンである）、より強度の高い「没入」の実現を果たした。本章冒頭で触れた「4DX」や「IMAX 3D」は孰れもこうした「没入」技術の最新形態であり、その系譜の末裔である。

現在のVR技術における中枢デヴァイスの一つである「HMD《ヘッド・マウント・ディスプレイ》」（Head Mounted Display）もまた、それが〈私〉の〈視覚〉や〈聴覚〉を簒奪することで、身体というノイズ源を遮断し、替わりに人工的に生成された電子的「光景」を強制的に〈私〉の感覚に押し付けてくるという意味において、間違いなく「没入」技術の範疇に収まる。しかも、この「没入」は、本来の〝自然的態度《ナテューリッヒェ・アインシュテルング》〟（Natürliche Einstellung）の下に現れる〝日常的《ムンダーン》〟（mundan）な「光景」を〈括弧に括る《アインクランメルン》〉（Einklammern）ことで〈排去《アウスシャルテン》〉（Ausschalten）し、それを「人工的」光景で隈無く代替するが故に、徹底的でもある。にもかかわらず、VR技術を「没入」技術と等置することはできない。別の言い方をすれば、現在VR技術の代名詞にもなっている「3D」は「没入」の操作後に光景を満たす人工的な知覚対象の構成様式に過ぎず、厳密には何らVRの本質には属さない。そこにはVRの本質を構成する重要な何かが足りない。別の言い方をすればVRは、「没入」という〝自然的〟「光景」の〈排去〉の操作によって実現する、純粋な〈知覚作用《ノエーシス》－知覚対象《ノエーマ》〉（νόησις-νόημα）の単なる観照的関係ではない。VRはいま一つの欠くべからざる要素を必要とする。

6-1-3　VR技術の系譜学（二）——相互作用《インタラクション》

VRの標準的デヴァイスは、制御用コンピュータを別とすれば、HMDに代表される、一般に「表示《ディスプレイ》デヴァイス」（Display Device）と呼ばれる出力《アウトプット》装置——ただし、この場合の「ディスプレイ」は〈視覚〉のみならず〈聴覚〉や〈触覚〉などの感覚像一般の表示を包括する——の他に、位置センサ、モーションセンサ、外骨格センサといった「感覚入力《センシング》デヴァイス」（Sensing Device）と総称される入力《インプット》装置から構成される。前者は、普通〈味覚〉と〈嗅覚〉を除く感覚像を間断なく表示することで人工的「光景」を創り出し、これをユーザーに途切れなく供与する役目を果たす。前小節で考察した「没入」とは、この人工的「光景」のユーザーへの強制的付与の事態であり、その意味において「没入」は「表示デヴァイス」によって実現されると言ってよい。

だが「没入」によって達成されるのは実のところ高々、感覚体験への専心と没頭に過ぎず、認識論的な水準における観照《テオーレイン》（θεωρεῖν）体験——純然たる感覚作用《ノエーシス》（νόησις）と化すことで「光景」への固着を出来《しゅったい》させる〝節穴からの覗き見〟——に止まる。それは「光景」の〈外部〉から、謂わば純粋な〈視覚〉作用として、「光景」と対峙しそれを凝視することであり、そうであるが故に単なる「没入」によっては〈私〉は「光景」に働きかけることができない。「光景」に働きかけるためには〈私〉は身体によって「光景」との間で「相互作用《インタラクション》」（Interaction）[7] を営む必要がある。〈私〉の身体と人工的「光景」との間で演じられる「相互作用」を担い、それを技術レベルで可能にするのが「感覚入力デヴァイス」である。

例えば人工的「光景」内部に〝存在〟する樹木から石へと〈私〉が〈視線〉を移すとき、焦点が樹木から石へと移動するのに伴い輪郭の明瞭さ——ないしゲシュタルト心理学に所謂〝地〟を背景とした〝図〟化——もまた樹木から石へと遷移するのでなければならない。このとき〈視線〉の微少な移動を感知するのが「視線検出センサ」という感覚入力デヴァイスである。また「光景」内部の遠方に「花」を発見し、それに近寄るとき、〈私〉は〝現実世界〟での絶対的な位置を変えており、もしくは見掛け上の移動を意味する〈身体動作〉を——例えば「歩行モーション・ベース」上で——行っており、それに応じて「花」の視覚像も相対的に拡大されなければならない。このとき〈私〉の身体移動を感知するのが「位置《ポズィション》センサ」(position sensor)もしくは「外骨格《エクソスケルトン》センサ」(exoskeleton sensor)という感覚入力デヴァイスである。こうした感覚入力デヴァイスによって検知された〈私〉の身体における変容は、データとして制御ワークステーションやグラフィックス・コンピュータに送られ、偏差の修正が施されることで「光景」にフィードバックされる。そして描き直された「光景」が再び「表示デヴァイス」に戻される。しかも、このプロセスは瞬時に、つまり「実時間《リアルタイム》」(realtime)で実行されなければならない。なぜなら身体変容は持続的に次々生じるため、僅《わず》かの遅延が「光景」表示のもたつきをもたらしユーザーの所謂〝VR酔い〟——視感覚と平衡感覚の非同期——を招来するからである。だからこそ、「光景」の実時間再描画《リアルタイム・レンダリング》を担う制御ワークステーションやグラフィックス・コンピュータには強力なパワーが要求される。

ここで重要なことは、「相互作用」を営むことによって〈私〉は、「光景」を〈外部〉から〝覗き見〟る単なる〈知覚作用《ノエーシス》〉の境位を脱し、〝身体的存在〟として「光景」の〈内部〉に定位される、という事実である。このとき「光景」もまた観照《テオーレイン》の対象としての単なる「光景《サイト》」(Sight)であることをもはや止め、〈我為し能う《イッヒ・カン》〉(Ich kann)対象としての「環境《エンヴァイロンメント》」(Environment)へと蟬脱を遂げている。換言すれば、「没入」において「光景への眼差し《アンブリック・アウフ・ディ・スツェーネ》」（Anblick auf die Szene）に過ぎなかった〈私〉は、「相互作用」において〝身体〟を伴った「環境－内－存在《イン・デア・ウムヴェルト・ザイン》」（In-der-Umwelt-Sein）へと変容を遂げている。

　さて、最終的にVRに合流する「相互作用」技術の系譜は一九三〇年代にまで遡る。戦間期の米国でパイロット養成の目的で開発された「フライト・シミュレータ」（Flight Simulator）がその嚆矢《こうし》である。初期のフライト・シミュレータとして有名な「リンク・トレーナー」（Link Trainer）は、オルガンの吹革《ふいご》機構を応用した模擬飛行装置で、その外見はデパートの屋上や薬局の店先でしばしば見かけたコイン式電動遊具「ライド」に似るが、航空機の姿勢、高度、位置および針路の測定を、機上の計器のみに依存して行う所謂「計器飛行」をかなりの精度でシミュレートできた。つまり訓練者の操縦桿操作を「感覚入力」とし、機体の姿勢や計器の目盛りを「表示出力」とする「相互作用」をそれは実現している。

　ここで留意が必要なのは、こうした初期のシミュレータが、一つの「人間－機械系《マン・マシン・システム》」であって、その意味で「相互作用」における閉じたループを構成してはいるものの、そのことと「没入」における「光景」の境界消失の事態とを混同してはならないことである。初期のシミュレータにおいて

7　この場合の「Interaction」は社会学に所謂「相互行為」ではない。「相互行為」と訳されるそれは、対人関係の場面を想定しているが、VRにおいては、VRの体験者と人工的環境との間でのリアルタイムのデータの遣り取りと処理を介したフィードバック・フィードフォワードループを意味する。本書では後者を「相互行為」と区別して「相互作用」と訳す。

は「相互作用」はあっても「没入」はない。シミュレータのすぐ外には雑然たる作業場の日常的光景が広がっており、シミュレータ内部の光景は、それと〝地続き〟だからである。「没入」においては日常的光景は〈排去〉されるが、シミュレータ内部の光景は飽くまでも日常的光景の一部なのである。この事実によって「没入」と「相互作用」が異なる技術的系譜に属することがはっきりするが、現在のフライト・シミュレータは、「没入」技術を取り込むまでに進化を遂げており、最新の訓練用航空機シミュレータは、実際のコクピットを忠実に模擬した閉域を創り出すことで、日常的光景の遮断を実現している。

「相互作用」を代表する具体的技術であるシミュレータは、フライト・シミュレータの他にも、手術訓練のための医療シミュレータ、『電車でＧｏ！』で有名なトレイン・シミュレータ、無重力空間内での活動を模擬する宇宙開発シミュレータなど、その分野や用途においても広がりを見せている。またシミュレータをロボティックスと組み合わせた「遠隔-存在《テレ・イグジスタンス》」(Tele-Existence)技術も無視できないが、「シミュレーション」や「遠隔-存在」それじたいが有する意義については第3節で別のアングルから改めて考察する。

6-1-4 〈存在＝現前《プレゼンス》〉と〈実在性《リアリティ》〉

われわれは（一）〈日常的＝自然的〉環境の一時的〈排去《アウスシャルトゥンク》〉による現実世界の存在定立の〝中断《エポケー》〟(ἐποχή)と人工的環境によるその強制的代替の技術である「没入《イマージョン》」、（二）人工的環境〈内部〉における〈私〉と〈環境〉との間での身体を介した〈遣り取り《コレスポンダーンス》〉(correspondance)である「相互作用《インタラクション》」(Interaction)、をＶＲ技術（但し〈物理＝自然〉的次元での）に必須の二要件と考える。

その上で（一）と（二）が合することで実現される事態を〈存在＝現前《プレゼンス》〉（Presence）と呼ぼう。

VR業界において、「プレゼンス」は、「宛《あたか》も〝そこ（＝人工的環境）にいる〟感じ」（Feeling of “being there” or “You are there”）と説明されるのが恒だが、これはハイデッガーのジャーゴンを用いて言い直せば、「〈私〉が身体的存在としてその〈環境〉に投げ込まれている《ゲヴォールフェン・ザイン》（geworfen sein）」という「被投性《ゲヴォールフェンハイト》」（Geworfenheit）、「環境－内－存在《イン・デア・ウムヴェルト・ザイン》（In-der-Umwelt-Sein）として選択の余地なくそこに－いる《ダー・ザイン》（Da-sein）」事態を意味している（「Da-sein」＝「being-there」である点に注意！）。このとき〈環境〉の只中に〈私〉は〈存在《プレゼント》〉（present）しており、〈環境〉もまた〈私〉に直接〈現前《プレゼント》〉（present）している。〈私〉と〈環境〉とのこうした密着的＝無媒介的な呼応の事態をわれわれは〈存在＝現前《プレゼンス》〉（Presence）として捉え返したいのである。

われわれはここで〈存在＝現前《プレゼンス》〉と〈実在性《リアリティ》〉（Reality）の両概念をはっきりと区別しておく必要がある。両概念は孰れも「存在」に係わる概念でありながら、後者が「存在者《ダス・ザイエンデ》」（das Seiende）それ自体における「存在」性（「……が存在する」）が問題になっているのに対して、前者は複数の存在者の関係性、存在者間で取り結ばれたネットワークにおける〈照応《コレスポンダンス》〉（correspondance）の事実性（「……に（とって or 向かって）存在する」）を主題化する概念である。また〈実在性〉が判断に媒介された〈認定〉であるのに対し、〈存在＝現前《プレゼンス》〉は無媒介＝直接的な明証的〈事実〉である。[8]

8　したがって、デカルトが発見した〈cogito ergo sum《コーギトー・エルゴー・スム》〉によって基礎付け得るのは、〈精神《メンス》〉（mens）という〝実体〟の〈実在性《リアリティ》〉ではなく、高々〈我惟フ《コーギトー》〉という意識作用と、その意識作用が向かう意識対象との間の直接的 correspondance、すなわち両者の〈存在＝現前《プレゼンス》〉の明証的事実性に留まる。

例えば砂漠に現れた「湖水の蜃気楼」は、旅行者にとって〈存在＝現前《プレゼンス》〉を有するが、「湖水」そのものは〈実在性《リアリティ》〉を持たない（＝〈実在性《リアリティ》〉を認定されない）。「湖水」が見えた場所に行くとそこには影も形もないからである。また「怪獣の夢」や「幽霊の幻覚」はそれを見る者にとって〈存在＝現前《プレゼンス》〉を有するが、「夢の中の怪獣」や「幻覚の中の幽霊」そのものは〈実在性《リアリティ》〉を持たない。目が覚めたり、正気に戻ったときにはそれらは雲散霧消しているからである。

ＶＲの場合はどうか？　例えばレーシング・シミュレータのディスプレイに次々と表示される「感覚像」は間違いなくユーザーにとって〈存在＝現前《プレゼンス》〉を有する。だが様々な感覚像によって構成された「レーシングカー」そのものは〈実在性《リアリティ》〉を有すると言えるか？　アクセルを踏むと車窓から見える風景は流れてゆくし、ステアリング・ホイールを回すとシートもろとも体躯が傾く。もちろんシミュレータを出れば、レーシングカーの実在性《リアリティ》は即座に崩潰することをユーザーは先刻承知している。にもかかわらず、ＶＲシステムが日常的環境を人工的環境によって簒奪している間は、〈存在＝現前《プレゼンス》〉に裏打ちされた「感覚像」の奔流がユーザーには注ぎ続けられ、「感覚像」から構成されるコクピットという人工的環境の〝実在性《リアリティ》〟をユーザーに疑わせる隙を与えない。

とすれば、ＶＲにとっての最重要課題は、「感覚像」の〈存在＝現前《プレゼンス》〉から「人工的環境」の〈実在性《リアリティ》〉――本来「人工的環境」はそれを欠いており、そしてそれ故にこそ「仮想的《ヴァーチュアル》」（virtual）という形容辞がそれには冠せられるのだが――を首尾一貫的に矛盾なく構成し、安定的に維持すること――したがって、けっしてユーザーに〈実在性《リアリティ》〉への疑念を抱かせないこと――以外にはあり得ない。

われわれは本節の冒頭で今次のＶＲブームが二度目のものであることを確認した上で、ＶＲ史を遡る過程で「没入性」と「相互作用」がＶＲ成立の技術的な次元における条件であり、この両つの条件が合するとき〈存在＝現前《プレゼンス》〉が実現すること、ただし謂うところの〈存在＝現前《プレゼンス》〉は飽くまでも表示《ディスプレイ》される個々の「感覚像」の水準で達成されるものに過ぎず、体系的世界としての「人工的環境」の〈実在性《リアリティ》〉は、「感覚像」を〈素材〉として構築・維持されなければならないこと、ＶＲの本質的課題は、「感覚像」からの「人工的環境」の安定的構成、ないし〈存在＝現前《プレゼンス》〉からの〈実在性《リアリティ》〉の生成、であることをここまでで明らかにしてきた。以上の意味で、一九八〇年代末からの第一次ＶＲブームも今次のそれも、右の課題を物理的次元では共有していると言ってよい。

だが、三〇年の時を隔てた両つのＶＲブームの間には、実は環境における決定的な懸隔もまた認められる。それが一九九五年のWindows95の発売を機に、世紀の変わり目に懸けて瞬く間にインフラが整備されて世界的規模で普及をみるに到ったインターネットというメディアの存在である。すなわち第一次ＶＲブームのＶＲがスタンドアローンを基本とするのに対し、第二次ＶＲブームではインターネットとの連携、ネットワークの組み込みをＶＲは事実上《デ・ファクト》（de facto）前提している。本章冒頭で指摘した、ＶＲデヴァイスにおける、コンパクト化、モバイル化、表現ツール化の流れもまた、その条件を考慮に入れて初めて十全に理解される。そして、その影響はＶＲハードウェアの新たなトレンドの水準だけにはとどまらない。ＶＲとインターネットとの連携は、〈実在性《リアリティ》〉そのものの把握に重大な変更をもたらしつつあるからである。

6-2　VRの社会的次元

6-2-1　「リアリティ」の多義性

言うまでも無いことだが、人々は日常生活を「リアリティ」に依拠しつつ営んでいる。つまり人々は、日常生活の中で「リアリティ」を自明なものとみなし、受け容れている。この日常生活世界の母胎ないし土台である「リアリティ」の自明性を疑い始めた途端、われわれは一挙手一投足に際しても疑心暗鬼に陥る。例えば、太陽が東から昇って西に沈むという事実や大地が不動であることは、われわれにとっての「リアリティ」を構成しているが、そうした事実が一瞬でも疑われるときには、一歩を踏み出したり、朝起きるという行動を起こすことにすら困難を来《きた》す。こうした天体や大地の「リアリティ」は安定的であって、そう簡単には揺るがない。明日も明後日も十年後も、そしておそらく一万年後も太陽は東から昇り西へ沈むであろうし、陸地と海域との比率は三：七であり続けるはずである。これらが急変するというSF的事態はそうそう起こりそうにない。これは地球物理学的な水準の「リアリティ」が文字どおり天文学的・地質学的なスケールでしか変化しないことに基づいている。だが、「神」や「国家」の存在といった宗教的あるいは政治的「リアリティ」についてはどうだろう？　これらもまたたしかにわれわれの日常生活を支えるリアリティの一斑をなすが、先の地球物理学的なリアリティに比べると、それほど安定的とはいえない。われわれはその変化を宗教改革や政治革命の過程や顚末《てんまつ》を記述した文書・文献から確認できるし、場合によっては現場に立ち会って観察したり体験することさえ可能である。つまり宗教的・政治的水準の「リアリティ」は人為的な形成物であり、そうであるがゆえに歴史過程の中でそれは変容しうる。本章の主題であるバーチャル「リアリティ」や人間関係の濃密さによって感じられる心理的な「リアリティ」はさらに変容しやすく、相対的なものになってくる。

　こうしてちょっと反省してみればわかるように、日常世界を支える「リアリティ」は上述のように階層をなして存在しており、われわれが思っているほど単純でも堅固でもない。哲学においても「リアリティ」の概念は伝統的にさまざまな問題系を生み出してきた履歴をもつ曰《いわ》く付きの概念であり、例えば、J・リッターらの編集になる定評ある哲学辞典『歴史的哲学辞典』（*Historische Wörterbuch der Philosophie, HWPh*）では「リアリティ」（Realität《レアリテート》［独］、realitas《レアリタース》［羅］）に関する記述は二〇ページにも及んでいる。このように錯綜した概念である「リアリティ」について考えるには、その言葉がどういう文脈で何を示しているのかをある程度厳密に規定してやる必要がある。例えば西洋語の《reality》《Realität》に《実在（性）》という訳語が宛てられる場合、「リアリティ」は見せ掛けではなく「本当に存在するもの」、「世界を構成する究極的実体」を意味し、「見せ掛け《アピアランス》」（appearance）や「仮象《シャイン》」（Schein）と鋭い対立をなす。「蜃気楼」を例に取ると、その「実在《リアリティ》」は「大気の密度差による光の屈折」であって、「蜃気楼」そのものは錯覚、すなわち「仮象」にすぎない。また物の「匂い」や「手触り」も主観的な「仮象」にすぎず、その「実在《リアリティ》」は物理学的な実体としての「素粒子」である。こうした場合に使われる「リアリティ」には、主観的な把握に左右されない、その向こう側にある物事の客観的な「正体」というニュアンスがある。前節でのVRにおける技術的次元の考察に際して、《Reality》に《実在》の語を宛てたのも、この次元のVRが専ら物理的「環境」の人工的再現を目指す技術であることに因っている。たとえ架空世界が構成される場合であっても、それは物理的次元における現実世界の、やはり再構成なのである。

　だが、こうした意味合いでわれわれが「リアリティ」という言葉を用いる機会は理論物理学者でもない限り実はさほど多くない。この言葉が使われるもう一つの重要な文脈は、「想像」物や「人工」物との対比の中で使用される場合である。「漫画チック」という表現があるが、これは発想が奇想天外過ぎて「リアリティ」に欠ける場合に使われる。漫画のような「想像《イマジナリー》」の（imaginary）世界と、「現実《リアル》」世界とのギャップをこの表現は表しているわけである。また、目下の主題であるバーチャル「リアリティ」のケースでいえば、「人工的《アーティフィシャル》」（artificial）環境と「現実《リアル》」環境との相関と対立が焦点になっているとみてよい。こういった事情で、この意味での『Reality』には『現実（性）』という訳語が宛てられる。ここで重要なことは、ある事柄が「現実性《リアリティ》」を欠いているという場合、それは実際に存在してはいる、つまり先の「実在性《リアリティ》」はもっているにもかかわらず、まだしっかりと社会的現実の網の目に組み込まれるまでには至っておらず、宙に浮いた試行的・模擬的な存在にすぎないことを意味する。例えば「フライト・シミュレータ」を考えればよい。それは実際に存在している、つまり「実在性《リアリティ》」を有するが、本物の飛行機のように空を飛ぶわけではない。すなわち、交通機関として社会に組み込まれているわけではない。それはあくまでも模擬的・試行的な装置に過ぎず「現実性《リアリティ》」を欠いている。こうした事実からは「実在性《リアリティ》」が物理的水準のリアリティであるのに対し、「現実性《リアリティ》」の方は社会的水準のそれであることがわかる。

われわれは今後、〈実在性《リアリティ》〉と〈現実性《リアリティ》〉を意識的・戦略的に区別して用いるが、本節で俎上に上せられるのは、後者である。

6―2―2　ソーシャルVRの登場

さて、「VR元年」の虚実と当否が取り沙汰され始めた二〇一七年、二つのVR関連のサービスとコンテンツがインターネットに登場した。一つは、前出の台湾HTC社と資本関係のある米VRchat社がリリースした「VRchat《ヴイアールチャット》」というサービスである。VRchatは一言でいえば、オンライン上に構築されたVR空間を利用するSNSである。ユーザーは、3DのアヴァターをVR空間にアップロードすることで、他のユーザーのアヴァターとのコミュニケーションを楽しむことができる。アヴァターは出来合いのもの以外にユーザーが自分に似せたキャラクターを仕立てたり、動物や架空のキャラクターを造形することもできる。また、建造物や日用品などのオブジェクトをみずから作成してVR空間内部に配置したり、「ワールド」(Worlds)と呼ばれるアヴァターの集会場そのものをユーザーが設計することもでき、表現の自由度はかなり高い。

いまひとつは、二〇一六年末に「スーパーAI」を自称する3D美少女「キズナアイ(絆AI)」が YouTube に登場したのを皮切りに、二〇一七年に入って「ミライアカリ」「輝夜月《かぐやルナ》」「藤崎由愛《ユア》」「シロ」「ねこます」といった〝新人〟を輩出し、二〇一八年には人口が千人を超えて「名鑑」が出版されるほどの盛況ぶりをみせている「ヴァーチャル YouTuber《ユーチューバー》」ないし「VTuber《ヴイチューバー》」である。

VRchatのアヴァターが、「VRchat」という特定のサービスに拘束されているのに対して、ヴァーチャルYouTuberは、その多くがYouTubeを主たる活動の舞台とするものの、「ニコニコ動画」のほか「SHOWROOM」「Twitter」といった他のサービスにも登場することで、プラットフォームの枠を越えて活躍している点に特徴がある。そしてそのことがヴァーチャルYouTuberの〝人格〟とアイドル性に或るリアリティを与える縁《よすが》になってもいる。そして実際、何人かのヴァーチャルYouTuberは芸能事務所に所属している。

われわれは二〇一七年に顕在化した、この両現象を「社会性《ソーシャル》VR」というカテゴリーにひとまず括りたいのだが[9]、それは両現象の差異の背後にみられる共通の特性を今次VRの新動向として泛かび上がらせ、これまでのVRと比べた際の特異性を言挙げするためである。

6-2-3　VRのメディア化

さて、両現象に共通してみられることの第一は、それまでのVRコンテンツの享受者が、コンテンツの制作者にスライドしつつある点である。この動向はすでに指摘したVRデヴァイスの低価格化・コンパクト化・モバイル化、そして何より表現ツール化のトレンドと噛み合い、連動している。VRにおけるこの流れは、プロ仕様の業務用ヴィデオカメラが、低価格化・コンパクト化・モバイル化することで、それまでの映像作品の享受者が制作者へと横辷《すべ》りしていった経緯、活版印刷機が、ワープロからパソコン、そして〝スマホ〟へと変容してゆくなかで低価格化・コンパクト化・モバイル化を果たしたことで、それまでの読者が、表現者へと変貌していった歴史の、位相を変えた再現である。メディア史的な観点からより一般化して言えば、高価な制作リソースと頒布リソースを独占する専門的な特権的制作者集団が、完成度の高い作品を大衆に向けて金銭と引き換えに——ということは市場形成的に——一方的に頒布するという円錐型のマスメディアモデル＝〈放―送《ブロード・カースト》〉(Broad-Cast) から、各ノードが同じ資格で他のノードに向けて放射状に質的な裏付けを欠いた表現を無償で拡散してゆく二次元的なインターネットモデル＝〈ネット―ワーク〉(Net-Work) へのパラダイム・シフトをVRもまた経験しつつあるのであって、VRの主役が、完成度の高いゲームコンテンツや映像コンテンツのプロフェッショナルな制作集団から、それまでコンテンツ消費者でしかなかった層へと緩やかに移行しているとみることができる。

それに伴うかたちで、映像メディアや活字メディアの場合と同様、VRでもコンテンツの作家性・作品性・物語性《ナラティヴ》・商品性は希薄化し、これまでとは異なるビジネスモデル、すなわち表現のツールやノウハウを「発表の場」とセットでパッケージとして売るモデル、がじわじわと浸透しつつある。[10] その意味でVRもまたメディア化しつつあるといえる。

6―2―4　リアリティ規準の変質

もうひとつの共通性は、「人工的環境」構築の対象ないしモデルにおける、〝自然〟から

9　巷では「ソーシャルVR」は、SNS《ソーシャル・ネットワーキング・サービス》との繋がりから「VRchat」に代表されるVR空間でのコミュニケーションサービスを指すために専《もっぱ》ら使われ、「ヴァーチャル YouTuber」や「VTuber」に対しては使用されないが、本章では後論での展開を見据えつつ外延を拡張する。

10　こうしたビジネスモデルは、文壇の権威失墜が著しい「文芸」の分野でもみられる。本書第二章2―3―4小節を参照。

〝人格《キャラクター》〟への、ないし――われわれが両現象を「社会性VR《ソーシャルVR》」と名指す所以でもあるが――物理モデルから社会モデルへの転換である。このことはVRにおける技術的模擬《シミュレーション》の対象が、たんに物体的自然から社会的人格に挿《す》げ替わったという以上の、「リアリティ」理解における根底的な変質を含意している。

物理モデルにおいては、真実在としての物質的自然が〈実在性《リアリティ》〉の謂わば〝原器＝原像〟として立てられた上で、その忠実な再現をVRは目指すことになる。その際に、この〝原器＝原像〟に如何に似ているか、それに如何に近いかがVRにおける「本物らしさ《フィデリティ》」＝〈実在性《リアリティ》〉の規準となる。架空の対象の構成であっても、例えば「キマイラ」を考えれば分かるように、実際には現実世界における存在物のパーツの寄せ集めに過ぎず、右の構図の埒内にある。つまり物理モデルは古来の〈模倣《ミメーシス》〉(mimesis) 原理に極めて忠実なのである。

人は、社会モデルにあっても、事情は同じであって、オンライン〝空間〟上の3D〝人格《キャラクター》〟は、現実世界のユーザーが本来有する「人格《パーソナリティ》」(Personality) の〈模倣《ミメーシス》〉である、と主張するかもしれない。複数のアカウントをユーザーは当然使い分けるであろうから、或る〝人格《キャラクター》〟は捏造され偽られている可能性はある。だが、それとて、他の「人格《パーソナリティ》」の部分的〈模倣《ミメーシス》〉やユーザーの〝深層心理〟に本来潜んでいる潜在的「人格《パーソナリティ》」の〝無意識〟的〈模倣《ミメーシス》〉であると考えれば、先の「キマイラ」のケースとの逕庭はない、そう考えるかもしれない。こうした発想は社会モデルにおける「リアリティ」の担い手を、例えば「キズナアイ」や「輝夜月」といった〝人格《キャラクター》〟の特異性や特権性に求めようとする見解にしばしば認められる。だが、そのような理解は事の本質をまったく見誤っている。社会モデルにおける「リアリティ」とは、〝人格《キャラクター》〟のリアリティではない。

それは〈コミュニケーション〉のリアリティである。つまり「社会性VR《ソーシャル》」における「ソーシャル」とは〈コミュニケーション〉の連鎖的接続としての〈社会《ソーシャル》〉なのである。

VRchatは、米Linden Lab社によって二〇〇五年に正式公開された——そして現在は〝廃墟〟状態の——ネット上の仮想空間である「セカンド・ライフ」(Second Life)の二番煎じに過ぎないとしばしば評される。だが、両者はその存在性格においてまったく異なる。多くの企業や組織がそのヴァーチャル支社を出店し、リアルマネーを模した「L$《リンデンドル》」がそこで流通していたことからも分かるように、「セカンド・ライフ」は、現実世界を〝原器＝原像〟としたその〈模倣《ミメーシス》〉であって、劣化した現実世界の〝鏡像〟である。リアルマネーと「L$」との為替レートが設定されたところで、現実世界が〈実在性《リアリティ》〉の〝原器〟である以上、その優位は揺るがない。「セカンド・ライフ」の〝住人〟であるアヴァターも、現実世界のユーザーの〈模倣《ミメーシス》〉であって、その「代理《サロゲート》」(Surrogate)に過ぎない。要は「セカンド・ライフ」は物理モデル、〝自然〟の〈模倣《ミメーシス》〉原理に忠実に従う旧世代のVRなのである。

ではVRchatはどうか？「セカンド・ライフ」が一つの「仮想世界《メタヴァース》」しか持たないのに対して、VRchatには複数の「仮想世界《ワールズ》」(Worlds)が存在し、ユーザーがそれを新たに創造することもできる。また「セカンド・ライフ」はほぼニュートン力学に準じた自然法則が支配するのに対して、VRchatでは魔術的な浮遊や飛行が可能である。アヴァターも人間の姿形をしたものの他に、動物やロボット、アニメキャラなど異形の者たちの祝祭場の様相を呈している。要はそれは現実世界に寸毫も似ていないのである。にもかかわらず、そこに歴然として存在する「リアリティ」は、そこが〈コミュニケーション〉持続の現場であるという事実に専ら拠っている。VRchatが体勢追従《ボディ・トラッキング》や視線追従《アイ・トラッキング》をサポートすることで非言語的な水準での遣り取りを実現していることも仮想空間内の〈コミュニケーション〉にリアリティを与えている。

ヴァーチャルYouTuberにあっても事情は同じである。彼らの何人かは3Dではなく、二次元アニメキャラである。現実世界の「人格《パーソナリティ》」との外見上の類似性、見た目の「本物っぽさ《フィデリティ》」(fidelity)をまったく欠いた、この二次元〝人格《キャラクター》〟に「リアリティ」が付与されている要因は〈コミュニケーション〉持続を措いてほかない。また、彼らには「中の人」と呼ばれる〝現実世界〟の操作者がいるが、ヴァーチャルYouTuberの〝人格《キャラクター》〟と「中の人」との対応性や乖離を、ファンたちは意に介さない。例えば「キズナアイ」の実体は「スーパーAI」ということになっており、実際にはそんなことはあるはずがないのだが、そのフィクショナルな設定そのものを〈コミュニケーション〉のなかで彼らは謂わば〝ネタ〟として楽しんでいる。また或る美少女キャラVTuberの「中の人」がいい年の男性であることが露見した際にも、さしたる動揺や混乱は起きず、美少女の〝人格《キャラクター》〟崩壊は生じなかった。このことは、〝人格《キャラクター》〟が〈コミュニケーション〉持続の〈効果〉であって、〝人格《キャラクター》〟はそのリアリティを〈コミュニケーション〉から二次的に受け取っていること、〝人格《キャラクター》〟は〈コミュニケーション〉の〈起＝基〉点などではなく、むしろ〈コミュニケーション〉持続のノードとして〈コミュニケーション〉のなかで事後的に構成されるものに過ぎないことを示している。件《くだん》のいい年をした「中の人」は〈コミュニケーション〉持続という閉じたシステムの〈外部〉的存在であるが故に、システム〈内部〉の「リアリティ」には無関与なのである。VTuberやそのファンにとって「中の人」が誰であろうが「どうでもよい《グライヒギュルティヒ》」(gleichgültig)のである。

われわれがここで確認・強調しておきたいのは、社会モデルにおける〈コミュニケーション〉の

「リアリティ」が、物理モデルにおける〈模倣《ミメーシス》〉や〈模擬《シミュレーション》〉の「実在性《リアリティ》」とはまったく異質であることである。社会性《ソーシャル》ＶＲの〈コミュニケーション〉は、なんら現実世界における「相互行為《インタアクツィオーン》」(Interaktion) の〈模倣《ミメーシス》〉や〈模擬《シミュレーション》〉ではない。〈コミュニケーション〉の〈ノード＝環境〉をなす〝人格《キャラクター》〟がどのような外見や風采であるかとは無関係に、〈コミュニケーション〉はそれだけでそれとして「リアル」である。〈コミュニケーション〉の連鎖的持続からなる閉じたシステムこそが――その〈ノード＝環境〉に過ぎない〝人格《キャラクター》〟が、ではなく――第一次的であって、それこそが「リアリティ」の源泉である。われわれは社会性《ソーシャル》ＶＲが実現している「リアリティ」を、物理性ＶＲが実現する「実在としてのリアリティ」と区別する意味で、それを「現実としてのリアリティ」と呼びたい。物理性ＶＲにおいては〈実在性〉の規準が〈自然＝物理〉界から借り入れられたのに対し、社会性ＶＲの「リアリティ」規準は、むしろＶＲから〝現実社会〟へと逆流を起こしている点が今後の議論においての焦点となろう。われわれは、その事情をみるためにも社会性《ソーシャル》ＶＲと〝現実社会〟の〈現実性《リアリティ》〉の相関という問題に暫く関与せざるを得ない。

6-2-5　相互行為《インタアクツィオーン》とＶＲ

ＶＲとは一言でいえば、「情報による環境構築」の技術である。前節で確認した通り、それは物理的次元では、日常世界で持続的になされているがゆえに意識に上らない「感覚による環境構成」を一旦遮断し、それを「情報」＝「人工的感覚像」で置き換える（没入《イマージョン》）ことで「疑似環境《スュードー・エンヴァイロンメント》」(Pseudo-Environment) の構築を目指すテクノロジーである。その際「疑似環境《スュードー・エンヴァイロンメント》」の〝〈本当／本物〉らしさ《フィデリティ》〟(fidelity)＝〈実在性《リアリティ》〉を担保しているのが〈私〉

と〈環境〉との間で、「感覚入力《センシング》デヴァイス」と「表示《ディスプレイ》デヴァイス」を通じてなされる大量のデータの遣り取り、すなわち「相互作用《インタラクション》」(Interaction) であった。

ここで留意が必要なのは、物理性VRにおける「疑似環境《スユードー・エンヴァイロンメント》」が物体《モノ》の集積からなる物理的世界であって、人や動物といった有機体ですらそこでは物理的にモデリングされていることである。したがって「相互作用《インタラクション》」もまた〈私〉と〈モノ〉との関係として生じざるをえない。ところが前小節で見たとおり、社会性《ソーシャル》VRの登場によって、VRのパラダイムはいま、物理モデルから社会モデルへの遷移を起こしつつある。社会モデルにおいては先に示したVRの基本構図は根本的な転換を余儀なくされる。

まず、〈私〉と〈モノ〉の間で生じる「相互作用《インタラクション》」(interaction) が、〈私〉と〈他者〉を〈ノード＝環境〉としつつ連鎖的に持続する〈コミュニケーション〉、すなわち「相互行為《インタアクツィオーン》」(Interaktion) に変じ、これが社会性VRのリアリティである〈現実性《リアリティ》〉を担保する。間違えてはならないのは、社会モデルのリアリティである〈現実性《リアリティ》〉は物理モデルの〈実在性《リアリティ》〉とは違って〝〈本当《フィ》／本物《デリティ》〉らしさ〟をまったく含意しない、という点である。すでに指摘したとおり社会モデルにおいては、〈模倣《ミメーシス》〉や〈模擬《シミュレート》〉すべき〝本当〟や〝本物〟が存在しないからである。繰り返し強調しておくが、〈コミュニケーション〉連鎖としての「相互行為《インタアクツィオーン》」は、それじしんにおいてそれだけで「現実的《リアル》」なのである。そしてそれゆえにこそ「相互行為」は〈現実性《リアリティ》〉の源泉とみなされてきた。

つぎに、物理モデルにおいては「没入《イマージョン》」(〈日常的＝自然的〉環境の〈排去〉) の手続きが「相互作用」の前件をなしていたが、社会モデルにあっては、その順序が逆転する。すなわち「相互行為」が先んじ、「相互行為」のプロセスのなかではじめて〝没入〟が達成される。例えば、VRchat

において、最初は異形の〝人格《キャラクター》〟との遣り取りに違和感を感じていた〈私〉が、〈コミュニケーション〉連鎖の中で次第にその〈コミュニケーション〉システムに絡め取られそれに〝没入〟してゆくが如きである。われわれはこの「相互行為」の効果として生じる〝没入〟を、物理モデルにおける手続きとしての「没入《イマージョン》」(Immersion)から区別するために、ゴフマンのターミノロギーを援用しつつ「専心・没頭《エングロスメント》」(Engrossment)と呼ぶことにしたい。[11]

　さて、ここで一つの重大な問題が生じる。「相互行為《インタアクツィオーン》」としての〈コミュニケーション〉が社会的リアリティである〈現実性《リアリティ》〉の源泉であるとするならば、あらゆる「相互行為《インタアクツィオーン》」が「現実的《リアル》」であることになり、そもそも「仮想《ヴァーチャル》(virtual)現実《リアリティ》」そのものが成立の根拠を失ってしまう。プラトンの有名な「洞窟の比喩」に仮託しつつ言えば、太陽という唯一の光源によって実体としてのイデアとその影の別が生じるのと同じように、既存の物理モデルVRにおいては「実在性《リアリティ》」の〝原器＝原像〟が唯一と考えられることで真実在と仮想的実在の別が生じた。だが社会性VRにおいては、あらゆる「相互行為《インタアクツィオーン》」がそれぞれ独自の発光源であるために影＝仮想性がまったく生じないのである。これでは全てが真実在となりVRそのものが没概念と為り了わる。ところが実際には、われわれはあらゆる「相互行為《インタアクツィオーン》」を等しく「リアル」であるとはみなしていない。「相互行為《インタアクツィオーン》」が「リアル」であるとは、では、如何なる謂であるのか、この問題の解明が今や焦眉の急となる。

11　「専心・没頭《エングロスメント》」のゴフマン的含意については後論(6-2-4小節)を参照。

6-2-5-1 「多様な現実《マルティプル・リアリティーズ》」の問題史

以下では、必ずしもVRに拘泥《こだ》わることなく、日常的な現実世界一般に考察の対象を広げ、そこにVRをも位置付けるという段取りで考察を進める。

思想史的にみて、「相互行為《インタアクツィオーン》」の「リアリティ」を体系的に主題化した理論は現象学的社会学の創始者と目されるA・シュッツのそれを以って嚆矢《こうし》とする。とりわけ渡米後に発表された論攷「多様な現実《マルティプル・リアリティーズ》について」[12]においてシュッツは、師であるフッサールが案出した問題的概念「生活世界《レーベンスヴェルト》」(Lebenswelt)を、「(相互《(インタ)》)行為《アクション》」([inter] actions)からなる「日常的生活世界《ザ・ワールド・オブ・エヴリデイライフ》」(the world of everyday life)として捉え返した上で、その多様性(例えば「夢」「幻覚」「芸術」「遊び」etc.)と、そうした多様性の土台をなす「至高の現実《パラマウント・リアリティ》」(Paramount Reality)とを「労働」(Working)の概念によって基礎付けることを試みている。

「多様な現実」の問題系は、さらにシステム理論草創期の異才、G・ベイトソンによってシステム論的に換骨奪胎される。ベイトソンは論文「遊びと空想の理論」[13]において、「夢」「おどし」「虚構」「遊び」とは、〈コミュニケーション〉の〈基底=規定〉的コンテクスト——これをベイトソンは〈フレーム〉(Frame)と名付ける——の意図的な取り違えや掏《す》り替え(G・ライルに所謂「カテゴリーミステイク」)、あるいはB・ラッセルが指摘した集合論における「階型《タイプ》」(Type)の混同によって惹起するパラドックス、の一種とみなした。逆に言えば、日常世界における〈コミュニケーション〉の安定性である社会的な〈現実性《リアリティ》〉は、〈フレーム〉がその存在に気づかれることなく遵守されていることによって実現されており、〈フレーム〉の存在が意識にもたらされ、それが成り立たせている当該の〈コミュニケーション〉システム内部に持ち込まれるとき、パラドックスが生じ、日常世界の安定性は脆くも崩潰する。ベイトソンはそうした事態こそ「精神分裂症」（今でいう「統合失調症」）の名で呼ばれる〈現実性〉崩潰の事態に他ならないと診断する。

シュッツもベイトソンも、「夢」「幻覚」「おどし」「虚構」「遊び」といった「多様な現実」を、日常生活世界から逸脱した、〈現実性〉において劣る疑似‐存在や亜‐存在として遇し、貶斥《へんせき》することを目論んでいるのではない点に留意されたい。むしろ彼らは、日常的生活世界がけっして単層的な一枚岩ではなく、多様な社会的現実がまるでジグソーパズルのピースのように組み合わさった、彩りと起伏に富んだ地平であることを指摘し、こうした社会の「多様な現実《マルティプル・リアリティーズ》」を日常的生活世界の地平に如何に嵌め込み位置付けていくか、に腐心していると言ってよい。

社会学者E・ゴフマンは、こうしたシュッツとベイトソンの問題提起を真正面から受け止めつつ、しかし「抵抗体験《ヴィーダーシュタンツエアレープニス》」（Widerstandserlebnis）によって〈現実性《リアリティ》〉を基礎付けようとするW・ディルタイやM・シェーラーら「生の哲学」グループの伝統[14]が見え隠れするシュッツの「労働」概

12 Schütz, A., 'On Multiple Realities', In *Philosophy and Phenomenological Research*, Vol. 5, No. 4 (June, 1945), pp. 533-576; by International Phenomenological Society.

13 Bateson, G. 'A Theory of Play and Fantasy', In *Steps to an Ecology of Mind: Collected Essays in Anthropology, Psychiatry, Evolution, And Epistemology*, 1987.（邦訳『精神の生態学』新思索社）

14 Dilthey, W., 'Beiträge zur Lösung der Frage vom Ursprung unseres Glaubens an die Reakität der Aussenwelt und seinem Recht' In *Die geistige Welt*: S.90-138, 1890.（邦訳「外界の実在性論考」『ディルタイ全集 第三巻』法政大学出版局）Scheler, M., Erkenntnis und Arbeit. Eine Studie über Wert und Grenzen des pragmatischen Motivs in der Erkenntnis der Welt, 1926.（邦訳「認識と労働」『シェーラー著作集 第一二巻』白水社）

念による〈現実性《リアリティ》〉の実体化にも、またベイトソンによる〈現実性《リアリティ》〉の動物行動学《エソロジー》的ないし進化心理学的な解釈にも、与《くみ》することなく、それまで自らが手懸けてきた「相互行為」分析を「多様な現実」問題に接続させるなかで、独自のアプローチを編み出してゆく。

ゴフマンはしばしば、ウェーバー流の社会唯名論的傾向をもつH・G・ブルーマーらのシンボリック相互作用論や社会学的「反省」を方法論から排除しようとする傾向が顕著なH・ガーフィンケルらのエスノメソドロジーの亜種や変種とみなされるが、右の如き先入観をもってゴフマン、特に後期のそれを読むとき、高い確率で誤解が生じることになる。[15] ゴフマンが実は社会実在論の系譜に連なるデュルケミアンであったことは思想史的な研究によって夙《つと》に指摘されているし、[16] ある時期のR・バルトに近い構造主義者であったという認定すら存在する。[17]

われわれとしては、ゴフマンが構造主義を信奉していたという（文句なく愉快ではある）見解に不用意に与《くみ》するわけにはいかないが、最後の大著『フレーム分析』にルーマン社会システム論との密かな聯絡が存在していることについては疑いの余地がない。[18] というのも、『フレーム分析』の下敷きとなっているのは、システム論者であるベイトソンの所論であり、タイトルにもある〈フレーム〉の概念はベイトソンの考案物《アイデア》だからである。社会システム論の側からいえば、ルーマンの社会システム論は、「包括社会《ゲゼルシャフト》」（Gesellschaft）やそのサブシステムとしての「経済システム」「法システム」「学問システム」などの所謂「機能的分化システム」（funktionär differenzierte Systeme）、あるいはシステムとしての「組織」（Organization）――ゴフマン謂うところの「社会学の核心問題としての社会組織と社会構造」[19]――の分析と記述には厚いが、「相互行為《インタアクツィオーン》」（Interaktion）に就いての詳細な主題的論及が手薄であるために、「相互行為は社会システムではない」といった驚くべき初歩的誤認が社会システム論の理解において大手を振って罷り通る事態まで（おそらく日本でのみ）生じている。その意味でゴフマンによる「相互行為」の詳細なシステム論的分析は、ルーマン理論の欠を埋め、それを補完するものでもある。

6－2－5－2　相互行為《インタアクツィオーン》の〈フレーム〉

さて、ではゴフマンは「多様な現実」を「相互行為」システムとしての日常的生活世界にどのように位置付けるのか？

〈コミュニケーション〉の連鎖的接続としての「相互行為」は、それが生じる場所・場面を変じながら、また参加メンバーを挿げ替えつつ、途切れることなく持続する。したがって、そのままで

15　Lemert, C., "Goffman", In *The Goffman Reader*, Blackwell, 1997. ここでレマートは『フレーム分析』を失敗作と断じている。

16　Collins, L., 'Ervin Goffman and the Development of Modern Social Theory', In *The View from Goffman*, Macmillan, 1980.

17　Jameson, F., 'On Goffman's Frame Analysis', In *Theory and Society*, Vol. 3, No. 1 (Spring, 1976), pp. 119-133. ジェイムソンは大胆にも、バルトの『モードの体系』がファッション雑誌を素材にした、モードにおける記号論的な統辞構造の分析であったのとちょうど並行的に、『フレーム分析』は三面記事を素材にした相互行為における統辞的枠組みの記号論的な構造分析の企図であると解している。

18　もちろん『フレーム分析』の出版（一九七四年）が、ルーマンの体形完成（『社会の社会』が出版された一九九七年）に先立つため、ゴフマンが社会システム論的な「相互行為」理解を先取していた、という認定が妥当であろう。

19　原語は「the core matters of sociology—social organization and social structure」, *Frame Analysis*, p13.

は、基底的な〈コミュニケーション〉連鎖ののっぺりとした「リアリティ」が過程全体を覆い尽くすことになり、〈現実〉の「多様性」を説けない。

ゴフマンは音楽の比喩を援用[20]しつつ、一連の旋律（＝〈コミュニケーション〉連鎖）は様々な〈転調《キーイング》〉（Keying）によって分節化されることでゲシュタルト化されて一纏まり（＝一つの閉じたシステム）になると考える。同じ旋律であっても主音の違いによってハ長調、からニ短調へ、そして変ロ長調へと調性を変ずるように、或る任意の〈コミュニケーション〉連鎖――これをゴフマンは「短冊《ストリップ》」（Strip）と呼ぶ――もまた、それが同じ一連の遣り取り《コミュニケーション》をその内容としていても、普段の「日常会話」と、「映画」や「遊戯」とでは、その〈調性《キー》〉（Key）が異なる。同一の〈調性〉によって識別される「相互行為《インタアクツィオーン》」を特徴づける、暗黙の〝ルール〟群、すなわちミクロな〈コミュニケーション〉システムの「構造」、それがゴフマンのいう〈フレーム〉である。

音楽でいえばハ長調（Cメジャー）に該当する、〈フレーム〉におけるデフォルトである〈基本《プライマリ》フレーム〉（Primary Framework）が、〈変調《キーイング》〉によって「ごっこ遊び《メイクビリーヴ》」（Make-believe）、「空想《ファンタジー》」（Phantasie）、「白昼夢《デイドリーム》」（Daydream）、各種の「上演《ドラマティック・スクリプティング》」（Dramatic Scripting）といった〈フレーム〉に挿げ替わり、「多様な現実《マルティプル・リアリティーズ》」が現出する。右の諸〈現実〉は、孰れも「相互行為」に参加する全メンバーが〈状況〉に対する均質な〝信念《ビリーフ》〟（Beliefe）を共有している――例えば、上演においては、役者も観客も舞台裏《バックステージ》のスタッフも「これは芝居である」という〝信念〟を等しく抱いていることによって、「上演」という〈現実〉は維持されている――が、同じ「相互行為」の参加メンバーが異なる〝信念〟を抱いているケースをゴフマンは特別に〈嘘《ファブリケイション》〉（Fabrication）としてカテゴライズしている。ここでは「相互行為」の場に欺く側と欺かれる側とが同座しており、双方は異なる〝信念〟を抱いている――欺く側は〈状況〉が偽られたものだという〝信念〟を共有し、欺かれる側は同じ〈状況〉を「普段どおり」ないし「問題ないもの」として〝信念〟するよう、欺く側によって誘導される――とはいえ、〈嘘〉という〈フレーム〉もまた、「相互行為」における欺く側のメンバーに主導された〈変調《キーイング》〉の一種であることに変わりはない。

〈フレーム〉は、ゴフマン相互行為論におけるキーワードの一つ〈状況《スイチュエイション》〉(Situation)の発展形であるとは言えるが、〈状況〉概念が〈フレーム〉の変容を素通りして、相互行為の内部で生じている具体的内容に専らメンションする傾向が顕著であるのに対し、〈フレーム〉は社会的〈現実〉の「多様性」を予《あらかじ》め組み込んだ概念であるがゆえに相互行為の構造(＝形式)とその変容にフォーカスする点に特徴がある。[21]

重要なことは、こうした異なる〈調性《キー》〉をもった様々の閉じた「相互行為」システムに、〈現実《リアリティーズ》〉の身分を保証することで〈社会《ゲゼルシャフト》〉において然るべき位置を得さしめるのが、ほかならぬ〈フレーム〉だという点である。つまり「相互行為」の〈現実性《リアリティ》〉を、ゴフマンは、直接対面の事実性や談話の具体的内容や交渉プロセスの〝生《な》ま生《な》ましさ〟といった〈素材《メディウム》〉的契機にではなく、〈コミュニケーション〉連鎖が暗黙裏に随っている不可視のシステム構造、すなわち〈フレーム〉という〈形式〉の先在性――より厳密には超越論性《ア・プリオリテート》(Apriorität)――に求めるのである。

---

20 *Frame Analysis*, p44.

21 この点については以下の論文も参照。Gonos, G., "Situation" versus "Frame": The "Interactionist" and the "Structuralist" Analyses of Everyday Life, *American Sociological Review*, Vol. 42, No. 6 (Dec., 1977), pp. 854-867.

6-2-6 相互行為《インタアクツィオーン》の〈現実性《リアリティ》〉認定

以下では、ゴフマンの祖述を離れ、〈フレーム〉概念を駆使した彼の「多様な現実」問題への取り組みの成果を、われわれの見地から批判的・再構成的に評価したい。「相互行為」システムが多様であることの認識に端を発する、それぞれのシステムがもつはずの「リアリティ」の身分確定（格付け）とその存在性格の解明とが「多様な現実」問題の本質をなすが、ゴフマンの回答は以下の三点に要約される。

まず「リアリティ」の相対性。すでに何度か述べたように、ゴフマンのいう〈フレーム〉とは、第三者的にみて、ミクロな閉じた〈コミュニケーション〉連鎖としての「相互行為」システム、におけるシステム「構造」のことである（晩期ゴフマンが〝構造主義者〟だという認定もここに淵源する）。「構造」である以上、それはその都度の〈コミュニケーション〉毎《ごと》に生起しては消滅するad hoc《アド・ホック》なものであってはならず、〈コミュニケーション〉連鎖に対して先与的でなければならない。もちろん〈コミュニケーション〉から独立に存在するのではないが、〈コミュニケーション〉の連鎖的反復のなかで〝結晶化《クリスタリズィーレン》〟(kristallisieren) し、その度毎《たびごと》に強化され、既成化されていくという意味において、それはその都度の〈コミュニケーション〉連鎖に対して「先与的」といえる。〈コミュニケーション〉の多少の逸脱をも「構造」に回収してしまう可塑的柔軟性によってそれはさらに強化される。既存の「芝居」や「嘘」や「幻覚」といった多様な「相互行為」システムがもつ、或る種の「リアリティ」とは、この〈フレーム〉（＝構造《シュトゥルクトゥーア》）の〈コミュニケーション〉（＝過程《プロツェス》）に対する「先与性」に他ならない。様々な「相互行為」システムが、それぞれに特有の

「構造」＝〈フレーム〉によって、固有の〈現実性《リアリティ》〉を付与される。その意味で、「多様な現実《リアリティーズ》」の「リアリティ」は本質的に相対的なものとならざるを得ない。

第二に〈現実《リアリティ》〉の階層性。個々の「多様な現実」の〈現実性《リアリティ》〉は相対的ではあるが、それらは単なる無秩序に支配されているわけではない。ゴフマンの〈基本《プライマリ》フレーム〉は他の〈フレーム〉と同位的ではなく、そこを起点として〈変調《キーイング》〉が生じる、〈フレーム〉の謂わば〝地平〟をなしている。ここで誤解してはならないのは、この〈基本《プライマリ》フレーム〉は、「労働《ワーキング》」に裏打ちされたシュッツの「至高の現実《パラマウント・リアリティ》」の如き実体的存在ではないことである。ゴフマンは〈基本《プライマリ》フレーム〉を自然的なもの、すなわち「操作されない出来事《アンガイディッド・イヴェンツ》」(unguided events) と社会的なもの、すなわち「操作された行為《ガイディッド・ドゥーイングズ》」(guided doings) とに二大別するが、[22] これは〈フレーム〉そのものというよりは、むしろ〈変調《キーイング》〉によってその都度実現される第二次〈フレーム〉の〈素材《メディウム》〉をなすものと考えた方がよい。つまり現実の〈フレーム〉は須《すべから》く某《なにがし》かの〈変調《キーイング》〉に媒介されているはずであって、〈変調〉が施されていない〝裸〟の〈基本《プライマリ》フレーム〉などというものは限界概念として要請されはしても実際には存在しない。換言すれば、「多様な現実」の「リアリティ」は、〈基本《プライマリ》フレーム〉を謂わば〝第一質料《プローテー・ヒュレー》〟(πρώτη ὕλη) とする〈質料／形相〉——ルーマン的にいえば〈メディア／

22　「操作されない出来事」は、例えば「自然現象としての地震や津波の報告」といった相互行為がそれにあたる。一方「操作された行為」は例えば「地震や津波の報を受けての避難勧告」など、人間の意志や意図の介入が認められる相互行為である。だが、少し考えれば分かるように、前者の典型例のように思える「天気予報」ですら、そこに意図がまったく介在していない訳ではない。両者を截然と分けることじたいが無理なのである。

形式〉――の入れ籠的な階層的機序をなしており、一貫した体系的秩序によって貫かれている。

そして第三は〈現実《リアリティ》〉の超越論性である。ゴフマンが「多様な現実《マルティプル・リアリティーズ》」の〈現実性《リアリティ》〉を問題とするにあたって、「相互行為の現実性《リアリティ》とは何か?」(What is *real* in interactions?) と超越的《トランスツェンデント》(transzendent) に問うのではなく、W・ジェームズを踏襲しつつ「如何なる条件の下でわれわれはものごとを現実的《リアル》であると考えるのか?」(Under what circumstances do we think things are *real* ?) という優れて「超越論的《トランスツェンデンタール》」(transzendental) な課題設定[23]を行っている点はけっして見逃されてはならない。ゴフマンはこの超越論的な問いを、相互行為の現場に即しつつ、より社会学的に「ここで一体何が起こっているのか?」(What is it that's going on here?) という問いへとパラフレーズするのだが[24]、こうした定式化によってゴフマンが注意を喚起しようとしているのは、〈現実性《リアリティ》〉は相互行為の只中《ただなか》にあっては問題として浮上せず、というよりそもそも存在せず、〈反省《レフレクスィオーン》〉(Reflexion) において初めて主題として浮上する、という〈現実性《リアリティ》〉の原理的な構造である。例えば、「観劇」や「遊戯」にのめり込んでいる状態、また「夢」や「幻覚」のさなか、においては、〈私〉はそうした事態にまるごと巻き込まれており、事態そのものの構成要素としてそれと一体不可分の関係にある。こうした事態にあっては〈私〉と〈環境〉との間に分割線が引かれておらず、そうである以上、〈環境〉を〈私〉から切り離して、その〈現実性《リアリティ》〉を云々することなど叶わぬ道理である[25]。「観劇」や「遊戯」の虚構から〝我に復《かえ》り〟、あるいは「夢」や「幻覚」から〝醒め〟た後、「あの芝居は素晴らしかった」「また遊びたい」あるいは「怖かった」「夢でよかった」などと回顧する場面になって、初めてそれらが固有の〈フレーム〉によって特徴付けられた多様な〈現実《リアリティ》〉として明確な輪郭《フリンジ》を与えられることになる。このことは、「相互行為」において〝裸〟の〈基本フレーム〉

は存在しないとした先の立言を別のアングルから裏付けてもいる。ゴフマンは、〈フレーム〉が単に体験《エクスペリエンス》(experience)されているだけで、その存在に無自覚な前者の位相を、「相互行為」への〈専心・没頭《エングロスメント》〉(Engrossment)と呼び、[26] 事後的な〈反省〉によって「多様な現実」の存在性格と、その日常生活世界との関係が明らかにされる位相を、「相互行為」の〈フレーム分析《アナリュシス》〉(Frame Analysis)と呼ぶ。[27]

われわれの用語系で言い換えれば、〈専心・没頭《エングロスメント》〉とは、「相互行為」の当事者が、〈コミュニケーション〉システムの連鎖プロセスに組み込まれているという意味で、システム〈内部〉に閉じ

23 *Frame Analysis*, p2. および James, W., *Principles of Psychology* (1890), Vol2, chap.21.

24 *Frame Analysis*, p8.

25 ここでもまたぞろ「明晰夢」の場合は如何？ といったうんざりする反論が登場してくることが予想されるが、そうした論者たちによる「夢のなかで、『これは夢だ』と分かっている」などという彼らの立言がそもそも、われわれに言わせればナンセンスである。実態はむしろ、覚醒時に「夢のなかで、『これは夢だ』と分かっていた」と回顧的に反省し、そのことが他者に伝達され共有されるという事態が「明晰夢」と遡及的に呼ばれる、のである。「明晰夢」とは「みる」ものではなく、事後的な反省によって「認定」されるものであり、したがって所謂「明晰夢」のケースもこの原則の例外とはならない。

26 「Engrossment」の語に対して「没入」の訳を与えないのは、物理的モデルのＶＲにおける「Immersion」概念とのコノテーションの差を明確化するためである。〈専心・没頭《エングロスメント》〉は現象学的に言えば〈中断《エポケー》〉以前の〈自然的態度《ナトゥーリッヒェ・アインシュテルンク》〉(natürliche Einstellung)にあたる。

27 〈フレーム分析《アナリュシス》〉もまた一種の〈変調《キーイング》〉であって、『フレーム分析』というゴフマンの著書じたいがその実践である。エスノメソドロジーは、社会学的〈反省〉を、人為的操作による相互行為の改変とみなし、〈専心・没頭〉の次元に飽くまでも踏み留まるがゆえに、〈実在性《リアリティ》〉問題には原理的に関与不可能である。

込められており、したがってシステムがシステムとしてそもそも析出されていない位相、「当事者《フュア》にとっての《エス》」(für es) 体験が全面化することでシステムが閉鎖的な自足状態《アウタルケイア》(αὐτάρκεια) にある位相である。対して〈フレーム分析《アナリュシス》〉は社会学という「学知の見地からの《フュア・ウンス》」(für uns)〈反省《レフレクスィオーン》〉による――より厳密には、他のシステム関係準位《レフエレンツ》(System Referenz) での〈観察《ベオーバハトゥンク》〉(Beobachtung) による――「相互行為」システムへの評価と〈現実性《リアリティ》〉の認定である。相互行為におけるこの〈観察〉の契機によって、相互行為を二者間における透明で同格的な関係と捉えるハーバマスに代表される如き見解とは違って、ゴフマンの「相互行為」把握は「演劇」をモデルとした三者関係モデルとなる。相互行為におけるこの三者関係モデルは、第三章で指摘したように、「ビットコイン」の「ブロックチェーン」においても採用されている。[28] 繰り返すが、どのような〈フレーム〉をもった「相互行為」システムであれ、その〈現実性《リアリティ》〉は、システムに属性として〝付随する〟ようなものではなく、飽くまでも（〈反省〉＝〈観察〉によって）「認定」されるものなのである。

また、〈専心・没頭《エングロスメント》〉にあっては完全な閉鎖状態にあったシステムに、〈フレーム分析《アナリュシス》〉が〈反省〉＝〈観察〉によってある〝裂開〟を生ぜしめる、あるいは同じことだが、システム〈内部〉に纏縛されていた〈専心・没頭《エングロスメント》〉が、〈フレーム分析《アナリュシス》〉への〈変調《キーイング》〉によってシステム〈外部〉に出て、当該システムを〈評価＝批判《クリティズィーレン》〉(kritisieren) し、〈基礎付ける《フンディーレン》〉(fundieren)、という意味において、「相互行為」への〈現実性《リアリティ》〉認定が「超越論的」なオペレーションであることも再度確認しておきたい。

6―2―7　「多様な現実」の一環としてのＶＲ

われわれがゴフマンの「相互行為」分析を高く買うのは、例えばシュッツにあっては日常生活世界の一般的《ノーマル》な意味領域からの「飛躍《リープ》」(leap)や「突破《ブレイク・スルー》」(break through)すなわち「ショック体験《エクスペリエンス》」(shock experience)として特徴付けられることで、[29] その逸脱性《アノマリィ》(anomaly)が殊更に強調されるフィクショナルな諸「現実《リアリティ》」を、〈コミュニケーション〉連鎖における〈システム構造〉(＝〈フレーム〉)の多様性と、それらの交替として、あるいは日常生活世界を〝地〟としつつ〝図〟化を繰り返す〝パターン〟の変容的反復として捉えるというパースペクティヴをそれが有しており、したがって「多様な諸現実《マルティプル・リアリティーズ》」の通常《ノーマル》の「相互行為」からの隔絶や断絶をではなく、むしろそれとの連続性を、ゴフマン理論が説くからである。

ここで本来の文脈に戻って言えば、われわれはＶＲもまた「多様な諸現実《マルティプル・リアリティーズ》」の一斑をなしており、〈変調《キーイング》〉によって〈フレーム〉の変更がなされた「相互行為」システムとして捉え返したいのである。したがってＶＲという〈現実《リアリティ》〉もまた、前節で指摘した(一)相対性、(二)階層性、(三)超越論性を、その存在性格として免れないと同時に、それはけっして日常生活世界と隔絶した〝実在〟などではなく、〈コミュニケーション〉連鎖のオペラツィオーンを通じてそれと連続してもいる。そして社会性《ソーシャル》ＶＲの登場は、その事実をまさに証拠立てている。

28　本書第三章３―２―２―４小節を参照。
29　Schütz, *Ibid*, II. The Many Realities and Their Constitution.

髄かに、物理モデルに従う旧来のVRにおいては、VRが自然的＝物理的〈環境〉の人工的代替と捉えられることで、日常的生活世界との不連続性と断絶とが強調されてきた。だが、社会性《ソーシャル》VRにあっては、VRとは「人格《パーソン》」(Person)を〈環境〉とする〈コミュニケーション〉において、「人格《パーソン》」を〝人格《キャラクター》〟(Character)へと人為的・技術的に交替させることで〈コミュニケーション〉持続の人工的〈環境〉を創出する操作――その際、〝人格《キャラクター》〟が3D特性をもつか否かは社会性《ソーシャル》VRにとって本質的ではない――を意味している。それが如何に抽象的で匿名的なものであったとしてもネット上における〈コミュニケーション〉持続の〈事実性《ファクティツィテート》〉(Faktizität)のみが、人工的な仮想〈環境〉のリアリティとOFF状態の「相互行為」現場のリアリティとを同一平面に置く謂わば〝蝶番《ちょうつがい》〟になっている。すなわち社会性《ソーシャル》VRとは「相互行為」における〈変調《キーイング》〉による新たな一つの〈フレーム〉――「VRフレーム」――の創造と採用である。だが、それは日常生活世界との断絶を生ぜしめる〝異空間〟の創設を意味しない。それは飽くまでも〈コミュニケーション〉持続という〈事実性《ファクティツィテート》〉を前提とした、その地平〈内部〉での現実《リアリティ》変容に過ぎない。

こうして社会性VRは、物理モデルにおいては〝別世界〟すなわち現実世界の〈外部〉と捉えられてきたVR空間を、〈コミュニケーション〉連鎖の〈事実性《ファクティツィテート》〉を媒介にして、「相互行為」空間との接続・融合を果たしたこと、しかもその融合は「セカンド・ライフ」においての如き、現実世界を〝原像〟として優位に置き、仮想世界《メタヴァース》をその〝模倣像〟として劣位に置く、といった鏡像関係においてではなく、様々な仮想世界群《ワールズ》を、或いは異形の〝人格《キャラクター》〟を、〈コミュニケーション〉連鎖の〈環境〉として「相互行為」空間にそのまままるごと組み込む、というかたちで実現していること、をみた。

だが〈コミュニケーション〉連鎖を軸とした諸世界、諸空間の接続と融合は、「相互行為」空間とVR仮想空間との間だけに生じているわけではない。それは日常生活世界の隅々にまで——この後に導入する語を先取りすれば、「体験としての現実」と「情報としての現実」との関係にも——及んでいる。本節の後半では、こうした事態を理論的に掬い取ると同時に、社会的次元における「リアリティ」（Reality）の概念を最終的に定式化しよう。

6-2-8 「体験としての現実」と「情報としての現実」

さて、日常生活世界において、われわれが直接アクセスできる社会的〈現実《リアリティ》〉は限られている。それはたかだか五官によって体験可能な範囲、例えば今いる部屋の内部、戸外に出てみたところで街区の一部にすぎない。にもかかわらずわれわれは政治家が大阪の国有地売却の口利きを行ったこと、また英国でテロが起こり数十名の死傷者が出たことを、直接見聞したわけでもないのに、社会的〈現実《リアリティ》〉として識っており、それを自明なこととして受け容れている。こうした、直接的に見聞可能な範囲を超えた社会的〈現実《リアリティ》〉は実は「情報」による構成の所産である。もちろん単なる「情報」からは社会的〈現実《リアリティ》〉は構成されない。その「情報」の真実性《トゥルース》（truth）が担保されて「事実」となり、それを人々が共有することで初めて、その「情報⇒事実」は社会的「現実《リアリティ》」の一斑として通用し始める。われわれは前者の直接的「知覚」によって構成された現実を「体験としての現実」と、後者の伝聞「情報」によって構成された世界を「情報としての現実」と呼びたい。われわれの日常生活世界は「体験としての現実《リアリティ》」と「情報としての現実《リアリティ》」からなり、したがって日常生活世界の「リアリティ」とは、両者の総和である。

「体験としての現実」を担保しているのは、一つには、そこで生じた「事実」の直接体験的で現場的な確証性である。今食べているリンゴの「酸っぱさ」や、机の表面の「滑らかさ」、陽射しの「眩しさ」といったその時々の直接的な感覚刺激の〈強度〉が「事実」のリアリティを直接保証している。「体験としての現実」のいま一つの源泉は、対人関係における「相互行為」の直截性・対面性である。交渉や会話の現場に居合わせていること《アンヴェーゼンハイト》（Anwesenheit）、面と向き合っている《フェイス・トゥー・フェイス》（face to face）ことと言ってもよいし、ブーバー＝シュッツ流に体験内部に現れる人称が恒に〈私《イッヒ》―君《ドゥ》〉（Ich-Du）関係《ベツィーウング》に限定されることと言ってもよい。孰れにしろ、「知覚」と「交渉」における直接性が「体験としての現実」の源泉になっている。

一方「情報としての現実《リアリティ》」において「情報」に「リアリティ」を保証するのがマスメディアである。われわれは「体験としての現実」の外部にも〈現実〉――人称的には〈彼ら〉関係《イーアベツィーウング》（Ihr-beziehung）からなる〈現実〉――が広がっていることを知っているが、これを直接一々確かめる術《すべ》は無い。なぜなら、或る「体験」の現場、に身を置くことは、他の可能的な〝現場〟が「体験」の対象にはならないことを意味する（「現場」の排他性）からであり、しかも可能的「現場」は無数に存在するからである（潜在的〝現場〟の無際限性）。

マスメディアは、この二つの問題を一挙に解決する。すなわち特派員や支局網、世界各国の通信社とのネットワークを駆使し、可能な限りの「現場」を網羅することで、「現場」の排他性の問題に対処する。ところがすべての「現場」で得られるあらゆる「情報」を伝達・報道することはできない。無数の「情報」のなかから報道に値するものを選別し、選別したもののなかでもまた重要度の序列をつける（〝現場〟の無際限性への対処）。こうして選別され序列をつけられた「情報」が「事実」として新聞紙面に割り付けられ、ニュース番組にラインナップされ、広範に頒布されることで「情報としての現実」が構成される。「情報としての現実」を構成する「事実」とは、選別され、価値付けられた「情報」に他ならない。

6-2-9　リアリティの構造

ここでまず気をつける必要があるのは、「体験としての現実」と「情報としての現実」との関係にあって、「体験としての現実」が「事実」の直接体験性によって日常生活世界における「リアリティ」の〝原器〟的規準の地位を占めており、「情報としての現実」の「リアリティ」はその規準に則《のっと》って測られ評価されている、という点である。マスメディアの現場で恒に要求される「ウラ取り」とは、単なる「情報」に、「体験」や「知覚」の裏付けを与えることで「事実」としての資格を付与する手続きである。つまり「体験としての現実」が「リアリティ」の点で優位を占め、「情報としての現実」は劣位に置かれる。ここでは、第1節で批判的に考察した〈原像-模像〉の物理モデルが息を吹き返している！

だが、これだけでは話は終わらない。物理＝自然的な場面と社会＝コミュニケーション的な場面との違いは、「リアリティ」における〈文脈性《コンテクスチュアリティ》〉と〈権力性〉の有無である。例えば、通行人の殺傷現場に居合わせる、という「体験としての現実」を例に取ろう。そこには「迸《ほとばし》る鮮血」や「通行人たちの悲鳴」といった強烈な〈強度〉をもった直接的「感覚」体験を実質とする知覚水準の「リアリティ」が慥かにある。だが、帰宅して視たニュース報道で被害者が実は著名な政治活動家であったことを知ったとしよう。あの現場で〈私〉が目撃したのはテロリズムによる暗殺事件だったのである。このとき事態の様相は一変する。「体験」された「事実」が、社会的〈文脈〉に組み込まれることで「リアリティ」は「体験」の水準から「情報」の水準へと移されると同時に、「体験」された知覚的リアリティは「情報」から構成された社会的リアリティに包摂される。「体験」が「情報」に組み込まれるのである。ここで「体験としての現実」と「情報としての現実」の支配関係における主従は逆転する。

　日常生活世界のリアリティは、自然＝物理的世界においてのように、「知覚」の直接性としての〈現前《プレゼンス》〉や、そこから構成される〈実在性《リアリティ》〉に還元され尽くすわけではない。それは「体験」の水準におけるリアリティを組み込みながら、「情報」の水準において高次の〈社会的現実《ソーシャル・アクチュアリティ／ゾツィアーレ・ヴィルクリヒカイト》〉(Social Actuality / Soziale Wirklichkeit) として構成される。

　この際、「相互行為」現場と社会性《ソーシャル》VRの仮想世界とが〈コミュニケーション〉持続の〈事実性〉によって〝地続き〟となったように、「体験としての現実」と「情報としての現実」もまた「事実」の地平で融合を遂げると安易に考えてはならない。なぜなら、「相互行為」現場と仮想世界とが接続される地平である〈事実性〉が、両世界において変わらぬ同じ〈コミュニケーション〉持続の無媒介的なリアリティである[30]のに対し、「体験としての現実」と「情報としての現実」とが融合する〈社会的現実《ゾツィアーレ・ヴィルクリヒカイト》〉は、マスメディアによって選別され、序列化された、すなわちマスメディアによって価値付けられた「事実」の地平だからである。

　であるとすれば、〈社会的現実《ゾツィアーレ・ヴィルクリヒカイト》〉のリアリティは、一に懸かって「事実」群のリアリティを担保・保証するマスメディアへの、われわれの「信頼《フェアトラオエン》」(Vertrauen) に懸かっている、と言わねばならない。あるいはマスメディアを主語にして言い換えれば、「体験としての現実」と「情報としての現実」とを一つの〈社会的現実《ゾツィアーレ・ヴィルクリヒカイト》〉へと纏め上げる権能はマスメディアの「権威《アオトリテート》」(Autorität) に存すると言わねばならない(第三章の議論を想起せよ!)。それが「体験としての現実」として起こったものであろうと、「情報としての現実」において「情報」が選別・序列化の手続きによって昇格したものであろうと、一般に「事実」はマスメディアの「権威」によって「正当化される《レギティミールト・ヴェアデン》」(legitimiert werden) ことで初めて〈社会的現実《ゾツィアーレ・ヴィルクリヒカイト》〉に正式に組み込まれ得る。そして「正当化」された諸「事実」群から、マスメディアの「権威」を背景に、首尾一貫した〈文脈〉をもつ唯一の〈現実〉が現成する。日常生活世界の〈現実《リアリティ》〉は、マスメディアを頂点とし大衆を底辺とする円錐的な〈権力〉関係において初めて、その唯一性を維持できるのである。

さて、その時々の文脈に応じて ad hoc に、かつ暫定的に規定し使用してきた「リアリティ」(Reality) の語をわれわれはここにきて漸く、これまでの議論の成果を総括しつつ厳密に定義することができる。「リアリティ」はまず、自然=物理的な〈環境〉におけるそれと、社会=コミュニケーション的な〈環境〉でのそれとに大別される。自然=物理的な〈環境〉において基軸的な地位を占めるのは〈実在性〉としてのリアリティであり、社会=コミュニケーション的な〈環境〉では〈現実性〉としてのリアリティが基幹的な重要性をもつ。

ただし〈実在性〉と〈現実性〉は孰れも、構成されたリアリティであって、最初から与えられたものではない。〈実在性《リアリティ》〉は感覚水準における原初的リアリティである〈現前性《プレゼンス》〉(Presence) から

30 ただし、本節前半ですでに論定したとおり、その「現実性《リアリティ》」の認識は、für uns からの超越論的な反省を必要とする。ここでの「無媒介性」は飽くまでも für es における当事者水準におけるものである点に注意。

構成される。[31] 物理モデルのVRは、自然的な所与である〈現前性〉段階のリアリティの水準にまで遡って、自然＝物理的〈環境〉を、人工的な〈環境〉の「実在性《リアリティ》」で置き換えることを目指す技術である。一方〈現実性《リアリティ》〉は、「相互行為」現場＝「体験としての現実」を母胎的地盤としながら、一方にVRを含む「仮想世界」、他方に「情報としての現実」とが分岐する、合わせて三〈相＝層〉の日常生活世界全体をカバーするが、これもまた最初から与えられたリアリティではない。われわれは「相互行為」現場＝「体験としての現実」が「知覚」体験に基礎を置く〈現実〉であるのに対して、「仮想世界」も「情報としての現実」も「情報」から構成された〈現実〉である点に留意する必要がある。

〈「相互行為」現場――「仮想世界」〉の軸においては、従来「知覚」をリアリティの規準とみなすことで貶められてきた「仮想世界」が、「多様な現実」の問題系を巡る様々な議論――とりわけゴフマンの〈フレーム〉分析――や社会性VRの登場によって、リアリティの規準が〈コミュニケーション〉持続の〈事実性〉に遷移することで、「相互行為」現場と同等の〈現実性《リアリティ》〉を獲得しつつある。他方、〈「体験としての現実」――「情報としての現実」〉の軸においては、マスメディアが、その「権威」を楯に、また円錐的な「情報」独占のヒエラルキー構造である〈放‐送《ブロード・カースト》〉を恃《たの》みつつ、「情報」を「事実」へと加工し大衆に頒布することで両世界を〈社会的現実《ゾツィアーレ・ヴィルクリヒカイト》〉という唯一のリアリティに纏め上げる役割をこれまで担ってきたのだった。

6‐2‐10　マスメディアという〝VR〟

ところが、メディア・パラダイムがマスメディアの〈放‐送〉からインターネットの〈ネット‐

ワーク〉に遷《うつ》り、それまでの一極集中的なヒエラルキー構造が特権的場所をもたない二次元的な平面構造に取って替わられるとき、マスメディアの「権威」は失墜し、「事実」の「正当化」機能もまたそこから奪われる。これは、マスメディアがその「権威」的構造によって維持してきた唯一の〈社会的現実《ゾツィアーレ・ヴィルクリヒカイト》〉という〝箍《たが》〟が失われ、代わって、相対化された諸〝事実〟からなる茫漠たる海原が出現することを意味する。

二〇世紀の前半に逸早《いちはや》くW・リップマンはマスメディアが構成する〈現実《リアリティ》〉――われわれの言葉で言えば「情報としての現実」――が、知覚的な〈環境《エンヴァイロンメント》〉(Environment)――われわれの言葉で言えば「体験としての現実」――とは本質的に存在性格を異にする、伝聞的「情報」から構成された〈疑似環境《スュードー・エンヴァイロンメント》〉(Pseudo-Environment)に過ぎないこと、にもかかわらずこの〈疑似環境〉が自明化して〈環境〉化を遂げるとともに、〈環境〉もまた〈疑似環境〉化を――例えば「ステレオタイプ」(Stereotype)のかたちで――被りながら〈社会的現実《ソーシャル・アクチュアリティ》〉(Social Actuality)を構成していることを慧眼にも指摘した。[32] この場合、〈疑似環境〉と〈環境〉との〝相互浸透〟を成り立たせているものこそマスメディアの「権威」――大衆のマスメディアに対する「信頼」――であり、その「正当化」機能に他ならない。

31　但し、この認定は飽くまでも認知的な水準に限っての話である。実践的な水準が考慮に入れられた瞬間に直接的な所与は「現前存在《フォアハイデンザイン》」(Vorhandensein)である〈現前性《プレゼンス》〉から、「道具的存在《ツーハイデンザイン》」(Zuhandensein)としての〈概念《ベグリッフ》〉に移行する。この論点に就いては、身体性の問題が介在するため、詳説は後日を期したい。

32　Lippmann, W., *Public Opinion*, 1922.(邦訳『世論』岩波書店)

二〇世紀も第三四半期に入るとマスメディアの「権威」とその「正当化」機能に翳《かげ》りが見え始める。それを鋭く見抜いたのがJ・ボードリヤールである。ボードリヤールは、リップマンの謂う〈疑似環境〉が実は「事実」であることの裏付けを欠いた「情報」の〝戯れ《ジュ》〟(jeux)、たんなるスペクタクルに過ぎないことを看破し、それを〈シミュラークル〉(Simulacre)と、そしてこれによって構成される疑似《プスドー》〝現実《アクチュアリテ》〟(pseudo actualité)を〈ハイパーリアリティ〉(hyperréalité)と呼んだのだった。[33] ボードリヤールは〈ハイパーリアリティ〉の概念によって、「情報としての現実」の「事実《フェ》」(faits)を、すべて〈現前《プレザンス》〉(présence)の次元に還元した上で、これを〝現実《アクチュアリテ》〟と等置していると言ってよい。つまり彼にとって〝現実〟とはディスプレイ上に繰り広げられる「感覚」像の〝乱舞〟に過ぎない。ここにおいて〈社会的現実《ソーシャル・アクチュアリティ》〉そのものが、まるごと「仮想現実《ヴァーチャル・リアリティ》」――ただし物理モデルのそれ――と化す。VRとは、一九八〇~九〇年代に第一次ブームを迎えたテクノロジー分野における現象であったのみならず、同時期の社会の〈現実〉そのものでもあったのである。

6-2-11　マスメディアからSNSへ

今日しばしば「Virtual Reality」における《Virtual》を《仮想》と訳すことの問題性が指摘され、《仮想》に代えて《実質》の訳語が推奨されているようである。だが、少なくとも一九八〇~九〇年代のVRに関する限り、《Virtual》を《実質》と訳すのは極めてミスリーディングであり、《仮想》の方がまだマシである。《Virtual》を無闇に《実質》と訳したがる傾向は、次節で触れる「遠隔-現前《テレ・プレゼンス》」や「遠隔-存在《テレ・イグジスタンス》」など世界内在的で道具的なVRの機能を以ってVRそのものと同一視する技術開発者《エンジニア》に特有のVR観とバイアスに因るところが大きい。だが、一九八〇～九〇年代のVRの多くは〝原像〟や〝本体〟としての「真実在」を想定しており、VRはその〝模倣〟や〝模擬〟、〝代替〟である。そうである以上、その「リアリティ」が、「真実在」ないし「本物」を基準として、「偽《フェイク》―」(fake-)「疑似《スュードー》―」(pseudo-)「準《クワズィ》―」(quasi-)といった含意をもつ「仮想的《ヴァーチャル》」(virtual)を限定詞として冠するのは当然の成り行きである。そしてその事情はボードリヤールが言挙げした社会的次元における〝VR〟である〈ハイパーリアリティ〉にも当て嵌まる。もちろんボードリヤールは彼一流のレトリックで〈ハイパーリアリティ〉の〝向こう側〟の存在を否定してみせるではあろうが、〈ハイパーリアリティ〉が「作り事《フェイク》」であることは、テレビに映し出される「スペクタクル」のリアリティと、「体験としての現実」のリアリティとを比較してみれば一目瞭然である。「スペクタクル」はそれにどれほど迫真性があろうと所詮は「見世物《スペクタクル》」であって、結局はそれが演出された光景に過ぎないこと、その〝嘘臭さ〟が観衆に見抜かれる運命にある。「スペクタクル」が〝作り事〟であることを観衆は心得た上で、その作り事の迫真性に酔い、それを堪能することがこの時期一世を風靡した思潮であるポストモダン（ボードリヤールの思想はその一つの典型である）の流儀でも作法でもあった。[34] 言い換えれば、「現実」と「スペクタクル」との差異を観衆が弁《わきま》えていること、それが「スペクタクル」成立の条件なのである。

33　Baudrillard, J., *Simulacres et simulation*, 1981.（邦訳『シミュラークルとシミュレーション』法政大学出版局）、*la guerre du Golfe n'a pas eu lieu*, 1991.（邦訳『湾岸戦争は起こらなかった』紀伊國屋書店）

34　この時期に大流行した映画ジャンル「スプラッター・ムービー」などはその象徴的事例である。

右の意味において、この時期の社会的次元における〝VR〟（＝ハイパーリアリティ）もまた、その一見デリダ風の表層一元論的な装いに反して、実質上〝本体〟を予想する物理モデルの軍門に降っているとみてよい。ということはつまり、逆に言えばマスメディアの「権威」とその「正当化」機能はこの時期まだ健在だった、ということでもある。

　事態が急変するのは二一世紀に入って十余年が過ぎ、SNS（Social Networking Service）が破竹の勢いで世を席巻し始めてからである。この時期にはマスメディアは完全にメディアの主導権をインターネットに譲り渡しており、[35]人々はニュースに、テレビ番組や新聞記事を通じてではなく、〝スマホ〟のニュースアプリやインターネット上のまとめサイトを通じてアクセスすることが一般的になっている。そればかりではない。SNSはミニブログとも呼ばれ、個人的な意見・情報発信のツール、またリツイートによる〝拡散〟すなわち情報頒布の媒体として機能する。すなわちSNSとはネットワークの各ノードを発信源とする微小〝放‐送〟《マイクロ・ブロード・カースト》（Micro Broad-Cast）なのである。もちろんマスメディア本来の〈放‐送〉とは違って、そのヒエラルキー構造は無視し得る程に小規模であり、また情報の波及範囲も限られている。さらに微小なヒエラルキーが無数に並立しているために、各ノードを頂点とするヒエラルキーのすべてが相対化され、それぞれのヒエラルキーの〝権威〟――つまりは他のノードからの〝信頼〟――も無きに等しい。その意味で、本来の〈放‐送〉が立体的な円錐によってイメージされるのに対して、微小〝放‐送〟は水溜まりに降り注ぐ雨滴が作り出す二次元的な波紋群、ないし〝無数の高原《ミル・プラトー》〟（mille plateaux）に準えることができる。波紋群は一部重なり合いながらそれぞれを打ち消し合いもする。そこに特異点は存在せず、すべては相対的である。実際、微小〝放‐送〟であるSNSから発信される情報の多くは出所不明の、どこまでが発信者の思い込みやイデオロギーで、どこからが事実や伝聞報告なのかが判然としない、確度や信頼性が疑われる代物《しろもの》でしかない。

「情報」流通における〈ネットワーク〉の顕著な特性は、マスメディアの〈放ー送〉がその円錐的構造の特権的場所である頂点（放送局・新聞社）から、底面（大衆）へ向けての一斉同報送信のかたちを取るのに対し、いかなる特権的場所も存在しない茫漠たる二次元的ネットワーク平面を構成する、ノード間でのランダムな授受という形態を取ることにある。したがって〈ネットーワーク〉を流通する「情報」は不均質かつ局所的なものとなり、結果としてそうした「情報」から構成される〝社会的現実《リアリティ》〟は濃淡のある斑《まだら》状の、歪《ひず》みに満ちたものとなる。このことは、出どころが異なるさまざまな「情報」がすべて、それぞれに固有の相対的な〝現実性《リアリティ》〟を備えており、これらが合して情報社会のトータルな〝現実〟が構成されること、したがって何かをきっかけに諸「情報」のレイアウトが崩れれば、それまでの社会的〝現実〟もまた簡単に組み替わることを意味している。これは例えば、〈マスメディア〉によって頒布された「情報」によって構成される安定的〈現実〉と、〈マスメディア〉の「情報」頒布が（例えば報道管制や革命などによって）完全に遮断された場合の〈ネットワークメディア〉（例えばＳＮＳ）からの「情報」のみによって構成された〝現実〟とを比較してみれば容易に理解できよう。政治分野で流行中の「ポストトゥルース」（post-truth）という惹句《じゃっく》は、〈マスメディア〉から〈ネットワークメディア〉へのパラダイム・チェンジ

35　厳密に言えば、著者はその転機を二〇一一年にみる。詳細については拙著『情報社会の〈哲学〉――グーグル・ビッグデータ・人工知能』の序章を参照。

によって惹き起こされた、こうした社会的〈現実《リアリティ》〉の全面的な相対化現象を端無くもいい表している。問題は、「ポストトゥルース」の語が引き摺るネガティヴな含意にもかかわらず、二〇一〇年代を通じて、このSNSの微小〝放‐送〟が、従来のマスメディアの〈放‐送〉に取って替わってきたという厳然たる事実である。そしてそれを象徴するのが二〇一七年の流行語ともなった「フェイクニュース」(Fake News)である。

「Fake News」はしばしば「嘘ニュース」などと訳され、二〇世紀に猖獗を極めた「プロパガンダ」との連続性が指摘されたりもする。だが、「フェイクニュース」は「嘘ニュース」ではないし、「プロパガンダ」とも無関係である。「フェイクニュース」とはむしろ現在の〈ネット‐ワーク〉パラダイムにあって、マスメディアの「報道《カヴァレッジ》」(Coverage)に替わって登場した、情報発信における事実上の標準《デ・ファクト・スタンダード》(de facto standard)形態である。「プロパガンダ」とは違って「フェイクニュース」においては、その発信者に陰謀や捏造の意識はほとんど無い。専門家の見地から見て、明らかにそれが間違った知識であっても、発信者の多くはそれを本気で信じて発信し、またリツイートしている。そのことは所謂「ネトウヨ」のツイートや、炎上騒ぎにおける情報拡散、一時期社会問題化した健康情報のキュレーションサイトなどを考えれば一目瞭然であろう。そうである以上、「フェイクニュース」とは情報社会おいてけっして特殊な事態ではない。一般ユーザーの日常的な「つぶやき《ツイート》」や「拡散《リツイート》」のすべてが「フェイクニュース」になり得るし「フェイクニュース」であり得る。SNSから微小〝放‐送〟される情報のすべてが〈潜在的《ヴァーチャル》〉(virtual)な「フェイクニュース」なのである。

その意味で、SNSもまた広義のVirtual Realityであると言えるのだが、このときの「virtual」

は、前世紀のVRにおいてのような「偽《フェイク》-」(fake-)「疑似《スュードー》-」(pseudo-)「準《クワズィ》-」(quasi-)といった「仮想的《ヴァーチャル》」なニュアンスを最早もたない。なぜなら、そこにあるのは〈コミュニケーション〉連鎖という〈事実性《ファクティシティ》〉(Facticity)の水準における不確定的《ヴァールシャインリヒ》(wharscheinlich)な「リアリティ」のみであって、その〝裏側〟には何もない——したがって、〝原器〟・〝規準〟をなすはずの〝真実在〟も当然存在しない——からである。

ここにおいて、先にそれが誇張され・僭称されたものであることを指摘した、ボードリヤールの主唱になる前世紀の「社会的現実のヴァーチャル化」が、今世紀、掛け値なしに成就したことが明らかとなる。だが、そのことは、これまでマスメディアの「権威」的構造によって再生産・維持されてきた唯一の〈社会的現実《ゾツィアーレ・ヴィルクリヒカイト》〉が、のっぺりとした涯てしない「情報」の〝海〟、不確定的な〈コミュニケーション〉の無際限な連鎖へと崩潰することをも同時に意味する。すなわち、それまでマスメディアが、無数の諸「情報」に対して〈選別〉と〈序列化〉のオペレーションを行使することで果たしてきた、「事実」の「正当化《レギティミールンク》」(Legitimierung)機能が無効化することを意味する。

そのとき、マスメディアの「権威」を背景にしながら〈選別〉や〈序列化〉によってそれまで「事実」に付与されてきた〈価値〉が剥奪され、「事実」の階層的秩序は「情報」の〝大海〟、〈価値〉無記＝没〈価値〉なデータの〝ゴミ〟の山と化す。この際〝ゴミ〟の価値を決めるのは、〈量〉以外にはあり得ない。すなわち「いいね!」の数、リツイートした人数、レヴューの星の数、視聴回数、が配信情報＝「フェイクニュース」＝〝ゴミ〟の〝価値〟を決定する。

この規準は多数決原理に適っており、その限りでは、インターネット・パラダイムにおいて登場した、従来のマスメディアによる権威主義的な「事実」の「正当化」に替わる、そしてアメリカ的民主主義《デモクラシー》とも調和的な、新しい「正当化」手続き《プロトコル》とみなせ、結構なことではないか、と肯定的に捉える向きもあるかもしれない。だが、SNSにおける〈量〉を根拠とした「データ」から「事実」への昇格という「正当化」プロトコルは、唯一の〈社会的現実《ゾツィアーレ・ヴィルクリヒカイト》〉を完全に相対化し、また確固たる〈現実〉の安定的秩序を揺るがし、なによりも「事実」をビッグデータに解消することによって、「事実」の「正当化」手続きを（例えばAIによる）自動的データ処理のプロセスに委ねることをも意味する。それをしも「民主主義」と呼びたいなら呼んでもよいが、それは人間の意思決定を何ら介在させることのない非人称的な〝民主主義〟であろう。

6―2―12　本節のまとめ

本節の論旨を振り返ろう。二〇一〇年代にはVRを巡って社会的次元で重大な二つの変化が出来《しゅったい》した。一つは、二〇一六末〜一七年に登場したVRchatとヴァーチャルYouTuberである。これら社会性《ソーシャル》VRは、それまでのVRが物理モデルを採ることで、日常的な「相互行為」現場と一線を画した、非日常的な空間として「仮想《ヴァーチャル》空間」を立てたのに対し、〈コミュニケーション〉の〈事実性〉がもつリアリティを〝蝶番〟に、「仮想空間」と「相互行為」現場とを〝地続き〟にし、〈事実性〉というリアリティ水準において両者を融合させた。だが「仮想空間」と「相互行為」現場とのこの融合は、二〇一〇年代初頭から始まっていたもう一つの融合の帰結であり、その補完に過ぎない。そのもう一つの融合とは「体験としての現実」と「情報としての現実」との融合である。「情報としての現実」は直接的「体験」というリアリティ規準を欠くことで、不可疑の〈現前性《プレゼンス》〉をもつ「体験としての現実」（リップマンの謂う〈環境《エンヴァイロンメント》〉）から永らく区別され、貶められてきた。この「情報としての現実」は、直接的な「知覚」の対象でないにもかかわらず、マスメディアによって時事刻々継続的に提供される「情報」によって構築される人工的〈環境〉であるという意味において、物理モデルに順った一種の〝ＶＲ〟と考えられる。そして、この〝ＶＲ〟に、マスメディアの「権威」による「正当化」機能を通じて「体験としての現実」に準ずる「リアリティ」を恢復してやることが可能と考えるリップマンはそれを〈擬似環境《スュードー・エンヴァイロンメント》〉——「情報」による構成物であることによって真性の〈環境〉には実在性において劣るが、〈現実〉の一斑を構成する点で、やはり〝環境〟と言う他ない——と呼んだ。だが、〝ＶＲ〟としての社会にリアリティを恢復することは原理的に不可能と考える域に留まらず、ＶＲ化は「体験としての現実」にも及んでいると指摘するボードリヤールはこうした事態を〈ハイパーリアリティ〉と呼んだのだった。ところが、二〇一〇年代初頭からのＳＮＳの急速な普及は、ボードリヤールの主張が——修正の必要があるにしろ——大筋において間違いではなかったことを立証しつつある。情報社会の最新段階にあって、社会は——ボードリヤールが言う如き〈現前性《プレザンス》〉の〝戯れ《ジュ》〟(jeux)の〝舞台〟としての「スペクタクル」ではなく——没価値的な諸「情報＝データ」が日々産み出され氾濫する、「ビッグデータ」のオートポイエーシス・システムとして再編されつつある。そこではマスメディアによって提供されていた唯一の確固たる〈社会的現実《ソーシャル・アクチュアリティ》〉は消え失せ、それぞれが〝事実〟を僭称する相対化されたデータ群が日々〝生ゴミ〟の如く増殖する。そして、その〝生ゴミ〟は〝多数決〟という〝正当化〟原理に則りつつ〈量〉の多寡に応じて〈データ〉から「事実」への昇格を競う。こうした混沌状況の中から新たなリアリティの地平、すなわち〈潜在性《ヴァーチャリティ》〉としての「リアリティ」が出現しつつある。

6—3　VRの思想的次元

6—3—1　本節の課題

本節でわれわれは、先に区別した〈実在性〉とも〈現実性〉とも異なる、情報社会の最新段階において顕在化しつつある新たな水準の「リアリティ」である〈潜在性《ヴァーチャリティ》〉（Virtuality）を、VR技術の最新形態である「複合現実《ミックスト・リアリティ》」（Mixed Reality）とも関連付けながら主題化したい。そのための必須の予備作業としてVRがこれまでどのような社会的文脈に位置付けられてきたのかを、その機能面から概観しておく必要がある。

6—3—2　VRの社会的機能

VRが「Virtual Reality《ヴァーチャル・リアリティ》」として明確に社会的に認知され始めるのは一九八〇年代末以降、実質的には一九九〇年代に入ってからのことである。それまでのVRは、開発者がそれに籠め、そこに期待した社会的機能に応じて、様々な名で呼ばれ、そうした呼称群とその名付け親達が謂わば〝縄張り〟争いを繰り広げる状態にあった。開発者たちによってＶＲに読み込まれた社会的機能は以下の四つに大別できる。

第一は「超越《トランセンデンス》」（Transcendence）である。これは情報社会の「先覚者《ヴィジョナリー》」でもあるＳＦ作家、Ｗ・ギブスンのサイバーパンク小説群[36]によって流布したＶＲの理念であって、「身体という牢獄」から解放され意識のみが人工的〈環境〉である〈データスケープ〉（Datascape）の世界に没入することで「共感覚的幻想《コンセンシュアル・ハルスィネイション》」（consesual hallucination）——人工的感覚の共有による他者との交歓と一体化——の境地に至る、という多分に文学的もしくは形而上学的な展望《ヴィジョン》である。こうしたヴィジョンを共有するＶＲは一般に「サイバースペース」（Cyberspace）の名で呼ばれた。ＶＲ評論家のＭ・ハイム[37]やＫ・ヒリス[38]らはこうした方向性でＶＲを解釈したし、また３Ｄ ＣＡＤソフトの大手Autodesk社は、自社が開発したＶＲシステムが実現する世界を——その当否は別として——この名で呼んだ。

「超越」機能を付託されたＶＲは、逆説的ではあるが、「超社会」さらに「反社会」的な社会的意

36　Gibson, W., *Burning Chrome*, 1986.（邦訳『クローム襲撃』早川書房）*Neuromancer*, 1986.（邦訳『ニューロマンサー』早川書房）*Count Zero*, 1986.（邦訳『カウント・ゼロ』早川書房）*Mona Lisa Overdrive*, 1988.（邦訳『モナリザ・オーヴァドライヴ』早川書房）

37　Heim, M., *The Metaphysics of Virtual Reality*, Oxford University Press, 1994.（邦訳『仮想現実のメタフィジックス』岩波書店）*Virtual Realism*, Oxford University Press, 2000.（邦訳『バーチャル・リアリズム——自然とサイバースペースの共存』三交社）

38　Hillis, K., *Digital Sensations: Space, Identity, and Embodiment in Virtual Reality*, University of Minnesota Press, 1999.

義をVRに付与し――実際、ギブスンの代表的サイバーパンク小説『ニューロマンサー』は犯罪小説である――、VRが実現する人工的〈環境〉である「サイバースペース」を、現実社会の様々な桎梏からの解放をもたらす彼岸世界としてイメージした。ただし、インターネットが普及をみる一九九〇年代後半以降、「サイバースペース」の語はVRが、ではなく、インターネットが実現するはずの「ユートピア」あるいは「ディストピア」（すなわち社会の現実が反転したデジタルな〝別世界〟）の呼称として急速に流通してゆく。

第二の社会的機能は「拡張《エクステンション》」（Extension）ないし「増幅《アンプリフィケイション》」（Amplification）である。この線でVRを理解する者の多くは技術開発者《エンジニア》である。例えば、「ダモクレスの剣」の渾名をもつプロトタイプHMDの開発者であり、VRの伝説的鼻祖として知られるI・サザランド[39]や日本におけるVR技術の第一人者と目される舘暲《たちすすむ》[40]、AI界でも有名なM・ミンスキー[41]などは孰れもこの立場に属する。こうした方向で理解されたVRは「シミュレーション」（Simulation）や「遠隔－存在《テレ・イグジスタンス》」（Tele-Existence）「遠隔－現前《テレ・プレゼンス》」（Tele-Presence）の名で呼ばれる。「シミュレーション」は密着的・近接的な「人間－機械系《マン・マシン・システム》」、「遠隔－存在《テレ・イグジスタンス》」は遠隔的な「人間－機械系」、「遠隔－現前《テレ・プレゼンス》」は遠隔的な「間－人間系《インターパーソナル・システム》」を、孰れも人間に固有の感覚（入力）器や効果（出力）器の、人工的・機械的な「拡張《エクステンション》」と「増幅《アンプリフィケイション》」によって実現する。「シミュレーション」は現実世界内部の大規模ないし微細な装置稼働の「模擬」目的で、「遠隔－存在《テレ・イグジスタンス》」は危険や困難を伴う現場における装置の遠隔「操作」目的で、「遠隔－現前《テレ・プレゼンス》」は遠隔地に散在する人員を仮想的に糾合し「協働」を実現させる目的で、それぞれ開発され使用される。

この立場において重要なことは、先の「超越」の立場とは異なり、VRが世界内在的に、すなわち社会にとって役に立つ「道具《インストゥルメント》」(Instrument)として捉えられている点である。したがって「遠隔－現前《テレ・プレゼンス》」によって実現される「間－人間系《インターパーソナル・システム》」は、前節で主題化した社会性《ソーシャル》VRとは似て非なるものである。社会性《ソーシャル》VRが、目的を前提しない純然たる〈コミュニケーション〉連鎖であるのに対し、「遠隔－現前《テレ・プレゼンス》」は特定の内世界的な目的の実現に役立たれる、人間を構成要素としてはいるが機械をモデルとした本質的に〝道具〟的な性格を特徴とする。テレプレゼンスの典型的事例である「遠隔会議システム」や「協働《コラボレーション》システム」が、特定のミッションを前提する事実からもそのことは一目瞭然であろう。

第三は「表現《エクスプレッション》」(Expression)である。これは芸術家たちによって採用されてきたVR解釈である。この立場を代表するのはデジタル・アーティストのM・クルーガー[42]や演劇の枠組みをソフト開発に取り入れようとしたプログラマー、B・ローレル[43]である。彼らにとってディスプレイ上の映像は、映像の〝向こう側〟にあると想定されている〝実物〟の〝摸写〟・〝再現〟ではない。それ

39 Sutherland, I., 'The Ultimate Display', In *Proceedings of IFIP Congress*, pp. 506-508, 1965. 'A Head-Mounted Three Dimensional Display', In *Proceedings of AFIPS Fall Joint Computer Conference, Washington D.C.*, 1968.

40 舘暲「テレイグジスタンスと人工現実感」『精密工学会誌』Vol.57, No.8, pp.1321-1325, 1991. 舘暲、荒井裕彦「テレイグジスタンスにおける視覚情報提示系の設計と評価」『日本ロボット学会誌』Vol.7, No.4, pp.50-62, 1989.

41 Minsky, M., 'Telepresence', In *OMNI magazine*, June 1980.

42 Krueger, M., *Artificial Reality*, 1983, *Artificial Reality II*, Addison-Wesley, 1991.（邦訳『人工現実――インタラクティブ・メディアの展開』トッパン）

43 Laurel, B., *Computers as Theater*, Addison-Wesley, 1991.（邦訳『劇場としてのコンピュータ』トッパン）

は単独で完結した存在、すなわち非言語的＝身体的「表現《エクスプレッション》」である。こうした「表現」を表現者と鑑賞者とが共有する〈場〉、それがVRに他ならない。その意味でVRとは〝劇場〟や〝舞台〟の比喩で語り得る。

この立場もまた内世界的にVRを捉えてはいるが、「拡張」「増幅」の立場とは違って、VRの美的な側面を強調するがゆえに、それは「〈アート／人工〉《アーティフィシャル》的リアリティ」(Artificial Reality) と呼ばれる。

そして最後が「変容《メタモルフォーシス》」(Metamorphosis) である。この立場を代表するのは、本章冒頭で言及したVPLリサーチ社の創業者、J・ラニアであるが、一九六〇年代以降のドラッグ・カルチャーを牽引した「意識変性《アルタード・ステイツ・オブ・コンシャスネス》」(Altered States of Consciousness) の〝導師《グル》〟、T・リアリーもまた九〇年代にLSDに代表される化学合成薬物の代替としてVRのこの機能に期待を寄せた。ラニアも、VRに手を染める原体験として中世の神秘的画家ヒエロニムス・ボスの三連祭壇画『快楽の園』との出会いがあったことを告白しており[44]、この立場に所謂「魔術《マジック》的リアリズム」(Magic Realism) 的な世界「変容《メタモルフォーシス》」の要素を見て取るのはそれほど難しくない。

この立場はVRの、感覚器官の直接的刺激によって、意識内容を人為的に入れ替えるテクノロジー、を利用し、世界の〝実質〟をまったく別の内容で満たすことで世界の魔術的変容《メタモルフォーシス》を目論む。したがって、第一の立場の如く現世的社会からの「超越」を目指すわけではないが、そこからの一時的遁走を企図するという点で「麻薬的」であるとはいえ、十分に「反社会的」である。このVR解釈は、コンピュータ業界に君臨してきた権威主義的なメインフレーム・アーキテクチャに反旗を翻し、パーソナル・コンピュータを対抗的に開発・普及させてきた一九八〇年代後半のヒッピー・ムーヴメントの支流とみることもできる。この立場はＶＲ技術に「ヴァーチャル・リアリティ」(Virtual Reality) の名を与えたが、ＶＲの呼称と〝縄張り〟を巡る四つ巴《どもえ》の争いを制したのは、知ってのとおりこの最後の立場である。

6－3－3　ＶＲのＭＲへの変貌とエンタテインメントからの溢流《いつりゅう》

では何故、麻薬的で反社会的なＪ・ラニアの「ヴァーチャル・リアリティ」の立場が争いに勝利できたのか？　われわれのみるところ、それはＶＲにおける「変容《メタモルフォーシス》」という社会的機能ないし「魔術的リアリズム」が、アミューズメント市場、エンタテインメント市場において開花することで、「ヴァーチャル・リアリティ」の麻薬性・反社会性が無毒化されるとともに体制内在化されたことによる。事実、「ヴァーチャル・リアリティ」の語が市民権を得た一九九〇年代以降、ＶＲは実質的にＶＲゲームの同義語となってゆく。社会学者Ｒ・カイヨワの用語を借りればＶＲは、社会的〈逸脱〉を制度化することで社会〈内部〉化を果たし、そのことで却って社会に安定をもたらす「遊び《ジュ》」(Jeux) の四機能のうちの「眩暈《イリンクス》」(Ilinx)[45] を実現するテクノロジーである。[46] あるいはＶＲによって創出される仮想空間とは、Ｗ・ベンヤミンが謂うところの「遊戯空間《シュピール・ラオム》」(Spiel Raum) のデジタル版《ヴァージョン》である、そう言ってもよい。[47] すなわちＶＲは社会の辺縁に、人工的に設《しつら》えられ

44 Lanier, J., *Dawn of the New Everything: Encounters with Reality and Virtual Reality*, Henry Holt and Co., 2017.

45 念のために記しておけば、他の三機能は「闘争《アゴン》」(Agon)「模倣《ミミクリ》」(Mimicry)「運《アレア》」(Alea) である。

46 Caillois, R., *Les jeux et les hommes*, 1958.(『遊びと人間』講談社)

た「気散じ《アップレンクンク》」(Ablenkung) のための制度的装置であって、ベンヤミンの時代に映画が果たしたのと同じ社会的機能を、世紀の変わり目において果たすべく情報社会に登場したわけである。

ところが二一世紀の最初の四半世紀を待たずして、VRを取り巻く状況にはその社会的機能についても大きな変化がみられる。その一つは前節で取り上げた、社会性《ソーシャル》VRの登場が示す、〈環境〉変容《メタモルフォーシス》における〈自然＝物理〉モデルから〈社会＝コミュニケーション〉モデルへの転回である。もちろん社会性《ソーシャル》VRにあっても、「人格《パーソナリティ》」から〝人格《キャラクター》〟への変容《メタモルフォーシス》が生起する以上、「変容《メタモルフォーシス》」という社会的機能は社会性《ソーシャル》VRにも引き継がれている。その一方で社会性VRはVR装置がコンパクト化し安価になることで、またネットワークに繋がれることで、広範なユーザーにとっての「表現」ツールと化しつつある。これまで注目されてこなかった「表現」という社会的機能がここにきてクロースアップされているのである。さらに、VRにみられるもう一つの変化の兆し――すなわち「VRのMRへの変貌」――は、これまでVRの中心的な社会的機能だった「変容《メタモルフォーシス》」を抑えて、「拡張」「増幅」の機能を復権させつつある。

MRについては本章冒頭で予告的に触れたが、その原理の要点のみ再度記す。MRすなわち「複合現実《ミックスト・リアリティ》」(Mixed Reality) とは、透過性の半透明ウェアラブル・グラスのディスプレイ上に、「知覚」世界の事物や出来事と時空間的に同期《シンクロナイズ》した「情報」を「知覚」世界上に〝重ね描き〟、さらに事物や出来事の時空間的な変化を時々刻々《リアルタイム》モニターすることで、「情報」をその変化に応じて動的かつリアルタイムに書き換えてゆくテクノロジーである。ARすなわち「拡張現実《オーグメンテッド・リアリティ》」(Augmented Reality) との異同に神経質になる向きもあるが、ARとMRは実質的に同じ技術思想であって、ARが「知覚」世界に優位を認めるのに対し、MRが「知覚」と「情報」を等価とみる、という強調点の違いがあるに過ぎない。[48]

むしろここで読者の注意を喚起しておきたいのは以下の三点である。

第一は、Virtual Reality の名付け親であるJ・ラニアその人がVRからMRへの主役交代を積極的に推進していることである。[49] 彼は、現在の「フリー」(FREE) というビジネスモデルにも批判的であり、デジタル・コンテンツの著作権保護にも熱心である。[50] この論点はMRの単なる挿話的レヴェルの話に留まるものではない。本章冒頭で先取り的に指摘したVRにおける「二世界説《ツヴァイ・ヴェルテン・テオリー》」から「二要素説《ツヴァイ・エレメンテン・テオリー》」へのパラダイム・チェンジを、VRによる世界の「変容《メタモルフォーシス》」を説いた張本人であるラニアが先導している点が重要なのである。ラニアにとってVRとはもはや〝現実世界〟の辺縁に創出された仮初《かりそ》めの〝別世界〟ではない。それは「知覚」と「情報」という両つの要素によって構成された「現実世界」そのものなのである。

第二は、サイバースペースとヴァーチャル・リアリティが辿った歴史的経緯の並行性である。前小節で指摘したように「サイバースペース」と「ヴァーチャル・リアリティ」の両語は、もともと同じテクノロジー(=VR)を特徴付けるために考案されたのだったが、歴史的事情に由って前者

---

47 Benjamin, W., 'Das Kunstwerk im Zeitalter seiner technischen Reproduzierbarkeit', 1936. (邦訳『複製技術時代の芸術作品』晶文社ほか)

48 ただし、後に述べる理由によって、本書ではARではなく、MRこそが情報社会におけるVRの本来的な〝現象形態〟であるとする立場を採る。本章最終小節「〈潜在的《ヴァーチャル・リアリティ》〉現実性と情報社会の新たな〝社会的現実《アクチュアリティ》〟」を参照。

49 Lanier, *Ibid.*

50 Lanier, J., *You Are Not a Gadget: A Manifesto*, Vintage, 2011. (邦訳『人間はガジェットではない』早川書房)

が「知覚」世界の彼岸にあるとみなされたインターネットの「情報」空間に対して、後者は「知覚」世界を代替する仮想的「情報」世界に対して、それぞれ宛てがわれていった経緯がある。両つの「情報」世界は孰れも――それが「電脳ユートピア」としてポジティヴに、あるいは「テクノディストピア」としてネガティヴに語られようとも――等しく「知覚」的な「体験的現実」に対立する〝別世界〟として措定されてきた。

ところが二一世紀に入ると「サイバースペース」の語は死語同然となる。なぜなら、情報社会の最新段階は、サイバースペースを社会に組み込むことで、それまでの〝現実社会〟からの独立性、〝別世界〟性を取り消してしまったからである。これは当初、その「超越」性や現実社会に対する外在性が強調されたVRが、社会性VRやMRにおいて社会内在化、というより社会そのものとの同化を遂げつつある過程と完全にパラレルである。VRもまたサイバースペースと同じルートを辿って現実社会とシームレスに連続化しつつある。そしてVRは社会との同化を実現することで、それまでVRが閉じ込められていたエンタテインメント分野から、社会のあらゆる領域へと溢流《いつりゅう》を起こしてもいる。

第三に――そしてこの論点こそが最も重要なのだが――現在その兆しがみられる「VRのMRへの変貌」は、けっしてVRが雲散霧消して、それにMRが挿げ替わるといった単純な事態の謂ではない。むしろそれは、VRがこれまでの〈放－送《ブロード・カースト》〉というマスメディアのパラダイムから、〈ネット－ワーク〉というインターネットのパラダイムに移し入れられることで、VRの社会的機能そのものが変容を遂げるとともに、VRの新たな〝本質〟が開示される事態、と捉えられねばならない。ヘーゲルに倣って言うならば、前節で分析した社会性《ソーシャル》VRも本節で検討に付しているMR

も、ＶＲの――マスメディア的〝現象形態《エアシャイヌングスフォルメン》〟(Erscheinungsformen) に替わる――〈ネット－ワーク〉的〝現象形態〟なのである。

現在生じている事態をわれわれがわざわざ「ＶＲ革命」と呼ぶのもまた、ＶＲのこの変態が単に従来のＶＲ領域における変化に留まらず、その効果が社会総体を巻き込まざるを得ない、情報社会のパラダイムそのものに係わっているという認識を有するからである。社会性ＶＲが「相互行為」現場と仮想空間との――〈コミュニケーション〉連鎖の〈事実性〉という地平における――融合の象徴であるのに対し、ＭＲは情報社会における〈社会的現実《アクチュアリティ》〉の新たな次元を開示する。われわれは情報社会の新たな〈社会的現実《アクチュアリティ》〉の実相を炙り出すためにも、「ヴァーチャル」(Virtual) の本義を思想的なアングルから尋ねなくてはならない。

6―3―4 Virtuality の語源学

われわれが日常言語において「ヴァーチャル」の語を使用するとき、それは普通「リアル」という語の対語として、ないし反意語として用いる。つまり「リアル」がしっかりした存在の根拠を持った実在性を意味するのに対し、「ヴァーチャル」は存在の根拠が中吊りになった非実在的な様態、蜃気楼の様な不確かな存在性、場合によっては虚偽的な仮象、を意味する。[51] もちろん原語の語感としては「不確かさ」「虚偽性」というマイナスイメージよりはむしろ、正式な存在としての形

51 哲学的観点からいえば、現象学的には〈中和変容《ノイトラリズィールテ・モディフィカツィオーン》〉(Neutralisierte Modifikation)、マイノングのターミノロギーでは〈仮定《アンナーメ》〉(Annahme) の事態にあたる。

式的・名目的条件は欠くが、事実上の機能や役割、実質においては正式な存在として充分通用するという、むしろ「名よりも実」といったプラスイメージのほうが強い。《実質》の語が《仮想》に替わる「Virtual」の訳語として推されているのも、こうした方向での語感を強調してのことである。だが、すでにこれまで論じてきたとおり、VRのマスメディア的〝現象形態〟である物理＝自然モデルにおいては、〈原像‐模像〉の図式が前提されており、「リアル」が〈原像〉に、「ヴァーチャル」が〈模像〉にそれぞれ該当する。つまり「ヴァーチャリティ」は例外なく何らかの「リアリティ」に対立させられており、その意味ではリアリティが持つ〈実在性〉の欠損態としてそれはイメージされている。したがって物理＝自然モデルに順う限り《Virtual Reality》の訳語は《仮想現実》で何の問題もない。問題になるのはむしろ、〈ネット‐ワーク〉的〝現象形態〟のVRにおける「Virtual」の含意である。

語源学的《エチュモロジカル》にみるとき、《Virtuality》はラテン語の《virtus《ウィルトゥス》》すなわち《potentia《ポテンツィア》》＝「潜在的能力」にその由来を持つ。「ヴァーチャリティ」をその原義であるこの意味に解するとき、その反対は〈実在性〉（Reality）ではなく、むしろ潜在的能力が発現された状態、すなわち〈顕在性〉（Actuality）である。つまり「ヴァーチャル（virtual）‐リアル（real）」という対ではなく、むしろ「ヴァーチャル（virtual）‐アクチュアル（actual）」という対の中でこそ「ヴァーチャリティ」の本義は明かされる。もう一度繰り返せば、「ヴァーチャリティ」は本来、「仮想性」でも「実質性」でもなく、〈潜在性〉を意味し、その〈潜在性〉が顕現するとき〈顕在性〉（Actualization）が生じる。この意味で「virtual–actual」の対は、アリストテレス哲学における「潜勢態《デュナミス》（δύναμις）‐現実態《エネルゲイア》（ενέργεια）」の対に比すべきものであって、したがって〈顕在性〉はまた〈現実性〉でもある。

一方〈実在性〉(Reality) の対語は、「ヴァーチャリティ」(Virtuality) ではなく、〈可能性〉(Possibility) である。〈実在性〉と〈可能性〉との差は、両者が述語として帰属する当体が実在するかしないかだけの差である。カントの有名な『純粋理性批判』「超越論的弁証論」での「一〇〇ターレルの銀貨」の例を持ち出すまでもなく、[52]考えられただけの一万円は〈可能的〉であるが、手元に実在して使える一万円は〈実在的〉である。換言すれば〈可能性《ポスイビリティ》-実在性《リアリティ》〉の対はそれが単なる思考の対象であるかそれとも物質化されたものであるかの違いを表している。つまり両者において、その意味内容や質的な違いはない。

それに対して〈潜在性《ヴァーチャリティ》-顕在(現実)性《アクチュアリティ》〉の差は質的である。例えば種子状態の木は「潜在的」であるが、成長した木は「顕在(現実)的」である。注意しなければならないのは、種子状態の木も成長した木もともに「実在的」(real) である点である。たしかに種子状態の木は、その段階においてはまだどのような木に育つかは不確定《ヴァールシャインリヒ》(wahrscheinlich) であり、その意味では〝可能性〟に留まっている。だが、この〝可能性〟は、〈可能性-実在性〉の対における〈可能性《ポスイビリティ》〉(Possibility) とははっきりと区別しなくてはならない。Possibility としての〈可能性〉は物質化されておらず、また思考不可能な矛盾的存在でさえなければ現実に存在できないものであっても有しうる。例えば「ペガサス」や「キマイラ」「空飛ぶ絨毯」などは〈実在的《リアル》〉(real) ではないが〈可能的《ポッスイブル》〉(possible) ではある。だが、〝可能性〟としての種子は木の素質として存在しているという意味においてすでに〈実在的《リアル》〉である。植物の「種子」の本質は、「木に成る」ことであり、し

52 Kant, I., *Kritik der reinen Vernunft*, A599=B627.

たがって「種子」において既に「木はヴァーチャルに実在する」。ただ未《ま》だ「アクチュアルに実在していない」だけである。そして「種子」における「木」の〈潜在性《ヴァーチャリティ》〉が、顕在《アクチュアル》化するとき、一段階高次の〈現実性《アクチュアリティ》〉が成就する。つまり「ヴァーチャリティ」とは何ら錯覚でも幻想でも虚偽でもなく、むしろそれ自体ですでに或る段階における〈現実《アクチュアリティ》〉の一部ではあり、その構成要素なのである。

われわれは〈可能性‐実在性〉の軸と〈潜在性‐顕在（現実）性〉の軸とが交叉すること、また神学的・形而上学的・空想的な次元でなく社会的な次元においては〈潜在性‐顕在（現実）性〉の対は双方とも「実在的」であることを認識しなくてはならない。[53] 更に〈潜在性‐顕在（現実）性〉は平面的な対立関係ではなく、階層構造をなすこと、つまり或る階層の〈顕在性〉は、一段階上位の〈顕在性〉にとっては〈潜在性〉であること、そして〈現実《アクチュアリティ／ヴィルクリヒカイト》〉（Actuality / Wirklichkeit）とは、単にある階層における〈潜在性〉の対立項であるだけでなく、それより下位の全階層を包括する概念でもある点に留意が必要である。情報社会の〈社会的現実《ソーシャル・アクチュアリティ／ゾツィアーレ・ヴィルクリヒカイト》〉（Social *Actuality* / Soziale *Wirklichkeit*）とは、したがって〈潜在的〉なものと〈顕在的〉なものとの階層的な混成態なのである。

また〈可能性‐実在性〉の対における「可能性」と、〈潜在性‐顕在性〉の対における〈潜在性〉の同義語としての〝可能性〟とは明確に区別される必要がある。われわれは前者の可能性を「思考可能性《ポッスィビリティ》」（Possibility）と、後者の〝可能性〟を「実現可能性《ポテンシャリティ》」（Potentiality）とそれぞれ呼ぶことで区別したい。

6-3-5 「ヴァーチャル化」とは何か？

前節で示した〈潜在性〉として「ヴァーチャリティ」を解する立場は、「純粋持続《デュレ・ピュール》」(durée pure) との関連からH・ベルクソンによって早くから示されているし、[54] ベルクソンに私淑したG・ドゥルーズもまた師の問題系を引き継ぎつつ「差異《ディフェランス》」(Différence) 概念との関連で〈可能性《ポスィビリテ》〉(Possibilité) と〈潜在性《ヴィルチュアリテ》〉(Virtualité) との違いに論及している。[55] こうした知的伝統に棹差すかたちで、メディア哲学者のピエール・レヴィは「ヴァーチャリティ」の概念を精緻化・一般化し独自の一貫した思想体系にまで高めようとしている。[56] レヴィの構想は人類の歴史過程全体が謂わばヴァーチャル化の歴史であり、その歴史の中では「大地」「領土」「交易」「知識」という四種の空間がヘゲモニーを巡って主導権の交替を演じている。そしてレヴィによれば歴史の現段階は、「知識」空間が主導権を握り爾余の空間が「知識」空間の下に包摂される時期として位置付けることができるので

---

53 神学的・形而上学的・空想的な次元においても〈潜在性－顕在性〉の区別は有効である。例えば空想的次元においては、「ハヤタ隊員」は〈潜在的〉であり、「ウルトラマン」は〈顕在的〉である。また神学的次元においては「子としての神」は〈潜在的〉であり、「父としての神」は〈顕在的〉である。こうしたケースにおいては「ハヤタ隊員」「ウルトラマン」「子としての神」「父としての神」の孰れもが〈可能的《ポッシブル》〉な存在であることに注意しなければならない。本章ではこうした次元での〈潜在性－顕在性〉は考慮の外とする。

54 Bergson, H., *Matière et mémoire*, 1896.（邦訳『物質と記憶』白水社）

55 Deleuze, G., *Différence et Répétition*, PUF, 1968.（邦訳『差異と反復』河出書房新社）

56 Lévy, P., *Qu'est ce que le Virtuel?*, La Découverte, 1995.（邦訳『ヴァーチャルとは何か？——デジタル時代におけるリアリティ』昭和堂）

あって、そうした「知識」空間こそが「サイバースペース」であり、それを技術的に可能ならしめるインフラこそがインターネットに他ならない。そしてこの知識空間において実現されることになる人類の究極のヴァーチャル化をレヴィは「集合的知性《ランテリジャン・コレクティーヴ》」(l'intelligent collective)と呼ぶ[57]。

前世紀末の時代の空気に冒されたレヴィのこの極めてオプティミスティックでユートピア的な情報社会の未来像に対する論評はここでは控えよう。現在の文脈で焦点となるのはむしろ「ヴァーチャル化《ヴィルチュアリザスィオン》」(Virtualisation)の概念である。

先に触れたとおり、レヴィは「ヴァーチャリティ」の概念を一般化し、歴史貫通的なメタ論理として遇するため、これを情報社会に特有の現象や属性とはみなさない。例えば「ハンマー」という道具は、マクルーハン的な「メディアの理解」によれば、「手」という身体機能の拡張として捉えられるが、レヴィはこのような理解の皮相性を指摘し別の解釈を示す。それによれば「ハンマー」に代表される様な道具は一般的に言って「行動のヴァーチャル化」である。例えば「何かものを叩く」という行動を起こす際に太古の人類であれば素手でそれを行なう他なかった。だが石器時代の人類は「石で叩く」という行動も採れる。また現在のわれわれにとっては「ハンマーで叩く」という行動が一般的であろう。つまり「叩く」という行動を実現するために太古においては「素手」という特定の手段にわれわれは纏縛され、それ以外の選択肢はなかったわけだが、「ハンマー」という道具の発明によって「実現可能性《ポテンシャリティ》」(potentiality)が増し、それに伴って複数の選択可能な手段を〈潜在的《ヴァーチャル》〉(virtual)に有することになったのである。同様に「自動車」は「歩く」という行動の「ヴァーチャル化」であり、「貨幣」は「交換する」という行動の「ヴァーチャル化」であり、そして「言語」もまた「いま－ここ《ヒック・エト・ヌンク》」(hic et nunc)に纏縛された「場」「状況」の「ヴァーチャル化」

である。
「ヴァーチャル化」とは、安定化し惰性化した特定の現実のあり方が、「別様にもあり得る《アオホ・アンダース・メークリヒ・ザイン》」(auch anders möglich sein) ことが示されることによって流動化し、相対化され、問題視されるようになること、ルーマン的にいえば、複数の「選択可能性《メークリヒカイト》」(Möglichkeit) ＝「実現可能性《ポテンシャリティ》」(potentiality) が併存することによって現実が複雑性を増すこと、ないし「機能的に等価《フンクツィオネル・エクイヴァレント》」(funktionell äquivalent) な選択肢が増大すること、にほかならない。或いはこうもいえる。〝定数項〟としての現実が〝変項〟化・〝函数〟化すること。レヴィは「ヴァーチャル化」を「脱領土化《デテリトリアリザスィオン》」(déterritorialisation)「問題化《プロブレマティーク》」(problématique) とも言い換えているが、これは安定していた現実が多層化・多重化・様相化したことのメタファーと考えられる。

現代という時代は、こうした「ヴァーチャル化」が様々な次元・局面で生じる時代であり、「ヴァーチャル化」が常態化・普遍化する時代である。そしてこれまで長く気づかれることのなかったこの「ヴァーチャル化」をわれわれの意識にもたらしたものこそがVRにほかならない。VR登場以前にももちろん言語・制度・道具など〈ヴァーチャルなもの〉が現実を構成する契機として実在したが、それと気づかれることはほとんどなかった。人々は〈実在性《リアリティ》〉と〈顕在（現実）性《アクチュアリティ》〉を等置して済ますことができた。だが情報社会の現段階において、〈ヴァーチャルなもの〉は爆発的に増殖し〈アクチュアルなもの〉を圧倒し始めている。〈ヴァーチャルなもの〉が現実を構成す

57　Lévy, P., *L'Intelligence collective : Pour une anthropologie du cyberspace*, La Découverte, 1994.（邦訳『ポストメディア人類学に向けて——集合的知性』水声社）

る要素としてもはや無視できなくなり、あるいは〈ヴァーチャルなもの〉無しにはそもそも現実を考えることができなくなりつつある。このとき〈ヴァーチャルなもの〉とは、第二章で主題化された〈質料《ヒュレー》的なもの〉に他ならず、それはとりもなおさず〝素材〟的なものとしての〈メディア〉でもある。

6-3-6 MRと〈潜在性《ヴァーチャリティ》〉

要点を繰り返そう。VRの〈ネットワーク〉的〝現象形態〟であり、その情報社会的段階であるMRにおいて「Virtuality」は、「仮想性」でも「実質性」でもなく〈潜在性〉として立ち現れつつある。

具体的に言おう。MRにおいては「知覚」的世界に(例えば、ウェアラブル・グラスによって)断片的な「情報」が〝重ね描か〟れる。われわれはこの「知覚」的世界に〝重ね描か〟れる「情報」断片を〈情報体《インフォメーショナル・エンティティ》〉(Informational Entity)[58]と呼びたいのだが、〈情報体〉は(一)文脈依存性と(二)〈環境〉との〈相互作用《インタラクション》〉(Interaction)という二つの顕著な特性をもつ。

最初の文脈依存性は、〈情報体〉が、書籍や新聞、テレビ番組から得られる「情報」や、それだけで独立した〝世界〟を構成する物理性VRの「情報」とは違って、それ単独では完結しない、〈環境〉の補完を必要とする未完結な〝情報〟であることを意味している。[59]そして、そうであるがゆえにそれは「断片的」なのである。したがって〈情報体〉は必ず「知覚」的な〈環境〉に埋め込まれなければならない。このことは〈情報体〉が例外なく「位置価《プレイス・ヴァリュー》」(place value)と「時刻価《タイム・ヴァリュー》」(time value)を持つこと、具体的には時・空二つの〝メタデータ〟による〝タグ付け〟

を要することを意味してもいる。この二つの価値によって初めて〈情報体〉は特定の「知覚」的〈環境〉内部に定位され得るからである。この特性によって、未だ普及していないウェアラブル・グラスを介さない、現行の〝スマホ〟で使用可能なGoogle MapのストリートヴューやPokémon-GOの「オーバーラップ画像」もまた歴とした〈情報体〉であり、MRであるとみなし得る。

〈情報体〉が文脈依存的であることの重要な効果は、〈環境〉に埋め込まれることで、それは「行動価《ビヘイヴァラル・ヴァリュー》」(Behavioral Value)の担い手ともなる点である。すなわち特定の〈環境〉下で〈情報体〉は、その〈環境〉に応じた特定の行動《ビヘイヴィア》(Behavior)を解発《リリース》(release)する「信号《シグナル》」(Signal)の役割をユーザーに対して果たす。例えば、ストリートヴューの路上に〝重ね描か〟れた「矢印」画像が、その方向への歩行行動を解発し、PokémonGOの「モンスター」画像が、捕獲行動を解発するが如くである。

次に〈環境〉との〈相互作用《インタラクション》〉(Interaction)をみよう。〈環境〉からの補完を要する〈情報体〉の未完結性は、どうじに〈環境〉に応じた可変性をも含意している。書籍や新聞、映画やテレビ番組の「情報」は、それを取り巻く〈環境〉の如何にかかわらず、自己完結的であり、特にそれがフィクショナルな「情報」である場合には「オープニング」と「エンディング」という両端によっ

58 〈情報体〉という言葉は、曽我千亜紀氏によって氏の情報社会論のキーワードとして使われているが(『情報体の哲学――デカルトの心身論と現代の情報社会論』ナカニシヤ出版)、本書で用いているそれとはコノテーションがまったく異なることに注意されたい。

59 マクルーハンに倣って、前者を「ホット」(hot)、後者を「クール」(cool)と呼んでもよい。

て画された「物語《ナラティヴ》」(Narrative)と称される独自の固定的構造をもつのが普通である。また物理性VRの場合には第1節でみたように〈相互作用〉は生じるが、それは飽くまでもセンシング・デヴァイスによって感知されたユーザーの身体情報と、構築された人工的〈環境〉との間での〈相互作用〉であって、「仮想空間」内部における〈相互作用〉に過ぎない。

それに対してMRの〈相互作用〉は、「知覚」的世界という地平的〈環境〉と〈情報体〉との間でのそれである。「知覚」的世界は時々刻々その様相を変じるが、その変化に応じて〈情報体〉はその内容を動的に組み替えてゆく。例えば、道路に〝重ね描か〟れた目的地までの経路情報という〈情報体〉は、時間帯によって変化する渋滞状況に応じて、動的に最適経路を再構成し、その都度提示する。しかもこの際重要であるのは、先に指摘した〈情報体〉がもつ「行動価」の作用で、〈環境〉そのものがフィードバックによって組み替えられもすることである。同じ事例を引き続き使えば、〈情報体〉を通じて示された渋滞情報によって空《す》いた経路に車輌が集中し、それが新たな渋滞を惹起する可能性である。あるいは「知覚」的世界に登場した3D〝人格《キャラクター》〟という〈情報体〉との会話体験によって、〈環境〉内部の他の「人格《パーソナリティ》」との会話様式が変容する可能性である。こうして〈環境〉と〈情報体〉は相互に変化の〝誘因《トリガー》〟(Trigger)となることで緊密に噛み合い、絡み合って〝社会的現実《ゾツィアーレ・ヴィルクリヒカイト》〟(Soziale Wirklichkeit)に分かち難く編み込まれてゆく。

本節の最初の問いに戻ろう。MRにおいては「知覚」的〈環境〉も〈情報体〉もそれ単独では未完結であって、〈環境〉は〈情報体〉による、そして〈情報体〉は〈環境〉による、それぞれ補完を必要とする。その意味において〈環境〉も〈情報体〉も、一方で〈実在的《リアル》〉(real)でありつつ、他方で素質的《ディスポズィショナル》(dispositional)な、すなわち〈潜在的《ヴァーチャル》〉(virtual)な存在性格を有することになる。

或いは、〈環境〉も〈情報体〉も、社会《ゲゼルシャフト》が〈顕在＝現実《アクチュアリティ／ヴィルクリヒカイト》〉(Actuarity / Wirklichkeit) として現成するための社会的〈素材《メディウム》〉(Medium) となる。このとき社会は〈潜在的〉現実性《ヴァーチャル・リアリティ》(Virtual Reality) の地平として姿を現す。

6－3－7 〈潜在的〉現実性《ヴァーチャル・リアリティ》と情報社会の新たな〝社会的現実《アクチュアリティ》〟

先立つ二つの節でみたとおり、これまでのＶＲにおいては自然＝物理的環境と人工的環境、「相互行為」現場と仮想世界、「体験としての現実」と「情報としての現実」のように、恒に〈原像－模像〉関係を基軸とする、複数の世界が並立的に措定されてきた。だが、マスメディアの〈放－送〉パラダイムからインターネットの〈ネット－ワーク〉パラダイムにＶＲが移し替えられたことで、これまでの「二世界《ツヴァイ・ヴェルテン》」(Zwei-Welten) 的世界像は、「知覚」的〈環境〉と〈情報体〉とを〝素材〟とする「二要素《ツヴァイ・エレメンテン》」(Zwei-Elementen) 的な世界観へと更新されつつある。この一元化された〈実在性《リアリティ》〉の新たな地平においては権利上あらゆる存在者《ザイエンデ》(Seiende) には同質の、〈潜在性《ヴァーチャリティ》〉(Virtuality) としての〈実在性〉が付与される。ただし、それは、この地平が〈実在性《リアリティ》〉に関するあらゆる区別を無化する、のっぺりとした無差別空間であることを意味するわけではない。そうではなく、従来の〈原像《ウアビルト》／模像《アップビルト》〉(Urbild/Abbild) という存在的《オンティッシュ》(ontisch) で水平的《ホリゾンタル》(horizontal) な区別に代わる〈潜在態《デュナミス》／顕在態《エネルゲイア》〉(δύναμις/ενέργεια) という階層的で垂直的《ヴァーティカル》(virtical) な分節化原理をそれは組み込んでいる。すなわち〈潜在性《ヴァーチャリティ》〉の相にある「知覚」的〈環境〉と〈情報体〉は、相い合して〈現実＝顕在《アクチュアリティ》〉性へと現成するが、この現成は――マスメディア・パラダイムにおける安定的で固定的な〈社会的現実〉とは異なり――恒に過渡的であって、達成された途端に延伸され完遂をみない。したがって、その都度顕在化する〝社会的現実《アクチュアリティ/ヴィルクリヒカイト》〟（Actuality / Wirklichkeit）は暫定的なものでしかなく、次に現成する新たな〈社会的現実〉にとっては依然〈潜在的《ヴァーチャル》〉な身分に留まる。そして実際、情報社会は猛烈な速度で、新たな〈社会的現実〉を次々に顕在化させている。

情報社会においては、マスメディアの「権威」的構造によって再生産的に維持されてきた社会的〈現実《リアリティ》〉の一義性は原理的に存立不可能である。それは二種類の〈潜在性〉へと解体されると同時に、流動化的に相対化される。〈ネットーワーク〉パラダイム下の新たな社会的〈現実《リアリティ》〉は、恒に「別様でもあり得《アオホ・アンダース・メークリヒ・ザイン》」（auch anders möglich sein）、恒に新たな〈顕在性《アクチュアリティ》〉への〝種子〟を宿しているという意味において恒に既に《インマーショーン》（immer shon）〈潜在的《ヴァーチャル》〉である。

既存の〈現実〉が「情報」によって拡張・増幅されていくのであってみれば、右の事態はさして目新しくもない所謂「拡張現実《オーグメンテッド・リアリティ》」（Augmented Reality）の最新版ではないのか、と水を差す向きもあろう。だが「拡張現実」には、〈現実〉の一義性と「知覚」的〈環境〉の〈情報〉に対する優位とが、相変わらず前提されている。一義的な〈現実〉＝〈環境〉が、〈情報〉の付加によって〝強化〟されてゆくという構図である。そこでは〈情報〉は〈現実〉にとって付加的＝非本質的とみなされてしまっている。それに対してMRは、「知覚」的〈環境〉と〈情報体〉との同位性を堅持する。[60] 両者は同じ〈現実〉を現成する二つの要素《エレメント》＝〈素材《メディウム》〉であるという意味において、孰れも〈潜在的《ヴァーチャル》〉なのである。

翻って《Reality》のラテン語源である《realitas《レアリタース》》もまた「もの《レース》」（res）を構成する〈素材〉的要素というのがその元々の意味である。それに伴い〈実在性《リアリティ》〉は情報社会において逆説的にも、「ある」か「ない」かのデジタル的二値原理から、濃淡のある〈顕在＝現実《アクチュアリティ》〉性の連続的段階――これを存在の「度《グラート》」（Grad）ないし「強度《インテンシティ》」（Intensity）と呼んでもよい――をもつアナログ的な〈潜在《ヴァーチャル》‐顕在《アクチュアル》〉の階層的系列へと変容する。以上の意味で、情報社会の最新形態は汎《あら》ゆる存在を――実は人間をすら――〈素材《メディア》〉化＝〈潜在《ヴァーチャル》〉化する社会、すなわち「潜在《ヴァーチャル》社会」なのである。

60　ただし、〈価値〉の次元において、この同位性は撤回される。〈情報〉の次元においては〈価値〉は生じない。〈価値〉の源泉は〈情報〉とは異なる次元に求められる他ない。この論点についての詳細は本書第三章「ビットコインの社会哲学」を参看願いたい。

終章　〈文書《ドキュメント》〉の存在論と〈ポストトゥルース〉問題

安倍政権下で次々と明るみに出た「文書」をめぐる不祥事——森友・加計両学園に関する行政文書の堙滅《いんめつ》・改竄《かいざん》、自衛隊の南スーダンおよびイラク派遣時の活動記録「日報」の隠蔽工作——は一般に、政界スキャンダルや官僚の腐敗という次元で受け取られ、取り沙汰されている。もちろんジャーナリスティックな観点からの真相究明や、法規範的・倫理的水準での問題の徹底的な解明は当然必要である。だが、そうした水準とは別に、実は今回の問題は情報社会総体の〈社会〉構造の変容を、〈文書《ドキュメント》〉(document)という〈メディア〉が〈社会〉において有する存在意義《レゾン・デートル》の変位というかたちで、象徴的に炙《あぶ》り出してもいる。本章で取り組みたいのは、こうした問題次元に対応する、〈メディア〉論的・社会哲学的な水準に視座を取った〈文書〉の存在論的な身分の確定と、情報社会における〈メディア〉生態系の布置の再編制に伴うその身分の変動——後に示すように実際には「切り下げ」——の様態分析である。

したがって本章で使用する山括弧で括った〈文書《ドキュメント》〉(document)は、私文書も含めた「書きもの」一般という意味での「文書」(the written or printed)とはその内包と外延を異にする。と同時に、行政実務で使用されるいわゆる「公文書」(official or public document)を含みはするものの必ずしもそれと一致するわけではない。こうした線引《デマーケイション》きは恣意的に過ぎるのではないかとの疑念が早速呈されそうだが、この点は今後の議論の核心にもかかわるため、通俗的用法に安易に妥協するわけにはいかない。というわけで、段取りとしてまずは〈文書〉概念の権利付けの作業から始めることにしたい。

7-1 〈文書《ドキュメント》〉とは何か？

《文書》に対応する西欧語《document《ドキュメント・ドキュマン》》（英・仏）《Dokument《ドクメント》》（独）は孰れもラテン語《documentum《ドクメントゥム》》を起源に持つが、この《documentum》という名詞は、「教える」という意味の動詞《docere《ドケーレ》》から派生したものである。したがって《documentum》もまた、ある本質的なものごとの「模範的実例」、ないし或る本質的洞察をそこから抽き出すべき「教訓」という、現在われわれが《文書》の語に接して受け取る価値無記で生彩を欠いた杓子定規な規格に沿った記述物という印象からは程遠い意味を持つ。その語義の中心には《docere》から受け継いだ「教える」というコノテーションが埋め込まれているからである。

そして実は現在の〈文書〉にあっても猶《なお》、この原義は失われておらず、その最基層において機能している。実際ドイツ語の《dokumentieren《ドクメンティーレン》》という動詞は、ある〈事物〉が何事かを「証明する」「裏書きする」という意味であって、ラテン語《docere《ドケーレ》》の「教える」という意味をほぼそのまま受け継いでいる。日本語の《文書》という語にはどうしても、〈文字〉で書かれた「書類」——一昔前であれば「紙の束」、情報化が進んだ現在においてはデジタル化されたそれ——のイメージが付き纏う。だが、先のドイツ語《dokumentieren》は、或る〈事物〉が何事かを「証明」しさえすれば、その〈事物〉が「書類」であると「映像」であるとを問わず使用可能である。《documentum》《ドクメントゥム》の語義に〈紙〉や〈文字〉といった特定の〈メディア〉を指す含意はない。繰り返すが〈文書〉概念の核心《コア》にあるのは「書類」「証書」といった〝物質〟性ではなく、「教える」「証明する」という〈機能〉なのである。

われわれが〈文書〉の語源学的《エチュモロギッシュ》な考察から確認しておきたいのは、〈文書〉が存在するための三つの「可能性の条件《ベディングンク・デア・メークリヒカイト》」(Bedingung der Möglichkeit)である。第一は〈文書〉が、「実在世界《レアーレ・ヴェルト》(reale Welt)／〈文書〉世界《ドクメンテン・ヴェルト》(Dokumenten Welt)」を区別する〈二世界説《ツヴァイ・ヴェルテン・テオリー》〉(Zwei-Welten-Theorie)を世界了解として前提していること。つまり〈文書〉によって世界は二つに分断される。第二に、その上で「実在世界」が〈文書〉世界に対して優位に置かれる、ないし〈文書〉世界が「実在世界」の〝痕跡〟ないし〝反映〟もしくは〝模写〟であるとみなされる。ここで、分断された二つの世界が〈文書〉によって再び繋ぎ合わされたことになる。したがって第三に、閲覧者にとっては、〈文書〉は直《じか》にアクセスすることが適わない「実在世界」へと通ずる〝通路〟、ないし「実在世界」への〈メディア〉として機能する。[1] すなわち〈文書〉はわれわれに「実在世界」の有り様《よう》を教える。このことは〈文書〉には或る〝力〟が〝宿って〟いることを示しており、その〝力〟の根拠となるのが他ならぬ「実在世界」との紐帯である。[2]

後論との関係から、〈文書〉が持つ〝力〟に関して一点補足しておきたい。さきにわれわれは〈文書〉が「実在《ダス・レアーレ》」(das Reale)との関係を取り結ぶことによって〝力〟を獲得する旨《むね》確認したが、その〝力〟は〈文書〉に記録された〈内容〉に関わっている。なぜなら「実在」は〈文書〉の〈内容〉として〝模写〟されるからである。例えば一枚の写真に写った「建物」という〈内容《コンテンツ》〉は、被写体である「実在」する「建物」の〝模写〟であり、そのことでその写真という〈文書《ドキュメント》〉は「実在」の有り様《よう》を教える《ドケーレ》〝力〟（＝「証拠能力」）を得る。ところが、〈文書〉はこれとは別のもう一つの〝力〟を〝宿し〟得る。例えば、王制国家内での専売を認める「勅許状」や、最近だと「表彰状」といった〈文書〉を考えてみよう。これらの〈文書〉にも〈内容《コンテンツ》〉が当然ある。だが、これらの〈文書〉が持つ〝力〟はその〈内容〉とは直接関係が無い。その〝力〟は専売を「許」し、また栄誉を「表」する主体、〈文書〉の発行元、もう少し一般化して言えば〈文書〉外部の社会構造に由来している。したがって〈文書〉の〝力〟は二重化されている。

　われわれは〈文書〉における前者の〝力〟、すなわち「実在」に由来するそれを〈文書〉の〈強度《シュテルケ》〉（Stärke）と呼び、後者、すなわち〈文書〉が組み込まれる構造からもたらされる〝力〟を〈文書〉の〈威力《マハト》〉（Macht）と呼んで、両者を明確に区別したい。権利付けを欠いた儘、後論を先取りしつつ臆言しておけば、〈威力《マハト》〉を〈文書〉に付与するのは、〈文書〉群がそこへと編制的に組み込まれることになる社会的「現実」《ゾツィアーレ・ヴィルクリヒカイト》（soziale Wirklichkeit）のヒエラルキー構造である。そうし

1　より精確には、後にみるように「実在世界」を〈構成〉する〝素材〟的〈メディア〉として機能する。

2　したがって「実在世界」の〝裏付け〟を欠く個人的な「覚え書き」、また架空的「虚構《フィクション》」の類いは一般的には〈文書〉から除外される。だが、それが書かれた時点における書き手の心理状態という「実在世界」との関係が問題になった途端（例えば公判などにおいて「動機」の解明に「覚え書き」が使われる場合）、それは〈文書〉としての〝力〟を持ち始めることに注意せよ。〈文書〉とはそれが「文字」・「活字」・「映像」であるとを問わず「実在世界」との関係を取り結んだ〈メディア〉に他ならない。

て得られた〈威力《マハト》〉によって、〈文書〉が示す「実在」についての〈内容〉もまた「現実《ヴィルクリヒ》」的であるとして「正当化《レギティミーレン》」(legitimieren) されることになる。[3]

7-2 〈文書〉の社会的機能

われわれはこれから暫く、〈文書〉の社会的機能の分析に携わることになるが、その際〈文書〉と「実在世界」との関係の仕方の違いに応じて三種の〈文書〉を下位区分したい。すなわち、「組織」という「実在《ダス・レアーレ》」に関係する〈文書〉は（一）行政的《アドミニストラティヴ》〈文書〉(administrative documents)であり、その代表的なものが官僚的組織で流通する今話題の「公文書」(official or public documents)である。関係する「実在」が組織を越えて「世界」の隅々にまで空間的に拡張された〈文書〉は（二）報道的《ジャーナリスティック》〈文書〉(journalistic documents)という別の類を構成する。これは一般には「記事」(「解説記事」とは区別された「ストレートニュース」)や「報道写真」「ドキュメンタリー」のか

---

3 厳密に言えば、あるがままの〝裸〟の「実在《ダス・レアーレ》」(das Reale)なるものは原理的に存在し得ない。「実在」とされるものも既に何らかの「社会的」な規定を受けており、その意味でそれは恒に既に《インマー・ショーン》(immer schon)「現実《ヴィルクリヒ》」的(wirklich)である。したがって「実在」ではなく〝実在〟と表記したいところなのだが、議論の煩雑化を避けるために、〈過去〉的〝実在〟を除き、便宜的に宛もあるがままの「実在」が独立自存するかのような想定で叙述を続ける。

たちで流通する。最後に、〈文書〉が関係する「実在世界」が時間的な過去に拡張されて、もはや存在しない（したがって、われわれには直接アクセスが不可能な）〝実在〟となる場合、〈文書〉は（三）歴史的《ヒストリカル》〈文書〉（historical documents）にカテゴライズされる。

7―2―1　行政的〈文書〉の社会的機能

まずはあらゆる〈文書〉の雛形をなす行政的〈文書〉から検討しよう。

7―2―1―1　行政的〈文書〉と官僚制《ビュロクラシー》

行政的〈文書〉は、「官僚組織《ビュロクラティック・オーガニゼーション》」（Bureaucratic Organization）と切り離すことができない。官僚組織における「行政事務は文書に始まり文書に終わる」とされるいわゆる「文書主義《レッドテープ》」（Red Tape）がその事実を端なくも示している。したがって行政的〈文書〉を考察するのに先立って官僚組織の特性描写を一定の密度で行っておかねばならない。

一言で言って「官僚組織」とは、（一）意思決定と（二）持続を本質とする、（三）ヒエラルキカルな構造を持った（四）自己言及的な（すなわち、閉じた）社会システムのことである。[4] ここで〈意思決定〉と〈持続〉とは表裏一体の関係にあることに留意されたい。〈意思決定〉の継起が「官僚組織」を〈持続〉させ、逆に「官僚組織」が〈持続〉する限り、それは〈意思決定〉を続行しなければならない。ただしこの場合の「官僚組織」は、行政官庁には限られない。一般企業や、NPO・NGOなどの各種団体、特殊法人もまた「官僚組織」であり得る（ということはもちろん、それらはM・ウェーバーが謂う意味での官僚的ではない「カリスマ的」ないし「家父長的」組織形態も採り得る——逆に、行政官庁は例外なく「官僚組織」である)[5]。また学校法人や宗教法人なども事務機構に「官僚組織」を組み込む場合が多い。重要なことは、上記の孰れもが、その目的の如何にかかわらず、「官僚組織」に固有のオペレーションである〈意思決定〉を一定の仕方で再生産することで組織としての〈持続〉を果たしているという事実である。

　謂うところの「一定の仕方」とは、ではどのような「仕方」なのか？　「官僚組織」の〈意思決定〉は、〈手続き《フェアファーレン》〉(Verfahren) の連鎖として実現する。[6] 専門毎に分化した職掌に分配的に割り当てられた権限に応じて〈手続き〉が連鎖的に接続しつつヒエラルキーを一段ずつ上昇し、上り詰めた頂点において最終的〈意思決定〉が「組織」の名においてなされる。もちろん〈意思決定〉によって目指される「目標」は組織によって異なり得るが、〈意思決定〉の規準は必ず組織そのものによって調達され、組織外部の規準が（「外部監査」や「諮問機関の設置」等において参照されることはあっても）〈意思決定〉の原理をなすことはあり得ない。[7] それは端的に組織としての〈自立＝自律〉性の喪失を意味する。

　〈手続き〉を実際に行うのは「官吏《ベアムター》」(Beamter) ——ただし官僚制的「企業」の「社員《アンゲシュテルテ》」(Angestellte) も含む——であるが、官吏（社員）は〈手続き〉が連鎖的に接続するための

4　Luhmann, N., *Die Gesellschaft der Gesellschaft*, Suhrkamp, 1997, Kapitel 4, XIV. Organisation und Gesellschaft.

5　Weber, M., *Wirtschaft und Gesellschaft*, 1922, Dritter Teil: Typen der Herrschaft.

6　Luhmann, N., *Legitimation durch Verfahren*, Suhrkamp, 1983.

7　「情報公開法」の制定にもかかわらず、諸官公庁が頑なに秘密主義に固執するのはこうした事情によるところが大きい。もちろん、そのことによって秘密主義が正当化されるわけではまったくない。

〈環境《ウムヴェルト》〉(Umwelt) に過ぎず、ないし〈手続き〉連鎖における〃結節点〃に過ぎず、システムの本体ないし単位要素は飽くまでも〈手続き〉のほうである。言葉を換えれば、〈手続き〉の連鎖的接続にとって個々の官吏(社員)は原理的にはいつでも挿げ替え可能である。ただし、〈手続き〉毎の極度の専門分化のために、その担い手は〈手続き〉が則るべき「規準」への精通と運用の熟練を要し、そのため誰でもよい、という訳にはいかず、その任に耐え得るだけの伎倆が要求される。その意味で「官僚組織」とは、「官吏(社員)」という極めて精度の高い〃歯車〃から稠密に構成された〈意思決定〉〃機械《マシン》〃とも言い得る。[8] こうして「官僚組織」は脱人称化された〈意思決定〉〃機械〃であることによって〈意思決定〉の〃自動化〃を達成することができる。

その「官僚制」論において[9]ウェーバーが官僚組織の「物象性《ザッハリヒカイト》」(Sachlichkeit)「非人格性《ウンペルゼーンリヒカイト》」(Unpersönlichkeit)「非人間化《エントメンシュリヒト・ツー・ヴェアデン》」(entmenschlicht zu werden) といった特性を指摘した事実は夙《つと》に知られているが、こうした性格付けについても、彼のもう一つの官僚制評価として有名な「隷従の鉄檻《シュタールハルテ・ゲホイゼ・デア・ヘーリヒカイト》」(stahlharte Gehäuse der Hörigkeit) のフレーズ[10]がもつ多分に情緒的な語感に引き摺られるかたちで、疎外論的な観点から過度の「ヒューマニズム」をそこから抽き出したり、あるいは戦間期ドイツの歴史的文脈を顧慮しつつC・シュミット流の「決断主義」を遡行的に読み込んだりする解釈をわれわれは採らない。「隷従の鉄檻」といった表現は当時のウェーバーが置かれていた時務的な状況が強いたレトリックに過ぎない。むしろわれわれとしては、ウェーバーによる官僚制の特性描写を、現在の情報社会の視座から「官僚組織」が、「人間《メンシュ》」(Mensch)「人格《ペルゾーン》」(Person) とは異なる層位に存立し、〈手続き〉の連鎖的接続によって〈意思決定〉を再生産する、非人称的な自己言及的〈自立=自律〉システムであることの先駆的把握として捉え返したい。

そしてこの非人称的な〈手続き〉システムである「官僚組織」において流通する〈メディア〉こそが行政的〈文書〉である。[11]

7-2-1-2　行政的〈文書〉の〝力〟

官僚組織のなかではヒエラルキーの様々な層位で〈手続き〉のオペレーションが〈討議〉や〈口頭〉での指示によって同時並行的に進行しているが、それらは時間的にも空間的にも飽くまで局所的な出来事に留まる。行政的〈文書〉は、そうした不安定な状態にある〈手続き〉に〈メディア〉の〝物質性〟を付与することで固定化し、上層での更なる〈意思決定〉プロセスの出発点を設定す

8　ウェーバーが「官吏」の特質として挙げる、「職務への専念（兼業の禁止）」「選挙によらない任命制」「契約による服務」「資格に応じた配属」「実績に応じた昇任」「公私の厳格な分離」「官職の占有排除」は孰れも、「官僚組織」が精確で厳密な〈手続き〉の連鎖的接続を担保すべく、「人格《ペルゾーン》」（Person）を脱人格化し精密〝部品〟に仕立て上げるために必要な条件として捉え返すことができる。Weber, M., *Ibid*, Kapitel VI. Bürokratie. ルーマン的に言えば、上記の特性を満たす場合に、官吏は官僚組織というシステムの〝素子〟としてシステムに〈包摂《インクルード》〉（include）され、逆に満たさない場合には、そこから〈排除《エクスクルード》〉（exclude）されることになる。

9　*Ibid.*

10　Weber, M., Parlament und Regierung im neugeordneten Deutschland: Zur politischen Kritik des Beamtentums und Parteiwesens, in *Gesammelte Politische Schriften*, 1921.

11　メディア論の見地から、官僚制と〈文書〉との本質的な結びつきを指摘した、トロント学派の鼻祖H・イニスによる以下の研究は注目に値する。Innis, H., *Empire & Communications*, Oxford Univ. Press, 1950, 5. The Written Tradition and the Roman Empire.

るとどうじに、組織内部で生起した全ゆる〈手続き〉を組織全体で共有し爾後の〈意思決定〉のための情報〝資源〟をストックし、必要に応じて提供する。〈意思決定〉に至る一連の〈手続き〉プロセスを反映した、「進達文書」・「起案文書」→「稟議書」→「決裁文書」は前者の機能を典型的に体現しており、各種「供覧文書」類や「議事録」は後者の機能の代表例である。[12]

ここで改めて確認しておきたいのは、本章冒頭で語源学的なアングルから指摘した〈文書〉における「二世界説」、すなわち「実在世界／〈文書〉世界」の二元論である。行政的〈文書〉において、〈文書〉が依拠する「実在《ダス・レアーレ》」(das Reale) は、「組織」という「実在」、すなわち〈手続き〉の連鎖による〈意思決定〉の再生産である。肝要なのは、〈文書〉は単に「実在」を〝模写〟する――〈文書〉のこの能作は一般に「記録《アウフシュライベン》」(das Aufschreiben) と呼ばれる――のではなく、「実在世界」へとフィードバックされることで、「実在」のコントロールを行う点である。これは例えば、「決裁文書」の蓄積による〈先例〉の結晶化や「議事録」チェックによる〈手続き〉の更なる効率化においてみられる。

そればかりではない。行政的〈文書〉は「官僚組織」の成員である「官吏」や「社員」にとって規範的〈威力《マハト》〉をも持つ。行政的〈文書〉のこの〝力〟は「降格」「昇任」「転属」等の決定を記した「辞令書」において最も典型的に現れるが、それのみならず全ゆる行政的〈文書〉は、後の〈手続き〉がそれに倣って遂行されるべき〝手本〟〝見本〟の機能をも果たす――〈文書《ドキュメント》〉のラテン語源「documentum《ドクメントゥム》」が「模範」「教訓」の意であったことを想起せよ――という意味で「官吏」や「社員」にとっては現用のすべての行政的〈文書〉が「規範」の相で立ち現れる。したがって官僚組織が奉ずる「文書主義」とは、単なる繁文縟礼《はんぶんじょくれい》といった侮蔑的《ペジョラティヴ》なニュアンスにおいてではなく、〈文書〉を通じて組織に規律をもたらす倫理的な原理として受け取られなければならない。〈文書〉が官僚組織という「現実」を構成し、逆に官僚組織が〈文書〉を産み出す、という循環的な再生産の閉じたループを両者はなしている。こうして〈文書〉が「官吏（社員）」に対して持つ「規範」的〈威力〉によって、「官僚組織」という「実在」は、恒に既に《インマー・ショーン》(immer schon) そこに在る、所与の「現実《ヴィルクリヒカイト》」(Wirklichkeit) として〈構成《コンストゥルイーレン》〉(konstruieren) され「正当化《レギティミーレン》」(legitimieren) ＝既成事実化される。[13]

ただし付言しておくが、行政的〈文書〉のこの〃力〃は、官僚組織の外部においてはその効力を失う。すなわち「組織」の成員以外の者にとって行政的〈文書〉は何らの「規範」性をも示さない。[14] 行政的〈文書〉の威力の範囲は、それが依拠する「実在《ダス・レアーレ》」、それが〈構成〉する「現実《ヴィルクリヒカイト》」

12 「公判記録」「判決書」「証拠書類」等の司法的〈文書〉もまた、裁判所が官僚的組織である限りでは、行政的〈文書〉に準じた扱いが可能である。

13 《Legitimität》《Legitimation》《legitimieren》の語が「支配」や「統治」と関連する文脈で使われるとき、何故か機械的に《正統性》《正統化》の訳語が振り当てられる傾向がみられる。君主制に代表される歴史的・血統的な「支配」の場合以外では《正統》の語は馴染まないと考えるのが普通であろう。それとも、著者が不案内なだけで何か〃業界〃固有の特別な事情や因縁でもあるのだろうか？ 仮にそうであるとしても、そうした事情に拘わりなく、本書では意識的に《正統》と《正当》の両訳語を文脈に応じて使い分ける。また、ハーバマスはルーマンとは違って「正当化《レギティミールンク》」には、〈手続き〉以上の〈合意《アインフェアシュテンドニス》〉(Einverständnis) が必要だと主張するが、われわれは意識的な〈合意〉によってではなく〈文書〉の〈威力《マハト》〉を通じた「現実」の受容によって「正当化」は果たされると考える。Habermas, J., *Legitimationsprobleme im Spätkapitalismus*, Suhrkamp, 1973.（邦訳『晩期資本主義における正統化の諸問題』岩波書店）。ちなみにこの書名中の《*Legitimation*》を《正統化》と訳すのはどう考えても誤りである。

の範囲と厳密に見合っているのである。

7－2－2　報道的〈文書〉の社会的機能

〈文書《ドキュメント》〉が教える《ドケーレ》（docere）「実在《ダス・レアーレ》」が「組織」を超えて「世界《ディ・ヴェルト》」（die Welt）大にまで拡張されるとき、それは報道的《ジャーナリスティック》〈文書〉となる。

7－2－2－1　報道的〈文書〉の規矩としての〈ドキュメンタリー〉

報道的〈文書〉というときおそらく多くの読者がいわゆる新聞や雑誌の「記事」を想い泛かべるであろうが、冒頭の語源学的分析においてすでに確認したとおり〈文書〉の本質は「実在」の有り様《よう》を教える《ドケーレ》、すなわち「証拠立てる」「裏付ける」機能に存するのであって、〈文書〉の物質的支持体《シュポール》（support）の如何を問わない。したがって、〈文字〉ベースの「記事」はもとより、〈画像〉や〈動画〉ベースの「写真」「ニュースリール」「ドキュメンタリー」もまた報道的〈文書〉に含まれる。いや、それどころか以下でみるように、〈動画〉ベースの「ドキュメンタリー」（documentary）こそが報道的〈文書〉の理念型《イデアルテュプス》（Idealtypus）を体現してさえいる。

さて、《documentary》の語そのものは一九世紀初頭から存在するが、それはたんに「文書《ドキュメント》を使った」「文書《ドキュメント》に基づいた」という意の《document》の形容詞形である。「記録映像」という意味での《ドキュメンタリー》の語は、英国の映像作家J・グリアスンが一九二〇年代、史上初の〈ドキュメンタリー〉を制作したことで有名な米国のもう一人の映像作家R・フラハティの作品を批評する際に使用したのを嚆矢とする。[15] その後グリアスンは二〇年代末～四〇年代にかけて「ドキュメンタリー運動」を展開してゆくが、重要なことはグリアスンの〈ドキュメンタリー〉概念が、撮影対象に過剰に感情移入することで詩情を生み出し、観る者を共感へと巻き込んでゆくフラハティの手法——そしてそれは、フラハティに私淑した小川紳介にまで受け継がれてゆく——の対極にある点である。すなわち、カメラという装置の助けを借りて、対象を観る眼差しを極限まで非人称化することで「実在」を〈問題〉として切り出し、映像に定着させていくことが、グリアスンが考える〈ドキュメンタリー〉である。

われわれはさきに〈文書《ドキュメント》〉の本質を、(一)「実在」との断絶(「実在世界／〈文書〉世界」の二世界説)と、にもかかわらず(二)「実在」への依拠(すなわち「実在」を〝模写〟するというかたちで「実在」の有り様《よう》を教え《ドケーレ》、「実在」への〝通路〟となる)とにみたが、グリアスンの〈ドキュメンタリー〉は厳密に〈文書《ドキュメント》〉の両要件を満たしている(他方、フラハティの手法は逆に「実在」との融合を目指している)[16]。しかも重要なことは、〈ドキュメンタリー〉が、人工的知覚機構＝〝機械

14 「条例」「契約書」「催告」といったいわゆる「法令文書」は、恰も「官僚組織」外部において或る〈威力〉を有し、一般市民に対しても「規範」性が示されているように思われるかもしれない。だが組織の外部で「施行」された時点で、そうした決定は、〈手続き〉システムから、〈法・政治〉システムや〈経済〉システムに委譲されている。したがってその〈威力〉や「規範」性は、〈手続き〉システムとしての「官僚組織」を背景にした行政的〈文書〉にではなく、〈法・政治〉システムや〈経済〉システムに由来する。「官僚組織」が、それが目指す「目的」、扱う「実質」や「内容」を問わない、閉じた〈意思決定〉〝機械〟たる所以である。

15 *New York Sun*, 8 February 1926. フラハティの映画『モアナ』(一九二六)の批評記事において。

16 もちろん、フラハティ的な手法の「ドキュメンタリー」からの排除や、その価値の貶下を意図しているわけではない。ここで強調したいことはドキュメンタリーの報道的側面である。

の眼〟による記録物であるが故に「実在」を〝模写〟的に教える《ドケーレ》〝力〟、すなわち〝客観的〟〈強度《シュテルケ》〉を最大化できることである。

　もちろん、「撮影」以降のいわゆる「ポストプロダクション」における「編集」や「ナレーション」を含む「音入れ」の段階では、制作者に固有の〈叙法〉＝〝語りくち〟を必要とするのであって〝主観性〟を完全に払拭することは原理的に不可能である。以上の意味で〈ドキュメンタリー〉もまた言語的〈文書〉の構造的類比物であることは間違いない（しかし、だからこそ、グリアスンが「実在」を彼の視点から〈問題〉として切り出すこともまたできた）。重要なことは〈ドキュメンタリー〉が、報道的〈文書〉の〈強度《シュテルケ》〉を最大化させる〈叙法〉を開発したことにある。そしてこの〈叙法〉は、二〇世紀前半を掛けて報道の分野を席巻する。

　一九世紀末に開発された網版《ハーフトーン》が「活字印刷」と「写真印刷」とのプロセス統合を果たしたことによる、新聞紙上での「写真」と「文字」との〝同居〟の実現、また「写真雑誌」「画報」という新媒体の登場によって、「写真」が「言語」に編み込まれることで報道的〈文書〉の〈強度〉が高められてゆく。それだけではない。報道的な「言語」それじたいが、無人称的な文体《スタイル》と修辞《レトリック》とを開発・完成させることで書き手の個性と〝主観性〟とを──「消去」ではなく──いわば〝透明〟化させ、その〈ドキュメンタリー〉化を果たした。こうした報道的「文体」の無人称性は、R・バルトがE・バンヴェニストを援用しつつ指摘した「書く《エクリール》」(écrire)行為に本来埋め込まれた前人称的「中動態《ミドル・ヴォイス》」(middle voice)──〈人称〉に先立つ〈行為〉──の近代的擬態《ミミクリ》(mimicry)であるとどうじに、[17]観察者＝書き手に固有のバイアスを除去した「書くこと《エクリチュール》」(écriture)における〈零度《ドゥグレ・ゼロ》〉(degré zéro)の発見でもあった。[18]

7-2-2-2　報道的〈文書〉と世界の「現実《ヴィルクリヒカイト》」

報道的〈文書〉はこうして〈ドキュメンタリー〉的規矩に則ることで「世界」という「実在」を〝模写〟するが、その〝模写〟は「世界」の広大さに鑑みるとき断片的たらざるを得ない。その断片的に留まる〈文書〉群を組織的・計画的に収集整理・取捨選択・編輯割付して一つの「現実《ヴィルクリヒカイト》」(Wirklichkeit)にまで纏め上げることがマスメディアの役割である。「実在」の裏付けを有した(業界用語を使えば、「ウラ」が取られた)報道的〈文書〉群を素材としつつマスメディアによって構成された「現実」は、以下の三点によって特徴付けられる。まず第一に、構成された「現実」の時制は常に〈現在《プレゼント》〉(present)であること。個々の〈文書〉の時制がたとえ〈過去〉であっても、それが「現実」に組み込まれた瞬間、〈現在〉に変容する。例えば、五〇年前に撮影された映像的な〈文書《ドキュメント》〉がマスメディアで放映される場合、〈ドキュメント〉そのものが持つ時制は〈過去〉であるが、そこで焦点化されているのは、例えば半世紀前の貴重な映像〈文書《ドキュメント》〉の「発見」という出来事の〈現在〉性であり、その映像に描かれた主題が〈現在〉でも

17　したがって、それは「中動態」とは本質的に異なる。「中動態」においては〈行為〉の中で〈人称〉が創られるが、〈ドキュメンタリー〉の〈叙法〉においては〈人称〉は端的に無い、のである。Barthes, R., 'To Write: An Intransitive Verb?' in *The Structuralist Controversy: The Language of Criticism and the Science of Man*, ed. Richard Macksey and Eugenio Donato, Johns Hopkins Press, 1970.(邦訳「書くは自動詞か?」『言語のざわめき』みすず書房に所収)。

18　Barthes, R., *Le Degré zéro de l'écriture*, 1953.

有効であるというテーマの現代性なのであって、〈文書〉の時制は、報道の中で構成される「現実《ヴィルクリヒカイト》」内のコンテクストに配置されるや〈過去〉に〈現在〉が上書きされる。

以上のことはまた「世界の現在《いま》」という「現実」が、マスメディアによって時々刻々書き換えられ、更新されるという事実によっても傍証される。新聞の場合には「朝・夕刊」によって半日毎に、テレビニュースの場合には数時間ごとに定期的に「現実」が上書きされることで、「世界」の時制は常に〈現在〉に留まり続けることができる。逆に言えば、〈現在〉と切り離されるときマスメディアは、その「現実」構成機能を失う（例えば、弁当箱の包み紙となった昨日の新聞）。

第二に、構成される「現実」が唯一《アインツィヒ》（einzig）であること。もちろん複数の報道的〈文書〉間での食い違いや齟齬、また誤報や場合によっては捏造〈文書〉も稀に生じ得る。そのことで個々の報道機関が構成する「現実」に歪みやブレが一時的に生じる場合がある。だが、こうした〈文書〉間の不整合や不斉一は即座に、報道機関同士の相互参照による調整や訂正を受け、短時間で一つの首尾一貫した「現実」へと同期・収束する。

第三に、報道的〈文書〉による「現実」の自己言及的な強化。報道的〈文書〉は実は「実在」のたんなる観照的な報告ではない。それは大衆に対して或る「規範」的な〝力〟を有し、「実在」への働きかけを大衆に促すことで「現実」の構成を一層鞏固なものにする。それは例えば、報道的〈文書〉が報ずる或る「流行《トレンド》」や「議題《アジェンダ》」に大衆が随順することでマスメディアが報じた「現実」が更に強化される事態、W・リップマン謂うところの「ステレオタイプ」（stereotype）ないしR・K・マートンのいわゆる「自己実現的預言《セルフ・フルフィリング・プロフェシー》」（self-fulfiling prophecy）の現象に典型的にみられる。[19]

7-2-2-3 報道的〈文書〉の〝力〟

われわれが先の行政的〈文書〉との比較において、ここでとりわけ強調しておきたいのは報道的〈文書〉が持つ〝力〟の源泉である。行政的〈文書〉の場合、その〝力〟の源は〈文書〉が〝模写〟する「実在」、すなわち「組織」における〈手続き〉連鎖のヒエラルキーであるとどうじに、〈文書〉がそこに組み込まれる(〈文書〉外部の)ヒエラルキカルな編制構造である。この場合〈文書〉が〝模写〟する「実在」の次元にばかりでなく、〈文書〉の次元にも重要度における厳格なヒエラルキーが存在するのであって、「実在」と「文書」とを貫くこのヒエラルキカルな権威的構造から〈文書〉は〝力〟を調達する。行政的〈文書〉において〈強度《シュテルケ》〉と〈威力《マハト》〉は一致する、そう言ってもよい。

これに対して、報道的〈文書〉には、行政的〈文書〉にみられたようなヒエラルキーが存在しない。なぜなら、すでに述べたとおり、報道的〈文書〉による「世界という実在」の報告は常に断片的であって、そうであるがゆえに諸〈文書〉が「世界」に占める地位は相互に等価たらざるを得ないからである。[20]「世界」という〝ジグソーパズルの台紙〟に〈文書〉という〝ピース〟を一つ一つ埋め込んでゆくことで「現実」が構成される以上、諸〝ピース〟の価値はどれも等しい道理である。

19 Lippmann, W., *Public Opinion*, 1922. および Merton, R.K., *Social Theory and Social Structure: Toward the Codification of Theory and Research*, 1949. を参照。

20 ただし、後に第4節で述べるように報道的〈文書〉の場合、「実在」の〝模写〟的「記録」の段階ですでに「選別」が行われていることに注意。

その意味で報道的〈文書〉の編制原理は、行政的〈文書〉の「層序構造《ヒエラルキー》」(Hierarchie) とは違って、「並列的配置《アセンブリー》」(assembly) だと言える。マクルーハンに倣って「モザイク的」(mosaic)、あるいは「寄木細工《パッチワーク》」(patchwork) 的ないし「点　描《ポインティリズム》」(pointillism) 的と言ってもよい。[21] そのことはマクルーハンも指摘するように、新聞のモザイク的レイアウトに象徴的・集約的に現れている。

さて、報道的〈文書〉の〝力〟、精確には〈威力《マハト》〉がその編制におけるヒエラルキーに因らないとすれば、では、報道的〈文書〉はどこから〝力〟を調達するのか？

播布におけるヒエラルキー構造からである。

個々人が直接見聞できる「世界」の「実在」は自らの身体を中心とするごく限られた範囲に過ぎない。米国での銃乱射事件やシリアへの空爆といった〝地球の裏側〟の「実在」については、マスメディアが報ずる報道的〈文書〉を恃《たの》むほか個人には手立てがない。マスメディアは海外各地の支局網、特派員、報道機関相互の国際的連携によって、「世界」の隅々にまで「実在」の裏付けを有する報道的〈文書〉作成体制を築き上げており、実際にそれらを日々量産している。マスメディアは報道的〈文書〉を独占・寡占し、一方的にわれわれ〈大衆《マッス》〉(Mass) に播布する。ここには、「官僚組織」とは異なる、播布体制におけるより大規模なヒエラルキー——マスメディアを頂点とし、大衆を底辺とする円錐型のそれ——が君臨している。個人はマスメディアによって発された個々の報道的〈文書〉の報告を確定的〈事実《ファクト》〉(fact) として受け容れる以外に術はないのであって、この権威的構造こそが報道的〈文書〉が持つ〝力〟＝〈威力《マハト》〉の源泉である。そしてマスメディアが報道的〈文書〉から構成した一つの「現　実《ヴィルクリヒカイト》」に、この〝力〟が〈正当性《レギティミテート》〉(Legitimität) を付与する。そして〈正当化《レギティミーレン》〉されたこの一つの「現実」が「真実《トゥルース》」(Truth) の名で呼ばれる。

7-2-3 歴史的〈文書〉の社会的機能

最後の歴史的〈文書〉が教える《ドケーレ》〝実在〟は〈過去《フェアガンゲンハイト》〉(Vergangenheit)である。

7-2-3-1 歴史的〈文書〉と歴史的「現実《ヴィルクリヒカイト》」

いや精確に言い直そう、〈過去〉という〝実在〟に関係させられるとき、あらゆる「書きもの」(the written, or printed)が歴史的〈文書〉となり得る。例えば、官僚組織での役割をもはや果たし得なくなった非現用の行政的〈文書〉は、その時点から歴史的〈文書〉に転じ得、報道的〈文書〉に至っては、報道後に即刻、歴史的〈文書〉と化し得る。〈文書《ドキュメント》〉にはふつう算入されない「メモ」「備忘録」「日記」「手紙」あるいはプラーベートな「スナップショット」「映像クリップ」「録音データ」なども、それが〈過去〉という〝実在〟との関係に置かれるときには歴史的〈文書〉の〝身分〟を取得し得る。それどころか、黒曜石製の鏃《やじり》、土偶といった道具や創作物、貝塚や住居遺構などの物在史料でさえ、それが〈過去〉の〝痕跡〟を示す〈強度《シュテルケ》〉を有する限りで、歴史的〈文書〉に含め得る。

ただし、ここで読者の注意を喚起しておきたいのは、〈過去〉という〝実在〟への関わりは〈文書〉が「歴史的《ヒストリカル》」(historical)であることの必要条件ではあっても十分条件ではない、という点である。半世紀前に撮影され、撮影の日付と短いキャプションを伴ってアルバムに収められているセ

---

21 McLuhan, M., *Understanding Media: the Extensions of Man*, 1962. 21. Press: Government by News Leak.

ピア色に変色したプライベートな家族写真は、間違いなく〈過去〉という〝実在〟に関わっており、それについて何らかのことを教える《ドケーレ》。だが、この家族写真はふつう歴史的〈文書〉とはみなされない。歴史的重要性をそれは欠くからである。すなわちそれは〈強度《シュテルケ》〉を有してはいるが、〈威力《マハト》〉がない。[22]

行政的〈文書〉に関しても、非現用となった〈文書〉の全てが自動的に歴史的〈文書〉になるわけではない。非現用〈文書〉の「歴史的重要性」に応じて、廃棄か「国立公文書館」等への保存かが決定される。[23]その結果、後者のみが歴史的〈文書〉となる。報道的〈文書〉アーカイヴである「新聞」の縮刷版や「番組」ライブラリーには原則として全ゆる記事と番組が網羅的に保存されているが、こちらもまたその全てが歴史的〈文書〉であるとはみなされない。いわゆる「暇ネタ」「時節ネタ」「広告」などは、そこから除外される。[24]それらにはやはり〈威力〉がない。

一般に、或る〈文書〉が「歴史的《ヒストリカル》」であるとは、たんにそれが「〝実在〟としての〈過去〉」の〝痕跡《トークン》〟(token)であることと同義ではない。それは更に、重要度に応じた「選別」がなされた上で、唯一の——なぜなら「言語論的転回《リングィスティック・ターン》」(Linguistic Turn)以降の歴史学における相対主義的傾向にもかかわらず、一般には依然として〈過去〉という「実在」はただ一つしかないと〝私念《マイネン》〟(meinen)されているからである——時系列的な構造物に組み込まれることを要する。そのことで初めて歴史的〈文書〉は〈威力〉=「歴史的重要性」を獲得する。

その構造物とは、歴史的〈文書〉によって構成される歴史的「現実」《ヒストーリッシェ・ヴィルクリヒカイト》(historische Wirklichkeit)である。「歴史」的「現実」は、行政的〈文書〉が構成する「組織」的「現実」が無時制《テンスレス》(tenseless)、報道的〈文書〉が構成する「世界」的「現実」が〈現在《プレゼント》〉という時制を持つのに対して、その時制は必ず〈過去《パースト》〉である。歴史的「現実」はまた、それを構成する個々の歴史的〈文書〉が、〈過去〉という〝実在〟の〝痕跡〟であることによって、架空的（＝対応する「実在」を欠く）「虚構《フィクション》」(fiction)からも区別される。「虚構」世界も様々な時制を持つが、その時制そのものが「反実仮想《イレアール》」的(irreal)な「叙 想 法《サブジャンクティヴ・ムード》」(subjunctive mood)を帯びており、歴史的「現実」の時制が附帯する「事実的《レアール》」(real)な「直 説 法《インディカティヴ・ムード》」(indicative mood)とは鋭く対立する。したがって架空的な「虚構」は、〈文書〉が持つ「実在」に裏付けられた〈強度《シュテルケ》〉(Stärke)を欠いている。にもかかわらず、歴史的〈文書〉が構成する歴史的「現実」は、編制における〝枠組み〟を「虚構」と共有する点において、それとの連続性もまた認められる。その共有された〝枠組み〟が「 物 語 《ナラティヴ・ストラクチャー》」(Narrative Structure)に他ならない。

7-2-3-2 歴史的〈文書〉の〝力〟

歴史的〈文書〉は、行政的〈文書〉の「層序構造《ヒエラルキー》」、報道的文書の「並列的配置《アセンブリー》」とは異なり、「物語《ナラティヴ》」(narrative)の原理に随って「現 実《ヴィルクリヒカイト》」へと編制される。「物語」は、単なる時系列的な連続性や因果的継起以上の、「発端」→「展開」→「結末」というプロット的な内部構造を持った

22 ただし、時代風俗史的な観点からこの写真が歴史的重要性を認定されれば、歴史的〈文書〉に〝格上げ〟されることはあり得る。

23 例えば日本の場合、いわゆる「公文書管理法」第五条第5項を参照。

24 ここでも、広告史や風俗史という文脈において歴史的〈文書〉となる可能性はもちろん排除されない。

構文論的ユニットであって、ユニット相互が入れ籠状の包摂関係を構成する。歴史的〈文書〉は、こうした構文論的布置の一項を占めることによって初めて「歴史的」たり得る。したがって、一般に歴史的〈文書〉は単独では「歴史的」たり得ず、それを取り巻く構文論的コンテクストを必要とする。[25]A・C・ダントも指摘するとおり、科学的事実がN・R・ハンソンやT・クーンらによって「理論負荷的《セオリー・レイデン》」(theory-laden)であることが明らかにされたのと同じ理屈によって、歴史的事実(史実)もまた〝裸〟ではあり得ず「物語負荷的《ナラティヴ・レイデン》」(narrative-laden)なのである。[26]

そればかりではない。「物語」負荷的《ナラティヴ・レイデン》な歴史的〈文書〉は、「規範的」な〈威力《マハト》〉さえ持つ。「歴史の物語主義」の領袖としてダントと並び称されるヘイドン・ホワイトは、「物語」とは歴史叙述の単なる形式ではなく、教訓的・道徳的な実践的《プラクティカル》(実用的)機能を担った構成物であると主張する。[27]彼の所説はその挑発的なプレゼンテーションによって多くの攻撃に晒されているが、その指摘は傾聴に値する。歴史的〈文書〉じたいがそもそも、「選別」の結果として成立しており、その選別された〈文書〉から「物語」としての「歴史」的「現実《ヴィルクリヒカイト》」が構成される以上、そこには構成者の或る〈価値〉が——当事者がそのことに無自覚であったとしてすら——当然織り込まれている。しかも、その〈価値〉は単なる観照的な認識論的地平を越えて、政治的かつ倫理的な〝力〟を「物語」の受容者に対して発揮する。なぜなら歴史的〈文書〉が持つその〝力《マ》〟=〈威力《ハト》〉の源は伝統的に「国家」であってきたからである。

国家は歴史的〈文書〉を「物語」的に編制しつつ歴史的「現実」を構成することで、支配の〈正統=正当《レギティミテート》〉性(Legitimität)を被支配層に示すと同時に、理想的臣民の具体像を呈示してきた。このことは「国史《ナショナル・ヒストリー》」(National History)編纂がつねに国家の一大事業であり続けてきたことが傍証している。また戦前の日本で言えば、歴史教育の場面において〝美談〟のかたちで教えられた「鵯越《ひよどりごえ》」の際に畠山重忠が示した配下への労《いたわ》り、楠木正成が自刃の際に吐露した「七生報国」の所懐、赤穂浪士の討ち入りが示す忠君の美徳、等々にその倫理的〝力〟が露骨に示されている。

　こうしたもの言いに対しては直ぐさま、それは戦前の皇国史観をモデルとし、普遍化した余りにも一面的な「歴史」観であって、共同体の中で語り継がれてきた少数民族の歴史、物質的過程を軸に歴史を捉える唯物史観、何よりも近代の実証的な歴史〈科学〉の成果や知見がまったく顧慮されていない、という反論が当然なされよう。

25　「アウシュビッツ」や「カチンの森」といったジェノサイドを生き延びた者のオーラルな証言を記録した、孤立的〈文書〉は「歴史的」ではないのか？　という詰問が「歴史の物語主義」に対してC・ギンズブルグからなされたが、そうした〝特異点〟をなす証言はもちろん〈過去〉という〝実在〟に対してわれわれに間違いなく何事かを〈教える〉〝力《シュテルケ》〟を持つ。ただし、それが「歴史的」であるためには、〝実在〟を根拠とした〝力《シュテルケ》〟以上の「正当化《レギティミールンク》」の手続きを要する。実際、単独の〈文書〉の多くが、それじたいにおいて「物語」的な構造を持っている。というのも、一般にインタビュアーもまた証言者に「物語」を期待して抽き出そうとするのに加えて、抽き出せた証言がたとえ断片的であったとしてもインタビュアーはオーラル・ヒストリーを「物語」的に構成するからである。Ginsburg, C., Just One Witness, in *Probing the Limits of Representation: Nazism and the "Final Solution"*, Harvard Univ. Press, 1992.（邦訳「ジャスト・ワン・ウィットネス」『アウシュビッツと表象の限界』未来社）

26　Danto, A.C., *Analytical Philosophy of History*, Cambridge Univ. Press, 1973.（邦訳『物語としての歴史――歴史の分析哲学』国文社）河本英夫による訳者解説も参照のこと。

27　White, H., The Value of Narrativity in the Representation of Reality, in *On Narrative*, The Univ. of Chicago Press, 1981.（邦訳「歴史における物語性の価値」『物語と歴史』《リキエスタ》の会刊）また、同じ著者による *Practical Past*, Northwestern Univ. Press, 2014.（邦訳『実用的な過去』岩波書店）も参照。

だが、ここでの問題は様々な史観の優劣の裁定ではないし、ましてや「歴史の物語主義」の普遍的妥当性の主張では猶更ない。問題の焦点は、歴史的〈文書〉がこれまで、「国家」という本質的にヒエラルキカルな構造を持った権威が、「物語」的な構造を持つ歴史的「現実《ヴィルクリヒカイト》」を構成するための〝資源《リソース》〟として利用されてきたという事実、またそのことと引き換えに「国家」の〝威光〟を背景に「規範的」な〈威力〉を、歴史的〈文書〉が臣民・国民に対して発揮してきた、という事実にある。「国家」の地位を、アカデミズムが襲ったところで事態の意義は何ら変わらない。なぜなら、その場合「国家」のヒエラルキーが、「アカデミア」のヒエラルキーに挿げ替わったに過ぎず、歴史的〈文書〉の〈威力〉の源泉は依然としてヒエラルキー構造の一元性だからである。

実際、少数民族の歴史、唯物史観、歴史〈科学〉は孰れも、国家主導による「国史《ナショナル・ヒストリー》」の対抗的言説として登場し、組織され、ヘゲモニー闘争を繰り広げ、そしてその一部は「国史」編纂に取り込まれてきた。現に日本の歴史教育における「教科書問題」とは、「国史」と「歴史〈科学〉」が演ずる角逐の修羅場であってきたではないか。

歴史記述とは「正史《オーセンティック・ヒストリー》」(authentic history)の地位をめぐる覇権争奪の〝アリーナ〟であって、それに勝利した者が唯一の歴史的「現実《ヴィルクリヒカイト》」を構成する権限を得、〈過去〉という〝実在〟を遡及的に、そして一義的に確定する。その戦いにこれまで勝利してきたのは「物語」的な「国史」であり、そのことによって「国家」はその支配を〈正統=正当《レギティミーレン》〉化(legitimieren)するとともに、歴史的〈文書〉を通してその「規範的」〈威力〉を国民に行使してきた。「言語論的転回」以後の相対主義的なポストモダン歴史学の立場を採ったとしても、歴史記述の濫觴に「国家」のヒエラルキーがあったという歴史的事実は認めざるを得まい。こうして、歴史的〈文書〉にあってもまた、その〝力〟の源泉は「ヒエラルキー」――行政的〈文書〉における「組織構造」のヒエラルキーや、報道的〈文書〉における「播布構造」のヒエラルキーとは区別された、「支配構造」におけるそれ――なのである。

7−3 〈文書〉世界の存立構造

7−3−1 〈書き込みシステム《アウフシュライベズュステム》〉と官僚制

われわれは、行政的〈文書〉、報道的〈文書〉、歴史的〈文書〉が、それぞれの領分において「実在」を様々な〈メディア〉を使用しながら〝模写〟的に〈書き込む《アウフシュライベン》〉(aufschreiben)ことで、「実在」を社会的「現実《ゾツィアーレ・ヴィルクリヒカイト》」(Soziale Wirklichkeit)へと〝鋳直す〟と同時に、さまざまな水準における「ヒエラルキー」構造によって〈文書〉に付与された「規範」的〈威力《マハト》〉——〈文書〉の〝力〟——を背景にしながら、構成された「現実」を人びとに受容させ、〈正当＝正統《レギティミーレン》〉化してゆくメカニズムを前節で具《つぶさ》にみてきた。

ドイツのメディア論学者F・キットラーは、その著『書き込みシステム一八〇〇・一九〇〇』において、「書くこと」を個人の主体的行為ではなく、時代毎《ごと》の〈メディア〉的制約下での非人称的な〝自動書記《オート・ライティング》〟(Auto Writing)的——バンヴェニスト＝バルト流に言えば「中動態《ミドル・ヴォイス》」的——オペレーションとみなし、それを〈書き込み《アウフシュライベン》〉(Aufschreiben)と称する。その上で、この〈書き込み〉のネットワークによって構成される社会秩序を〈書き込みシステム〉（Aufschreibesystem）として捉え返してゆく。[28] 例えば「日記をつける」という〈書き込み《アウフシュライベン》〉を考えよう。日記は〈私〉が毎日主体的につけている、と当然〈私〉は思っている。だが、なぜ毎日つけるのだろう？ なぜ、昨日のことではなく、今日の出来事を書くのだろう？ また、なぜノートにペンで書いているのだろう？ これらのことは当人にとっては《フュア・エス》（für es）自明であっても、第三者（とりわけ、日記を書く〈私〉とは、属する〈メディア〉パラダイムを異にする第三者）にとっては何らの自明性もない。第三者的には《フュア・ウンス》（für uns）――すなわち〈メディア〉論的には――〈私〉は、「日記」という制度、ペン・インク・ノートという技術、から構成される「日記〈書き込み〉〝機械〟」をなす一項であるという記述の方が正鵠を射ている。とすれば〈私〉は「日記」の〈書き込みシステム〉によって寧《むし》ろ書かされていることになる。

右の事例からもわかるように〈書き込みシステム〉はまた時代時代のメディア技術によって織り成される〈メディア〉の生態系でもある。ある主導的メディア技術の下に同時代の様々なメディア技術が下属しつつヒエラルキカルな〈メディア〉生態系として組織され、それが〈書き込み〉のオペレーションをコントロールするからである。また、メディア技術の革新による、主導的メディアの交替によって〈メディア〉生態系は大きく組み替えられもする。〈メディア〉パラダイムの革命

28 Kittler, F., *Aufschreibesysteme 1800・1900*, Wilhelm Fink Verlag, 1985. 概要については拙著『〈メディア〉の哲学――ルーマン社会システム論の射程と限界』（ＮＴＴ出版）「１・３　書き込みシステムの変遷――キットラー」の節を参照。

的転換の事態である。こうして〈書き込みシステム〉は、生成↓維持↓没落という三つのフェーズを辿り、以下このサイクルが繰り返されることになる。

キットラーは同書で、「文字《ブーフシュターベ》（活字）」（Buchstabe）を軸に〈メディア〉生態系が編制された一九世紀の〈書き込みシステム〉分析――これは実は同時に、メディア論の見地からするドイツロマン主義文学の分析でもある――と、「機械的な身体機能増幅装置」、具体的にはタイプライター・カメラ・蓄音機を軸に〈メディア〉生態系が編制された二〇世紀の〈書き込みシステム〉分析――これは同時に、精神分析、象徴主義、ダダ、シュルレアリスム等の高踏文学（キットラーはこれを彼持ち前の地口趣味で「エリート文学《エー・リテラトゥーア》」E-Literatur と呼ぶ）と「大衆文学《ウー・リテラトゥーア》」（U-Literatur、Unterhaltung-Literatur の略称）の分析でもある――とに携わっているが、本章との関連で見逃せないのは、一九世紀の〈書き込みシステム〉すなわち〈書き込みシステム一八〇〇〉が「官僚制国家《ベアムテンシュタート》」（Beamtenstaat）を目指した国民国家完成期のドイツに範を採っている点である。

すなわち「教養＝人間としての完成《ビルドゥンク》」（Bildung）を旗印に国家が「書字」を通じて臣民をまさに〝揺り籠から墓場〟までヒエラルキカルに管理する体制として一九世紀の〈書き込みシステム〉は描かれる。「書字」を通じて〝全人《ガンツェ・ペルゾーン》〟（ganze Person）となった臣民は、或いは「作家」として、或いは「官僚」として、或いは「学者」――「学者」もまた大学という国家的教育機関スタッフとしての「官僚」であることに注意せよ――として国家に貢献してゆく。したがって一九世紀の〈書き込みシステム〉とは、「全面的な官僚化《トターレ・フェアベアムトゥンク》」（totale Verbeamtung）によって特徴付けられる。

7―3―2　〈書き込みシステム〉としての〈文書〉世界

一方、二〇世紀の〈書き込みシステム〉は、それまで人間が担ってきた〈書き込み〉行為の、機械装置への代替と委譲による、非人称化と自動化を特徴とする。一九世紀の〈書き込みシステム〉においても官僚制的な「文書主義」が、その非人称化と自動化とを助長してはきたが、そうした傾向は個性や理想を重んじる「人格主義」＝「教養主義」によって中和されてきた。

ところが二〇世紀に入って普及をみた、タイプライター、各種撮影装置、録音機械は、「書字」行為を人間の〈手〉から奪ったばかりか、視覚、聴覚といった感覚までも簒奪して増幅し、これまで人間の「意識」というフィルターによっては掬い取れなかった、ないし〝ノイズ〟として捨象されてきた、〝無意識〟の領域までをも〈書き込み〉の対象とした。〈書き込み〉が人間を越えて進行し始め、その結果生じた非人称的で自動的な〈書き込み〉の結果を、改めて人間が――例えば「精神分析」によって――解釈するという〝逆機能《ディスファンクション》〟(dysfunction)までが生じる事態に立ち至ったのである。

さて実は、キットラーが謂う〈書き込み《アウフシュライベン》〉によって生成されるものこそ、われわれがこれまで考察に付してきた〈文書《ドキュメント》〉に他ならない。[29] そして、だとすれば、われわれが〈文書〉の分析に先

29　厳密に言えば、〈書き込み〉によって産出される架空的な〈虚構《フィクショナル》〉世界――キットラーがその著書において問題にしたのは「文芸《ディヒトゥンク》」(Dichtung)と「文学《リテラトゥーア》」(Literatur)というまさにこの領野の〈書き込み〉による構築であった――の「現実《ヴィルクリヒカイト》」に占める位置と身分が未だ十全には論定できていない。が、この主題系については稿を改めて論じたい。

立って冒頭で導入した「実在世界／〈文書〉世界」の二元論の一項を占める〈文書〉世界とは、静的《スタティック》な単なる「領域《ゲビート》」(Gebiet) ではあり得ない。それは〈文書〉が生成され、流通し、蓄積・保存される一連のプロセスであり、そのプロセスの反復の過程で社会的「現実」《ゾツィアーレ・ヴィルクリヒカイト》が現成し、強化されてゆく格別な〝存在〟の次元でなければならない。

そしてこの次元においては「人間」が占める場所はない。それは非人称的で自動的な〈書き込み〉という自己言及的なオペレーションの連鎖的接続によってのみ〈持続〉する閉じたシステムであり、〈文書《ドキュメント》〉とはそのシステム内部を〈流通〉する〈メディア〉である。キットラーが描き出したのは、〈書き込みシステム〉が一九・二〇の両世紀をかけて、当初はまだ「人間」によって担われていた〈書き込み〉のオペレーションから「人間」的要素を徐々に払拭し、完全に〈自立＝自律〉的な〈書き込み〉〝機械《マシン》〟として姿を現すに至るまでの経緯だったと言える。

問題は、キットラーによる〈書き込みシステム〉(＝〈文書〉世界) の記述が二〇世紀で終わっていることである。われわれはここでキットラーの早すぎる死によって〈書き込みシステム〉分析作業の続行が断たれたことを惜しんでいるのではない。そうではなく、問題はより原理的な次元で問われている。すなわち、インターネットが主導的メディアである新たな〈メディア〉生態系において生成しつつある新たな〈書き込みシステム〉――〈書き込みシステム二〇〇〇〉――を両つの先立つ〈システム〉と同じ流儀で果たして語りうるのか？ またそれに見合った〈文書〉世界の存立・持続を云為することはそもそも可能であるのか？ という問いである。

7-4 〈ポストトゥルース〉という問題

7-4-1 〈書き込み〉の変容――〈文書〉から〈ビッグデータ〉へ

二一世紀は始まってまだ四半世紀も経ておらず、したがって〈書き込みシステム二〇〇〇〉（そういうものを想定し得るとして）の特性を記述するには時期尚早ではある。だが、すでにその輪郭はかなり明確な形をとりつつある。二一世紀における主導的メディア技術は、間違いなくインターネットである。したがって今世紀の〈メディア〉生態系は、インターネットを軸としたメディア技術のネットワークとして編制されることになるが、この二一世紀の生態系は、「はじめに」で本書に導入した語を使えば〈ネットワーク・メディア〉の生態系である。つまり、キットラー流の〈書き込みシステム二〇〇〇〉とは、〈ネットワーク・メディア〉のパラダイムであることになる。[30]

〈書き込みシステム二〇〇〇〉における〈ネットワーク・メディア〉の〈書き込み《アウフシュライベン》〉のオペレーションは、先立つ両つの〈書き込みシステム〉のそれと比して、極度の非人称化・抽象化・自動化を遂げている。一九世紀の〈書き込みシステム〉以来の「肉筆」「活版印刷」や、二〇世紀の〈書き込みシステム〉の主役である

「撮影」「タイピング」「録音」といった既存の〈書き込み〉も、新たな〈書き込みシステム〉の中でその命脈を辛うじて保ってはいるが、そのほとんどは即座に、もしくはスキャニングを介してデジタル化されることで非人称化され、さらにそれらがクラウド上にアップロードされて一つの〈ネットワーク〉へと呑み込まれることで抽象化される。しかも、こうした一連のプロセスは「人工知能《エー・アイ》」によって自動化されてもいる。〈書き込みシステム〉からの「人間」の〝締め出し〟はここに至って完全に成し遂げられたと言ってよい。

　問題は、新たな二一世紀の〈書き込みシステム〉においてこのように極度の非人称化と抽象化と自動化を遂げた〈書き込み〉オペレーションによる生成物を尚以って〈文書《ドキュメント》〉の名で呼び得るか、という点である。本章第1・2節での〈文書〉の構造分析においてわれわれは以下のことを確認した。すなわち、本質的に不安定で不定的な〝存在〟である「実在《ダス・レアーレ》」を〈システム〉は、〈メディア〉という〝物質〟に〈書き込み〉、定着させることで〈文書〉として固定化し、またその〈文書〉群を編制することによって確固とした秩序を持つ「現実《ヴィルクリヒカイト》」にまで纏め上げること。さらに〈文書〉が、有効性を発揮する範囲内の受け手に播布され共有されることで、構成された「現実」は既成事実として受容され「正当性《レギティミテート》」を獲得すること。

　そして、その際重要なことは、「現実」を構成するための〝素材《メディウム》〟〝資源《リソース》〟となる〈文書〉は、重要度に応じてランク分けされており、ランクに応じて廃棄／保存が決定される（行政的〈文書〉の場合）こと。保存された〈文書〉においても「現実」構成に実際に使用されるか否かに関して更なる「選別」に晒される（歴史的〈文書〉の場合）こと。また、そもそも「実在」の〈文書〉への〝模写〟的〈書き込み〉を行うか否か（すなわち「記事」にするかどうか、その場所に〝三脚を立てる〟

かどうか）を決定する初発の段階で「選別」プロセスがすでに働いている（報道的〈文書〉の場合）こと、である。

これに対して、二一世紀における〈書き込み〉の生成物は、まず（一）その対象となる「実在」が無差別である。プライベートな「呟《つぶや》き」、今日のランチ「画像」、恋人との熱愛「動画クリップ」がＴＰＯを問わず〈書き込《カキコ》〉まれ、〈アップ〉されて誰彼構わず公開される。今日〈書き込み〉の対象は、日常的な相互行為の領域にまで及んでいるのである。[31]また全ての生成物がデジタル化されることによって（二）生成物間での重要度における差別が無化される。全ては〝闇夜の牛〟の如く等し並みに扱われる。まさに〝味噌も糞も一緒くた〟である。さらに、（三）原則的に全ての生成物が「保存」される。生成物間に重要度の差がない以上、これは当然の成り行きであって、「忘れられる権利」の行使によって削除を主張しない限り生成物は〈システム〉内を〈流通〉し続ける。二一世紀の〈システム〉における社会的〈記憶〉の既定値《デフォルト》は〈想　起《エアインネルンク》〉（Erinnerung）であって、これまでとは逆に〈忘　却《フエアゲッセン》〉（Vergessen）にこそ労力を要するのである。[32]しかも（四）生成物は

30　〈ネットワーク・メディア〉パラダイムに先立つ〈マスメディア〉パラダイムは、ほぼ〈書き込みシステム一九〇〇〉に相当する。ただし両者は機能的に完全に相掩うわけではない。一般化された〈メディア〉パラダイムの概念については、拙著『〈情報社会〉とは何か？――〈メディア〉論への前哨』（ＮＴＴ出版）「第二章　マスメディアと最初の〝情報社会〟」を、両パラダイムの転換の経緯については『情報社会の〈哲学〉――グーグル・ビッグデータ・人工知能』（勁草書房）をそれぞれ参照されたい。

31　「現実」の〈構成〉には、〈文書〉に加え「相互行為《インタアクツィオーン》」（Interaktion）が身体的次元で果たす役割をも無視できないが、〈メディア〉パラダイムの転換による相互行為の「現実」〈構成〉機能の変容については稿を改めて論じたい。

〈流通〉の過程で自己言及的に増殖し変易的に更新され続ける。生成物が新たな〈書き込み〉を惹起し誘発するからである。このことは例えばfacebookの「いいね！」やTwitterの「リツイート」を考えれば容易に首肯されよう。

以上のような特性を持つ、二一世紀における〈書き込み〉オペレーションの生成物は一般に〈ビッグデータ〉の名で呼ばれるが、これが〈文書〉の名に値しないどころか、その反対物にまで転化していることはもはや誰の眼にも明らかであろう。それは〈文書〉が持っていた〈強度《シュテルケ》〉も（無差別なデジタル化と変易的流動性によって）、〈威力《マハト》〉も（非人称性と等価性によって）持たない。こうして〈書き込みシステム二〇〇〇〉は、先立つ両つの〈システム〉以上に、非人称性・抽象性・自動性を強めながら自己言及的に〈書き込み〉を増殖させ、さらには「人間」ばかりか〈文書〉をも――〈文書〉を〈ビッグデータ〉に置き換えることで――〈システム〉から締め出してゆく。

7-4-2 〈文書〉の終焉と「現実」の揺らぎ

〈書き込み〉の、「人間」を置き去りにしたこうした自己言及的な増殖は、〈文書〉が有していた〝力〟をその生成物から奪い去る。われわれは二一世紀の〈書き込みシステム〉の構造《シュトゥルクトゥーア》(Struktur)が、それまで〈システム〉の構造をなしていた「ヒエラルキー」とは対比的に、どこにも特権的な特異点を持たない二次元的な〈ネット－ワーク〉(Net-Work)の運動であることに留意する必要がある。これは今世紀の〈システム〉の屋台骨をなすメディア技術であるインターネットの〈メディア〉特性に因るが、この特性がいまや〈システム〉の隅々にまで蔓延・浸潤し、既存の「ヒエラルキー」構造を根腐れにし根絶やしにしつつある。〈ネット－ワーク〉にとって「ヒエラルキー」とは、そのノードをなす一項に過ぎないからである。〈文書〉が持つ〝力《マハト》〟＝〈威力〉の源泉が、その背後に控える何らかの「ヒエラルキー」構造にあったことをここで読者には想起してほしい。前小節の（二）で確認したとおり、〈書き込み〉におけるデジタルな無差別性によって、生成物は「意味論《セマンティック》」的な差別化をその根底では喪失している。それに加えて〈ネットワーク〉の「ヒエラルキー」掃滅は、〈書き込み〉の成果物から〝力〟を、より一般的に言えば「価値《ヴェーアト》」（Wert）をも、奪い去る。〈ビッグデータ〉が自己言及的に増殖する〝ゴミ〟たる所以である。[33] であるとすれば、〈文書〉が一義的に編制されることを通して構築され、また〈文書〉が発揮する「規範」的〈威力〉によって「正当化《レギティミーレン》」されてきた社会的「現実《ヴィルクリヒカイト》」には、二一世紀の〈書き込みシステム〉＝〈ネットワーク・メディア〉パラダイムにおいて、如何なる命運が待ち構えているのか？

兆候がすでに現れていることは周知のとおりである。幼児の戯《ざ》れ言《ごと》にも劣る閣僚・官僚によるその場凌ぎの国会〈答弁〉（〈答弁〉が〈声〉という〈メディア〉である点に注意せよ！）――そして答弁者と同程度の知性と倫理観しか持ち合わせない者たちによるＳＮＳ上での支持――に辻褄を合わすべく、行政的〈文書〉が書き換えられ、隠蔽されたことで、「文書主義」の伝統が易々《やすやす》と反古《ほご》にされ、厳密な〈手続き〉の連鎖からなるヒエラルキカルな官僚組織の「現実」はその権威と信用とを

32 この点については、Esposito, E., *Soziales Vergessen. Formen und Medien des Gedächtnisses der Gesellschaft*. Suhrkamp, 2002. を参照。

33 この点の詳細については、前掲拙著『情報社会の〈哲学〉』「第二章 ビッグデータの社会哲学的位相」を参照。

失墜させつつある。また、SNSやWikiLeaksによる「内部告発」、Googleを始めとした検索サービスによる記事の動的な自動ランキング、ネット上で飛び交う出所不明の「フェイクニュース」(Fake News)、さらには歴とした報道機関によるネット上でのネタ漁りと、ネット〝世論〟(そんなものがあったとして)へ阿《おもね》った〝報道〟、これらがヒエラルキカルなマスメディアの構造に揺さぶりを掛け、報道機関がこれまで営々として築き上げてきた「社会の木鐸」としての地位は今や風前の灯火である。また従来の「国史」vs歴史〈科学〉というヒエラルキカルな権威同士の、個々の歴史的〈文書〉解釈や編制を巡る覇権争いに、一介の素人の思い込みや思いつきが割り込んで入り、「多数の意見は案外正しい」とばかりネット上で猛威を振るうばかりか、歴史的「現実」の構成にも無視できない影響を及ぼす。[34]

以上の現象を通じてみられること、それは、〈ビッグデータ〉による〈文書〉の凌駕であり、その抑圧である。こうして、〈ネット‐ワーク〉による〈書き込み《アウフシュライベン》〉がその生成物を、確定的〈文書《ドキュメント》〉から流動的で可塑的な〈ビッグデータ〉に置き換えたことで、〈文書〉によって築かれ、これまで維持されてきた確固たる「現実」の権威的構造は済し崩し的に崩潰し、その一義性が失われつつある。いまや「現実《ヴィルクリヒカイト》」は多重化し、ブレを示し始めている。

7-4-3 〈ポストトゥルース〉の真義

その著『負債論』で一世を風靡したD・グレーバーは、『官僚制のユートピア』(ただし原タイトルは『規則《ルールズ》のユートピア』)において現代社会の本質を、「非人格的な規則と規制の押しつけ」(imposition of impersonal rules and regulations)にみた上で、「全面的官僚化《トータル・ビュロクラタイゼーション》」(total bureaucratization)

と規定する。[35] だがこの規定はあまりにも的外れであり、またあまりにも時代錯誤である。慥かに、現代は真綿で首を締められるような得体の知れない社会的〝圧力〟を誰しもが程度の差はあれ抱かざるを得ない時代である。それを「生きづらさ」と言い換えてもよい。だが、その〝圧力〟はけっして、政府や権力によるものではない。それはもっと曖昧で、行使〝主体〟が不明確な〝圧力〟である。[36]「非人格的」という表現で、グレーバーはその〝主体〟の不明確さを匂わそうとしているのかもしれないが、それは断じて「官僚制」などではない。それが比喩であったとしても、その語用はグレーバーが奉じる「無政府主義《アナーキズム》」から来る僻目《ひがめ》が過ぎ、極めてミスリーディングである。

「官僚制」の全盛期は、その批判が盛んになされた（例えば、R・K・マートンの著書や黒澤明の映画によって）[37] 一九五〇～七〇年代であって、その時期はちょうど〈マスメディア〉の全盛期とも一致する。前小節でみたとおり、〈ネットワーク・メディア〉全盛の現在において「官僚制」は全面

34　ヒエラルキーの牙城であるアカデミアへの何の専門的訓練も受けていない素人の、こうした参入・介入という現象は、歴史学の分野に限らず、「医療」分野を筆頭にアカデミズム一般でみられる。ただ、歴史の分野は参入障壁が他の分野に比して低いために目立つという事情があるというに過ぎない。また、「産学協同」や〝アカウンタビリティ〟、「外部の〝血〟を入れよ」という外野からの要請、さらに勘違いした自称〝研究者〟のタレント志向が素人の参入障壁の低下に一層の拍車をかけている。

35　Graeber, D., *The Utopia of Rules: On Technology, Stupidity, and the Secret Joy of Bureaucracy*, Courtecy of Melville House Pub., 2011.（邦訳『官僚制のユートピア――テクノロジー、構造的愚かさ、リベラリズムの鉄則』以文社）ここでキットラーが一九世紀の〈書き込みシステム〉を、「官僚制」が「全面化」されたパラダイムとして規定していたことを想起されたい。

36　われわれはすでに、その〝圧力〟を〈社会幻想〉による自縄自縛として捉え返した。本書第四章を参照。

化どころか、そもそも正常に機能していない。そして、おそらくこうした現象は日本に限られないはずである。[38] 孰れにせよ「官僚制」と「文書主義」が情報社会における恰好のスケープゴートの役回りを演じており、それらを批判する言説が情報社会の聞き飽きた紋切り型《クリシェ》となっている。

本来〈ネットワーク・メディア〉パラダイムとは、ネットワークが国境を越えることで「国家」を有名無実化し、また万人を地縁的な柵《しがらみ》から解き放って〈孤人〉化を助長する、またノードの特権的な特異点を持たない二次元的構造の故に中央政府の存在を原理的に許さない、〈システム〉として特徴付けられるのであってみれば、それは「官僚制のユートピア」であるどころか、「アナーキズムのユートピア」「ネオリベラリズムのユートピア」のはずである。問題は、にもかかわらず、そこに或る〈抑圧〉的構造が自生してくることにある。グレーバーのようにその〈抑圧〉を〝規制〟や〝規則〟に読み替えることで問題の全てを「官僚制」に転嫁しても事態は何ら解明されないし、何の解決もみない。

その〈抑圧〉は「ヒエラルキー」一般を無化することで、情報社会から〈価値〉と倫理的〝力〟を一掃する勢いで現在も拡大中である。情報社会における今後の最重要課題は、「官僚制」批判などではなく――「官僚制」はむしろ〈価値〉をこれまで担保してきた機制の一つである――、この〈抑圧〉のメカニズムを体系的に解明し、「ヒエラルキー」に代わる〈価値〉の生成原理を探求することにある。したがって、われわれとしては人口に膾炙する〈ポストトゥルース〉(Post-Truth) の概念を、巷間謂われるような「世論を、客観的事実によってではなく、情動や信条によって形成しようとする動向」(*OED*) というネガティヴな意味に於いてではなく、況んや「フェイクニュース」の同義語としてでは尚更無く、「ヒエラルキー」構造の跡を継《ポスト》ぐ情報社会における〈価値〉生成および「現実《ヴィルクリヒカイト》」の「正当化《レギティミールンク》」機制、すなわち〈ビッグデータ〉の地平からの〈真理《トゥルース》〉の生成を担保するメカニズムとしてポジティヴに捉え返したい。[39] この〈次なる真理《ポストトゥルース》〉という〈価値〉の確立こそが、現在の情報社会にとっての最重要課題である。と同時に、その探求が〈哲学〉には、総力を挙げて取り組むべき〈問題〉として課されてもいる。

37　Merton, R. K., *Social Theory and Social Structure*, 1st ed. 1949, revised ed. 1957 & 1968. 黒澤明『生きる』(東宝、一九五二)『悪い奴ほどよく眠る』(黒澤プロ、一九六〇)

38　例えば、米国における大統領直属機関やシンクタンクの官僚組織に比しての重用、大統領による官僚トップの政治任用などは〈ネット‐ワーク〉の影響をダイレクトに受ける(トランプ大統領のSNS好みとマスメディア敵視とを想起せよ)。中国における習近平総書記による官僚批判キャンペーンもまた〈ネット‐ワーク〉の動向を睨んでの要素が大きいはずである。そもそもグレーバーの著書じたいが、官僚制の機能を阻害する運動の一翼を担っている。(実際、当該書はインターネット上で簡単に入手可能な、実践指南の書である。https://libcom.org/files/David_Graeber-The_Utopia_of_Rules_On_Technology_St.pdf ——二〇一八年一一月一七日現在)

39　その原理の近傍にある技術としてビットコインの中核技術にもなっている「ブロックチェーン」が有望視されており、不動産登記や医療データなどの文書管理、投票、個人認証といった行政分野での活用実証実験が開始されているが、今のところ確たる成果は出ていない。

後記

本書は二〇一六年に勁草書房から上梓した『情報社会の〈哲学〉――グーグル・ビッグデータ・人工知能』の続編である。

前著を世に送り出した二〇一六年の夏から二年半しか経たないが、その間にも情報社会は信じられないスピードで進化を続けている。本書は、前著刊行以降に起きた、もしくは前著からは漏れた出来事や現象を題材にしながら、引き続き情報社会の社会哲学的、メディア論的なアングルからの考察を行った。二〇一〇年代に起きた出来事やみられる諸現象を、情報社会の〝深層〟構造とその変動が表面化した〝露頭〟とみなし、その〝露頭〟を緒《いとぐち》に〝岩盤〟を掘り下げながら、複数の〝露頭〟を根底で繋いでいる〝基層〟を探り出すことで、二一世紀の〈メディア〉パラダイムをなしている「情報社会」総体の存立構造とその維持メカニズムを解明する、という前著で採った基本スタンスも変わらない。この基本姿勢の共有によって、前著と本書とは間違いなく姉妹編を成している。

にもかかわらず本書を『続・情報社会の〈哲学〉』と銘打たないのにはそれなりの理由がある。前著が考察の出発点に据えた二〇一〇年代前半の出来事や現象と、本書がトピックとして取り上げた二〇一〇年代後半の出来事や現象とが「はっきりとした」(と著者には思われる)〝断層〟によって割されているからである。その〝断層〟の存在を著者が明確に認識した経緯は「はじめに」に転載したエッセイで、すでに明かした。この〝断層〟に気づいたことが、「情報社会における〈価値〉」という問題系の解明作業に著者を向かわせることになった。

前著でも、終章において「情報社会における〈倫理〉」という枠組みのなかで〈価値〉の問題を扱いはしたが、飽くまでもそれは従来の道徳的〈価値〉——精確には、情報社会におけるその不可能性——との関連から〝規範的〟〈価値〉の問題がネガティヴに考察されたに過ぎない。したがって、前著に比しての本書の独自性は、題材とする出来事が二〇一〇年代の前半か後半かという形式的な相違を別とすれば、何よりも〈価値〉の問題への対峙にある。その意味で、前著が情報社会の下部構造的な技術的インフラを主たる論題とした一種の〈技術哲学〉であったとするならば、本書は——「はじめに」で強調したとおり——情報社会において、様々な文化的領野で機能不全に陥りつつある〈価値〉の存立・維持機制《メカニズム》を解明し、それに替わって新たに構成されつつある〈価値〉の萌芽形態を描き出す、一種の〈文化哲学〉ないし〈価値哲学〉の試みといえる。

こうした事情もあって一時は、本書のタイトルを『情報社会の文化哲学』ないし『情報社会の〈価値〉哲学』とすることも考えたが、この種のタイトルは存在と価値を領域的に截断《せつだん》する新カント派（就中、西南学派《バーデン》）的なバイアスと語感に〝汚染〟されているという理由から断念した。また、すでに何度か本書のタイトルが『情報社会の〈展相〉』となるであろうことを予告もしたが、こちらは青土社編集部が難色を示した。これは営業上の算段からも、読者への配慮という観点からも無理からぬところであろう。ただ、このタイトル案には著者としても思い入れがあるため、書籍タイトルとしては断念したが、第六章のタイトルのなかで〈展相〉の語は復活させている。著者が〈展相〉の語に籠めようとした意図なりとも、この場を借りて読者に伝えておきたい。

〈展相《ポテンツ》〉(Potenz) という言葉は、ドイツ観念論の主流に属する哲学者であり、次々とその理論的立場を転じたシェリングが、初期の自然哲学期・同一哲学期に多用したテクニカル・タームである。その意味するところは、「現実《ヴィルクリヒカイト》」(Wirklichkeit) の構成における「動的な発展系列《デュナーミッシェ・シュトゥーフェンフォルゲ》」(dynamische Stufenfolge) の「過程《プロツェッセ》」(Prozeße)、である。[1] スピノザ哲学における、「能産的自然《ナートゥーラ・ナートゥーランス》」(natura naturans) が産み出す「所産的自然《ナートゥーラ・ナートゥーラタ》」(natura naturata) を階層化した、その諸階梯、と言ってもよい。シェリングは〈質料的なもの《マテリー》〉(Materie) が、その能産性によって、様々な段階を経ながら「現実」を構成してゆくと考えるのだが、その生成系列が〈展相〉である。[2] シェリングの謂う「現実」は飽くまでも「自然的《ナトゥーリッヒ》」(natürlich) なそれであるが、重要なのは彼が〈質料的なもの〉=〈メディア〉の潜在的な能産性を「現実」構成の基軸に据えている点である。これは、〈われわれ〉が終章において「Virtuality」概念に対して情報社会的な意義として宛てた〈潜在性〉による情報社会の「現実」構成、すなわち〈潜在的現実《ヴァーチャル・リアリティ》〉の構図に極めて近い。〈展相〉なる語の使用はけっしてペダントリーでも、単に恰好を付けたい訳でも、かといってシェリング哲学の現代性を言挙げしたいが故でもなく、情報社会の新段階が、それまでの〈形相的なもの〉=〈情報〉への一辺倒を脱して、〈質料的なもの《マテリー》〉=〈メディア〉の〈潜在性《ヴィルチュアリテート》〉(Virtualität) によって、その新たな〈展相〉——すなわち、〈価値〉的「現実」の構成——を模索する段階に立ち至ったことを

1 Schelling, F.W.J., *Erster Entwurf eines Systems der Naturphilosophie*, 1799.
2 Schelling, F.W.J., *Allgemaine Deduktion des dynamischen Prozesses oder der Kategorie der Physik*, 1800.

示している、そう著者が考えるからである。
情報社会の最新の〈展相〉は、第六章で確認したとおり、「潜在態」としての「ヴァーチャリティ」である。そこでは、〈形相的なもの〉＝〈情報〉と並んで、〈質料的なもの〉＝〈メディア〉が、情報社会の「現実」（Wirklichkeit）を構成する必須の要素的「実在」として浮上して来ざるを得ない。その意味において、情報社会の最新段階は「潜在社会《ヴァーチャル》」と呼ばれ得る。情報社会の最新フェーズの〈哲学〉的考究である本書のタイトルが最終的に『ヴァーチャル社会の〈哲学〉』に落ち着いた所以である。

各章の初出を列挙しておく。

第一章 「〈流通〉の社会哲学――アマゾン・ロジスティックス革命の情報社会における意義」『現代思想 特集＝物流スタディーズ』二〇一八年三月号（青土社）
第三章 「ビットコインの社会哲学」『現代思想 特集＝ビットコインとブロックチェーンの思想』二〇一七年二月号（青土社）
第四章 「情報社会の〈こころ〉」『現代思想 特集＝「コミュ障」の時代』二〇一七年八月号（青土社）
第五章 「ビッグデータとコントロール社会――情報時代の〝監視〟テクノロジー」『生物学史研究』No.97、二〇一八年八月（日本科学史学会生物学史分科会）
第七章 「〈文書《ドキュメント》〉の存在論」『現代思想 特集＝公文書とリアル』二〇一八年六月号（青土社）

ただし旧稿は可能な限り、最新のデータや情報を採り入れてアップデートしてある。

第二章と第六章は、本書のための書き下ろしであるが、それぞれに元になった構案が存在する。第二章は、二〇一七年五月二一日に、日本記号学会主催の第三七回学会大会「モードの終焉？――デジタルメディア時代のファッション」の第三セッション「デジタルメディア時代のファッション」において著者が行った基調報告「記号・メディア・ファッション――ネットワーク社会において「記号」とは何であり得るか？」が、第六章は、二〇一八年度明治大学、情報コミュニケーション学部の前期開講科目「メディア論」において七月中の三回を宛てて実施した「VR特講」の講義内容、および国立研究開発法人科学技術振興機構が刊行する『情報管理』二〇一七年六月号に寄稿した〈連載「情報」とはなにか？　第一回　情報社会における「リアリティ」〉が、立論のベースになっている。また、第3節「VRの思想的次元」には、旧稿「電子メディアの思想的境位――ヴァーチャリティーとサイバースペースのコミュニケーション論的考察」（『社会情報学研究』二〇〇三、No.7、社会情報学会編）の記述をアップデートしたものが含まれる。

ただし、章建ての順序と初出時期の順序は一致しない。前著とは違って、各章で扱ったテーマをカテゴリー毎に纏めたからである。発表時期が二〇一七・八の二年という短期間に集中しているため、発表の順序に拘泥することがそもそも無意味、という判断もある。

前著『情報社会の〈哲学〉――グーグル・ビッグデータ・人工知能』は望外の好評を以って江湖に迎えられた。とりわけ自然科学畑の読者の好意的な評価に多数接したことは、人文系作家たちによる、SFの延長線上に組み上げられたような、内輪向けの荒唐無稽な科学技術論や〝自然哲学〟

にいい加減辟易していた著者にとっては光栄の至りであった。その一方で、著者の〈哲学〉にいったい何を期待しているのか、〝哲学〟を名乗る自己啓発本や人生論の類《たぐい》、あるいは哲学〝訓詁学〟——もちろん哲学における〝訓詁学〟の役割を否定するわけではない——を引き合いに出しつつ、見当違いの無い物ねだりをしてくるディレッタントも少数乍ら存在する。これは、自らの〈哲学〉観を体系的に未だ披瀝していない著者の側にも責めがあろう。この課題については、著者の師である廣松渉における〈学《ヴィッセンシャフト》としての哲学〉(Philosophie als Wissenschaft)、の再検討作業を行うなかで近々果たしたい。

廣松渉論は別として、著者が構想する、情報社会と対峙する〈哲学〉には二つの重要課題が存在する。一つは二一世紀のパラダイムをなしつつある「情報社会」の歴史的な脱構築作業である。この作業は情報社会の存立構造をその生成過程から洞見するためにも必須のミッションとなる。こちらは著者の積年の課題である「〈メディア〉の哲学」の第二巻に宛てられることになろう。いま一つは、情報社会と理論的に対峙してきた「メディア論」というディシプリンの系譜を辿り、その成果を整理する作業である。その一部は既刊の『〈メディア〉の哲学——ルーマン社会システム論の射程と限界』(NTT出版)において着手されてはいるが、更なる精確さと射程の拡大を図るために仲間の協力を得ながら、利用可能な学問的リソースとしての整備を目指したい。

本書でもまた、様々な方面の個人と団体のお陰を被った。

第二章は、ほぼユニクロと無印良品しか着ない著者が「モード」を論じるという暴挙に及ぶきっかけを日本記号学会と、同会メンバーで同僚の高馬京子氏が作って呉れていなければ成立していない。また、討論に一緒に登壇したアーティストの須藤絢乃氏には作品の転載を快諾して戴いた。

第三章に関しては、東北大学学際重点研究プログラム「ヨッタスケールデータの科学技術」の研究会に二度に亘ってお招き戴き、「ビットコイン」についての著者の見解を発表する機会を与えられたことが、理路の彫琢に資した。また、暗号関連の記述に関しては、同僚のコンピュータ工学者である山崎浩二氏の閲読を賜り、貴重なアドヴァイスを戴いた。

第五章は、日本科学史学会生物学史分科会の瀬戸口明久氏がコーディネートしたシンポジウム「生命科学とビッグデータ」に著者がパネラーとして登壇した際の発表が「事の始まり」をなしている。発表後の質疑応答で、高橋さきの氏と廣野幸喜氏からは、著者の虚を突く指摘を（それも、容赦ない調子で）賜った。

第六章は、初出情報ですでに述べたとおり、VRを日本へ最初に紹介されたジャーナリストの服部桂氏、バンダイナムコでVRゲーム開発に携わっている石田裕亮氏と玉置絢氏をゲストに招いて、著者が明治大学での自分の持ちゴマである「メディア論」内部で組織した「VR特講」の内容が本文には反映されている。特に立命館大学で現象学を研究し、バンダイナムコで大ヒットゲーム『サマーレッスン』を開発した玉置氏のレクチャーには大いに裨益を受けた。

関係各位にはこの場を借りて衷心より御礼を申し上げたい。


告白すると、業界からアカデミアへの転身後暫くの間、著者は自分の古巣であるマスメディアについての主題的論及を自らに禁じてきた。一〇年ほど前から徐々に禁を解いてきたのだが、二〇一一年の〈マスメディア〉パラダイムの終焉後、寧ろ逆に、マスメディアへの主題的論及の必要性を強く感じるに到っている。或るパラダイムにおいて〈メディア〉が果たす機能の全貌は、パラダイム終焉後に初めて明らかになるというのが「メディア論」の基本テーゼであり、〈マスメディア〉パラダイムにおいても当該テーゼは有効だからである。実は、前著と本書は併せて、著者の観点からする一種の〈マスメディア〉論を構成してもいる。前著では、その冒頭でマスメディアに対する批判めいた口吻が目立った印象を読者には与えたかもしれない。本書では、より公平な〈観察〉を貫いたつもりである。

Last but not least, 本書の成立に係わった二人の編集者に言及しないわけにはいかない。本書の企画は著者の論文に興味を抱いた青土社編集部の足立朋也氏の慫慂に端を発する。氏は著者の「ビットコイン」論文に接して、当該論文を拡大するかたちで書籍化できないかと、打診して来られた。当方は経済学者ではないので、有り難くはあったが、その申し出に応えるわけにはいかなかった。ただ、前著の上梓以降に『現代思想』に寄稿した数本の論攷を軸に一書を編むことは可能かもしれないと伝えた。その後、何度かの折衝を経て結果として成ったのが本書である。その意味で、足立氏の「ビットコイン」論文への注目が本書を産んだと言っても過言ではない。

そもそも前著の軸をなしている論攷群も『現代思想』誌への掲載論文であって、同誌への寄稿がなければ前著、本書共に世に出てはいない。締め切り一ヶ月前に、時事的なテーマを絡めた学術的論攷の寄稿を何の前触れもなく突如として依頼してきたのが、現在は青土社と『現代思想』を離れた押川淳氏であった。氏の依頼は、ほとんど〝無茶振り〟の類いであったが、テレビ制作の現場で鍛えた或る種の〝反射神経〟と〝鼻〟とを利かせながら、氏が『現代思想』編集部に在籍する間、依頼になんとか応じてきた。続けて来られたのは、脱稿後に彼から届く的確なコメントとお褒めの言葉であった。それがなければ、あのアクロバティックでしんどい作業はとても続けられていない。〃塵も積もれば山となる〃もので、最近では時事ネタを〃露頭〃として情報社会の〃深層〃構造を探っていくスタイルが著者のなかで〃身体化〃しつつある。前著の出版に係わった勁草書房の関戸詳子氏、山田政弘氏を含め、学術書出版というオペレーションが、著者と編集者、相互の「プロ意識」が切り結ぶ所にしか成立し得ないことを切実に感じる。これは、著者が過去に籍を置いたテレビの世界でも同様であった。現在のインターネットに決定的に欠如しているものこそ、この「プロ意識」に他ならない。「売れればよい」というポリシーで編まれる「啓蒙書」「入門書」という名の〃学術書〃もどきが増えてゆくなか、「プロ意識」を持った良心的編集者の存在は、著者にとっては情報社会の暗翳に差す一条の光明である。

大黒岳彦（だいこく・たけひこ）

1961年香川県生まれ。哲学者。東京大学教養学部卒業。同大学院理学系研究科（科学史・科学基礎論専攻）博士課程単位取得退学。1992年日本放送協会（NHK）に入局、番組制作ディレクターを務める。退職後、東京大学大学院学際情報学府博士課程単位取得退学。専門は哲学、情報社会論。現在、明治大学情報コミュニケーション学部教授。最新の技術革新を伝統的な人文科学と融合させて論じている。主な著書に『情報社会の〈哲学〉――グーグル・ビッグデータ・人工知能』（勁草書房）、『「情報社会」とは何か？――〈メディア〉論への前哨』（NTT出版）、『〈メディア〉の哲学――ルーマン社会システム論の射程と限界』（NTT出版）などがある。

ヴァーチャル社会《しゃかい》の〈哲学《てつがく》〉――ビットコイン・VR・ポストトゥルース

2018年12月17日　第1刷印刷
2018年12月27日　第1刷発行

著　者　大黒岳彦《だいこくたけひこ》

発行者　清水一人
発行所　青土社
〒101-0051　東京都千代田区神田神保町1-29　市瀬ビル
電話　03-3291-9831（編集部）　03-3294-7829（営業部）
振替　00190-7-192955

印　刷　双文社印刷
製　本　双文社印刷

装　幀　岡 孝治

カバー・表紙写真
Mark_KA/Shutterstock.com
Olga Salt/Shutterstock.com

ISBN978-4-7917-7126-4
Printed in Japan

事項索引

凡例：人名索引や作品索引も含め、タイトルや見出しに項目が存在する場合には、ページ数ではなく、章・節・小節・項番号（太字）を挙げた。

記号

＿|￣|○　111
( )　111

英数字

2ちゃんねる　182
3D テレビ　250
3D プリンタ　6
3D モデリング　251
4DX　250, 260
AA（アスキーアート）　111, 205
AES　136
AI　11-12, 108, 171, 190, 271, 276, 306, 310（→人工知能）
Alexa　30, 36
Amazon　**第一章**, 22, 108（→アマゾン）
Amazon Echo　36
Amazon Music　36
Amazon Prime　34
Amazon Video　36
Android　250
Animoji（アニ文字）　251
Apple Watch　6
AR　314-315（→拡張現実）
ARPANET　184
ASIC　164
ASKUL　28
Autodesk　309
AWS　30
B2C　28, 32
Being There　265
Brexit　167
BTC　133, 146
BTO　45
Bytedance　99
CA　138（→認証局）
Chanel　92
CJ グループ　249
CM　32
CPU　128, 147, 161
CSNET　184
Customer Obsession　29（→顧客第一）
DAO　121, 162
DASH　163
Dash Button　34
Daydream　249, 284
Daydream View　249
DELL　45-46
DeNA　7, 9-11, 106
DES　136
DHL　31
DNA シーケンサー　234
DNA 情報　235
DNA データ　**5-2-4**, 234-236
docere　335, 346
document　333, 335, 346
documentum　335-336, 344
Dokument　335-336
dokumentieren　335-336

DPE　103
DVD　49–50
ECDSA　139
Edy　144
ENIAC　35
e コマース　27, 32, 34–36
Facebook　170, 182, 217, 249, 368
FBI　119
FedEx　31
FREE　97, 315
für es　**0–5**, 20–21, 52, 76, 126, 154, 184, 197, 206, 290, 297, 361
für uns　**0–5**, 20–21, 52, 76, 104, 115, 122, 126, 154, 185, 197, 207, 212, 290, 297, 361
Giorgio Armani　92
Givanchy　92
Google　108, 163, 170, 370（→グーグル）
Google Glass　6, 252
Google Lens　252
Google Map　325
GPS　229
GUI　35
haha　111
HbA1c　227, 233, 239
HMD（Head Mounted Display）　249–250, 256, 260–261, 310
HTC　249, 271
HTC Vive　249
Hulu　5, 49
Ich kann　→我為し能う
iCloud　6
ID カード　234
IMAX　250
IMAX 3D　250, 260
Instagram　217, 251
IoT　240
iPhone　250–251
IR 推進法案　55
IT 革命　253–254
JIT 方式　30, 46
KADOKAWA　106
Kickstarter　47
Kindle　36
L$（リンデン・ドル）　142, 275
Legitimation　345
legitimieren　338, 345, 358
Legitimität　345, 352, 356
Linden Lab　275
LINE　170, 217, 251
LOHACO　28
lol　111
LSD　312
Magic Leap　252
Meta2　252
Mixi　182
mode　60–62（→モード）
modus　60, 62
MR　**6–3–3, 6–3–6**, 24, 252–255, 314–317, 324–326, 328（→複合現実 , ミックスト・リアリティ）
Mt.Gox　7, 119, 163
NEM　119
Netflix　49
NGO　340
NPO　340
NSA　222, 241
NSFNET　184
NTT ドコモ　106
Oculus　249–250

Oculus Go　250
Oculus Rift　249
OFF　102, 292
ON　102
orz　111
P2P　159, 190, 212
PayPal　131
PDF　33, 113, 115
pixiv 文芸　106
Play Station VR　249
PoS　164–165
potentiality　320, 322–323
PoW　44, 127–128, 147, 161, 164
Prime Air　30
Prime Now　34
Problematik　123, 177（→問題構制, 問題性）
PUNK　74
pupupu　111
QR コード　168
quid juris　145
Quidproquo　125
RB2（Reality Build for 2）　256–257
realitas　147, 328
Reality　253–254, 265, 269–270, 293, 297, 318–319, 328（→リアリティ, 現実（性）, 実在（性））
Ripple　8, 163
RSA　138
Second Life　142, 275（→セカンドライフ）
SF　268, 309, 379
SHOWROOM　272
SIE（Sony Interactive Entertainment）　249
SMS　111
SNPs　234
SNS　**4–3–1, 6–2–11**, 5, 12, 102, 159, 190, 200–205, 208, 212, 217, 241, 245, 251, 271, 273, 302–304, 306–307, 369–370, 373
Suica　144
Systemreferenz　189
TikTok　99
tumblr　101
Twitter　101, 113, 170, 182, 213, 217, 251, 272, 368
übersein（超在）　212
UPS　31
Valentino　92
Virtuality　**6–3–4**, 101, 105, 253, 255, 308, 318–319, 324, 327, 377（→仮想, 実質, 潜在）
virtus　318
VOD　49–50
VPL リサーチ　256, 312
VR　**第六章**, 3, 24, 249–258, 260–261, 263–267, 270–275, 277–280, 289, 291–293, 298, 300–302, 305–318, 323–324, 327, 379, 381（→ヴァーチャル・リアリティ）
VRchat　251, 271–273, 275, 278, 306
VR ZONE SHINJUKU　249–250
VR 革命　**第六章**, 253–254, 317
VR 元年　249–250, 253, 256, 271
VR 空間　271, 273, 292
VR ゲーム　249, 313, 381
VR ブーム　**6–1–1**, 250, 256, 266–267
VR フレーム　292
VR 酔い　262

VTuber　252, 271, 273, 276
Vulve Corp.　249
w　111
Web 2.0　8
Web 3.0　8
WikiLeaks　370
Windows95　267
Wir　**0–5**, 22（→われわれ）
WORD　113, 115
Xapo　131
You are There　265
YouTube　99, 170, 251, 271–272
ZOZO　45–46, 57
ZOZOSUIT　46

ア　行

アーカイヴ　354
アーケードゲーム　249
アーティスト　55, 77, 101, 311, 381
〈アート／人工〉的リアリティ　312
愛　**4–2–4**, 194–196
アイドル　201–202, 272
アヴァター　271–272, 275
アウシュビッツ　357
アウラ　49, 106, 110
アカウント　274
アカデミア　107, 154, 358, 371, 381
アカデミズム　358, 371
握手会　201
アクセス　10, 68, 293, 302, 336, 340
アクター　189, 219–220
芥川賞　107
アクチュアル（アクチュアリティ）
　6–3–7, 181, 197, 318–320, 323, 327–329
アクチュアルなもの　323
欠伸　199
〈悪魔＝截断〉的　164–165
悪無限　18
赤穂浪士　357
アジール　**4–1–2**, 181, 184
アセンブリー　352, 355
遊び　183, 280–281, 313（→遊戯）
アップ（ロード）　97, 99, 103, 105, 203, 207, 213, 271, 366–367
アップル　6
アドレス　133–135, 140, 143, 160
アナーキズム　169, 372
アナログ　46, 329
アニメ　**4–1–1**, 96, 98, 178, 201, 207, 275–276
アノニマス　104, 106, 112, 159, 190, 201, 212
アノニム　133–134, 140, 142
アノニム信頼　**3–2–2–4**, 160, 162
アパレル　45
アフォーダンス　229
アプリオリ　66, 107, 285
雨傘革命　205
アマゾン　**第一章**, 3, 27–36, 38, 40, 46–47, 50, 52（→ Amazon）
アマゾン効果　**1–1–1**, 30
網版　348
アミューズメント　313
アメリカ　9, 69, 305（→米国）
ありのままの身体　226
アリババ（阿里巴巴）　168
アリペイ　168
ある　328–329
歩く　322
アルゴリズム　136, 138–139

アルゼンチン　231
アルバム　103, 353
アンガージュマン　193
アングラ劇団　184, 187
暗号　**3–1**, 119, 135–137, 139–141, 143–144, 148, 163, 222, 381
暗号学　136
暗号空間　**3–1–4**, 135, 143, 163
暗号通貨　141, 165
暗黒　259
安心　151, 168
安全　163, 220, 222, 240
安全弁　184
安定（性, 的）　13, 24, 58, 61, 63, 71–72, 76, 129, 266–269, 280–281, 303, 306, 313, 323, 327
イーサーネット　257
イーサリアム　8, 164
イーストマン・コダック　102
いいね！　202, 305, 368
家出　183
怒り　38, 199
生きづらさ　182, 208, 371
意見発信　217
遺産相続　234
意志　287
石（ころ）　74, 126, 146, 193, 261–262
維持　24, 61, 76, 78, 92, 96, 114, 143, 151, 184, 187–188, 194, 213, 232, 235, 241, 266, 284, 297, 299, 305, 328, 362, 370, 375–376
意識　6, 20–22, 35, 55, 86–87, 184, 188, 197, 237–238, 258, 277, 280, 304, 309, 312, 323, 345, 367
意識システム　195–197
意識高い系　214
意識内容　312
意識の事実　197
意識変性　312
意思決定　306, 340–344, 347
以上、以外の或るもの（etwas Mehr, etwas Anderes）　38, 199
イタリア　61
位置　228–230
一塩基多型　234
位置価　324
一義（性, 的）　24, 328, 369–370
一元（化, 性, 的）　**4–3–3**, 16, 30, 157, 207, 327, 358
位置センサ　261–262
一家心中　201
一極（集中）　16, 18, 218, 299
一斉同報送信　303
一帯一路　171
一体感　196–197
逸脱（性）　184, 186, 191, 211, 281, 286, 291, 313
一般的等価形態　124
イデア　279
イデオロギー　12, 46, 85, 112, 193, 209, 303
遺伝　231
遺伝子診断　234
意図　38, 62, 66, 77, 88–89, 162, 287, 347, 377
イド　198
移動　**1–2–2, 1–2–4**, 32–33, 38–39, 41–44, 46, 48–51, 229, 262
イネス・ド・ラ・フレサンジュ　57
意味　82, 84, 110, 114, 116, 228–230

意味論（的）　369
イラク　333
イラスト　82
医療　9, 27, 239, 264, 371, 373
威力　337-338, 344-345, 347, 351-352, 354, 356, 358, 360, 368-369
色目　193
因果　355
インカメラ　103
インク　37, 361
インクルージョン　→包摂
印象操作　211
インスタ映え　103
インセンティヴ　9-10, 158, 161-162
インターネット　5, 9, 16-17, 32, 36, 52, 58, 93, 96, 100, 105, 111, 133-134, 155, 158-159, 163, 170-171, 184, 187, 200, 221, 267, 271, 273, 298, 302, 305, 310, 316, 322, 327, 364-365, 368, 373, 383
インタビュアー　357
インタフェース　35-36
インデックス　55, 182, 229, 232, 235
インド　230-231
イントロン　234
インフラ　6, 17, 36, 52, 70, 158, 184, 200, 252, 254, 267, 322, 376
インフレ　146, 157
インフレ政策　120
陰謀　304
湮滅　333
ヴァーチャル（化）　**6-3-5**, 102, 104, 181, 266, 301, 304-305, 317-318, 320-323, 328-329
ヴァーチャル（潜在）社会　12, 24, 329, 378
ヴァーチャルなもの　323-324
ヴァーチャル・リアリティ　**6-3-7**, 6, 24, 87, 252, 257, 279, 300, 308, 313, 315, 327, 377（→ VR）
ヴァーチャル YouTuber　251-252, 271-273, 276, 306
ウィチャット（微信）　170
ウィチャットペイ　168
ヴィデオカメラ　272
ウェアラブル　6, 252
ウェアラブル・グラス　314, 324-325
ウェアラブル・センサ　240
ウェイボー（新浪微博）　170
ウェブ検索　108
ヴェンチャー　10, 249-250, 252, 256
ウォール街　120
ウザい　200
嘘　284-286, 304
写ルンです　103
宇野派　145
右翼　209
裏書き　335
裏付け　62, 273, 295, 300, 337, 346, 349, 352, 355
ウラ取り　295
浮気　193
運（アレア）　313
運動　**1-2-2**, 16-18, 44, 86, 107, 241, 368, 373
エアー　99
永遠性　75
映画　15-16, 48, 50, 80, 88-89, 104, 249, 259-260, 284, 301, 314, 325, 347, 371

映画館　48–50, 259
英国　62, 64, 70, 93, 136, 167, 178, 231, 293, 346
映像　24, 27, 36, 48–50, 89, 99, 249, 272–273, 311, 336–337, 346–347, 349
映像クリップ　97, 353
エイドス　→形相
エイリアス（偽名 , 別名）　128, 140
液状化　109
エクスクルージョン　→排除
エクソン　234
エコロジー　74
エス　198
エスノメソドロジー　282, 289
エチケット　66
エネルギー　128, 147
エピジェネティックス　234
エブリスタ　106
エポケー　→中断
エモティコン　**2–3–5**, 111–115, 205
エリート文学　362
エルサレム　48
エレメント　252, 328
遠隔会議システム　311
遠隔－現前　257, 300, 310–311（→テレ・プレゼンス）
遠隔－存在　257, 264, 300, 310（→テレ・イグジスタンス）
塩基　234
遠近法　259
演劇　189, 258, 290, 311
演算（Operation）　154, 189–190, 209
エンジニア　171, 301, 310
演出　301
炎上　112, 210, 304
エンタテインメント　**2–3–2, 6–3–3**, 12, 98, 100–101, 249, 252–253, 313, 316
エンディング　325
エントリ　→登録
エントロピー　74
王室　70
王制　337
応答倫理　223
オウム真理教　185, 187
オートクチュール　56, 96
オートポイエーシス　195–196, 307
オーバーラップ　212, 325
オープニング　325
オープン　182
大本教　185
オーラル・ヒストリー　357
掟　151, 193
教える　335–336, 357
お天道様　193
音入れ　348
おどし　280–281
オフ（OFF）　102, 201
オブジェクト・レヴェル　21
オペラツィオーン　154, 189–190, 209, 291（→演算）
オペレーション　13, 21, 34–35, 41–42, 44, 47, 116, 195, 197, 211, 290, 305, 341, 343, 360–361, 364–366, 368, 383
覚え書き　337
オリジナル　57–58, 87
オルガノンモデル　110
オルタナティヴ　184
オルトコイン　8, 120–121, 141, 163
音楽　27, 36, 284
オンライン　221, 271, 274

カ　行

貝　74
外延　273, 333
絵画　48, 251, 258–259
階級　64, 69, 75, 90–91
階型　280
階型理論　21
外国為替市場　131
外骨格センサ　261–262
改竄　333
解釈項　81
解説記事　339
階層（性, 的）　**3–2–3**, 20, 41, 61, 64, 73, 76, 90–92, 100, 107, 113, 165, 167, 255, 269, 287–288, 291, 305, 320, 327, 329, 377
階層構造　50, 139, 320
貝塚　353
概念　299
概念的に把握（Begreifen）　199
外部　**4–2**, 20, 70, 74, 86, 91, 100, 151, 181–187, 191–193, 200–202, 204, 206–211, 252, 258, 261–262, 276, 290, 292, 294, 337, 341, 345, 347, 351, 371
外部監査　341
会話　175–176, 213, 284, 294, 326
カヴァー　99
顔　227–228, 230, 251
顔認識　251
顔文字　111, 205
科学的管理法　240
科学的事実　356
書き込み　**7–4–1**, 15, 360–361, 363–370
書き込みシステム　**7–3–1, 7–3–2**, 15, 360–369, 371
書き込みシステム二〇〇〇　364–365, 368
書き手　337, 348
書きもの　333, 353
書く（こと）　348, 360
学　167, 380
架空（的）　251, 270–271, 274, 337, 355, 363
拡散　109, 218, 273, 302, 304
確実性　150
学者　362
各種団体　340
覚醒　21–22, 187, 289
学知　154, 195
拡張　31, 78, 80, 310, 312, 314, 322, 328, 339–340, 346
拡張現実　314, 328（→ AR）
学としての哲学　380
額縁　103, 258
革命　199, 269, 303, 361
学問　153, 380
学問システム　154, 282
カクヨム　106
閣僚　369
賭け　150, 152
影　279
加計学園　333
駈落ち　186, 200
過去　24, 85, 149, 254, 339–340, 349–350, 353–355, 357–358
重ね描き　314
カジノ法案　55
過剰適応　214

仮象　60, 269–270, 317
家政学　59
寡占　168, 352
仮想（性, 的）　46, 83, 147, 189, 266, 279, 300–301, 305, 310, 316, 318, 324
画像　82, 99, 103, 251, 325, 346, 367
仮想環境　292
仮想空間　275–276, 293, 306, 313, 317, 326–327
仮想現実　252–253, 279, 318
仮想世界　163, 252, 275, 292, 296, 298, 300
仮想通貨　119, 141
仮想統合　46
家族　195, 208
家族写真　354
可塑的　151, 286, 370
語りくち　348
価値　**0–2, 2–3–1, 2–3–6, 3–1–1, 3–2**, 8–12, 22–24, 43–44, 46, 48–50, 57, 66–67, 71–72, 74–76, 78–80, 85, 87, 92, 95–97, 100, 106, 116, 120, 122, 124–126, 128, 130–132, 135, 141–142, 144–146, 157, 159, 161, 163–164, 166–168, 176, 190, 195, 199, 203, 224, 295–296, 305, 307, 325, 329, 335, 347, 351, 356, 372–373, 376–377
価値形態論　142, 145
価値圏　141
価値哲学　376
価値無記　335
カチンの森　357
学校　209, 219
学校法人　341
括弧に括る　260
活字　14–15, 110–112, 116, 152, 273, 337, 362
活字印刷　348
活版印刷（機）　272, 365
仮定　317
過程（プロセス）　11, 13, 15, 19, 22, 24, 32–33, 35–37, 43, 46–47, 69, 74–75, 78, 83, 89, 91, 97, 104, 106, 128, 138, 142, 145, 147, 157, 188, 197, 209, 211, 225, 231, 233–234, 244–245, 253, 262, 269, 278, 284–286, 289, 306, 316, 321, 343–344, 348, 357, 364, 366–368, 377, 380
家庭内暴力　208
カテゴリーミステイク　280
家電　27, 33
カナダ　218, 250
可能性　319–321
可能性の条件（制約）　14, 131, 134, 141, 146, 207, 336
歌舞伎町　249
下部構造　12, 77, 193, 376
家父長的　340
貨幣　**3–1–0–1, 3–2–2–3**, 8, 12, 41–44, 46, 74–76, 78–79, 120, 123–131, 135, 138–139, 141–142, 144–148, 153–158, 162–165, 170, 195, 322
貨幣経済　61
貨幣形態　124–125
貨幣国定説　129, 139, 155
貨幣商品説　131
貨幣の四機能　128, 144, 157
貨幣発行（権）　44, 120, 147, 157
貨幣発行自由化　130
画報　348

紙　124–125, 129, 335–336
神　269, 321
カメラ　102–103, 168, 251, 272, 347, 362
カメラマン　103
ガラケー　182
カリグラム　114
カリスマ的　340
カルチュラル・スタディーズ　95
〈彼ら〉関係　294
カロリー計算　245
為替レート　129, 275
感覚　260, 277, 295, 297, 363
感覚（入力）器　261–263
感覚器官　310
感覚作用　→ノエーシス
感覚刺激　294
感覚像　261, 266–267, 277, 300
感覚入力　263
感覚入力デヴァイス　256, 261–262, 278
（→センシング・デヴァイス）
喚起　70, 72, 78, 100, 111–112, 146
観客　178, 189, 250, 258–260, 284
環境　**3–1–4**, 6, 81, 141, 176, 181, 189, 203, 229, 234–235, 251, 262, 264–266, 270, 277–278, 288, 292, 297–299, 306–307, 309–310, 314, 324–328, 342
環境－内－存在　263, 265
関係　13, 44, 131, 198–199
関係の絶対性　199
関係の第一次性　199
観劇　288
官公庁　341
韓国　178, 249
監獄　209
観察　20–22, 122, 126, 134, 154, 191, 195–197, 238, 244, 269, 290, 382
観察者　152, 189–191, 195, 201, 207, 348
環－視　**4–3–5**, 158–161, 212–214, 244–245
看－視　**5–2–5**, 239–242, 244–245
還－視　244–245
監視　**5–1, 5–2, 5–3–1**, 23–24, 157–159, 169–171, 187, 212, 218–227, 230, 232, 234, 238–239, 241, 244
監視研究　218
監視国家　221
監視社会　**5–1–1, 5–1–2, 5–1–3, 5–3**, 218, 221–222
間主観的　65, 134
鑑賞　48–51, 179, 181, 251, 312
観照（テオーレイン）　260–262, 350, 356
感情移入　347
函数　323
歓声　258
環節　13
観測　201
観測問題　132
間－人間系　310
カンバン方式　30, 46
官吏　341–345
管理社会　243
官僚（的）　61, 333, 362, 369, 373
官僚制　**7–2–1–1, 7–3–1**, 341–343, 363, 371–373
官僚制国家　362
官僚（的）組織　339–344, 347
偽（fake）－　301, 305
起案文書　344

記憶　101, 367
機械　**3-2-2-5**, 310-311, 342, 347, 361, 363-364
規格　335
企業　8, 17, 27, 30, 70, 98, 108, 121, 162, 220-221, 231-232, 235, 275, 340-341
起業家　120
貴金属　124, 127-128, 130, 146, 164
規矩　**7-2-2-1**, 349
記号　**1-2-3, 第二章**, 12, 23, 44-45, 58-59, 78-81, 83, 85-90, 92-96, 105-106, 109-116, 123, 129, 205, 379
記号学　55, 81, 89, 379, 381
記号体系　82
記号論　79, 81-83, 86, 89-90, 283
記事　7, 93, 283, 302, 339, 346-347, 354, 366, 370
疑似（pseudo）-　301, 305
疑似貨幣　129
疑似環境　277-278, 299-300, 307
器質　175
記述　134, 195, 358
技術　**6-1**, 5, 8, 12-17, 103, 119-121, 126, 135-137, 139-141, 144-145, 151, 159, 162, 170-171, 182, 184, 217, 225, 228, 230-232, 250-252, 254-255, 257-261, 263-264, 266, 270, 274, 277, 292, 298, 208, 310, 313-314, 322, 361, 365, 368, 373, 376, 380-381
技術開発者　→エンジニア
技術革新（イノヴェーション）　5, 30
技術基盤（インフラストラクチャー）　11, 254
技術哲学　376
記述物　335
規準　**6-2-4**, 66, 191, 213, 274, 277, 295, 298, 305-306, 341-342
基準値　244-245
稀少財　124, 127-128
議事録　344
規制　168, 187, 370, 372
偽造　157
規則　82, 370, 372
帰属　**2-1-4**, 76, 107, 130, 133, 160, 198, 228, 235, 319
貴族　61
基礎付け　157, 280-281, 290
基体　60, 235
擬態　170, 348
議題　350
吃音　175
気遣い　212, 239
規定値　97
記念写真　103
機能　17, 23, 35, 58, 73-74, 76, 79-80, 109-112, 114-116, 128-129, 131, 141-142, 144-147, 153, 157, 162, 184, 191, 194, 196, 199, 206, 212, 220, 223, 234-235, 241, 299-300, 302, 305, 307-310, 312-314, 316, 318, 322-323, 336-337, 339, 344, 346, 350, 356, 367, 382
機能的分化（システム）　13, 15, 41, 64, 90, 148, 153-154, 194-196, 199, 282
機能的連関　191, 206, 229
規範（性, 的）　23, 85, 93, 104-105, 108, 193, 206, 211-212, 220, 223, 244-245, 333, 344-345, 347, 350, 356, 358, 360, 369, 378
基盤技術　158（→インフラ）

希望　119, 151
基本フレーム　284, 287-288
キマイラ　274, 319
機密　136-137
偽名　→エイリアス
逆機能　363
逆説（→パラドックス）　36, 71-72, 76, 115, 202, 206, 213, 309, 328
逆立　203
キャピタルフライト　→資産逃避
キャプション　353
キャラクター　251, 271（→“人格”）
嗅覚　260-261
宮廷（人）　**2-1-1**, 61-63, 194
九・一一同時多発テロ　221
キュレーション（サイト）　7, 9, 304
教育　9-10, 153, 195, 357-358, 362
境界　113, 219, 258, 263
教会　61
教科書問題　358
共感　179, 181, 347
教訓（的）　28, 335, 344, 356
共産主義　169
行政　8, 121, 162, 235, 373
行政官庁　340-341
行政実務　333
行政（的）文書　**7-2-1**, 333, 339-340, 343-345, 347, 351-355, 359-360, 366, 369
競争（原理）　120, 130, 161, 169
鏡像　275, 292
協調フィルタリング　108
共通鍵　136, 160
共通鍵暗号方式　136-137
強度　41, 294-295, 329, 337, 348, 351, 354-355, 368
協働　22, 310
共同幻想　184-187, 192-193, 198-200, 203-204, 206
共同体　**2-3-5**, 64, 74, 112-113, 151-152, 158, 186-187, 193, 198, 357
共同体感覚　198
協働システム　311
強迫観念　198
強迫症　34, 193
共謀罪　205
教養（主義）　107, 362-363
供覧文書　344
虚偽（性）　317, 320
虚構　87, 196, 207, 280-281, 288, 337, 355, 363
距離　38, 180, 203
切り下げ　106, 333
規律　218-219, 345
儀礼（的）　188, 211
記録　231, 333, 336, 344, 348, 351
記録映像　346
金　124-125, 127-128, 130-131, 145-146
銀河系　13-14
銀行　120, 131, 154-155, 157-158, 163, 170, 186
均質（化, 性, 的）　18, 65, 69, 72, 75-76, 92, 109-110, 113, 183, 284
金属　129
金盾　170-171
均霑理論　90
空間（的）　18, 28, 31-32, 35, 37, 41-44, 46-48, 51, 122, 133, 135, 141, 163, 168, 183-185, 206, 219, 229, 274,

292–293, 314, 316, 321–322, 327, 339, 343
空間的統合　51
グーグル　27, 31, 249（→ Google）
空想（的）　101, 103, 105, 284, 320–321
グーテンベルクの銀河系　14
空爆　352
クール　98–99, 107, 113–114
苦役　128
ググる　27
薬　245, 263
クチュリエ　74, 82–83, 86–87, 92
靴　66, 180
区別　20–22
クラウド（コンピューティング）　6, 30, 240, 244, 366
クラウドファンディング　47
グラビア　82
グラフィックス・コンピュータ　262
クラン　→氏族
クリエーター　106
クリシェ　206, 372
クレジットカード　169
グローバリズム　106
グローバリゼーション　51, 167–168
クロネコヤマト　27–28, 31
君主制　345
ケア倫理　223
芸　99
経営学　59
計器飛行　263
経験の対象　206
経済　12–13, 22–23, 41–42, 45, 56, 61, 65, 68, 71, 77, 79, 87, 90, 120–121, 128, 146, 153, 157, 161, 164, 166, 168–169, 171, 193, 201, 220, 347, 382
経済圏　140–143, 147, 163, 167
経済システム　**3–1–4**, 41–42, 78, 126, 148, 153–154, 164–166, 195, 199, 282
警察　231
形式　41–45, 47, 51–52, 107, 252, 285, 378
刑事事件　234
形而上学的　309, 320–321
芸術（的価値）　48, 100, 102, 153, 280, 311
芸術家　311
芸術システム　199
形相（エイドス）　45, 77–78, 82, 141, 287
形相的なもの　**2–3–4**, 78–79, 81–82, 93, 106–107, 115–116, 377–378
ゲイトウェイ　163
芸人　98
芸能　57, 98–99, 107, 183, 272
啓蒙　208, 383
契約　343
契約書　347
ケータイ　179, 182, 220
ゲーミフィケーション　55
ゲーム　142, 249, 273, 313, 381
ゲシュタルト　43–44, 131, 229, 284
ゲシュタルト心理学　41, 131, 262
化粧　103, 105
血圧　227, 229, 233, 236, 239, 245
血縁　183, 208
月刊誌　109, 119
結婚　187
決済　7, 33, 44, 120, 128, 131, 168–169
決裁文書　344
結晶化　152, 236–238, 286, 344
結節点　17, 52, 342

欠損態　191, 204, 318
決断　33, 150
決断主義　342
血統（的）　345
血糖値　227, 229, 233, 236, 239, 245
結末　355
権威　23-24, 57, 87, 92, 96-98, 100, 104-106, 115-116, 139, 151, 154-155, 157-158, 163, 273, 297-300, 302, 305, 307, 358, 369-370
権威主義　67, 105, 305, 312
権威的構造　58-59, 116, 328, 351-352, 370
検閲　170
限界概念　287
限界効用学派　146
幻覚　266, 280-281, 286, 288
原器　231, 274-275, 279, 295, 305
研究機関　154
兼業　343
現金　128
権限　139, 341, 358
言語　79, 82-83, 89, 147-148, 317, 322-323, 348
言語学　79, 88, 90
言語障害　175
言語論的転回　354, 358
顕在（化, 性）　76, 85-86, 228, 258, 272, 308, 318-321, 323, 327-328（→アクチュアル）
現在（性）　75, 349-350, 354
検索　12, 27, 33, 108, 370
検索連動広告　108
現実　**2-2-2, 7-2-2-2, 7-2-3-1, 7-4-2**, 24, 87, 106, 254, 270, 284-285, 287-288, 291-294, 297-301, 303, 306-307, 320, 327-328, 345, 349-352, 354-356, 358, 360, 363-364, 366-367, 369-370, 373, 377-378
現実社会　277, 310, 316
現実性　**6-2-6, 6-2-7**, 255, 270-271, 278, 280-282, 285, 287-288, 290, 297-298, 303, 308, 318-319, 323, 327
現実性としてのリアリティ　297
現実世界　84-85, 87, 102, 139, 145-147, 163, 251-252, 262, 264, 270, 274-277, 292, 310, 315
現実（勢）態（エネルゲイア）　47, 318, 327
現実的　188, 197, 278, 338-339
現実逃避　105, 252
現象学　289, 317, 381
現象学的社会学　280
現象形態　43, 180, 315, 317-318, 324
原初的共同体　151
現前（性）　→プレゼンス
現前存在（フォアハイデンザイン）　299
幻想　**4-2-3, 4-3-3**, 12, 115, 181, 188, 192-194, 196, 198, 206-207, 245
原像　197, 251, 274-275, 279, 292, 301, 318
原像－模像（関係）　295, 318, 327
幻冬舎　106
現場　9, 51, 159-161, 164, 189, 203, 269, 275, 288, 292, 294-296, 298, 306, 310, 317, 327, 383
現場に居合わせていること　294
原本　231
顕名経済　**3-3-2**, 169, 171

現用　344
権利付け　40, 192, 333, 337
権利問題（quid juris）　145
権力　**2–2–1**, 23–24, 59, 61, 80, 85–86, 93, 95–98, 105, 154, 204, 211, 223, 231–232, 239–240, 244–245, 295, 297, 371
恋は盲目　193
恋人　104, 179–180, 367
コインチェック　119, 163
行為　13, 134, 152, 348
合意　134, 160, 190, 196, 345
交易　321
硬貨　124–125, 127
効果　23, 28, 30, 49, 51–52, 276
効果（出力）器　310
公開　203, 367
公開鍵　133, 137–140, 142–143
公開鍵暗号方式　137
降格　344
交換　**3–2–2**, 7, 35, 42, 75–76, 78, 89, 119, 124, 128–129, 144, 147, 154–157, 161–162, 165, 322
交換概念　192
交換価値　78, 124
交換過程論　145
後期資本主義　77, 345
光景　101, 258–264, 301
広告　17, 32, 46, 83, 108, 354–355
皇国史観　357
虹彩　227, 229–230, 236
口座預金　128
公私　343
工場　219
構成　**1–2–2, 3–2**, 8, 10, 13, 18, 20, 24, 34–35, 38, 52, 126, 132–133, 156, 164, 207, 256, 260, 267, 277, 288, 293, 311, 320, 337, 345, 350, 356, 366–367, 370, 377
構造　**6–2–9**, 13–16, 18–20, 284, 286–287, 368
構造主義　79–80, 282, 286
構造主義言語学　79, 90
構造変動　22, 253
交替　22, 56, 68–72, 75, 78, 107, 110, 182, 252, 291–292, 321, 361
交通機関　270
口頭　343
行動　150, 191, 222, 239, 268, 322, 325
行動価　325–326
行動主義　81
高踏文学　362
購買　27, 32–35, 41–43, 47, 50–51, 74, 108, 124, 128–129, 131, 149, 165, 195
公判　337
公判記録　345
公文書　333, 339, 379
公文書管理法　355
構文論　356
効用　68, 74–75, 80, 86–87, 138, 146
小売（店）　27, 30, 32–33, 50
声　14–15, 151, 369
コード　16, 82–84, 86–87, 89, 104, 194
五官　293
顧客　22, 30–34, 36, 46–47, 50, 52
顧客第一　**1–1–3**, 22, 29–31, 34, 36, 38
国史　356, 358, 370
国粋主義　192–193, 207
コクピット　264, 266

国民　169, 171, 358
国民国家　61, 231, 362
国務院　171
黒曜石　353
国立公文書館　354
語源学（的）　**6-3-4**, 60, 318, 336, 344, 346
ここ　179, 183
こころ　**第四章**, 23, 77, 81, 196-199, 207, 213, 245, 378
誇示　68-69, 71-73, 78
誇示的閑暇　68
誇示的消費　68
孤人　164-165, 167, 209-211, 372
個人　10, 17, 72-73, 76, 78, 96-97, 105, 108, 112, 115, 128, 131, 134-135, 140, 152-153, 170, 187-188, 191, 193, 196, 200-201, 205-207, 209-212, 220, 227-228, 233, 239-240, 242-243, 245, 257, 302, 337, 352, 360, 380
個人主義　170, 200
個人認証　373
個性　65, 72, 75-76, 115, 152, 188, 202-203, 210, 348, 363
個体　23, 135, 140, 196-199, 201, 230-235, 237-238, 244
個体主義　196
個体超出的　198-199
個体データ　**5-2-2**, 228-232, 235-237
国家　**3-3**, 23, 119, 129-130, 154-155, 167-171, 183, 192, 204-205, 219-222, 231-233, 235, 240, 269, 356, 358, 363, 372
国会答弁　369
国家幻想　206
国家権力　232
国家主義　222
ごっこ遊び　284
小包の比喩　15, 37-38
古典派経済学　128, 146
コト　124
孤独　180
コピー　57-58, 87, 132
誤報　350
ゴミ　305, 307, 369
コミットメント　150, 197
コミューン　200
コミュ障　**4-0, 4-1, 4-3-5**, 3, 23, 175-178, 182, 184-185, 187, 206, 210, 212-213, 241, 245, 378
コミュニケーション　**1-1-4**, 13-19, 23, 36-38, 41-42, 51-52, 100-101, 104, 113, 151-154, 159, 164, 167-168, 188-190, 194-197, 200-201, 203-203, 206, 208-213, 217, 221, 225-226, 228, 230, 241, 245, 251, 271, 273, 275-280, 283-286, 289, 291-293, 296-298, 305-306, 311, 314, 317
コミュニケーション行為　190, 204
コミュニケーション障害　175-176
コミュニティ　182, 187, 208
コミュ力　210, 245
コム・デ・ギャルソン　77
固有名　132, 138, 140, 143, 162-163, 169
コラボレーション　→協働
孤立主義　167
コルセット　93
コレスポンダーンス　110, 264-265
コンヴォルヴォトロン　256
痕跡　336, 353-355

コンテクスト　36, 97, 100, 203, 228, 280, 350, 356
コンテンツ　57, 97–98, 100, 102, 106–107, 113, 251, 254, 259, 271–273, 315, 337
コントロール　56–58, 105, 159, 168, 184, 191, 205–206, 212–213, 256, 344, 361（→制御）
コントロール社会　**第五章**, 221, 223, 243–244
コンパクト化　234, 250 ,254, 256, 267, 272, 314
コンビニ　50
コンピュータ　35, 45, 128, 147, 170, 256, 261–262, 312, 381
コンピュータゲーム　249

サ　行

サービス　6, 22, 29–30, 34, 36, 131, 144, 168–170, 182, 251, 271–273, 370
差異　22–23, 37–38, 74–75, 91, 109, 114–115, 197, 272, 301, 321
財　36, 48, 50–51
差異化　23, 73–76, 79–80, 82–84, 86–88, 92, 107, 109–110, 114–116
再帰（的）　85, 211
再現　101, 128, 142, 152, 163, 251, 270, 272, 274, 311
在庫（ストック）　34
催告　347
再－身体化　225
再生産　16, 18, 76, 78, 89, 96, 195, 209, 235, 305, 328, 341–342, 344–345
在宅勤務　51
差異の体系　79
サイバー・カスケード　112
サイバースペース　184–185, 257, 309–310, 315–316, 322
サイバーパンク　119, 309–310
サイバネティックス　244
裁判所　345
サイファーパンク　119
差異を生む差異　115
削除　367
作品（性）　12, 19, 74, 96–97, 99–102, 104, 106–107, 116, 178–181, 272–273, 346, 381
座敷牢　193
撮影　97, 103, 347–349, 353, 363, 366
作家（性）　93, 100, 102, 107, 189, 273, 309, 346, 362, 380
錯覚　196–197, 259, 269, 320
雑誌　70, 82–83, 93, 283, 346, 348
雑念　258
サブカルチャー　95
サプライチェーン・マネジメント　46
サプリ（メント）　245
山窩　183
山岳ベース事件　187
三者関係　159, 189–191, 194, 202–203, 207, 212, 290
参照　193, 341, 350
三面記事　283
三和銀行横領事件　186
自衛隊　333
ジェノサイド　357
ジオラマ　258
耳介　227, 230, 236
滋賀銀行横領事件　186
視覚　18–19, 23, 221, 250, 259–262, 363

資格　17, 96, 273, 295, 343
詩学　59, 89, 106
自覚　22
自家中毒　57, 214
史観　13–16, 20, 358
時間（性, 的）　75, 134, 156, 180, 227, 340, 343
支局　294, 352
資源（化）　**4–3–4**, 34, 127, 146, 209, 344, 358, 366
自己　102–105, 152, 202, 208, 210, 226, 230, 234–241
自己愛　202
思考可能性（Possibility）　320
至高の現実　280, 287
自己回帰（的）　191, 198
自己完結的　32, 34, 96, 100, 104, 113, 325
自己玩弄　104
時刻価　324
自己言及（性, 的）　11, 24, 82, 85–87, 100, 113, 129, 147, 154, 198, 206, 212, 233–234, 239–241, 243–244, 340, 342, 350, 364, 368–369
自己幻想　**4–3–2**, 180, 192–193, 198, 201–205, 207, 214
自己肯定（感）　181, 202
自己実現　193
自己実現的預言　350
自己承認　104
自己制御　212
自己組織化　3, 11, 24
自己提示　101–103
自己同一性　32, 132–134, 139–140, 235
自己統治　239, 244
自己のテクノロジー　**5–2–6**, 240
自己への〈配慮〉　**5–2–6**, 240
資産逃避　166
時々刻々　→リアルタイム
支持体　125–127, 134, 346
事実　203, 265, 293–300, 305–307, 352, 358
事実上の標準　→デ・ファクト・スタンダード
事実性　265, 285, 292, 296, 298, 305–306, 317
事実的（レアール）　355
市場　42–43, 65, 75, 124, 126, 145–147, 165, 273, 313
システム　15, 19–20, 35, 44–45, 72, 83, 86, 120–121, 141, 153–154, 165, 167, 170, 189–190, 194–195, 203, 205, 210–211, 241–242, 256–257, 276–277, 282, 284, 286, 289–290, 307, 342–343, 364, 366–368, 372
〈システム／環境〉区別　189
システム関係準位（Systemreferenz）　290
システム構造　285, 291
システム信頼　**3–2–2–4**, 148, 153–155, 157–159
システム（理）論　15, 280, 282
時制　349–350, 354–355
時節ネタ　354
視線　83, 240, 261–262
自然　66, 93, 142, 160, 198, 251, 258, 260, 273–275, 287, 377
視線検出センサ　262
視線追従　276
自然的態度　260, 289

自然哲学　377, 379
自然＝物理モデル　314（→物理モデル）
自然法則　275
氏族（クラン）　151
持続　23, 41, 100, 206, 212–213, 275–278, 292, 296, 298, 340–341, 364
自足状態（アウタルケイア）　290
死体　229
仕立職人　70
七生報国　357
実現可能性（Potentiality）　320, 322–323
実在（性）　**6–1–4**, 24, 41, 79, 147, 188, 213, 254–255, 265–267, 269–271, 274–275, 277–279, 289, 291, 296–298, 308, 318–319, 323, 326–328, 336–340, 344–355, 360, 366–367, 378
実在世界　135, 138–143, 336–337, 339–340, 344, 347, 364
実在としての過去　354
実在としてのリアリティ　297
実時間　262
実質（性）　**1–1–2**, 33–35, 40, 44–45, 47, 74, 107, 254, 265–267, 271, 274, 277–278, 289, 297, 308, 312, 318–319, 324, 326–328, 347
実質現実　253
実証（的）　357
実証実験　373
実績　166, 343
実践的　81, 147, 153, 177, 299, 356
実体　45, 60, 63, 73, 78, 145, 152, 182, 188, 208, 245, 259, 269–270, 276, 279, 282, 287
実物　87, 99, 156, 311
実用的　65, 68, 74, 80, 86, 130, 356
質料（ヒュレー）　45, 47, 51–52, 77, 82
質料／形相（区別）　287
質料的なもの　**2–3–4**, 23, 77, 79, 81–82, 91, 93, 106–108, 114, 116, 324, 377–378
自動運転車　27
自動化　27, 244, 342, 363, 365–366
自動車　322
自動書記　360
自撮り　103, 105
自撮り棒　103
品揃え　27, 29–30
シニシズム　67
シネマコンプレックス　250
シネラマ　260
支配　168, 211, 232, 296, 345, 356, 358
芝居　284, 286, 288
支配構造　359
自発性　237
支払（い）　42, 124, 128–129, 131, 144, 148, 157, 162–163
支払い能力　138
私秘的　198–199
指標　10, 138, 171, 181–182, 228–229, 232, 235
私文書　333
紙幣　124–125, 127, 142
思弁的実在論　213
司法　345
資本　43
資本主義　**2–1–3**, 28, 40, 44–46, 67–69, 71–72, 76–79, 81, 90, 169, 171, 220
シミュラークル　58–59, 87, 106, 116, 300–301

シミュレーション　146, 251, 257, 264, 274, 277, 310（→模擬）
市民　64, 313, 347
自民党　55
事務機構　341
指紋　227, 229–232, 236
諮問機関　341
指紋登録　231
社員　341–342, 344–345
社会（的）　**3–3, 4–2–2, 6–2**, 12–13, 28, 41, 46, 50, 64, 70, 72, 74, 76, 78, 86, 88, 90, 92, 109, 113, 115, 136, 152–153, 171, 181–188, 190, 192, 195–196, 199, 202–209, 211–214, 217, 219–220, 222, 226, 237, 239–240, 243–245, 251–252, 270, 275, 280–281, 285, 287, 300, 307–308, 310–311, 313, 316, 320, 327, 333
社会学　72, 91, 104, 188, 263, 280–282, 288–290, 313
社会幻想　**4–3**, 23, 105, 108–109, 204–207, 209–211, 213–214, 371
社会システム（論）　11, 40–41, 153, 188–189, 194–197, 199, 252, 282–283, 340
社会実在論　282
社会性 VR　24, 251, 272, 274–275, 277–279, 291–292, 298, 306, 311, 314, 316–317
社会的アプリオリ　66
社会的機能　**6–3–2, 7–2**, 58, 115, 141, 235, 308–310, 313–314, 316, 339
社会的現実　**6–3–7**, 24, 255, 270, 281, 296–300, 303–307, 317, 320, 326–328, 337, 360, 364
社会的選別　220, 223
社会的不適応　181–182
社会哲学　**1–2, 第三章**, 28, 30, 37, 58, 121–122, 182, 233, 253, 333, 375
社会の外部　**4–1–2, 4–2–1**, 70, 182–186, 200–202, 204, 206–209
社会の木鐸　370
社会モデル　274, 276, 278
社会唯名論　188, 282
尺度　**3–2–1**, 128, 144–147
社交　62
奢侈　68
奢侈禁止令　61
写真　33, 82, 88, 101–103, 251, 258, 337, 339, 346, 348, 354–355
写真印刷　348
写真館　103
写真雑誌　348
ジャスミン革命　5, 112, 205
ジャンク DNA　234
種　234
自由貨幣　120
週刊誌　109
住居　80
住居遺構　353
宗教改革　269
宗教法人　341
集権秩序　167
集合写真　103
集合的知性　322
集合論　21, 280
修辞　→レトリック
集団無意識　198
羞恥　66
集中治療室　240

自由都市　61
自由放任　130
銃乱射事件　352
主観性　348
縮減　150, 153, 156, 159
祝祭　275
縮刷版　354
種子　207, 319–320, 328
呪術　124, 151
受信者　17, 37, 112, 136–137
主体（性, 的）　**5–3–2**, 19, 52, 81, 140, 150, 169, 188, 209, 220–221, 226, 237–240, 245, 337, 360–361, 371
主体としての身体　226
出力　162, 261, 263, 310
主導的メディア　361, 364–365
ジュブナイル　179
趣味　**2–1–1, 2–1–2, 2–1–3**, 62–66, 69, 71, 74, 90–92, 101, 106–108, 362
需要　70, 72, 78, 80
需要形成　68
シュルレアリスム　362
準（quasi）–　301, 305
純愛　179
循環（的）　43, 186, 191, 345
純粋持続　321
純粋相互行為　**4–2–1**, 186–188, 190–192, 194, 197, 200–201, 204
止揚　76, 126
上演　284
照応　265
商学　59
少額決済　120
使用価値　71, 78, 124, 130
状況　284–285, 322
証言　357
証拠　36, 148, 200, 337, 345–346
証拠書類　345
証拠能力　337
証書　336
消尽　46, 109
少数民族　357–358
小説　64, 96, 106–107, 258, 309–310
小説家になろう　106
小説投稿サイト　106–107
象徴　44–46, 110, 112, 123
象徴交換　89
象徴主義　362
〈象徴＝統合〉的　164–165
象徴派　114
焦点　123, 212, 222, 231
譲渡　48
情動（性 , 的）　**2–3–5**, 110–113, 191, 199, 205–206, 372
情動社会　**5–1–1**, 114, 205, 217
情動露出　113
昇任　343–344
承認　104, 133–134, 156–157, 203
承認欲求　202
蒸発　183, 203
消費　43, 46–47, 68, 89
消費者　31–32, 46, 68–69, 100, 273
消費社会　23, 69, 72
商品（性）　23, 27, 30–35, 37, 42–44, 46–50, 52, 59, 72, 75, 77–81, 86–87, 92, 96–98, 108, 126, 128, 130–132, 142, 145–146, 168, 273
商品経済　22, 65, 77, 79
娼婦　70
上部構造　12, 77, 193

情報　**1–1–2, 1–2–5**, 8–11, 15–19, 22, 32–38, 40, 44–52, 115–116, 122–128, 130–131, 135, 141–142, 159, 163, 167, 252, 277, 293–300, 303, 305, 307, 314–316, 324–325, 328–329, 377–378
情報公開法　341
情報資本主義　46
情報社会　**0–1, 0–2, 2–3–6, 第四章, 5–1, 5–2–5, 5–2–6, 5–3–2, 6–3–7**, 3–4, 10–11, 12, 22–24, 27–28, 30, 32, 34–35, 38, 40, 45–52, 55, 59, 90–91, 94, 101, 103–106, 109–116, 121, 142, 158, 171, 182, 190, 192, 200–209, 212–213, 217–222, 224–230, 232, 234, 237–244, 252–255, 303–304, 307–309, 314–317, 320, 322–325, 328–329, 333, 342, 372–373, 375–378, 380, 383
情報体　324–328
情報通信基盤　187
情報的世界観　38–39
情報としての現実　**6–2–8**, 294
情報発信　52, 203, 302, 304
静脈　227, 230, 236
証明　137–138, 140–141, 148, 234, 335–336
剰余価値　199
条例　347
食餌制限　245
職掌　341
植民地　190, 231
食物　80–81
所産的自然（natura naturata）　377
書字　362–363
書籍　27, 36, 176, 324–325, 376, 382
叙想法　355
触覚（的）　110, 260–261
叙法　348–349
書類　335–336, 345
序列化　296–297, 305
シリア　352
シリコンバレー　120
〈自立＝自律〉（性, 的）　**2–2–2**, 14, 58, 80, 82, 86, 105–106, 152, 341–342, 364
辞令書　344
素人　10, 98, 370–371
進化　13–14, 68, 110, 124, 230, 264, 375
人格（パーソン , パーソナリティ）　13, 62, 108, 140, 143, 152, 154, 162–166, 188, 190, 195–196, 209–211, 272, 274, 276, 292, 314, 326, 342–343
“人格”（キャラクター）　272, 274, 276–277, 279, 292, 314, 326
人格主義　363
人格信頼　152–153, 157–160
神学的　320–321
進化心理学　176, 282
進化論　78
新カント派　252, 376
新規暗号通貨公開（ICO）　168
新奇性　60–61, 75–76, 78, 80, 85, 87
シンギュラリティ　6, 244
蜃気楼　160, 265, 269, 317
シンクタンク　373
神経症　213
神経発達障害　175
信号　81, 111, 325
人工現実　257
人工知能（AI）　6, 30, 36, 162, 239, 244, 366

人工的環境　263-267, 270, 273, 327
人材　220, 241
新左翼　187
紳士　62, 64
真実（性）　24, 293, 352
真実在　274, 279, 301, 305
心中　186, 191, 200-201
新宗教　184, 187
新宿　180, 249
信条　29, 113, 372
心性　12, 68, 71-72
深層（構造）　3, 69, 129, 182, 225, 375, 383
深層心理　274
身体（性, 的）　**5-1-4, 5-2**, 23-24, 91, 93, 197, 205, 218, 221, 224-225, 230, 235, 245, 259, 262-263, 299, 312, 367
身体情報　46, 326
身体データ　**第五章**, 225, 227-235
身体的共現前　**4-2-5**, 196, 203, 205
身体という牢獄　309
身体動作　262
進達文書　344
身長　227-230
信念　284-285
心拍（数）　227, 233, 236, 240
新聞　15-17, 295, 324-325, 346, 348, 350, 352, 354
新聞記事　302
新聞社　154, 303
シンボリック相互作用論　282
親密関係　196
親密システム　194-197, 199
臣民　220, 231-232, 356, 358, 362
人民元　166
真無限　18
信用　**3-2-2-1, 3-2-3**, 128, 138-140, 149-150, 157, 162-163, 369
信用貨幣　124
信頼　**3-2-2**, 148-150, 152-162, 166, 195, 296, 299, 302-303
真理　154, 373
心理システム　195-197
人類学　88-89
垂直的　**1-2-2**, 17, 44, 91, 100, 327
水平的　**1-2-2**, 17, 44, 91, 100, 327
スーパー・パノプティコン　224
スキャニング　366
スケープゴート　372
スタイル　348
スタンプ　111, 205
スタンプ貨幣　120
素手　322（→手）
スティグマ　181-182, 232
ステレオスコープ　251, 260
ステレオタイプ　299, 350
ストアブランド　57
ストリートヴュー　325
ストレートニュース　339
ストレス　205, 214, 240
スナップショット　97, 103, 353
スノーデン事件　171, 222
スプラッター・ムービー　301
スペイン　62, 178
スペクタクル　301, 307
スマートコントラクト　121, 162
スマートスピーカー　36
スマート・センシング　240
スマートフォン　250

スマホ（スマートフォン） 27, 34-36, 49, 102-103, 168, 182, 272, 302, 325
生活空間 183
生活体 229
成果メディア 148, 154, 194-195
制御 151, 159, 168, 212, 261-262（→コントロール）
制御社会 213（→コントロール社会）
制作者 272-273, 348
生産 22, 43, 46-47, 51, 89, 209
生産者 31-32, 46
生産手段 43
生産物 45
生産要素 43
正史 358
政治（的） 8, 12, 74, 95, 112, 119, 151, 153, 169-171, 185, 200, 209, 269, 293, 295, 303, 356, 373
政治システム 154
誠実 62, 150, 160-162
政治任用 373
精神医学 175
精神分析 21, 198, 362-363
精神分裂症 281
生成 11, 18, 20, 46, 83, 87, 89, 104-105, 109, 116, 133, 137, 140, 143, 210, 213, 235, 259-260, 267, 362-364, 366-370, 372-373, 377, 380
生政治 209, 220, 237
生態系 333, 361-362, 364-365
生体データ **5-2-3**, 228-230, 232-233, 235-241
生体認証 227, 229-233
制度 65, 70, 93, 106, 195, 209, 231, 313-314, 323, 361
正統 165, 345
正当化 297, 299-300, 302, 304-307, 338, 341, 345, 352, 357-358, 360, 369, 373
〈正統＝正当〉性 356, 360
西南学派 376
生の哲学 281
生物学 64, 73, 176-177, 233, 235-237
生物学的 I 236-238, 240
生物学的 Me 236-238
生物個体データ →個体データ
生物統計学 230
生命 23-24, 214, 225
声紋 227, 229, 236
生理学 81, 177
世界 **7-2-2-2**, 5, 31, 38, 41, 51, 84-86, 96, 98, 106, 150, 167-168, 179-180, 194, 200, 219, 222, 224, 250, 252, 258, 267, 269, 293-294, 309, 312, 315, 324, 327, 336, 339, 346, 349-352, 354
世界観 18, 38, 327
世界システム 51
世界社会 **3-3-1**, 31, 51, 64, 167-168, 205
世界内在（的） 300, 310
世界了解 38, 41, 336
セカンド・ライフ 142, 275, 292
セキュリティ 168, 220
セクト 187, 200
施行 347
背丈 228
石器時代 322
接続 13-14, 17-18, 41, 43-44, 51, 73, 101-102, 104, 113, 145, 154, 181, 194, 199, 206, 209-210, 212, 217, 275, 282-283, 292-293, 296, 341-343, 364
絶対主義国家 232

セットA　84, 86
セットB　84–85, 87
ゼマンティーク　194
セレブ　57–58, 74
ゼロ・トラスト　159
選挙　343
線形（性, 的）　14, 111, 113
選好　108
潜在（化, 的, 性, 態）　**6–3–6**, 42, 47, 72, 77, 100–102, 104–105, 131, 181, 205, 255, 274, 294, 304, 307–308, 318–322, 324, 326–329, 377
潜在的現実（性）　**6–3–7**, 24, 377
全人　362
センシング・デヴァイス　278, 326
専心・没頭　279, 289–290
潜勢態（デュナミス）　47, 318, 327
戦争　27–28, 179, 192, 259
センソラマ　260
選択　**4–3–4**, 33, 37, 47, 66, 82, 145, 207–209, 265, 322, 349
選択可能性　323
全地球測位システム　229
専売　31, 337
線引き　107, 241, 333
選別　209, 218, 220, 241–242, 294–297, 305, 351, 354, 356, 366–367
全面的官僚化　362, 370–371
専門分化　342
占有　16, 32, 133–135, 144, 156–157, 161–162, 165, 343
戦略　31, 36, 66, 150, 152–153, 176, 184, 190, 211
先例　344
層位　342–343
想起　21, 367
双極性障害　214
双極的関係態　191
相互監視　23, 212
相互行為　**4–2, 6–2–5, 6–2–6**, 38, 159, 177, 188–191, 194–196, 201, 203, 205, 207, 210–212, 263, 277–280, 282–293, 296, 298, 306, 317, 327, 367
相互行為システム　189, 199, 210
相互行為秩序　188–189, 194
相互作用　**6–1–3**, 234, 261–264, 266, 278, 282, 324–326
相互参照　350
相互承認　104
相互浸透　21, 196, 299
相互扶助　158
操作　33, 131, 252, 260, 276, 287, 289, 292, 310
創作　82, 100, 106, 115–116
創作学　89（→詩学）
創作物　353
操作された行為（guided doings）　287
操作されない出来事（unguided events）　287
層序　132, 134
増殖　48, 76, 133, 233, 307, 323, 368–369
層序構造　→ヒエラルキー
送信者　37, 136–137
創造　44, 46, 64, 90, 96–97, 170, 251, 275, 292
想像　258, 270
相対化　24, 97, 192, 204, 299, 302, 306–307, 323, 328, 378
相対主義（的）　18, 62, 354, 358

装置　70, 192, 209, 243-244, 261, 310, 314, 362-363
想念（Gedanke）　197
増幅　17, 112, 186, 191, 234, 252, 310, 312, 314, 328, 362-363
相貌　103, 105
双方向（性）　17
贈与（財）　89, 97
疎遠　150-151, 158
ソーシャル（化）　251, 254-255
ソーシャル VR　**6-2-2**, 272-275, 277, 292, 306, 311, 314
ソーシャルメディア　182
ソーマ的自己　236-238
疎外態　225
疎外論　342
そこに－いる（Da-sein, Being There） 265
素材　35, 42, 44-45, 51-52, 67-68, 71-73, 82, 100, 102-104, 106, 108, 112, 128-129, 146, 252, 266, 285, 287, 324, 326-329, 337, 349, 366
素材の戯れ　104, 114, 116
素子　34, 51, 154, 162, 171, 190, 195-196, 209-210, 241, 343
組織　13-14, 72, 121, 138, 199, 203, 243, 275, 282, 339-347, 349, 351, 353-354, 359, 369, 373
組織経営　243
組織構造　359
組織的現実　354, 369
素質（的）　65, 78, 319, 326
空飛ぶ絨毯　319
素粒子　270
存在　33-34, 126, 212, 261, 265, 364, 366
存在意義　333
存在＝現前　→プレゼンス
存在根拠　235
存在者　265, 327
存在的　327
存在論　**5-2-4, 終章**, 43, 236, 252, 333
村落共同体　193
存立構造　**7-3**, 375, 380

タ　行

ダークコイン　163
第一質料　287
大英帝国　231
体格　228
大学　154, 218, 362
体型　228
体系（的）　3, 20, 40-41, 66, 79, 82, 84-85, 89, 194, 196, 266, 280, 288, 321, 372, 380
体験　20-22, 188, 196, 199, 214, 223, 250, 258, 261, 263, 289-290, 294-296, 298, 306, 316, 326
体験としての現実　**6-2-8**, 293-299, 301, 306-307, 327
代行的閑暇　68
対抗的言説　358
代行的消費　68
第三者　38, 96, 149-150, 159, 181, 188-189, 191, 194-196, 201, 208, 230-231, 237-238, 286, 361
代謝　45, 128
大衆　17-18, 56-57, 65, 71-72, 76, 80, 83, 85-86, 92, 96, 105, 109-110, 113, 115, 183, 273, 297-299, 303, 350, 352
体重　227-230

大衆の原像　197
大衆文学　362
体勢追従　275
代替　128, 202, 209, 233, 260, 264, 292, 301, 312, 316, 363
代替世界　252
大地　268, 321
台帳　44, 134, 156
大統領　6, 9, 166, 373
態度取得　81
第二次世界大戦　167
タイピング　366
タイプライター　362–363
太平洋戦争　192
台本　188–189
タイムスタンプ　134
対面　176, 225, 228–229, 285, 294
対面的相互行為　151, 188, 203, 212, 221, 225, 230
太陽　268, 279
太陽花學運　205
代理　275
台湾　205, 249, 271
楕円曲線暗号　138
タカラガイ　124
託宣　66, 85, 151, 176
タグ付け　324
宅配（便, 業）　27, 33, 37
他者　62, 64, 103–105, 148, 152–153, 195, 208, 236–238, 240, 259, 278, 289, 309
他者言及　86
多重化　153, 199, 370
多数の意見は案外正しい　370
多層化　323
ダダ　114, 362
叩く　322
脱人格化　343
脱身体化　220
脱人称化　233, 342
脱文脈化　213
脱領土化　323
蓼食う虫も好き好き　62
タブレット　49
ダモクレスの剣　310
多様（性）　12, 185, 220, 234, 284–285, 291
多様な（諸）現実　**6–2–5–1, 6–2–7**, 280–284, 286–289, 291, 298
戯れ　104, 114, 116, 300, 307
単一障害点　120
単位要素　41, 342
団塊　183
短冊（Strip）　284
単純商品市場　124
ダンディズム　76
単独者　198
タンパク質　235
断片（化, 性）　42–43, 97–100, 106, 206, 213, 217, 324, 349, 351, 357
地位　61, 63–64, 70, 120–121, 149, 152, 162, 175, 190, 231, 249, 295, 297, 351, 358, 370
地域振興　158
地域通貨　120, 130, 158, 207
地縁　152, 183, 372
地縁幻想　206
地縁的共同体　151, 158
知覚　24, 38, 252, 260, 293–296, 298–299, 307, 314–316, 324–328, 347
知覚作用　→ノエーシス

知覚対象　→ノエーマ
知覚的世界　324, 326
地下鉄サリン事件　187
力　**7-2-1-2, 7-2-2-3, 7-2-3-2**, 336-337, 344-345, 348, 350-352, 356-357, 359-360, 368-369, 372
地球物理学　268-269
蓄音機　362
蓄積　11, 108, 344, 364
蓄蔵　128-129, 131, 142, 144-145
チクり　212
知識　126, 167, 321-322
地質学　268
池沼　176
地上波完全デジタル化　5
秩序　61, 188-189, 194, 211, 241, 288, 305-306, 361, 366
地平　3, 8, 28, 52, 65, 141, 151, 191, 254, 281, 287, 296, 307, 317, 326-327, 356
中央銀行　120, 154, 157-158, 170
中央集権　155, 158, 169
中央政府　372
中国　99, 131, 164, 166, 168-171, 178, 373
中国人民銀行　131
抽象（化, 性）　128, 147, 153, 161, 365-366, 368
抽象的人間労働　128, 147
中心　16, 18-19, 37-38, 61, 80, 168, 259, 352
中心－周縁　13, 90
中断（エポケー）　289
中動態　348-349, 360
中和変容　317
超越（性, 的）　192-193, 198, 213, 288, 309-310, 312, 316
超越論（的）　12, 20, 65, 108, 196, 207, 285, 288, 290-291, 297
超越論的弁証論　319
聴覚　250, 260-261, 363
朝刊　109, 350
兆候　**6-0-1**, 12, 23, 28, 55, 69, 110, 166, 182, 213, 229, 235, 250-251, 369
超個体　193
超自我　198
超社会　64, 309
調性（Key）　284-285
蝶番　306
諜報　136
直接体験（性）　294-295
直説法　355
著作権　48, 99, 315
著者　22
著者＝権威　96-97, 100, 106, 110, 115-116
著者性　97
勅許状　337
チラシ　32
ツイート　97, 304
対－化（Paarung）　204
対幻想　**4-3-1**, 180, 186-187, 192-194, 198-199, 201-202, 204, 207
追放　10, 202, 241
通貨　119-120, 128, 130-131, 142, 156-158, 163, 165, 168, 207
通信　125-126, 136, 187, 222, 294
通信社　294
通信理論　89
作り事　→フェイク
つぶや（呟）き　97, 304, 367
手　203, 322, 363（→素手）

ディープラーニング　6
低価格化　234, 250, 254, 272
抵抗体験　281
帝国主義　232
定在（Dasein）　50
ディストピア　310, 316
ディスプレイ　35, 256, 261, 266, 300, 311, 314
ディスポジショナル　228-229
テイラー・システム　240
デヴァイス　49, 249-250, 256, 259-262, 267, 272, 278, 326
データ　11, 218, 221, 224-225, 228, 230, 232, 237, 306-307
データアナリスト　239
データ化された身体　225-226
データ監視　**5-1-4**, 221, 224, 245
データ・グローブ　256
データスケープ　309
データ・セルフ　236
データ・ダブル　236
データベース　231, 235
データマイニング　108, 239, 244
データ流　244
テーマ　55, 58-59, 74, 86, 89, 350, 379, 382
手書き文字　14, 110-111
手紙　353
敵　113, 136, 224, 373
適応　81, 176, 214
出来事　7, 11, 28, 125, 156, 196, 239, 256, 287, 314, 343, 349, 361, 376-377
適正値　210-211, 239, 244-245
デザイナー　70
デザイン　33, 59, 77
手触り　270
デジタル（化）　5, 103, 111-115, 120, 128, 132, 139, 142, 159, 179-180, 310-311, 313, 315, 329, 335, 366-369
デジタル貨幣（デジタルマネー）　**3-1-3**, 8, 123-124, 130, 141-142, 162
鉄　74, 124
哲学（〈哲学〉, “哲学”）　4, 18, 72, 213, 255, 269, 281, 317-318, 373, 377-378, 380
手続き　32, 140, 278-279, 295, 297, 306, 341-345, 347, 351, 357, 369
デノミ　146
デパート　33, 50, 263
デ・ファクト・スタンダード　165, 231, 244, 304
デポジット　128
デモ　199, 206
テレ・イグジスタンス　257, 264, 300, 310
テレ・プレゼンス　257, 300, 310-311
テレビ　5, 14-17, 109, 183, 250, 301-302, 324-325, 383
テレビニュース　350
テレビ番組　302, 324-325
テロ（リズム）　221, 241, 293, 295
テロと闘う国家　222
転移　15, 37-38, 41, 43-44, 139, 156-157
展開　355
転回　**0-1**, 4, 11, 314
電気　14-15
天気予報　287
天才　**2-1-2**, 63-65, 67, 70
電子　125-128, 132, 134, 148, 170, 260
展示価値　48-49

電子貨幣　7-8
電子書籍　36, 55
電子フロンティア財団　170
電子マネー　**3-1-0-2**, 123-130, 132, 135-136, 138-144, 149, 162
伝染　199
テンセント　168
展相　**第六章**, 249, 376-378
転送　125-126, 225
転属　344
天体　41, 268
伝達　37-38, 104, 109, 289, 294
転調（Keying）　284
転々流通　128, 139
点描　352
添付ファイル　113
伝聞（報告）　293, 299, 303
天文学　268
電力　36, 128, 164
度（Grad）　329
ドイツ　13, 63-64, 67, 80, 335-336, 342, 360, 362
ドイツ観念論　377
ドイツロマン主義　362
同一化　114-115, 193
同一性　42, 73, 92, 137-138, 140-141, 231, 234-235
同一性証明　234
同一性と非同一性との同一性　76
同一哲学　377
動画　251, 346
動画クリップ　367
等価性　368
投企　150
投機　7, 121, 129, 131, 165-166
討議　343
動機　145, 160, 337
同期　44, 314, 350
道具（性, 的）　299-300, 311, 322-323, 353
道具的存在（ツーハンデンザイン）　299
洞窟の比喩　279
投稿　33, 106-107, 251
統合　46, 51, 74-76, 91, 109-110, 113-114, 164-165, 348
統合失調症　281
同語反復　85-86, 209
等根源的　52
統辞（構造）　84-86, 283
糖質　176
統辞法　82-84
投射　152, 244, 256
同人　107
闘争（アゴン）　313, 358
統治　167-168, 211, 231, 239-240, 243-244, 345
同致　203-205, 207, 214
道徳（的）　10, 23, 62, 66-67, 75, 356, 376
投票　373
動物　251, 271, 275, 278
動物行動学　282
登録（エントリ）　163, 210, 231
トートロジー（トートロジカル）　129, 147, 154
ドキュメンタリー　**7-2-2-1**, 339, 346-349
ドキュメンタリー運動　347
特異点　92, 244, 307, 357, 368, 372
土偶　353
独裁　52, 167, 169, 171, 233

読者　3, 6–7, 13, 15, 20, 22, 51, 90, 107, 127, 136, 176, 272, 315, 346, 353, 369, 376–377, 380, 382
特殊法人　340
独占　120, 157–158, 273, 298, 352
特派員　294, 352
匿名（的）　97–99, 133, 140–142, 152, 162, 292
匿名経済　**3–3–2**, 23, 169, 171
土台　12–13, 50, 92–93, 132, 141, 193, 268, 280
とちり　258
特権的場所　299, 303
突破（ブレイク・スルー）　291
賭博　55
ドメイン　133–134
ドラッグ・カルチャー　312
トランザクション（取引, 取り引き）　140, 156–157
トランプ政権　112
取り違え（Quidproquo）　125
取（り）引（き）　42, 119, 124–125, 128, 140, 156–161, 163–164（→トランザクション）
度量　124, 127, 133, 145
取るに足らなさ　80
トレイン・シミュレータ　264
トレンド　6, 24, 51, 56–57, 109, 251, 253, 267, 272, 350
ドローン　27, 30
ドロモロジー　51
トロント学派　13, 343

ナ 行

ない　329
内在的超越（性）　192–193
内世界的　311–312
内部　5, 20, 28, 42, 70, 73–74, 86, 184–188, 196, 198, 201–202, 207, 210, 220, 223, 252, 258, 261–262, 264, 271, 276, 281, 285, 289–290, 292–294, 310, 313, 325–326, 344, 355, 364, 381
内部告発　187, 222, 370
内部植民地化　190
内包　333
内面　104, 152, 200
内容　71, 74, 336–338, 347
直木賞　107
中の人　276
名前　138
生ゴミ　307
生身の身体　226
ナラティヴ　83, 97, 100, 259, 273, 326, 355–356（→物語（性））
ナルシシズム　202
ナレーション　348
慣れ親しみ　150–151, 153–154, 158, 160
匂い　270
肉　114
肉筆　365
二元論　77, 81, 252, 344, 364
ニコニコ動画　170, 251, 272
二次元（的）　17, 19, 96, 115, 232, 244, 273, 276, 299, 302–303, 368, 372
二肢的二重性　199
二者関係　159, 186–187, 189–191, 194–196, 198, 201, 212
二重化　198, 234, 238, 337
二重支払い　156–157, 162
二重送金　157

二重の不確定性　153
二世界（説）　12, 77, 81, 252, 315, 327, 336, 344, 347
二値　329
二値コード　84, 194
日常会話　176, 284
日常性　95, 151
日常生活　60, 245, 268–269
日常（的）生活世界　268, 280–281, 283, 289, 291–293, 295–298
日常世界　269, 277, 280–281
日常的　63, 103, 125, 132, 149, 188, 197, 207, 264, 266, 278, 280, 304, 306, 367
日常的光景　264
日常風景　258
日用品　32, 34, 69, 130, 271
日記　353, 361
日報　333
荷主　31–32, 37
日本　5, 7, 88, 112, 119, 141, 169–170, 183, 192, 222, 230, 249, 251, 283, 310, 335, 355, 357–358, 372, 381
日本維新の会　55
日本記号学会　55, 379–380
ニューエイジ　185
ニュース　109, 295, 302, 339, 346, 350
ニュースアプリ　302
ニュース番組　295
ニュースリール　346
ニュートン力学　275
入力　33, 36, 256, 261–263, 278, 310, 378
尿酸値　227, 233, 236
二律背反（アンチノミー）　66, 71
人間　**4–3–4**, 41, 48, 51, 68, 71, 78, 147, 171, 183, 187, 200, 206, 209, 251, 269, 275, 287, 306, 310–311, 329, 342, 362–364, 366, 368
人間－機械系　263, 310
人称　198, 233, 294, 348–349
認証局　138–139, 149
刃傷沙汰　186, 191
認定　**6–2–6**, 14, 17, 176, 203, 212, 257, 265, 282–283, 286, 289–290, 299
任命制　343
布　74, 82
ネオリベラリズム　372
ネタ　10, 58, 100–102, 104–107, 246, 354, 370, 383
熱愛　367
捏造　10, 86, 138, 209, 274, 304, 350
ネットアイドル　201–202
ネットスラング　27, 176
ネット－ワーク　**0–4**, 4–7, 9–10, 16–20, 23–24, 59, 93, 96–97, 99–100, 105–106, 110, 113, 115, 124, 155, 158, 163, 168, 182, 190, 273, 303–304, 316–318, 324, 327–328, 366, 368–370, 373
ネットワークメディア　5, 32, 38, 232–233, 303
ネトウヨ　112, 208–209, 304
粘土　126
ノイズ　179, 258–260, 363
能記　79, 83–85
能産的自然（natura naturans）　377
脳波　240
ノエーシス（知覚・感覚作用）　260–261
ノエーマ（知覚対象）　260
ノート　361

ノード　17–19, 24, 52, 96–98, 101, 104, 134–135, 140, 142–143, 156, 158, 160, 163, 187, 202–203, 219, 244, 273, 276–278, 302–303, 369, 372
ノーベル賞　98
覗き　259, 261–262

ハ　行

場　105, 161, 188–189, 203, 312, 322
パーソナル・コンピュータ（パソコン, PC）　27, 34–35, 45, 164, 170, 272, 312
ハードウェア　250, 254, 267
ハードフォーク　165
ハーフトーン　→網版
バイオメトリックス　230
廃棄　354, 366
排去　260, 264, 278
排除（Exclusion）　15, 151, 165, 167, 207–211, 241–242, 282, 343, 347
配属　343
ハイパーリアリティ（一）　87, 106, 300–302, 307
バイドゥ（百度）　170
俳優　189
配慮　218, 220–221, 223–225, 236, 376
〈配慮《スウスイ》〉　**5–2–6**, 238–239
白昼夢　284
場所　**1–2–4**, 31, 33–35, 38–39, 49–51, 133, 150, 179, 183, 190, 209, 212, 219, 229, 265, 283, 299, 303, 364, 366
バズワード　6–7, 119, 254, 257
パターナリズム（パターナリスティック）　223
パターン　14, 16–18, 108, 227–228, 230, 234, 291
発汗量　227, 232, 236
発見　40, 78, 262, 348–349
発行元　4, 337
発行量上限　127, 133, 146, 165
ハッシュ（要約）値　133, 140, 160
発信　17, 52, 56, 96, 187, 203, 302–304
発展系列　377
発展途上国　120
発表　6, 57, 72, 93, 98, 101, 148, 249, 256, 273, 280, 379, 381
花　262
パノプティコン（汎視）　23, 157, 212, 218–219, 221, 224, 232, 234, 238（→ポスト汎視）
パノラマ　260
パノラマ館　258–259
ハビトゥス　91, 186
パピルス　126
バブル（経済, 期）　46, 56, 88, 250
ハプロタイプ　234
パラダイム・シフト　224, 273
パラダイム・チェンジ　303, 315
パラダイム転換　155, 367
パラドックス　21, 280–281
パラメータ（制御値）　136
パリ　70, 74
ハリウッド　260
ハリス・ツイード　57
バロック　63
パロディ　57–58
反映　336
番組　109, 295, 302, 324–325, 354
番組ライブラリー　354
判決書　345

反国家　185
犯罪者　231
犯罪捜査　230-231
汎視　→パノプティコン
反実仮想（的）　355
反社会（的）　309, 312-313
反照的規定　135
反省　20, 22, 282, 288-290, 297
パンタロン　56
汎知　31
販売　42-43, 149
播布　352, 366
反復　17, 42, 44, 47, 56, 61, 66, 69-70, 75, 286, 291, 364
播布構造　359
万物呼応　→コレスポンダーンス
繁文縟礼　344
ハンマー　322
ヒエラルキー（ヒエラルキカル）　9-10, 24, 58-59, 91-92, 96, 106, 115-116, 139, 154, 158, 167, 219, 224, 232, 240, 244, 298-299, 302, 337, 340-341, 343, 351-352, 355, 358-362, 368-373
美学　59, 66-67
東日本大震災　5
光　259
引き籠もり　**4-1**, 49, 178-182, 208, 214
ピクシブ　106
髭　66
非言語（的）　276, 312
非現用　353-354
庇護　209, 223-224
飛行機　270
ビザンチン将軍問題　160
ビジネスモデル　28, 107-108, 273, 315
被支配層　356
被写体　101-103, 337
美少女　271, 276
微小“放－送”　302, 304
非人格（性, 的）　371
非対称（性）　145
美談　357
ビッグデータ　**7-4-1**, 6, 12, 24, 108, 171, 224-225, 232-234, 237, 239, 241, 244, 306-307, 368-370, 373, 381
筆跡　110
筆跡学　110
ビットコイン　**第三章**, 3, 7-11, 23, 44-47, 50, 119-124, 127-136, 139-148, 155-171, 290, 373, 381-382
ビットコインキャッシュ　165
ヒッピー・ムーヴメント　170
美的判断能力　62
被投性　265
ヒト　152, 167, 176, 234
秘匿　136-137, 140-141
ヒナプロジェクト　106
避難所　181, 184
非日常（的）　103, 183, 306
非人間化　342
非人称（化, 性, 的）　13, 19, 24, 52, 108, 153-154, 160, 163, 190, 201, 217, 306, 342-343, 347, 360, 363-366, 368
日の下に新しきことなどない　61
批判　**1-2-3**, 45, 57, 66-67, 95, 97, 107, 120, 206, 222, 253, 286, 290, 295, 315, 371-373
批評　4, 83, 346-347
被服　59
備忘録　353

暇ネタ　354
秘密鍵　137-138, 140, 143
秘密主義　341
紐付け　128, 133-135, 138, 140, 163, 168
飛躍　291
百均　57
一四〇字ルール　113, 213, 217
百科全書派　63
ヒューマニズム　342
ヒュレー　→資料
評価　7, 33, 66, 78, 92, 119-121, 130, 149, 188, 223, 245, 290, 342, 380
表現　48, 85, 102, 111-112, 213, 251, 254, 267, 270-273, 312, 314, 342, 371
表現者　272, 312
表示デヴァイス　261-262, 278
表出　110, 152, 210, 251
描出　110
表情　110-111, 228, 251
表彰状　337
表層一元論　302
病態　176
平等（性）　92, 196
漂泊民　183
標本　233
鵯越　357
平文　136
ビリビリ（哔哩哔哩）　170
ビルドゥングス・ロマーン　180
ファッション　55-58, 60, 80-81, 85-86, 88-89, 92, 96, 108-109, 379
ファッション（雑）誌　82, 283
ファン　181, 201, 276
ファンタジー　251, 284
ファンの集い　201
フィードバック　11, 39, 104, 108, 262-263, 326, 344
フィードフォワード　263
フィクション（フィクショナル）　74, 276, 291, 325, 337, 355, 363
フィレンツェ　75
風俗（史）　12, 355
フェイク　301, 305（→偽（fake）-）
フェイクニュース　304-305, 370, 372
フェイス　211, 294
フェティシズム　90
不確実性　150
不確定（性）　150-153, 156, 305, 319
不活性化　48-50
武器　119, 136
不気味なもの　151
副業解禁　51
復号　136-138
複合現実　252, 308, 314（→ MR）
複雑性　150-153, 156, 237, 323
複雑性の縮減　150, 159
福島第一原発事故　5
服飾　59, 82
複製　18, 48, 132
服装　61-62
符号理論　89
不在の他者　159, 189-190, 201, 212-213
節穴　261
不信　155, 160
布置　13, 40, 156, 244, 333, 356
物質（性）　3-1-0-1, 34, 51-52, 76, 114, 123-129, 132, 134, 259, 274, 319, 336, 343, 346, 357, 366

物象化　142, 206, 225, 244
物象性　342
物神崇拝　126
物理演算　251
物理的環境　327
物理（的）モデル　274–275, 277–279, 289, 292, 295, 298, 300, 302, 306–307
物流　**第一章**, 22, 27–28
不動産登記　373
プライヴァシー　171, 204, 222
フライト・シミュレータ　263–264, 270
プライベート　181, 354, 367
プライベートブランド　57
プラグマティズム　81
プラスチックマネー　124
プラットフォーム　8, 121, 249–250, 272
フランス　57, 60–64, 70, 80
ブランド　56–57, 59, 92, 96, 249
フリー　→ FREE
プリペイド　128
プリペイド・カード　139
ブルー・オリジン　30
プルーフ・オブ・ステーク（PoS）　164
プルーフ・オブ・ワーク（PoW）　44, 127, 161
フレーム　**6–2–5–2**, 189, 280, 282, 284–292
フレーム分析　289–290, 298
プレゼンス　**6–1–4**, 183, 204, 255, 264–267, 296–297, 299–300, 306–307
プレタポルテ　56
ブローニー　102
フローの空間　51
プログラマー　311
プログラム　19, 35, 75, 85, 92, 161
プロシューマー　17
プロセス　11, 19, 22, 32–33, 35–37, 43, 46–47, 69, 74–75, 78, 83, 89, 91, 104, 106, 128, 138, 157, 188, 209, 225, 231, 233–234, 244–245, 262, 278, 285, 289, 306, 343–344, 348, 364, 366–367（→過程）
ブロック（Block）　156, 159–162, 164–165, 167, 170
ブロックチェーン　**3–2–2–5**, 8, 120–121, 134, 156–157, 159, 162, 171, 290, 373
プロット　179–181, 355
プロトコル　92, 133, 136, 203–204, 210, 241, 306
プロパガンダ　304
プロフェッショナル　9, 273
フロントカメラ　103
分化　13, 15, 17, 56, 135, 154, 164, 199, 341
文化　4, 12, 22, 90
文化記号論　**2–2–3**, 59, 80, 88–90, 92, 96, 98, 116
文学　90, 309, 362–363
文化現象　3, 12
文化財　96–100
文化哲学　12, 376
文芸　80, 106–107, 273, 363
分散化された信頼　159
分散型自律組織（DAO）　121, 162
文書　**終章**, 12, 24, 136, 269, 333, 335–340, 343–359, 363–364, 366–370, 373
文書管理　373
文書主義　340, 344, 363, 369, 372
〈文書〉世界　**7–3**, 336, 344, 347, 364
文体　→スタイル

フンダメント（土台的基礎） 50, 132
文壇 86, 106–107, 273
文脈（性） 83, 100, 148, 161–162,
225–226, 270, 295–297, 308, 345, 355
文脈依存（性, 的） 113, 324–325
分離 74, 165, 343
分裂症 281
ヘアスタイル 103
並行世界 180
米国 112–119, 136, 167, 170–171, 188,
222, 249, 263, 346, 352, 373
米国国家安全保障局（NSA） 222
兵舎 209, 219
兵站 22, 35
並列的配置 →アセンブリー
ヘーゲル左派 66
ペガサス 319
ヘゲモニー 321, 358
ヘゲモニー論 89
別世界 180, 252, 292, 310, 315–316
別名 →エイリアス
別様にもあり得る 323, 328
ベネチア 75
ペン 99, 361
変項 323
編集 16, 269, 348
偏執狂 19
弁証法 **2–1–4**, 20, 76, 109
変容 **第二章, 7–4–1**, 23, 28, 38–39, 41,
59–60, 69, 97, 105, 108, 137, 181, 218,
223, 226, 251, 262–263, 269, 272, 285,
291, 312–317, 326, 329, 333, 349, 367
ポイント 144
法 85, 104, 347
忘我 258
包括社会（Gesellschaft） 195, 282
忘却 254, 367
冒険 183
封建社会 208
報告 21, 61, 160, 187, 241, 287, 303, 352
帽子 66
法システム 199, 282
傍受 222
包摂（Inclusion） 165, 209, 211, 241, 343
放－送 **0–4**, 15–20, 23–24, 92–93, 96–98,
100, 107, 110, 113, 115, 273, 298,
302–304, 316, 327
放送局 9, 54, 303
法定通貨（法貨） 128–129, 139, 142, 156
棒鉄 124
報道 27, 294–295, 304, 348, 350, 370
報道管制 303
報道機関 350, 352, 370
報道写真 102, 339
報道的文書 **7–2–2**, 339, 346–355,
359–360, 367
方法論的個人主義 188
暴力（性） 205, 208
法令文書 347
ホームシアター 49
歩行モーション・ベース 262
補助貨幣 129
ポスター 82
ポストトゥルース **終章**, 24, 303–304,
372–373
ポスト汎視 218, 232, 234, 238
ポストプロダクション 348
ポストモダン 301
ポストモダン歴史学 358
保存 102, 354, 364, 366–367

ポチる　27, 33, 108
没概念　279
発端　355
ホット　96-97, 107, 325
没入（性）　**6-1-2**, 179, 193, 250, 258-261, 263-264, 266, 277-279, 289, 309
没落　362
ボディ・コンシャス　56
ポトラッチ　89
ホモ・サケル　167, 210
歩容　227-230
ポリゴン　251
ホロレンズ　252
ホワイトカラー　104
香港　205
本体　7, 83-84, 121, 126, 190, 217, 301-302, 342
本当らしさ　278
本人証明　138
本能　68, 71-72, 78
本物　57-58, 236, 270, 278, 301
本物っぽさ　276
本物らしさ　274, 277-278
凡庸　72, 76, 88

マ　行

マイクロソフト　252
マイナー（採掘者）　128, 164, 168
マイナンバー　232
マイニング（採掘）　128, 164, 168
マウス　36
魔術（的）　275, 312
魔術的リアリズム　312-313
マスメディア　**2-2-4, 6-2-10, 6-2-11**, 4-5, 9-10, 15-17, 23-24, 46, 58-59, 65, 70, 80, 83, 86, 90, 92-93, 96-98, 100, 102, 104-107, 109-110, 113-116, 152, 154-155, 158, 163, 167, 183, 224, 273, 294-300, 302-305, 307, 316-318, 327-328, 349-350, 352, 367, 370-371, 373, 381
祭り　112
まとめサイト　9, 302
眼差し　8, 98, 119, 187, 212-213, 221, 347
マニエリスム　63
幻　193
麻薬　312-313
マンガ　88-89
味覚　261
味方　136-137
未完結（性）　324-326
巫女　151
水茎　110
ミックスト・リアリティ　24, 252, 308, 314（→ MR）
南スーダン　333
身なり　82
ミニ（スカート）　56
ミニブログ　302
身分　61, 64, 69, 92, 96, 140, 208, 234, 285-286, 328, 333, 353, 363
見守りケータイ　220
ミメーシス　251, 274-275, 277-278
ミラノコレクション　56
民主化　97
民主主義　115, 306
無意識　198, 274, 363
剥き出しの生（vita nuda）　167, 210
無窮動　18
無効用　80-81

無差別（性） 222, 327, 367–369
矛盾 71–72, 76, 266, 319
無印良品 57, 380
無数の高原（mille plateaux） 302
無政府主義 119, 169, 170, 371
無人称（的） 348
無媒介（性, 的） 188, 265, 298–299
村八分 193
無理心中 201
メイク 101, 105
明証性 265
明晰夢 258, 289
メインフレーム 35, 169, 312
メゾン 74, 82–83, 86–87, 92, 96
メタヴァース 275
メタデータ 324
メタモルフォーゼ 18, 43, 114
メタ・レヴェル 21
メッセージ 33, 37–38, 95, 112–113, 203, 217
メディア **1–2–1, 1–2–2, 4–2–4**, 10, 13–16, 24, 27, 41–45, 49, 51–52, 58, 115, 126, 147–148, 152, 154–155, 167–168, 170, 187, 194–195, 252, 254, 322, 324, 329, 333, 336–337, 343, 360–361, 364, 366–369, 375, 377–378, 380, 382
メディア化 **1–1–3, 6–2–3**, 36, 273
メディア技術 14, 182, 225, 361, 365, 368
メディア／形式（区別） 77, 252, 378
メディア史 5, 254, 272
メディア史観 **0–3**, 13–16, 20
メディア生態系 333, 361–362, 364–365
メディア論 4, 17, 28, 30, 58, 98, 182, 253, 343, 360, 362, 375, 379–382
眩暈（イリンクス） 313
メモ 353
面と向き合っていること（face to face） 225, 294
妄想 179–181, 193, 198, 201–203, 207
モーションセンサ 261
モード **第二章**, 3, 12, 23, 55–59, 61–88, 90–94, 99–102, 104–110, 113–115, 283, 379–380
〈モード〉 **2–3–3**, 105, 109–110, 113–114
モード雑誌 70, 93
モード・ジャーナリズム 93
模擬 101, 263–264, 270, 274, 277–278, 301, 310
目的 347
目標 341
モザイク的 352
モザイック 14
文字 152, 335–337, 346, 348, 362
摸写 79, 87, 311
摸写論（的） 254
モデル 57–58, 79, 82, 104, 127, 130, 148, 232, 240, 243, 251, 273, 290, 311, 357
モニター 222, 240, 244, 314
物・モノ **1–1–2, 1–2–2, 3–1**, 28, 32, 34–44, 46–52, 79, 123–127, 129–135, 142, 144–146, 160–161, 251, 278
物語（性） 83, 97, 100, 113, 273, 326, 355–358
物語負荷的 356
モノポリー 142
モバイル（化） 249–250, 267, 272
モバイル決済 168–169
模範 170, 344
模範的実例 335

模倣（ミメーシス，ミミクリ）　64-65, 73-74, 76, 90-92, 99-100, 251, 274-275, 277-278, 292, 301, 313
モラリスト　62
森友学園　333
盛る　103
問題　7, 10, 347-348, 373, 378
問題（構制，性）（Problematik）　123, 177
問題系　3, 23, 59, 91, 130, 145, 183, 188, 239-240, 269, 280, 298, 321, 376
問題構造　3
問題史　**6-2-5-1**

ヤ　行

夜会服　66
役柄　189
役者　258-259, 284
役に立つ　311
役割　13, 203
役割距離（role-distance）　203
野次　258
鏃　353
邪馬台国　192
ヤマト運輸　27
遣り取り　105, 263, 276, 278-279, 284
唯一（性）　48, 297, 350, 358
唯物史観　13, 357-358
誘因　326
優越　**2-1-4**, 76, 115
夕刊　109, 350
有閑階級　69
遊戯　**2-3-2, 2-3-3**, 100-101, 104-105, 183, 284, 288
遊戯空間　104, 313
有機体　235, 251, 278
ユーザー　6, 29, 33, 36, 44, 52, 56, 98-100, 108, 112, 164, 212, 251, 261-262, 266, 271, 274-275, 304, 314, 325-326
ユーザーインタフェース　35
ユーザーフレンドリー　36
優生学　230
ユートピア　310, 316, 322, 372
ユニクロ　57, 380
夢　21, 30, 167, 193, 258, 265, 280-281, 288-289
揺らぎ　**7-4-2**, 13, 32, 180
ヨウク（优酷网）　170
用在的存在者　81
要素　41, 66, 71, 99-100, 197, 254, 260, 288, 311-312, 315, 320, 324, 328, 342, 364
様相（化）　60, 63, 88, 91, 132, 219-220, 323, 326
様態　14, 60, 228, 235, 238, 317, 333
羊皮紙　126
良きゲシュタルト　131
良き趣味　62, 64-66
抑圧　187, 191, 193, 197-198, 206, 208, 212, 370, 372
欲望　126, 146-147, 161-162
与信　139, 149
寄木細工　352
ヨドバシ.com　28
世論　98, 154, 167, 370, 372

ラ　行

ライド　263
ライトウェア　253

烙印　181, 232
ラジオ　15–16
ラストワンマイル　27, 31
ラテン語　60, 204, 318, 328, 335, 344
ラブレター　110
ランダム　115, 303
リア充　181–182, 214, 245
リアリティ　**第六章**, 24, 189, 192, 197, 204, 254–255, 264–272, 274–282, 284–290, 292–299, 301, 303–308, 318–319, 323, 327–328, 379（→現実, 実在）
リアル　147, 176, 188, 193, 197, 201, 270, 277–279, 317–319, 326
リアルタイム　251, 256, 262, 314
リアルマネー　275
力線　244
陸軍皇道派　185
リスク　129, 136, 149–150, 214, 242
リスク管理　220
リスクヘッジ　166
リズム　18, 109
理性的判断　62
理想的発話状況　196
リツイート　97, 302, 304–305, 368
立体視　249, 260
立体（画）像　251
リップル　8, 163
理念型　346
流行　6–7, 55–56, 60, 68, 72, 84, 93, 96, 103, 109, 258, 301, 303–304, 350
流行趣味　63
流通　**1–1–4, 1–2**, 12, 18, 22, 28, 30, 32–36, 38–47, 52, 57–58, 89, 92–93, 97–98, 113, 115, 126, 128–129, 131, 135, 139–140, 142, 147–148, 154–158, 161–162, 165, 167, 170, 195, 233, 239, 244, 253, 275, 303, 310, 339–340, 343, 364, 367
流動（化, 性, 的）　24, 71, 114–115, 323, 328, 368, 370, 378
量　305–307
領域　168, 183–184, 206, 364
量子　125, 127, 132, 135
量子特性　132
量子力学　132, 201
領土　232, 321
履歴書　110
理論負荷的　356
理論物理学　270
稟議書　344
リンク・トレーナー　263
リンチ　187
リンデン・ドル　142
倫理（的）　10, 151, 220, 233, 244–245, 333, 345, 356–357, 369, 372, 376
類　50, 139, 158, 176, 339
ルール　57, 284
ルネサンス　69
レアール　→事実的
レアメタル　127
レイアウト　303, 352
例外状態　210
隷従の鉄檻　342
零度　348
礼拝価値　48–49
歴史（的）　**4–1–2**, 13–14, 17, 24, 64, 68, 93, 124, 136, 187, 231, 254–255, 257, 315, 343, 345, 356–358, 380
歴史科学　370

歴史学　59, 354, 371（→ポストモダン歴史学）
歴史記述　358
歴史教育　357–358
歴史的現実　**7–2–3–1**, 354–358, 370
歴史的重要性　354–355
歴史的文書　**7–2–3**, 340, 353–356, 358, 360, 366, 370
歴史の物語主義　356–358
レコメンデーション　108
レスポンス　113, 202, 205, 217
レトリック　83, 86, 301, 342, 348
恋愛　180, 186–187, 197
連歌　100
連合赤軍　187
レンズ付きフィルム　103
レンダリング　251, 256
レンレン（人人网）　170
労働　**3–2–1**, 45–46, 51, 128, 146–147, 161, 280–281
労働価値説　128
労働現場　240–241
労働力　43
労務管理　240
録音　363, 366
録音データ　353
ロシア　70
ロシアマネー　166
ロジスティックス　**1–1–3**, 22, 30–31, 35–36, 38, 52
露出（Exposure）　105, 113, 202–205, 207, 210, 212
ロボット　12, 27, 244, 275
ロボティックス　264
論理構造　113

ワ　行

ワークステーション　164, 256, 262
ワープロ　272
ワールド　271
忘れられる権利　367
私　38, 147, 195, 258–265, 277–279, 288, 295, 361
〈私－君〉関係　294
我為し能う（Ich kann）　262
われわれ　**0–5**, 3, 11, 16, 19–20, 22, 24, 27–28, 30–31, 36, 38, 40, 43–45, 47–52, 59–60, 69, 75, 85, 92, 98–100, 102, 106, 108–109, 112, 114, 121, 123–127, 130, 132, 139, 145, 148, 153–155, 158, 160–161, 169, 175–179, 182, 185, 187, 190, 192, 195–199, 204–207, 212–213, 217, 224–230, 232, 234–236, 238–240, 244–245, 250–251, 257–258, 264–266, 268–272, 274, 276–277, 279, 282, 286, 288–289, 291, 293–294, 296–299, 308, 313, 317, 320, 322–324, 335–337, 339–340, 342, 345, 347, 351–352, 357, 360, 363–364, 366, 368, 371–372, 377–378
ワンショルダー　56

人名索引

凡例：原則として本文中に現れるすべての人名と、（注）内で著者が重要と考えた人名を選んだ。

ア　行

アガンベン，G.　167, 209
アドラー，A.　198
アドラー，M.　66-67
安部公房　183
安倍晋三　209, 333
アヤヤ　57
アリストテレス　65, 318
生田耕作　77
池上嘉彦　88-89
伊藤素子　186
イニス，H.　343
イネス・ド・ラ・フレサンジュ　57
岩村充　121
ヴィリリオ，P.　51
ウェーバー，M.　76-77, 282, 340-343
ヴェブレン，T.　67-69, 71-74, 76-78, 91
ウォーラステイン，I.　51
ウッド，G.　8
ウルトラマン　321
エーコ，U.　88-89
エスポジト，E.　63, 369
小川紳介　347
奥村彰子　186
オバマ元米大統領　6
オング，W. J.　15, 110-111

カ　行

ガーフィンケル，H.　282
カイヨワ，R.　313
輝夜月（かぐやルナ）　271, 274
カサレス，W.　131
カステル，M.　51
金子國義　101
川久保玲　77
河本英夫　357
カント，I.　20, 45, 63, 65, 319
キズナアイ（絆 AI）　271, 274, 276
キットラー，F.　13, 15, 360-365, 371
ギブスン，W.　309-310
ギブソン，J. J.　229
ギリガン，C.　223
ギルモア，J.　170
ギンズブルグ，C.　357
クーン，T.　356
楠木正成　357
クナップ，G. F.　129
クラーク，R. A.　221
クラーゲス，L.　110-111
グラムシ，A.　89
グリアスン，J.　346-348
クルーガー，M.　311
グレーバー，D.　370-373
黒澤明　371, 373
ケイパー，M. D.　170
ケインズ，J. M.　119, 130
ゲゼル，S.　120-121
高馬京子　55, 380

ゴフマン，E.　181, 189–190, 194, 203, 211, 279, 281–284, 291, 298
ゴルトン，F.　230–231

サ　行

佐久間淳　235
サザランド，I.　310–311
Satoshi Nakamoto　8, 120, 127, 146, 148, 155–160, 162
ざわちん　105
サンスティーン，C.　112–113
ジェイムソン，F.　283
ジェームズ，W.　288
シェーラー，M.　281
シェリング，F.　377
澁澤龍彦　101
シャノン，C.　89
シャフツベリ，A.　62–63
習近平　167, 171, 373
シュッツ，A.　280–281, 287, 291, 294
シュナイアー，B.　222–223
シュミット，C.　342
シロ　271
新海誠　98, 178, 181–182, 201, 207
ジンメル，G.　**2–1–4**, 63, 67, 71–73, 75–80, 85, 91, 109
スタール夫人　64–65
スタンダール　64–65
須藤絢乃　55, 101–103, 381
スノーデン，E.　222
スピノザ，B.　377
SMAP　98
曽我千亜紀　325
ソシュール，F.　79, 81–83, 89–90
ゾンバルト，W.　67–72, 76–78, 91

タ　行

ダーウィン，C.　78, 230
高橋さきの　241, 381
舘暲　310–311
谷崎潤一郎　101
ダント，A. C.　356–357
ツイッギー　56
テイラー，F.　240
ディルタイ，W.　281
デュルケム，E.　282
寺山修司　183
デリダ，J.　302
ドゥテルテ比大統領　167
ドゥルーズ，G.　81, 211, 213, 221, 223, 243, 321
トマス＝アクィナス　65
トランプ米大統領　112, 166–167, 373

ナ　行

ニーチェ，F.　65–67
西垣通　39
ねこます　271

ハ　行

バーク，E.　64–65
ハーシェル，W.　230
パース，C. S.　81, 89
パーソンズ，T.　153
ハーバマス，J.　190, 191, 196, 204, 290, 345
バーロウ，J. P.　170
ハイエク，F.　119, 130
ハイダー，F.　41, 43
ハイデッガー，M.　81, 265

ハイム，M.　309
ハイリグ，M.　260
バウマン，Z.　109
バウム，V.　93
橋本一径　231
パスカル，B.　62-63
バタイユ，G.　88-89, 91
畠山重忠　357
ハヤタ隊員　321
バルタザール・グラシアン　62
バルト，R.　59, 80-88, 92, 95, 104-105, 282-283, 348-349, 360
はるな愛　57
バンヴェニスト，E.　348, 360
ハンソン，N. R.　356
ヒエロニムス・ボス　312
ピコ太郎　78, 99
ビューラー，K.　110-111
ビヨンセ　57
ヒリス，K.　309
廣野喜幸　241, 381
廣松渉　20, 199, 380
ピンキーとキラーズ　56
フィッシャー，F. T.　66-67, 69-71, 82, 90
フーコー，M.　157, 209, 218-220, 224-225, 239-240, 244
プーチン露大統領　167
フォールズ，H.　231
藤崎由愛　271
フッサール，E.　280
プラトン　279
フラハティ，R.　346-347
ブリッケンリッジ，K.　233
ブルーマー，H. G.　282
ブルクハルト，J.　61
ブルデュー，P.　91, 107-108
フロイト，S.　198
ベイトソン，G.　115, 280-282
ヘーゲル，G. W. F.　18, 20-21, 316
ベゾス，J.　29-30, 36, 52
ベルクソン，H.　321
ヘルダー，J.　64-65
ベンサム，J.　218, 221
ベンヤミン，W.　48-49, 104-106, 110, 313-315
ボードリヤール，J.　45-46, 58-59, 80, 86-88, 92, 105-107, 116, 300-301, 305, 307
ボードレール，C.　77, 110-111
ホール，S.　88-89
ポスター，M.　224-225
ボブ・ディラン　96, 98
ホワイト，H.　356-357
本多勝一　183

マ　行

マートン，R. K.　350, 371, 373
マイノング，A.　317
マクルーハン，M.　13-16, 110-111, 113, 322, 325, 352-353
松浦亜弥　57
マルクス，K.　13, 20-21, 42-43, 45, 87, 89, 123-125, 127, 145-147, 149, 193
丸山圭三郎　88, 90-91
ミード，G. H.　81
宮崎駿　96
ミライアカリ　271
ミンスキー，M.　310-311
村上春樹　96

メイロウィッツ，J.　49
メンガー，C.　128-129, 146

ヤ　行

柳田國男　192
山岸俊男　151-153
山口昌男　88, 90-91
ユング，C. G.　198
吉岡洋　55
吉本隆明　**4-2-3**, 105, 179, 184, 186, 188, 191-193, 197, 199, 204-206, 244
四谷シモン　101

ラ　行

ライアン，D.　**5-1-2, 5-1-3**, 218-226, 232, 234, 236, 241-242
ライル，G.　280
ラスク，E.　77, 252-253
ラッセル，B.　21, 280
ラニア，J.　256, 259, 312-313, 315
ラ・ブリュイエール　62-63
ラ・ロシュフコー　62-63
リアリー，T.　312
リッター，J.　269
リップマン，W.　299-300, 306-307, 350-351
ルーマン，N.　**4-2-4**, 13-15, 37-38, 40-43, 51, 64, 77, 86, 90, 148-150, 152-155, 164-165, 168-169, 189-190, 194-197, 199, 201, 205-206, 241, 251, 282-283, 289, 323, 341, 345, 378, 380
ルフェーブル，H.　95
レヴィ，P.　321-323, 378
レヴィナス，E.　223
ローズ，N.　236-237
ローレル，B.　311
ロトマン，Y.　88, 90-91

ワ　行

鷲田清一　93
渡辺直美　57

作品索引

凡例：原則として本文に現れたすべての作品に加え、（注）内の参照に値する作品を挙げた。文献資料は、読者の便宜のために、いくつかの例外を除き邦語訳が存在するものに絞った。書名は『』、論文は「」でそれぞれ括り、文献資料以外の作品は（）内にジャンルを記した。

英数字

『10＋1』（Web マガジン）　4
『DSM5 精神疾患の診断・統計マニュアル　第五版』　175-176
『*Elle*』（雑誌）　83
『*Le Jardin des Modes*』（雑誌）　83
『OED』（辞書）　372
『Pokémon GO』（ゲーム）　325
『ＰＰＡＰ（Pen Pineapple Apple Pen）』（映像クリップ）　98-100
『*Vogue*』（雑誌）　83

ア　行

「遊びと空想の理論」　280
『遊びと人間』　313
『安心社会から信頼社会へ』　151
『生きる』（映画）　373
『イタリア・ルネサンスの文化』　61
『一般理論経済学』　129
「衣服の歴史と社会学」　83
『インターネットは民主主義の敵か』　113
『ヴァーチャルとは何か？』　321

カ　行

「外界の実在性論考」　281
『快楽の園』（絵画）　312
『カウント・ゼロ』（SF 小説）　309
『書き込みシステム 1800・1900』　360
「書くは自動詞か？」　349
『仮想現実のメタフィジックス』　309
『貨幣國定學說』　129
『カラクテール』　63
『監視社会』　218-219
『監視スタディーズ』　219
『官僚制のユートピア』　370-371
『記号の経済学批判』　45
『記号論』　89
『基礎情報学のヴァイアビリティ』　39
『君の名は。』（アニメ映画）　**4-1-1**, 98, 178-182, 207
『旧約聖書』　61
『共同幻想論』　192-193
『近世資本主義』　77
『グーテンベルクの銀河系』　111
『雲の向こう、約束の場所』（アニメ映画）　178, 180
「グローバリゼーションか、それとも世界社会か」　169
『クローム襲撃』（SF 小説）　309
『劇場としてのコンピュータ』　311
「ゲノミックプライバシー」　235
『幻影 Gespenster』（写真）　103
『言語理論』　111
『現代社会の神話』　85-86

「現代生活の画家」 77
「現代の意味作用体系の総覧」 81
『行為と演技』 189
『古事記』 192
『言の葉の庭』（アニメ映画） 178, 180
『コミュ障』 177

サ 行

『差異と反復』 321
『詩学と文化記号論』 89
『実用的な過去』 357
『シネマ 1』 81
『資本論』 87, 142, 145
『シミュラークルとシミュレーション』 301
『指紋論』 231
『社会の経済』 41, 149, 153, 341
『社会の社会』 283
「ジャスト・ワン・ウィットネス」 357
『集合的知性』 323
『自由地と自由貨幣による自然的経済秩序』 121
『純粋理性批判』 319
『象徴交換と死』 59
『情熱としての愛』 195
『消費社会の神話と構造』 45
『「情報社会」とは何か？』 15, 49, 101, 185, 367
『情報社会の〈哲学〉』 11–12, 17, 31, 67, 141, 205, 213, 217, 233, 303, 367, 369, 375, 379
『情報体の哲学』 325
『情報様式論』 225
『曙光』 67
「女性とモード」 72
『人工現実』 311
『人生ゲーム』（ゲーム） 142
『信頼』 149
『崇高と美の観念の起源』 65
『スティグマの社会学』 181
『スノーデン、監視社会の恐怖を語る』 223
『スノーデン・ショック』 219
『聖家族』 20
『生産の鏡』 45
『精神現象学』 20–21
『精神の生態学』 281
『生そのものの政治学』 237
『生体認証国家』 233
『性の歴史』 239

タ 行

「多様な現実について」 280
『ダンディ』 77
『ダンディズム』 77
『中央銀行が終わる日』 121
『超監視社会』 223
『ディスタンクシオン』 91
『哲學の論理學並びに範疇論』 77, 253
『てりはのいばら』（写真） 103
「テレイグジスタンスと人工現実感」 311
「テレイグジスタンスにおける知覚情報提示系の設計と評価」 311
『電車で Go！』（ゲーム） 264
『ドイツ・イデオロギー』 149
『遠野物語』 192

ナ 行

『謎としての“現代《いま》”』 111

『日常生活批判』 95
『ニューロマンサー』(SF 小説) 309–310
『人間学』 63, 65
『人間的、あまりに人間的』 67
『人間はガジェットではない』 315
「認識と労働」 281
『ネガティヴ・ホライズン』 51
『呪われた部分』 91

ハ 行

『バーチャル・リアリズム』 309
『場所感の喪失』 49
『パリ広場一三番地』(戯曲) 93
『晩期資本主義における正統化の諸問題』 345
『パンセ』 63
『判断力批判』 65
「万物呼応」(詩) 111
『秒速５センチメートル』(アニメ映画) 178, 180
「流行《ファッション》」 72–73
「複製技術時代の芸術作品」 105, 315
『負債論』 370
『物質と記憶』 321
『フレーム分析』 282–283, 289
『プロテスタンティズムの倫理と資本主義の精神』 77
『文化と両義性』 91
『文化の詩学』 91
『文化のフェティシズム』 91
『膨張する監視社会』 219
『ほしのこえ』(アニメ映画) 178–179, 182
「ホワイトペーパー」(Bitcoin: A Peer-to-Peer Electronic Cash System) 148, 155–157

マ 行

『〈メディア〉の哲学』 37, 41, 51, 159, 163, 361, 380
『モアナ』(ドキュメンタリー映画) 347
『もうひとつの声』 223
「モードとシニシズム」 66
『モードの体系《システム》』 59, 80–82, 85, 283
「モードの心理学に寄せて」 72
「モードの哲学」 63, 72
『モードの迷宮』 93
『モナ・リザ』(絵画) 48
『モナリザ・オーヴァドライブ』(SF 小説) 309
『物語としての歴史』 357
『物語と歴史』 357
『物の体系』 45
『モノポリー』(ゲーム) 142

ヤ 行

『有閑階級の理論』 68–69
『悦ばしき知識』 65
『世論』 299

ラ 行

『ラシーヌとシェイクスピア』 65
『ラ・ロシュフコー箴言集』 63
『リキッド・モダニティ』 109
『歴史的哲学辞典』(辞典) 269
「歴史における物語性の価値」 359
『恋愛と贅沢と資本主義』 69

ワ　行